金融服务营销

（第二版）

Marketing Financial Services (Second Edition)

Jillian Dawes Farquhar & Arthur Meidan

［英］吉莉恩·道兹·法夸尔　亚瑟·梅丹　著

王桂琴　译

中国金融出版社

责任编辑：杨　敏
责任校对：刘　明
责任印制：丁淮宾

图书在版编目（CIP）数据

金融服务营销（Jinrong Fuwu Yingxiao）（第二版）／〔英〕吉莉恩·道兹·法夸尔，〔英〕亚瑟·梅丹著；王桂琴译．—北京：中国金融出版社，2014.6
　书名原文：Marketing Financial Services（Second Edition）
　ISBN 978－7－5049－7439－6

　Ⅰ.①金…　　Ⅱ.①吉…②亚…③王…　　Ⅲ.①金融市场—市场营销学　Ⅳ.①F830.9

中国版本图书馆 CIP 数据核字（2014）第 039975 号

出版
发行　**中国金融出版社**

社址　北京市丰台区益泽路 2 号
市场开发部　（010）63266347，63805472，63439533（传真）
网上书店　http://www.chinafph.com
　　　　　（010）63286832，63365686（传真）
读者服务部　（010）66070833，62568380
邮编　100071
经销　新华书店
印刷　北京市松源印刷有限公司
尺寸　169 毫米×239 毫米
印张　23.25
字数　376 千
版次　2014 年 6 月第 1 版
印次　2016 年 7 月第 2 次印刷
定价　58.00 元
ISBN 978－7－5049－7439－6/F.6999
如出现印装错误本社负责调换　联系电话（010）63263947

　　《金融服务营销》第二版的内容反映了金融服务日益全球化的本质，探讨了全球金融危机对金融服务营销的影响。书中的最新案例引导读者关注金融服务业现有企业和新进入者在金融服务营销方面不断面临的挑战，关注金融服务消费者日益提高的服务要求。

　　——澳大利亚莫纳什大学市场营销系史蒂夫·沃辛顿（Steve Worthington）教授

　　2008～2009年的全球金融危机凸显了金融服务业的重要作用。这次危机揭示了金融服务供应商的设计产品和面向零售市场的产品销售对各国经济和社会福利的重要影响。同样，这次危机也凸显了理解金融服务营销原理和实践的重要性。《金融服务营销》是金融服务营销领域的一本经典教科书，在此基础上修订出版的第二版来得非常及时和具有现实意义。书中的实证案例清晰阐述了适用于金融服务业的关键营销技术和方法。本书的两位作者亚瑟·梅丹和吉莉恩·道兹·法夸尔均具有丰富的金融服务业经验。他们给读者阐释了公平有效的零售金融服务营销必须面对的诸多挑战，并提供了许多睿智观点。

　　——英国诺丁汉大学副校长、市场营销系克里斯汀·伊纽（Christine Ennew）教授

　　《金融服务营销》是一本优秀的教科书！它汇集展示了与金融服务、服务营销和战略营销密切相关的各类活动。全书行文逻辑清晰、图表简明易读、分析方法科学严谨；书中还有丰富的案例和学习指南。《金融服务营销》对任何想学习金融服务业复杂的客户关系及客户关系管理的读者都适用。我向金融服务市场的从业人员和市场营销专业的学生们强烈推荐这本出色的教材！

　　——美国得克萨斯大学达拉斯分校管理学院特夫菲克·达尔奇科（Tevfik Dalgic）教授

　　《金融服务营销》全面梳理了相关理论，并结合当前的经济环境加以综述。这本书为金融服务业中的决策和营销实践改善提供了思考框架。

——英国帝国理工学院田中商学院国际营销和服务主席桑德拉·范德莫维（Sandra Vandermerwe）教授

《金融服务营销》为想深入学习金融服务营销的读者提供了宝贵的资源。全书内容涵盖广泛，讨论了金融服务营销涉及的主要内容。每一章的正文之后都附有案例，形成了理论和实践的完美结合。我向相关专业的学生们和金融市场的从业人员强烈推荐这本书！

——英国诺丁汉大学商学院市场营销本科项目主任詹姆斯·德弗林（James Devlin）教授

亚瑟·梅丹和吉莉恩·道兹·法夸尔成功地抓住了金融服务的复杂和精妙之处，并深入浅出地阐释了金融服务业中正确的营销方法。作者在《金融服务营销》第二版中及时地更新了内容，分析了国际金融业最近的发展态势及其对市场营销的重要启示。这是一部成功的教科书，学生和从业人员一定会非常喜欢它所采用的战略分析视角。

——加拿大纽芬兰纪念大学工商管理学院詹姆斯·伯恩斯（James G. Barnes）副教授

我特别喜欢《金融服务营销》的作者以战略视角探讨金融服务营销的关键主题。对我而言，本书的亮点是价值创造和战略概览这两部分内容。案例注释和案例学习部分的选材非常国际化，这对欧洲和北美之外的金融服务课程的授课教师非常重要。此外，《金融服务营销》还恰当地讨论了2008～2009年的金融动荡和近来移动电话、社交媒介技术与应用在金融服务业的进步和发展。

——新西兰怀卡托大学怀卡托管理学院市场营销系朗·加兰德（Ron Garland）副教授

《金融服务营销》的两位作者为这本金融服务营销学术领域标志性教材带来了全新的维度。全书思考结构缜密、内容鲜活、紧扣行业特征，并描述了当下充满挑战的金融大背景。作者娓娓道来的风格更耐人细细品读。

——英国格拉斯哥大学市场营销系基础部主任路易斯·穆蒂尼奥（Luiz Moutinho）教授

亚瑟·梅丹和吉莉恩·道兹·法夸尔是金融服务营销领域的杰出学者。这本教科书是金融服务营销专业的学生和从业人员的必备读物。它内容覆盖广泛、结构严谨，案例发人深思，实例故事精彩。这本书是金融服务营销领域不可或缺的一站式信息来源。

　　——美国东田纳西州立大学管理和市场营销系乌戈尔·雅沃斯（Ugur Yavas）

　　亚瑟·梅丹和吉莉恩·道兹·法夸尔在书中的实例故事和每章结尾的案例部分特别融入了欧洲金融业背景，使它适合在不同国家用作金融服务营销课程的核心教材。《金融服务营销》第二版新增了独创性的一章，专门讨论金融服务品牌建设这一有趣的议题。其实，品牌建设对任何服务营销者来说都极富挑战性。这本书是学者、学生、从业人员和营销管理者的必备读物。

　　——英国爱尔巴桑阿尔巴尼亚大学经济学院市场营销系讲师斯皮提姆·塞利（Shpetim Cerri）

　　《金融服务营销》第二版有了显著的改善，其中的新特色包括：

　　■ 作者全面检查了第一版的内容，并做了修订和更新。

　　■ 作者调整了第一版的结构，加入了与金融服务营销密切相关的一些新章节，介绍了金融服务业的新变化和可用的新技术。

　　■ 第二版更适合学生阅读，包括许多案例注释和案例学习，以及很多非常有用的教学方法建议。

　　——英国爱丁堡大学商学院市场营销高级讲师、博士项目主任埃萨姆·易卜拉辛（Dr Essam B. Ibrahim）

【 作者致谢 】
AUTHOR WRITER

　　我在《金融服务营销》第二版的成书过程中，得到了许多人的大力支持和帮助。

　　我要感谢曼彻斯特商学院芭芭拉·路易斯（Babara Lewis）和使我走上金融服务营销研究之路的诺丁汉大学克里斯汀·伊纽教授。詹尼·罗利（Jenny Rowley）教授在我写作此书的早期给予了指导和鼓励。里克联合建屋互助协会（Leek United）和大不列颠建屋互助协会（Britannia Building Society）的管理高层给予了大力支持，并提供了宝贵的资料。在此，我要特别感谢大不列颠建屋互助协会的大卫·科罗肖（David Crawshaw）、茱莉·罗伯逊（Julie Robson）博士、萨利·麦克尼（Sally McKechnie）和史蒂夫·沃辛顿教授（Steve Worthington）以及牛津布鲁克斯商学院（Oxford Brooks Business School）的同事和同学们在本书写作和出版过程中给予的极大鼓励和帮助。

　　此外，我还要特别向所有金融服务领域中的信息提供者表示感谢，同时我衷心地尊重他们的匿名权。很多人为案例研究慷慨无私地付出了大量的时间，他们是：奥地利约翰开普勒大学（Johannes Kepler University，Austria）的丽塔·夫兰特（Rita Faullant）博士和因斯布鲁克大学（University of Innsbruck，Austria）的科特·梅兹勒（Kurt Matzler）教授；瑞士苏黎世大学金融研究所［Swiss Finance Institute（ISB）University of Zurich］的高级金融顾问布丽奇特·范夫杰尔德（Brigitte Funfgeld）；苏黎世大学金融与金融市场系的王媚（Mei Wang）助理教授，王媚也是该大学重点研究项目"行为金融与财富管理"的项目主管；瑞典哥德堡大学经济管理与法律学院（School of Business，Economics and Law，University of Gothenburg，Sweden）的市场营销系的丽塔·马坦森教授（Rita Martenson）；爱尔兰利默里克大学（Limerick University，Ireland）的迪尔德丽·欧罗林（Deirdre O'Loughlin）博士；法国里尔天主教大学管理学院（IESEG School of Management，Lille，France）的卢瓦克·皮勒（Loic Ple）博士；伦敦沃尔格（Woolger）协会的克里夫·沃尔格（Clive Woolger）；曾任史塔福郡大学商学院（Staffordshire Univeristy Business

School）大不列颠建屋互助协会市场营销学教授、现任职于澳大利亚莫纳什大学（Monash University，Australia）市场营销系的史蒂夫·沃辛顿教授；曾任职于牛津布鲁克斯商学院的康拉德·克罗珀泰克（Conrad Klopotek）。

两位作者还要感谢所有的匿名审稿人，他们深入和富有建设性的反馈使《金融服务营销》第二版更加完整与严谨。

作者和出版社还要感谢对复制以下版权资料的许可：感谢益百利公司（Experian）授权使用表4.1；感谢日商环球讯息有限公司（Finaccord）的阿伦·李奇（Alan Leach）授权使用图7.3。

目录

本书背景

作为《金融服务营销》一书的两位作者，我们长期以来对市场营销，特别是对金融服务营销有浓厚的研究兴趣，并都曾在金融服务机构担任讲师、从事过研究和咨询工作。金融服务非常具有吸引力，因为它具备多样性、动态性和复杂性。有时，它又是深不可测的，因为金融服务业总会发生一些对市场营销产生重大影响的事件。同样，市场营销是一个充满活力的学科，也会对金融服务产生很大的影响。金融服务与我们的生活息息相关，本书试图捕捉并描述金融服务营销固有的复杂性。

核心主题

■ 金融服务营销的特点：多样性、动态性和复杂性

■ 消费者黏性问题

■ 金融服务是如何"售出"的问题（金融服务本身缺乏魅力，不能轻易吸引消费者的兴趣）

■ 金融机构的短视惯性及其对长期战略不屑一顾的问题

■ 信贷危机对金融机构的影响，以及金融机构如何应对当前欧洲乃至全球的经济环境问题

■ 服务营销和营销学的最新观点，聚焦消费者价值和利益相关者视角问题

■ 金融机构如何理解当下的营销理论，并更有效地应对市场环境的动态变化

本书适用对象

对本科生而言，本书对他们金融服务模块的课程学习非常重要。本书既提供了营销理论框架，也提供了许多案例故事。这些素材对他们完成金融服务营销方面的项目报告和学位论文都很有帮助。对研究生而言，本书对他们学习中涉及金融服务内容的课程也非常具有指导意义。本书为他们提供了宝贵的学习与研究框架。此外，本书是撰写金融服务营销学位论文和项目报告必要的背景读物。这本书可供银行或保险从业者学习或更新营销知识，也可用于机构考试或作为参考书。

本书特色

本书致力于描述欧洲背景下的金融服务营销现状，书中的案例也是由长期在欧洲从事研究和咨询工作的学者所写。为了提供更多的信息，同时提高读者兴趣，书中每章都包含了许多专题性案例。本书采用了最新的案例，包括近期市场营销理论界广泛争论的一些理论新知。此外，本书写作期间恰逢全球金融服务业信贷危机的大动荡。信贷危机对金融服务营销的长期影响很难预测，但是，正如我们在本书中所言，信贷危机进一步模糊了消费者和利益相关者对金融机构的理解和认识。我们主张金融机构采取措施解决这一模糊问题，但从我们撰写《金融服务营销》第二版这段时间看来，金融机构这方面的行动还太迟缓。

教学方法

书中每章都包含一篇现代欧洲案例和相应的思考题。这些案例都是由金融服务营销专家根据他们的研究和咨询活动所得到的材料编写而成。案例后面的思考题有利于读者理解正文和案例涉及的内容。书中还提供了拓展阅读参考和在线参考资料源，以此来帮助读者加深对金融服务营销的理解。课程讲义和教辅资料可以在以下网站上获得：www. palgrave. com/business/farquhar。

为本书作出贡献的人

作者衷心感谢以下同行为本书作出的贡献：

奥地利约翰开普勒大学的丽塔·夫兰特博士和因斯布鲁克大学的科特·梅兹勒（Kurt Matzler）教授；

苏黎世大学金融与金融市场系的王媚（Mein Wang）助理教授，王媚也是该大学重点研究项目"行为金融与财富管理"的项目主管；

瑞典哥德堡大学经济管理与法律学院市场营销系的丽塔·马坦森（Rita Martenson）教授；

爱尔兰利默里克大学的迪尔德丽·欧罗林（Deirdre O'Loughlin）博士；

法国里尔天主教大学管理学院的卢瓦克·皮勒（Loic Ple）博士；

伦敦沃尔格协会的克里夫·沃尔格（Clive Woolger）先生；

曾任史塔福郡大学商学院大不列颠建屋互助协会市场营销学教授、现任职于澳大利亚莫纳什大学市场营销系的史蒂夫·沃辛顿（Steve Worthington）教授；

曾任职于牛津布鲁克斯商学院的康拉德·克罗珀泰克（Conrad Klopotek）。

作者简介

吉莉恩·道兹·法夸尔博士（Jillian Dawes Farquhar）是英国贝德福特大学（University of Bedfordshire, UK）战略营销学教授，研究生导师，讲授战略营销与研究方法，同时也在从事金融服务营销领域的研究工作。法夸尔博士是《国际银行营销》（ International Journal of Bank Marketing）杂志的总编。该杂志刊登全球金融服务营销领域的文章。法夸尔博士的主要研究兴趣是在"客户忠诚"和"品牌"这两个领域。

亚瑟·梅丹博士（Arthur Meidan）是英国谢菲尔德大学管理学院（Sheffield University Management School, UK）的荣誉教授。他在该校从事教学和咨询工作，笔耕不辍长达25年有余。梅丹教授发表出版专著十余部，发表期刊文章70多篇，其中包括1996年由麦克米兰出版集团（Macmillan, 1996）出版发行的《金融服务营销》第一版（该书已有中文译本）。

　　自 20 世纪 70 年代中期以来，西方成熟市场经济体经历了金融创新和金融自由化的浪潮。监管放松、技术进步以及消费者生活方式和金融需求的变化，使行业结构和业内竞争发生了本质的改变。以银行为代表的金融服务业进行了大规模的兼并重组以寻求内生性成长。金融服务营销也同样经历了从聚焦市场（market focused）到聚焦客户（customer focused），再到同质化竞争下的失焦状态（out of focus）。来自新进入的金融机构和非金融机构的业务争夺更增加了聚焦的难度。2007 年爆发于美国而殃及全球的金融危机暴露出许多本源性的问题，如金融创新过度、监管不力、公司治理漏洞中的高管贪婪，银行等金融机构追逐短期盈利和股东回报最大化而不惜伤害社会、消费者和员工，等等。而金融危机的教训对从市场营销视角检讨金融服务的理念和行为规范的要求变得更为尖锐和紧迫。美国营销协会于 2008 年 1 月正式公布了新的市场营销定义，特别强调：营销应为利益相关者各方，包括消费者、客户、商业伙伴及大而言之的社会整体创造价值。学界和业界一道试图以这样新的定义来引领理论研究和企业实践。

　　中国的银行业在 21 世纪第一个十年中进行了规模宏大的体制改革，国有控股大型银行作为上市公司在资本市值方面已经跻身于国际大银行之列，资产质量发生了根本性的改善和优化。证券市场和保险业也展现出巨大的发展前景。商业银行和其他金融机构在公司战略方面已经充分意识到客户关系和市场营销能力是核心竞争力，并确立起"以客户为中心"的营销理念。但是银行等金融机构的营销方式和技术手段非常不科学、不规范，往往只是以培育私人感情来拉拢和争夺客户，甚至出现无序和不合规的情况。在国内的管理教育界，金融服务营销作为金融学和营销学的交叉领域还处在起步阶段，尚未建立起科学完整的教学研究体系，体现金融服务特征的金融服务营销教材鲜见。

　　亚瑟·梅丹（Arthur Meidan）的《金融服务营销》（*Marketing Financial Services*）第一版于 1996 年由麦克米兰公司出版，一直是金融服务营销领域的一本经典教科书，为读者提供实践操作指导。2010年，麦克米兰公司出版了吉莉恩·道兹·法夸尔（Jillian Dawes Farquhar）和亚瑟·梅丹合著的《金融服务营销》第二版。全书十二章的内容紧扣金融服务日益全球化的本质和金融危机对金融服务营销的冲击性影响，以战略视角探讨金融服务营销的一系列关键主题，包括营销对于金融服务的重要性、金融服务的环境与消费者特征、金融服务的市场细分与目标市场、金融服务营销的信息化和新技术、金融服务中的关系营销、金融服务的品牌创建与维护、金融服务的定价与价值创造、金融服务的分销、金融服务营销的沟通、金融服务营销策略等问题。每一章的主题案例引导读者关注金融服务业现有企业和新进入者在金融服务营销方面不断面临的挑战，关注金融服务消费者日益提高的服务要求。而每一章的参考文献又为读者提供了前沿的理论与实务研究成果加油站。总之，两位作者结合后金融危机的业态，阐释了公平有效的零售金融服务营销在价值创造过程中必须面对的诸多挑战，并结合案例提供了专业的睿智观点，巧妙地将金融服务营销的战略思考框架和实践操作指导融为一体。

　　《金融服务营销》第二版（中文版）的出版得到中国金融出版社的大力支持和具体指导。清华大学经济管理学院经济与金融专业研究生徐琪、倪倩雯、赵宇烨、汪悦、胡璇、周蕾、郑睿和秦晓晴承担了本书的初译工作，清华大学经济管理学院金融系王桂琴教授负责全书译审和定稿。本书翻译不当之处，恳请读者批评指正。

王桂琴

2013 年 8 月

于清华园

本书献给盖尔（Gail）和费思·道兹（Faith Dawes），
作为母亲，我为他们感到自豪。

【目录】
CONTENTS

CONTENTS

图 目 录

表 目 录

第一章

营销与金融服务概述

学习目标

学习本章后，读者应该掌握以下几点：

■ 市场营销理论对金融服务营销的指导意义

■ 市场营销和服务营销的新思维在金融服务中的应用

■ 识别金融服务营销人员需要面对的关键问题

引言

服务是我们在日常生活中购买和消费的产品，服务消费量在与日俱增，其涉及的范围也很广，包括餐饮美食、大学教育等。在商业市场中，服务既包括保洁，也涵盖信息技术。提供这些服务的企业非常清楚，提供价值并打造客户满意度是确保企业生存和兴旺繁荣的关键。传统营销以产品为主，而在当今的市场营销中，服务已经取代了产品，占据着主导地位（Vargo 和 Lusch，2004）。

什么是金融服务

金融服务是在金融市场上交易的有金融本质的服务或产品。具体来讲，金融服务主要指金融工具，包括国库券和政府债券等。金融工具有一系列的分类方法：以固定利率和可变利率来分类；以到期期限长短来分类；以发行方是储蓄性中介机构还是非储蓄性中介机构来分类。金融服务涉及的金融工具范围很广，英国金融服务管理局（Financial Services Authority，FSA）为消费者提供了关于银行账户、股票发行方案以及长期医疗保险等相关信息

（www. moneymadeclear. fsa. gov. uk/products/products ＿ explained. html）。金融服务的市场也很广泛，包括在国际市场上经营的各类银行、保险公司和投资银行。此外，金融服务也涉及许多客户，包括零售消费者、不同经营规模的商业客户和其他金融机构。图 1.1 列举了金融机构为国内企业和全球性企业、盈利性企业和非盈利性企业所提供的各种金融产品和服务。

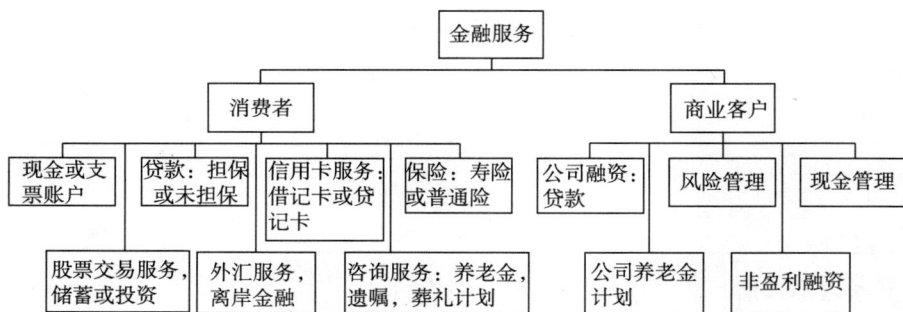

图 1.1　金融服务

从市场营销的角度看，我们应牢记金融服务的一些关键特征。从图 1.1 中所列的产品和服务我们可以看出，它们自身大多缺乏吸引力，特别是与其他产品或服务相比，比如和汽车、名牌手袋或者度假安排等相比，人们更愿意花钱购买后者。事实上，这些例子中有些产品和服务完全没有吸引力，比如养老金计划和葬礼计划。人们对金融产品和服务缺少内在的需求是金融服务营销要面对的关键挑战。营销人员必须意识到，不论是零售消费者还是商业客户，他们不愿意购买这些产品和服务的根本原因是他们认为这些都不是必需品。实际上，金融产品和服务是在帮助客户得到那些"被需要的产品或服务"，例如，用度假计划或者拥有心仪必得的手袋，或者为商业客户量身设计的产品，来避开复杂的财务管理等麻烦。金融服务也能够帮助消费者避免一些窘境，比如说医疗保险。案例 1.1 介绍了牙医保险的一些可选项目。

案例 1.1

牙医保险（Dental Insurance）

在英国国民医疗服务体系（National Health Service，NHS）里寻找一名牙医变得越来越困难的情况下，牙医保险可以帮助解决很多问题。不论消费者选择国民医疗体系中的牙医还是私人牙医，牙医保险都可以使消费者顺利找到牙医，并且可以获得费用方面的补偿。这项保险计划通常要求投保人向牙医支付治疗费用，然后再向保险机构申请费用补偿。但是，通常牙医保险不会支付全额的治疗费用，大多数保险机构都会设定在12个月中赔偿的最大金额。一些保险机构每年只承担75%的治疗费用。一般情况下，消费者要在投保3~6个月后方能启用这一计划。投保人要支付的保费多少依据他们的年龄而定，价格变化的幅度较大。目前可供选择的有两种牙医保险计划：一是按人收费计划，允许消费者按月付费而不是每次都要结账；二是现金计划，包括医疗保险和半覆盖式的牙医保险，通常覆盖50%~75%的费用，此外，现金计划还包括光学治疗和牙齿健康普查等项目。尽管牙医计划覆盖所有大大小小的牙齿治疗，但并不包括牙齿种植、运动中的牙齿损伤治疗、牙齿美容与矫正、口腔癌的治疗、唾液腺的治疗和严重的牙科脓肿治疗等项目。大多数保险机构要求投保人没有近期需要处理的牙齿问题，并且要求投保人牙齿处于健康状态。一些保险机构甚至要求投保人作出书面声明，承诺定期拜访牙医进行常规检查。

牙医计划（Denplan）是英国著名的牙科付款项目。该项目在英国拥有6500名在册牙医（近三分之一都是执业医师）为180多万牙医计划的客户提供治疗服务。牙医计划的保险费高低由许多因素决定，其中包括客户的牙齿健康状况等。牙医计划最适合那些既需要常规治疗又需要摊销治疗的客户。牙医计划的指导原则是使牙医依据病人牙齿和牙龈的状况向其每月收取固定的费用，为他们提供常规的检查和治疗。牙医计划为牙医们提供了稳定的收入，使他们能够更多地关注治疗的质量而非收治病人的数量。由于这些牙医能够保持从业的独立性并对经营状况有一定的控制力，他们会以最高的执业标准行医。除了个人牙科付款计划以外，牙医计划还为企业及其雇员提供牙科保险，还为私立学校的学生提供了保险计划。牙医计划自1986年成立以来一直不断发展，目前已经成为涉及人寿保险、健康保险、其他形式的保险以及投资管理等业务的世界知名保险公司。

作者根据以下网站上的内容编写：

www. moneysavingexpert. com/insurance/dental - sinsurance，

www. moneysupermarket. com/dentalinsurance，

www. cosmeticdentistryguide. co. uk/dental - insurance. html。

　　概括地讲，保险是消费者或者企业购买的金融工具，用于避免在没有购买保险情况下可能发生的最坏结果。通常保险带有强制性，例如，汽车保险和房屋贷款保险。企业购买保险也是为了符合诸如健康安全法等法规要求。金融服务能够满足客户许多需求，例如购房、网上订票、换取现金去度假或者是企业从其他货币区进口产品的外汇需要。金融服务也使个人消费者或者企业客户在具备实际支付能力之前就得到一些产品，也就是给客户提供了"信用"。

　　在本书中，我们将使用"金融机构"（Financial Institutions，FIs）这一术语，因为它包含了金融服务业的诸多参与者。金融机构最关键的功能是作为中介机构为储蓄者创造资产，为借款人创造负债，这比借贷双方直接协商更具吸引力（Howells 和 Bain，2007：6）。

　　建屋互助协会是金融机构发挥中介作用的一个典型例子。它吸收储蓄者的投资，然后将它借给为购买房屋寻求资金的人。建屋互助协会自 18 世纪以来就从事这种业务。1986 年的立法规定，建屋互助协会只能将掌握的储蓄者投资转成贷款。相对于只是分配产品的金融机构，那些确实创造产品的金融机构实际是在创造资本流动性（Howells 和 Bain，2007）。金融机构作为中介可以分为储蓄型和非储蓄型两大类，比方说，银行可以吸收存款而保险公司就没有这项业务。尽管不是所有的金融机构都是这种意义上的中介机构，但是金融服务营销涵盖以下金融机构所共有的一系列业务和机构类型（Cheverton 等，2005）：

- 零售银行，企业银行，投资银行和私人银行
- 共同基金，投资信托
- 个人养老金和团体养老金
- 人寿保险、普通保险和再保险公司
- 信用卡发行商
- 专业贷款公司
- 股票交易所
- 租赁公司
- 政府储蓄机构
- 经纪人和代理商

　　这一机构清单表明金融服务供应商有许多不同的类型。事实上，像玛莎百货（Marks & Spencer）和阿斯达（Asda）这样的超市和零售商也可以列入

这个清单中。又如，德本汉姆（Debenhams）是一家百货公司，它也提供一系列保险产品，包括婚礼保险和蜜月保险等（www.debenhams.co.uk）。一些金融机构的业务，比如案例 1.2 所描述的私人银行业务，会考虑特定的客户背景。如果金融服务商能为客户提供专属独享的服务，这对一些消费者会非常有吸引力。

案例 1.2

私人银行

　　曾几何时，在瑞士苏黎世私人银行里，银行家和富裕客户之间的秘密交易无处不弥散着尊享、品质，但现在这种情景已不再。因为几乎每一家瞩目全球市场的银行都会向富有的私人储户提供特殊的利率，构成它们私人银行业务的部分特色。较大的银行为个人储蓄额或投资额达到 50000 英镑以上，年收入达 75000 英镑的客户提供高级服务，并为这部分客户贴上"富裕大众"的标签，这里的"大众"意义非凡，因为这些客户并没有得到更特殊的服务，他们仍然是通过电话服务中心而不是专业顾问来办理业务或者获得咨询服务。实际上，他们获得的利率优惠也并不是特别吸引人，一些优惠只有 1%。然而，如果客户储蓄量很大，比如说 100 万英镑，年收入超过 25 万英镑，银行会为他们提供更高级别的服务，称资金量达到这种水平的为"高净值客户"。这样的客户在欧洲有 350 多万人，甚至还有一个"超高净值客户"群体。为了吸引这些人数不断增长的富有客户们的投资，银行间的竞争一直非常激烈，当然，最近这类富有而乐于投资的客户数量增速已在下降。时下，各家银行开始着眼于未来，旨在通过为客户实现财富增值，最终达到增加客户对银行的价值贡献。任何银行都愿意将资金借出，特别是在还款可能性很有保障的情况下。客户无论是直接将资金存入账户还是用于购买金融产品，他们的资金都会给银行创造丰厚的回报。银行可能对所提供的私人银行服务收取一定的费用，而银行收费通常非常复杂、消费者很难一下琢磨清楚。但是在私人银行客户看来，由于他们的投资收益大于费用成本，所以认为同私人银行或者银行的私人业务部门建立业务关系很值得。而对作为服务供应商的银行来说，因为能够不时地向一些客户提供过桥融资或者持有大量的在途资金而获益。

　　作者根据 www.investorsoffshore.com 和 www.arbuthnot.co.uk 上的内容编写，并且得到了 Conrad Klopotek 的帮助。

建屋互助协会、互助保险公司、信用联盟和互助协会（参见下文案例）没有股东，它们的所有权为各自的成员拥有，而这些成员通常就是它们的客户。某个成员群体共同拥有一家金融机构的概念在许多国家有很深的历史渊源，比如存贷业务很发达的美国。不过，这些机构或组织之间有一个显著的差别，即互助机构旨在盈利而信用联盟则不仅仅以此为目的。尽管信用联盟是非盈利组织，但我们不能由此认为市场营销理念与它们无关。信用联盟和其他非盈利组织为广泛的客户群体提供服务，并与他们建立关系。此外，信用联盟拥有更广泛的利益相关者关系网络，包括志愿者群体和市政当局各相关部门。信用联盟由于要服务于一系列的相关方或利益相关者群体，它们的营销活动会以一种非正式的方式为各方提供服务（Arnett 等，2003）。

金融服务业

英国银行业联合会（British Banking Association，BBA）的统计数据显示，主流金融服务部门雇用了 50 万员工，而广义的金融行业雇用人数则已超过 110 万，如果算上金融服务业带动的相关经济活动，例如会计、管理、计算机和法律服务等，则金融行业为大约 300 万人解决了就业问题。此外，金融服务业每年为英国的国民生产总值（GDP）贡献 700 亿英镑，相当于英国 GDP 的 6.8%。英国政府每年收缴的企业税总额中有 80 亿英镑来自包括银行在内的金融服务业，占总额的 25%。主要的零售银行管理的银行账户超过 1.25 亿个，每年的结算金额达 70 亿英镑。整个金融服务业有 3 万多台自动取款机（ATM）为客户免费提供服务，每年完成 23 亿英镑的现金提取业务。银行为英国 95% 的民众提供便利的金融服务。2005 年，有 2400 万个人消费者注册了网上银行账户，4200 万消费者注册了电话银行账户，伦敦外汇交易所日均交易业务量达 5600 亿英镑（www.bba.org.uk）。

同样，英国保险业规模居欧洲第一、世界第二的位置，其保费收入占全球保费收入的 11%。英国保险业雇用 309000 名员工，这几乎占金融服务业就业总数的三分之一，相当于汽车制造和电力、天然气以及自来水部门所提供就业岗位总和的 2 倍。2006 年，伦敦股票市场中，来自保险业的投资占到了 15%；其他投资来源中，公司养老基金占 13%，银行占 3%，信托公司占 2%，其他金融机构占 10%。同时，保险业也是英国税收的主要贡献者，2006~2007 税务年度，保险业共上缴了 97 亿英镑税款。此外，保险业也是英国一个主要的出口行业，其净保费的五分之一来自海外业务。这部分的保费收入达 480 亿英镑，其中，企业长期保险业务收入为 340 亿英镑，普通保险业务收入为 140 亿英镑。2007 年，英国保险业每天在养老金和寿险保险金方面的支出为 2.11 亿英镑，具体数据如下（www. abi. org. uk）：

■ 1.93 亿英镑支付给养老金领取者和长期储户

■ 1800 万英镑作为死亡及伤残保险金

■ 5900 万英镑用于支付普通保险理赔

其中每天 5900 万英镑的普通保险理赔支出包括：

■ 1710 万英镑支付私人汽车理赔（每年超过六分之一的私家车车主申请理赔）

■ 1240 万英镑赔付家庭财产损坏或其他财产丢失

■ 590 万英镑用于赔偿企业财产损失

■ 620 万英镑用于责任理赔，比如工伤事故、职业责任保险和商业场所的公共伤害

消费者随着年龄的增长，需要的金融服务也越来越多，所以人们年龄越大，拥有的金融产品数量也就越多。在欧洲，特别是在欧盟的核心国家，几乎所有 14 岁以上的公民都会"消费"一定形式的金融服务。

营销理念

市场营销是帮助从业者和理论学者深入了解市场以及市场中消费者的一门学科，同时也为公司提供能带来竞争优势的专业知识。人们对营销的理解可谓仁者见仁、智者见智，但较为一致的观点是，营销不是去"出售"商品，而是去辨别和满足消费者的需要。聚焦客户应该早已成为营销活动的宗旨，服务供应商要让客户从满足其需求的产品和服务中获益才能打造"客户满意度"。人们都说"客户忠诚度"是市场营销成功的关键，然而，许多公司在致力于追求客户忠诚度时发现，仅有客户满意尚不足以博得客户忠诚或留住客户。市场营销是一个不断发展的学科，营销应该关注的内容也在不断发展变化。因此，营销的定义也是随时间不断改变的。目前，美国营销协会（American Marketing Association，AMA）公布的修订版的营销定义是：市场营销是组织创造、沟通、传递和交换对客户、合作伙伴和社会整体具有价值的产品和服务的一系列活动、制度安排和流程体系（www. marketingpower. com）。

首先，我们应该注意到的是，相对于早前的营销定义以及人们广泛接受的营销概念，这一修订版的营销定义中并没有提到客户满意度。"价值"在市场营销中曾经是一个非常重要的概念，现在仍占据着核心地位。理解消费者的"价值"认知对营销具有深远意义。通常，营销调查用某种形式的量表测量客户的满意度（非常满意……非常不满意）。但是从组织产出结果的角度来看，这种度量结果的价值有待商榷，当然价值本身就是个琢磨不定之事。我们需要注意的第二点是修订版的营销概念关注的焦点和范畴已从消费者扩展到了整个社会。这一定义关注的是在更广泛的市场上进行的产品和服务的交换。Shah 等人在 2006 年发现，尽管依照创造收入来制定稳健的营销策略有很大的优越性，并且以客户为中心的营销过程能够提高公司的竞争力，但仍有些公司尚未采用这种营销理念和方法。Shah 等人（2006）认为，以客户为中心是营销理论中不可辩驳的真理，并列举了推动企业从以产品为中心向以客户为中心转变的五大趋势。它们是：

- 企业提高营销效率的压力不断增大
- 市场多元化进程加剧
- 竞争日益激烈
- 见多识广的消费者要求越来越高
- 技术进步速度越来越快

金融机构同其他组织一样面临上述的各种压力，它们的当务之急是要重振营销的力量，恰如其分地满足客户的需求。表 1.1 描述的是以产品为中心和以客户为中心的金融服务理念指导下的金融服务方法对比。

表 1.1　金融服务中以产品为中心和以客户为中心的营销理念及其服务方法对比

	以产品为中心	以客户为中心
基本理念	出售产品：将产品出售给任何一个愿意购买的人	服务客户：所有的决定都以客户和获得优势的机会为出发点
经营导向	交易导向	关系导向
产品定位	突出产品特色与优势	突出满足个人消费者需求的产品特性
组织结构	产品利润中心，产品经理，产品销售团队，例如按揭贷款	分类客户中心，客户关系经理，分类客户销售团队，例如高净值客户
组织核心	产品利润中心，产品开发，新客户开发，市场份额增长，客户关系是营销部门关注的问题	外部重心，客户关系开发，客户忠诚度创造的利润，雇员是客户服务的倡导者

续表

	以产品为中心	以客户为中心
绩效指标	新产品的数量，每种产品的利润，产品/子产品的市场份额	客户资金的占有量，客户满意度，客户终身价值，客户资产
管理标准	产品组合	客户组合
销售方法	能够将这个产品出售给多少个客户	能够出售给这个客户多少个产品？如何同客户共同创造价值
客户知识	客户数据是控制机制	客户知识创造了有价值的资产

资料来源：摘自 Shah 等，2006；Vargo 和 Lusch，2008。

　　这样的对比给我们一个很重要的启示是尽管销售产品本身是成功的营销活动所必备的部分，但它却并不是最终的目标。特别值得我们注意的是，这两种方式的绩效考核指标有很大的不同。以客户为中心的观点是以客户花费在某一组织的特定产品上的金额多少为考核的指标，而不是这种产品的市场份额。同其他零售商一样，金融机构也是把客户资金占有量作为经营目标的重中之重。你能出售给客户什么并不重要，重要的是多大比例的客户在某类商品需求上依赖你所提供的产品，包括日用品或者金融服务。这样的考核指标对以产品为中心的企业具有启示意义，这些企业仍然会把销售量作为成功的标准，并不深入思考消费者是如何使用产品以及这些产品是如何与其他产品搭配使用的。这些企业并不清楚一个特定的消费者会拥有多少这样的产品，他们也不清楚这些客户对某一品牌的忠诚度到底有多高。在市场上升阶段，企业产品的销售量自然会增长，但如果企业不掌握上述信息则意味着它容易遭受其他企业的竞争挑战，特别是来自对客户了解更充分、更理解客户使用产品情况的企业的挑战。相较于其他类型的组织，金融机构对客户的了解要更多，特别是为客户建立了活期账户的金融企业。在掌握客户信息方面，它们处于优势地位，能更好地理解客户需要什么样的金融产品。当然，有一点金融服务商要注意，给客户直接邮寄葬礼服务项目的信息仍然会引起消费者相当负面的反应。

　　金融机构的销售方法也是一个非常重要的话题。正是由于它们销售方法不当，将按揭贷款提供给一些不能按期还贷的客户，最终成为信贷危机的导火索。目前，这些客户的按揭贷款都已违约，银行和其他贷款人也处于资金紧缺的窘境。金融机构的组织结构（参见组织结构图）往往能表明其业务中心是什么。本书作者之一对高街金融服务供应商（high street financial providers）进行了相关调查。一位被调查者指出，公司业务按产品划分会给建立客户关系造成极大困难。这位被调查者指的是公司结构根据按揭贷款、信用卡、活期账户等产品类别而设定，导致公司很难全面了解同一位客户在不同产品类别上的消费情况，妨碍了客户信息的收集。组织的业务核心与其结构密切关联，任何一方面的改变都会牵动其他相关方的联动变化，所以，组织结构的变化意味着其业务核心的改变。可以说组织结构的变化代表了公司业务核心的转变。零售业的情况已经证实，企业竞争优势的一个来源是企业管理和分析客户信息，并据此制定经营战略的能力。正如表 1.1 所示，以客户为中心能够使企业在制定战略时创造性地分析和利用信息。现实中极少有公司承认自己仍在以产品为中心地运作，可惜表 1.1 中的特征分析告诉我们，事实远非如此。

服务营销

最近关于市场营销的讨论已经颠覆了人们早前对服务概念的理解和对服务本质之于营销的影响作用的认识，一种服务的新观点正在形成。北欧营销学派的代表人物格朗鲁斯（Gronroos，2006）认为营销的核心依然是价值，尽管北欧学派的学者们用互动这一概念替代了交换，互动在这里强调了服务体验过程中消费者作用的重要性。由于这一学派的关注焦点是服务，消费者在服务过程中扮演着价值的共同创造者角色。换言之，在使用服务（或商品）的过程中，消费者在用自己的方式使用服务的同时创造了属于自己的价值。北欧学派的观点是市场营销应该设计和管理好服务体验过程，以此来获得"使用的价值"。也就是说，商品的价值或者服务的价值取决于消费者如何使用它们。纯互联网活期账户可以满足消费者对"使用价值"的一些需求，例如随时随地可用、轻松支付、直接交易以及普遍接受的安全性保障。

上述这一服务新观点强调，服务已经成为通过专业技能和知识提供产品的重要组成内容，消费者在这里充当价值的共同创造者这一角色（Vargo 和 Lusch，2004）。Vargo 和 Lusch 还认为，从共同创造的角度来看，应该视消费者为价值的共同创造者而不是产品和销售的目标（见图 1.1）。这两个观点对市场营销有重大启示意义。首先，消费者在营销的过程中不应该被动而应该主动参与进来。在金融服务营销中消费者参与会如何体现呢？前文提到的活期账户就是个例子。抵押贷款、定期储蓄账户业务和保险业务都可以在网上完成。通过互联网，消费者可以输入信息，并设定各种服务要求。如果服务供应商和消费者对彼此的要求都满意，交易就可以顺利完成。在这种情况下，消费者是交易的发起者，他首先要提供自己的信息，提出自己的要求，然后在多种可选方案中作出选择。金融服务并不是整齐地排列在架子上等待消费者来挑选，而是在金融机构与消费者之间的互动中产生，比如信用卡的注册和后续使用。

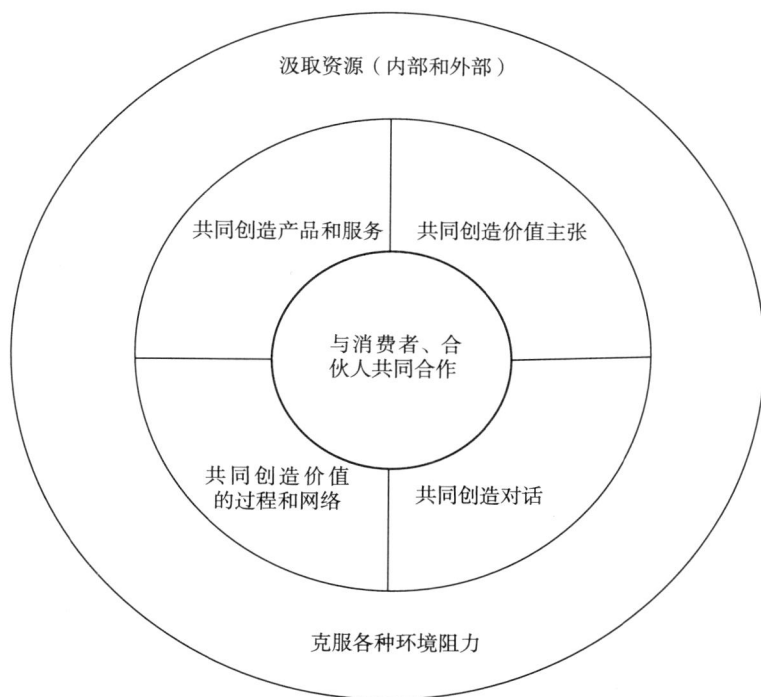

资料来源：摘自 Lusch 和 Vargo，2006。

图 1.2　服务主导的市场营销

图 1.2 阐述了企业与消费者共同创造价值的过程。最外圈代表营销环境，企业对营销环境的控制力很有限，中间的圆圈代表了从营销的"4P"法则引申而出的营销决策变量，最内圈指的是消费者。在市场营销中，所谓服务主导理念，其主旨是消费者是重要的资源，成功的营销过程是通过企业与消费者共同创造价值来实现的。我们应该如何把服务主导营销理念应用到金融服务业呢？金融服务的一个重要特点就是产品与服务的复杂性，例如购买金融服务时常常有复杂的附加条款，且字号极小，很难辨读。这种复杂性是指金

融机构掌握的信息以及对信息的解读能力通常要优于消费者，即存在信息不对称的问题。信息不对称可能会导致金融服务商以产品为中心的营销思想盛行，更严重的便是金融机构出现的各类投机行为（见表1.1）。服务主导理念可以使金融机构最大限度地了解消费者和产品，在此基础上创造出对双方都有价值的产品与服务，例如向能够持续还款的借款人提供按揭贷款，而把抵押贷款出售给根本不具备持续还款能力的人会给各方造成一损俱损的恶果。

服务主导理念还在不断发展，北欧学派倡导的服务管理理念将对金融机构如何理解、阐释和应用营销理论产生全面的影响。

服务营销的内容

虽然人们已经广泛认同营销是价值共同创造的过程这一观点，但作为一个比较新的理论，它能真正融入主流金融服务部门的思想和行动尚待时日。因此，目前更实际的做法是我们能参考一些传统的分析方法来理解服务营销。服务有一些共同的特征，消费者可能已经对这些特征比较熟悉，并对当下许多营销策略持接受态度。不过正如传统的营销理论有"4P"原则作为基础，有许多营销要素适用于服务营销，拉夫洛克（Lovelock，2001）认为服务营销应该包括"8P"。下面依次列出这8项要素，并相应给出它们在金融服务中的具体表现形式。

产品要素（product element）

即核心产品特色和辅助性服务特色。服务应该为消费者创造价值，例如在英国，法律规定汽车车主必须购买汽车保险，但是核心产品通常会包括其他特色服务，供消费者依据自身的具体情况以及风险偏好进行选择。例如，许多汽车保险组合在被保车辆无法使用时会提供备用车服务；在发生纠纷时提供法律咨询服务或事故救援服务。

销售渠道与时间（place and time）

即销售服务的方式。许多基本的金融服务都提供24/7服务或者借助ATM提供工作日全天候服务。其他服务可以通过与金融机构或者它们的代理人、中介机构交流沟通而获得。

过程（process）

即各方创造、使用或者共同生产服务的方式和手段。消费者在服务的生产或创造过程中扮演着重要的角色。网上按揭经纪业务中，消费者要能区别众多的按揭产品，就必须对所提供的各类产品有充分的了解，自信地按操作步骤进行选择，例如保险对比网站的操作流程。网上交易的一个缺点就是涉及的资金相对较少。服务商的营销过程设计可以借助信息透明、使用和操控便利形成竞争优势（参见 www. charcolonline. co. uk）。

效率和质量（productivity and quality）

效率和质量是不可分的。效率是指企业将服务的投入转换成客户所认同的产出方式。在金融服务业中，规模经济一向被认为是降低成本的关键，生产效率就成为关键的环节；当然规模经济不一定降低价格。保持产品质量也是非常必要的，如果产品质量不过硬，消费者会转向其他竞争者提供的更优质的产品。然而，产品质量由什么构成以及消费者如何看待产品质量则是一个既复杂又变化不定的事情。

参与者（people）

由本地银行经理负责拓展和维护客户关系的时代已经过去。而今，支行工作人员、呼叫中心的工作人员和后台支持人员对于创造新服务、开发新系统、销售服务、开发和维持客户关系都至关重要。金融机构在雇员培训和职业发展方面进行投资、设计合理的薪酬体系和合适的激励机制都有助于形成精干有效的员工队伍。作为第一家虚拟银行，第一直线银行（First Direct）拥有优秀的前台工作人员，这些工作人员对客户的服务互动预期以及个性化服务需求的反应十分敏锐。

促销和教育（promotion and education）

促销和教育是指零售金融服务商大量使用的各种营销沟通活动。教育帮助消费者了解金融服务可能给他们带来哪些好处、掌握获得更多收益的方法。但由于金融业竞争激烈，产品差异化和供应商之间的差异化都很难体现，在这种情况下，促销有利于供应商把自身相较于竞争对手的优势介绍清楚。此外，营销沟通活动的方式和方法还要符合金融监管的要求。

服务的有形展示（physical evidence）

传统意义上，服务商借助某些有形的元素来实现服务无形性的有形展示，比如，银行的业务场所通常给人带来恒久、安全的感觉，当然现在的银行也越来越像零售场所那样拼货架展示其产品和服务。此外还可以借助品牌形象、商标和吉祥物进行展示，例如，丘吉尔保险公司的代言狗，它们可以为企业树立良好的外在形象。

价格和使用成本 （price and user costs）

尽管金融服务业的价格竞争非常激烈，消费者仍然直接或间接地为之付出了不菲的代价。相关监管部门规定了银行的广告宣传方式，并要求银行必须公布其产品或服务的各项收费标准。目前来看，银行的服务收费问题已经成为金融服务领域中一个颇具争议的话题。

随着服务主导理念对营销影响力的日益增加，服务营销中的若干"Ps"法则的重要性可能会变小。但是在现阶段，它们仍然有一定的相关性和指导意义。我们将在下面的章节中进行详细的讨论。

金融服务

大量服务营销的文献试图以如何为客户提供个性化服务或者创造差异化服务的方式对服务进行分类（Kasper 等，2006）。对服务进行分类的价值在于方便制定服务营销策略。正如前文所提到的那样，金融服务所涵盖的内容和种类非常丰富。我们试着做服务分类时对服务的丰富性感受颇深，例如，对于富有并且金融素养较高的客户而言，高度个性化和差异化的产品是必需的；ATM 虽然在个性化和差异化两方面不能提供任何帮助，但它可以为客户提供共同创造的价值平台。多伊尔（Doyle，2002）认为金融服务属于竞争性产品。他提出的服务分类指标包括客户接触、目标、所有权和市场类型。多伊尔强调这些指标应该根据服务的性质和服务的消费方不同而有所变化。人们很难对金融产品和服务进行评估，这是金融服务与其他服务显著不同的地方。金融服务通常通过一系列的服务系统提供给消费者，这一过程中存在服务商和消费者有共同创造的机会，而消费者购买金融服务是为了实现某种目的。

市场环境对营销工作同样重要，营销人员要积极关注。例如企业对消费者（B2C）或者企业对企业（B2B）的营销环境会有不同。银行网站的内容表明它们将所面对的市场分成了几类，例如汇丰银行（HBSC）提供基础金融服务（premier banking）、个人业务（personal banking）、公司业务（business and corporate banking）、全球业务（global banking）和市场间（markets）以及私人银行业务（private banking）（参见 www. hsbc. com）。私人银行业务提供的产品包括同客户之间专业化的金融关系服务。客户通常分为核心富裕人群、高端财富人群和超高端财富人群，同时也看他们的财富来自前辈还是自己收入所得（Foehn，2004）。法国安盛保险（AXA Insurance）列出了三个潜在市场：个人、商务和中介（www. axa. co. uk）。除了美国国际集团（American International Group，AIG）以外，大部分保险公司并没遭受信贷危机的严重影响。

案例 1.3

巨人倒下

　　美国国际集团是英国曼联足球俱乐部的赞助商。在这次危机中，它靠美国政府提供的 1500 亿美元救助金来渡过难关。美国国际集团的首席执行官解释说："我们的核心业务是普通保险业务，但公司为一些银行产品和交易提供保险服务，已经偏离了主业。"美国国际集团为很多大公司，特别重要的是为很多银行提供保险服务。如果一家投资银行在从事一项复杂的交易，美国国际集团就提供一种名为"信用违约掉期"（Credit Default Swaps，CDS）的产品来保证这项交易不出现差池。美国国际集团曾连续三个季度出现亏损，总金额达 185 亿美元。这令美国国际集团此后一段时间遭受巨大的资金缺口压力。由于美国国际集团在全球范围内为诸多金融机构提供风险担保，是个关键承保人，而且它的亏损主要与住房和信用市场密切相关。美国国际集团本身虽然资金充沛，但它的资金主要被套在一些难以出售或者难以估值的产品或交易中，不易变现。美国国际集团急需资金来维持公司的日常经营，而美联储是唯一愿意向它提供资金帮助的机构。美联储还会接手美国国际集团的信用违约掉期和抵押贷款支持资产（Mortgage - Backed Assets，MBAs）。2008 年 9 月，正是这两部分资产把美国国际集团拖累到了濒临倒闭的边缘。这些资产价值的持续下跌导致美国国际集团的资产负债表缩水达数十亿美元，因为公司不得不支付给交易对手更多的资金。

　　作者根据 www. bbs. co. uk 和 www. ft. com 上的内容编写。

　　服务主导理念强调消费者可以参与价值共同创造或生产，这对现行的产品分类方法有指导意义。服务主导理念要求金融机构和组织能够从为消费者创造价值的角度重新审视产品，并视服务为互动和过程。金融服务可以为消费者提供什么样的参与空间呢？难道金融服务不是终端结果吗？金融服务会带来哪些收益呢？比如说各类贷款，它们都涉及本金和利息；信用卡有不同利率；为了满足不同消费者的需要，按揭贷款也可细分出很多种，包括偿还本金、仅偿付利息、固定利率、封顶利率、标准可变利率和折扣利率等。尽管对市场营销人员而言，金融服务的分类是非常重要的工作，各种分类方法要因产品的不同而有所变化。遗憾的是，这些做法都与服务主导理念或客户中心逻辑背道而驰。

技术发展

从 ATM 到网上银行，再到信息系统对交易活动的跟踪以及对客户信息的记录储存，技术发展对金融服务的影响越来越深刻。技术发展降低了行业的进入壁垒（Howells 和 Bain，2007），超市和零售商也纷纷进军金融业市场，加剧了市场的竞争态势。近年来，金融服务发生了许多重大变化，包括：在服务提供和消费过程中越来越多地使用新技术；客户的金融服务消费信心不断提高；金融服务全球化尽管在零售领域并不明显，但是依然形成了大趋势；政府监管不断加强，同时金融服务供应商的盈利水平在不断攀高。

企业社会责任

人们越来越对企业活动和行为方式深感担忧。比较著名的有与安然公司相关的系列事件，信贷危机也说明企业并没有遵守商业惯例、行业规范，或者按照人们普遍认同的伦理道德和可持续发展原则开展经营活动。企业社会责任（Corporate Sosial Responsibility，CSR）是一个很宽泛的概念，有许多不同的解读，包括商业伦理惯例、环保政策和社会公益事业。金融服务业已认同企业社会责任的理念（参见 www. barclays. com/sustainability-report07），但是银行，特别是提供按揭贷款的银行，面临的挑战是它们的营销策略如何体现应有的责任感和可持续发展精神，并借此摆脱信贷危机而继续前行。

后信贷危机

在英国，人们在反复讨论哪些行为导致了信贷危机，并且似乎都认为决策失误和监管不力难辞其咎。反观一些深陷困境的金融机构的所作所为，比如说，锁定某些特殊的消费群体作为营销策略，而这些消费者的违约可能性极高，在正常情况下他们不可能成为银行的贷款对象。这些人群就是通常所指的次贷消费者。这类客户现在正经历着财务和情感上的困境：按揭贷款逾期、房屋被收回、生活的美梦被打碎。这些人的经历是对一些银行贷款行为的严重控诉。英国政府或者其他大银行已经接管了这些银行。英国的经济状况在不断恶化，2009 年上半年发生住房按揭贷款逾期的家庭数量达到 24100户，预计全年累计达到 65000 户。半年总计已有 205600 份按揭贷款逾期，占按揭贷款余额的 2.5% 或者更高，预计到 2009 年底按揭贷款逾期总数会达到360000 份。2009 年 6 月，英国抵押贷款机构理事会下调了整年的贷款逾期数（www.cml.org.uk）。住房被收回对每一个人来说都是非常失败的经历，借贷人失去了他们的安身之处，放贷机构不仅收不回贷款资金，而且可能会变得更加声名狼藉。

　　银行业的境况真的变了吗？的确如此，一些主流银行纷纷合并，首当其冲的就是劳合银行（Lloyds TSB）收购了苏格兰哈利法克斯银行（HBOS）。来自西班牙的桑坦德银行（Santander）也很占便宜地收购了英国联合莱斯特银行（Alliance & Leicester），并因诸如此类的收购而迅速壮大。英国政府现在拥有北岩银行（Northern Rock）和布拉德福德·宾利银行集团（Bradford & Bingley，B&B）的部分股权，并会在适当的时候将它们私有化。短期来看，银行关心的是达到均衡的形式、满足客户的需要、重新获得在利益相关者心目中的地位。从市场营销的角度来看，这涉及金融机构如何重树信心，他们需要重新审视和全面评估他们的经营方式。信贷危机也给非银行类企业提供了一些机会，使他们得以提高其在金融服务领域的业务比重。当前的营销主题讨论重点强调消费者与企业共同创造价值，这可以为金融机构未来的营销方式提供一些指导。

第一章小结

　　本章主要探讨和阐述了如下内容：

　　• 如果说营销的核心关注点不是产品而是价值创造，那么金融服务营销如何创造价值呢？

　　• 提供金融产品和服务的机构很多，所提供的产品和服务范围也很广泛。

　　• 目前"销售"金融服务仍然是一种趋势。服务主导逻辑这一观点的不断深化对金融机构认清服务的本质具有深远的影响。共同创造价值的观点将会对服务的分类、生产和消费的方式带来重要变化。

- 许多金融机构已经接受企业社会责任观念并开展了相关活动，但这些外在表现并不能表明企业社会责任已影响了金融机构的经营实践。
- 信贷危机可能会促使金融机构进一步采取以客户为中心的营销理念和方法或者基于价值共同创造的服务主导营销理念开展业务实践。

参考文献

［1］Arnett，D.，German，S. and Hunt，S. D.（2003）"The Identity Salience Model of Relationship Marketing Success：The Case of Nonprofit Marketing"，*Journal of Marketing*，Vol. 69，No. 2，pp. 89 – 105.

［2］Cheverton，P.，Hughes，T.，Foss，B. and Stone，M.（2005）*Key Account Management in Financial Services*，London and Philadelphia，Kogan Page.

［3］Doyle，P.（2002）*Marketing Management and Strategy*，Harlow，FT Prentice Hall.

［4］Foehn，P.（2004）"Client Valuation in Private Banking：Results of a Case Study in Switzerland"，*Managing Service Quality*，Vol. 14，No. 2/3，pp. 195 – 204.

［5］Gronroos，C.（2006）"Adapting a Service Logic for Marketing"，*Marketing Theory*，Vol. 6，No. 3，pp. 317 – 33.

［6］Howells，P. and Bain，K.（2007），*Financial Markets and Institutions*，5th edn，Harlow，FT Prentice Hall.

［7］Kasper，H.，van Helsdingen，P. and Gabbott，M.（2006）*Services Marketing Management：A Strategic Perspective*，2th edn，Chichester，John Wiley & Co.

［8］Lovelock，C.（2001）*Services Marketing：People，Technology，Strategy*，4th edn，Upper Saddle River，Prentice Hall.

［9］Lusch，R. and Vargo，S.（2006）"Service – Dominant Logic and a Foundation for General Theory"，in R. Lusch and S. Vargo（eds），*The Service – Dominant Logic of Marketing：Dialog，Debate and Directions*，New York，ME Sharpe.

［10］Shah，D.，Rust，R.，Parasuraman，A.，Staelin，R. and Day，G.

（2006）"The Path to Customer Centricity"，*Journal of Service Research*，Vol. 9，No. 2，pp. 113 – 24.

　　［11］Vargo，S. and Lusch. R.（2008）"From Goods to Service（s）：Divergences and Convergences of Logics"，*Industrial Marketing Management*，Vol. 37，pp. 254 – 9.

扩展阅读

　　［1］www. bba. org. uk
　　［2］www. abi. org. uk
　　［3］www. cml. org. uk
　　［4］www. fsa. gov. uk

思考题

　　1. 在星期天的报纸上找到普通金融服务的"最佳购物清单"。选择其中一种产品，比如说储蓄。假设你现在正在为购买汽车而储蓄，你计划先存1000 英镑，并在接下来的 9 个月里陆续增加存款，等选择到合适的汽车时就把钱取出来用。请仔细阅读所列出的各类账户，再制作一张表格。然后从利率、最小存款金额、账户使用、罚金、利息支付的频率、取款通知要求和贷款人情况等方面考虑，选取一些最适合的账户形式，填入表格。你认为做这些决策容易吗？你有多少种选择呢？

　　2. 金融机构如何解决消费者的信心问题呢？

　　3. "价值共同创造"的观点是如何契合你的生活方式的？如果你可以同金融机构共同创造价值，你和金融机构分别可以从中得到什么收益？哪一种金融服务最适合应用这一新理念？

案例学习

互助协会万岁

　　消费者对互助金融机构和互助协会的产品需求在急剧上升。公众似乎正在寻求盈利性金融机构金融产品的替代品。互助金融机构的所有权归它们的成员，即它们的客户共同拥有，而不像大多数银行和大型保险公司那样为股东所有。互助性金融机构认为，相较于由股东持有的金融机构而言，它们的回报更高、费用更低、服务更好。许多金融机构都是以"非互助化"的形式存在的，例如，北岩银行和阿比国民银行（Abbey），人们普遍认为互助协会应该建立在他们的传统理念之上，并且在经济和社会生活方面发挥更大的作用（Carbo 等，2000）。互助性金融机构的客户通常是较为年长、金融知识较丰富的个体投资者，他们深刻理解"互助"概念在金融业务中的意义。他们对自主选择符合自己生活方式的金融产品的能力深信不疑，更重要的是对这些金融机构而言，产品选择则要符合他们互助的传统理念。互助金融机构不需要去迎合股东的欲望，也不需要支付日益膨胀的薪酬。已经有一些年轻的储蓄者加入了互助协会；这给互助保险行业协会（NFU）带来他们所渴望的惊喜。互助机构经营业绩上扬的动力也可能源于人们越来越关注有社会责任感的企业，它们不会奖励行为失当的经理人。尽管很多人都会为互助协会重燃信心，但仍有人质疑：互助协会是否比其他金融机构更安全或提供更有价值的产品？抑或只是在选择其他服务商风险更大的时候，互助协会才显得更有吸引力？

金融服务中体现互助性的一个典型例子就是友好联社（Friendly Society）。成立此类联社旨在鼓励人们以自我负责的态度，能够在金融资源有限的情况下改善自己的经济状况。友好联社最初可能起源于罗马时代，到现在已有几百年的历史。他们最初的理念是，如果一群人组成一个互助基金，那么其中的成员会在需要帮助的时候获得帮助。互助会早期的会议形式是社交聚会，聚会时参加者交纳入会费。19世纪城镇和产业经济不断发展，人们很难只依靠农村社区满足生活所需，在这样的背景下友好联社逐渐发展壮大起来。国家的扶贫计划也考虑和涵盖了来自工厂的威胁。英国政府鼓励人们加入这类联社，并通过了1875年友好联社法案，建立了联社审计和注册登记管理体系。越来越多的人加入了互助协会，到了19世纪后期，有大约27000个登记在册的互助协会。许多互助协会的名字都能反映出它们"互助"的传统，人们也能凭这些名字将互助协会分为许多类别，比如，以地名来命名的"利物浦"和以产品来命名的"医疗保健"。牧羊人互助协会（Shepherds Friendly Society）建立于1826年，最初的名字是古代牧羊人精忠会（Loyal Order of the Ancients Shepherds），创始人取这个名字的原因是"好的牧羊人可以呵护好他的羊群"。牧羊人互助协会的总部在英国柴郡，提供一系列免税储蓄产品以及创新的按揭贷款保护计划。

第二次世界大战之后，欧洲陆续创建了福利国家。此前在英国，互助协会是工薪阶层在生病和年老之后的唯一选择。那时，没有收入通常意味着要终生乞讨或者住在救济院里。互助协会对其成员的重要性和提供的产品的价值意义重大。20世纪，随着"福利国家"概念的引进，互助协会的工作人员已经掌握了推动新计划的专业技术，并且在计划实施管理方面发挥重要的作用。与此同时，"福利国家"也使得互助协会的成员数量有所减少。然而，现在的政府政策总在寻求机会减少自己在提供社会福利方面的责任。像互助协会这样的组织很有可能有机会重新发展壮大，提供像养老金这样的必要的金融产品。

2008年，英国大约有200家互助协会。许多协会还停留在地方化的阶段，另外一些则已经成长为全国性的组织，为它们的成员提供复杂的金融服务产品。在经济和社会问题所驱动下，由会员共有的合作社和互助保险公司不仅关注经营状况，还要兼顾他们协会成员的生活质量。2004年9月13日，英国13家最大的互助保险公司组成了互助保险行业协会（Association of Mutual Insurers，AMI），成为英国第一家代表互助保险公司的国家级行业协会，它代表着互助性的商业模式。

表 C1.1 互助协会的代表性产品

储蓄/投资	免税储蓄，养老金，信托基金，保险储蓄账户，债券，儿童储蓄，葬礼费用，新型儿童信托基金
医疗保险	医疗现金报销，疾病保险，永久健康/收入保护，个人医疗保险，重大疾病保险
人寿保险	定期人寿保险，终身寿险
养老金	个人养老金
企业年金	强制购买年金，伤残终身年金，一次性付费终生养老保险
其他	自由医疗补贴，社会慈善活动，分公司提供的普通保险和其他服务

资料来源：www.shepherdsfriendly.co.uk。

互助协会始终秉持互助友好的传统，鼓励储蓄、提供金融产品，主要包括养老金、医疗保健、保险以及银行服务等。这些产品使客户能够自主决策，对自己和家庭承担起责任。此外，还有一些为向儿童提供启蒙教育的节税储蓄计划。由于针对互助协会有税收减免政策，许多产品因此有更高的收益。当然，这些受益者是互助协会成员而非股东。1992年互助协会法案扩大了互助协会的权力和权限，它们可以通过子公司提供更多样的金融服务。

互助协会的发展历程中也会有一些意外事件，比如说公平人寿公司的倒闭事件。但保险互助协会认为公平人寿的倒闭使互助协会的管理更加完善，确保投资者的利益得到更好的保护。另一个评估互助协会的指标是它们为客户提供长期价值的能力。互助保险行业协会的数据表明，过去十年投入互助协会6000英镑的投资者将会获得比上市公司高出14%的收益率。十年期、十五年期、二十年期保单的收益也是如此，投保人可以获得比盈利性金融机构更高的投资回报。

案例思考

1. 金融机构不设立股东有哪些意义？

2. 友好互助精神对购买金融产品有重要影响吗？

3. 浏览互助协会所提供的产品，在这些产品中，客户和服务商如何能共同创造价值呢？互助协会如何宣传它们产品的价值呢？对营销这些产品你有哪些建议呢？

4. 信贷危机给互助协会提供了哪些机会？互助协会该如何充分利用这些机会呢？

参考文献

[1] Carbo, S., Gardener, E., Molyneus, P. and Williams, J. (2000) "Adaptive Strategies by European Savings Banks: A Case Study of Spain", in E. Gardener and J. Falzon (eds), *Strategic Challenges in European Banking*, Basingstoke, Macmillan Press.

[2] Compiled by the Jillian Dawes Farquhar from: www. afs. org. uk, www. mutualinsurers. org. ku, www. open. ac. uk/socialsciences, www. timeson-line. co. uk/tol/money, www. shepherdsfriendly. co. uk

非常感谢牧羊人互助协会的温迪·贝克特以及她的同事提供的帮助。

第二章

金融服务的环境

学习目标

学习本章后，读者应该掌握以下几点：

- 了解影响金融服务营销的关键外部因素
- 理解金融服务营销中环境分析的重要性
- 把利益相关者纳入环境分析体系中

引言

英国金融业就业人数超过 110 万，如果再加上会计、贸易、计算机和法律咨询等相关行业的员工，英国金融业从业人员大约有 300 万。银行和金融服务业为英国的 GDP 贡献了 700 亿英镑，占 GDP 的 6.8%；同时为英国政府提供了 80 亿英镑的税收，占英国公司所得税总量的 25%；主要的零售银行拥有 1.25 亿个账户、每年交易结算 70 亿笔、每年通过 3 万台 ATM 完成 23 亿英镑的取款交易。银行为英国 95% 的人口提供了方便快捷的服务。2005 年，2400 万客户在线注册了银行账户，4200 万客户通过手机注册了银行账户。自 2003 年 4 月以来，银行已经通过邮局系统开立了 180 万个基本账户。作为国际银行业务的中心，伦敦外汇业务每天的交易量是 5600 亿英镑。英国银行业联合会称，英国拥有全球最有竞争力、最有效、最安全的银行系统，同时也是全球银行成本最低的国家（www.bba.org.uk）。2008 年，全球金融服务业发生严重的危机，很大程度上是由于不良的按揭贷款支持债券引起的。最初，危机爆发于美国，而后迅速蔓延到英国以及其他欧洲国家。

引发这次危机的主要导火索是某些银行过分追求利润的增长。这些年来，市场上逐渐汇聚形成了一个新型客户群体，他们希望得到贷款后既能够在英国又能够在美国购房。显然，新客户群的风险水平很高，这引起人们关注和研究如何处理相应的风险问题。新客户群形成的市场被称为次贷市场，因为它相比于主流信贷市场或低风险市场而言吸引力比较低。债权人通常把其他活动中获得的低风险贷款同这些次级贷款进行打包处理，这一过程被称为证券化。这些资产打包之后在全球范围内被出售给其他金融机构。2005年之前，这种证券化运作一直进行得顺风顺水。然而，2005年美国利率的上升导致大量次级贷款的借款人违约。由于优良贷款和不良贷款已经被良莠混搭打包处理，人们就很难计算次级贷款市场的规模和借出资金的规模。第一家被危机波及的英国金融机构是前身为互助协会的北岩银行。北岩银行通过借出超过自身资产数量的高风险贷款而获得急速的发展。北岩银行由于不能偿还债务，在2008年被英国政府国有化，而在此之前，北岩银行的商业模式一直为人称道。自从北岩银行国有化之后，不少原本体系完善的抵押银行也相继被国有化或者被其他银行收购，这些收购方银行手里的次贷头寸较小或受冰岛银行破产浪潮冲击较小。

英国的互助协会也没能在危机中幸免。作为全国最大的互助协会，全英房屋抵押贷款协会（Nationwide）在2008年下半年收购了两家较小的地方性互助协会——柴郡互助协会和德比郡互助协会。2008年，由于许多拥有大量次贷头寸的银行和债权人无法从金融市场中借入资金来偿还债务，金融机构的合并案数量迅速增加，导致银行和互助协会的数量曾一度大幅缩水。

金融服务环境概览

任何组织制定营销策略的重要一环是了解自身所处的经营环境，即企业要通过环境分析来理解自身的经营环境。目前，有许多理论模型可以帮助金融机构系统地分析它们的经营环境，比如"PEST法"（Kotler等，2008）和"STEP法"（Brassington和Pettitt，2006）。其中的大写字母分别是政治/监管（political/regulatory）、经济（economic）、社会文化（social/cultural）和技术（technological）的英文首字母（见图2.1）。金融机构的经营活动遍布全球各地，这一点在日常交易中可能并不显而易见。但是洲际交易时刻都在发生，银行之间互相提供借贷资金，大型企业在全球范围内开展业务经营，它们的经营活动都需要金融基础设施的支持。实践中，次级贷款债务问题在全球范围的金融机构之间不断传递，2008年爆发的金融危机充分体现了金融机构之间的相互依赖性。金融业的影响力十分巨大，或许银行家们都希望通过提供金融服务改变自身的命运。2008年的金融危机表明，金融业同其他行业一样受环境变化的影响和制约，而众所周知，任何营销工作的基本都是由对环境的不断分析构成的。因此，金融机构需要借助一个系统的分析框架来理解自身的经营环境，积极发现环境以外的其他情况，这将有利于金融机构对自身的经营形势作比较客观的评价。

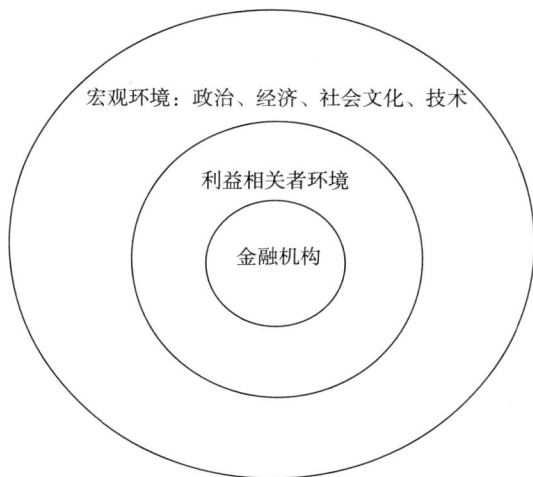

图2.1 金融服务的环境因素框架

图2.1表明金融机构要考虑两种关键的环境因素。一是宏观环境，包括四个主要因素：政治因素，经济因素（这里包括自然环境），社会文化因素，技术因素。二是利益相关者环境，我们稍后将在本章进行讨论，它包括与金融机构关系密切的许多参与方，这些参与方与第一章提出的营销概念中涵盖的内容十分一致。接下来，我们对宏观环境进行分析。

政治/监管环境

由于金融服务业经营规模大，并且在货币供给中发挥核心作用，它们与政府间存在着特殊的关系，至少理论上它们受政府的严格管制。对金融机构进行监管有以下四方面的原因：

一是要保护投资者。由于许多金融工具的质量不易评估，因此，让投资者了解潜在的风险非常必要。通常来说，投资者自己应该在风险判断这方面承担一定的责任。

二是要鼓励竞争，防止垄断。通过对新进入者开放市场来鼓励竞争，避免一些占主导地位的大型金融机构变得过度集中垄断。然而，2008 年的信贷危机导致英国和欧洲其他国家的零售金融机构数量显著减少。最著名的案例是劳合银行（Lloyds TSB）收购了苏格兰哈利法克斯银行（Halifax Bank of Scotland，HBOS）。事实上，如果在经济不这么动荡的年代，这一收购不可能得到英国竞争委员会、英国商务部、企业和监管改革委员会的支持。

三是要减少非法活动的数量。例如犯罪分子利用金融系统进行洗钱活动（参见 www. hm – treasury. gov. uk/2643. htm 上的例子）。

四是要强调外部因素的重要性。外部因素会破坏金融服务系统的稳定性。外部因素的一个例子是按揭贷款支持债券的创造和发行（Heffernan，2005）。

为了管理这些不同的目标，各国和国际社会成立了很多权威机构和团体组织对金融机构的服务活动进行监督。下文将介绍其中一些主要的机构或组织。

一监管机构

在英国，金融服务管理局负责对金融服务的监管：

"监督"一词被用来描述我们同被授权机构的日常监管关系。我们有责任对企业进行监督和调控，以使它们符合监管要求。

www. fsa. gov. uk

正如案例 2.1 所示，英国金融服务管理局根据保护投资者权益的需求，特别是在识别金融机构中不公正行为方面发挥作用。

案例 2.1

不公正行为与金融服务管理局

一些产品和信息对消费者而言很难理解

一些金融产品缺乏透明度，对于大多数消费者来说完全不能理解。这些产品的构造方式也容易给消费者造成损失，包括高预付费用、隐性罚款和不正当地利用单方面处置权（类似于"霸王条款"）。

消费者在售后不能得到及时适当的信息更新

消费者通常不能或无法获得产品或服务的表现业绩，或者无法获得其他可能更适合他们的产品或服务的信息。

产品或企业通常不能满足消费者因被诱导而产生的预期

金融促销宣传或者销售过程会使消费者对产品或服务产生预期，但这些预期在很大程度上不能被满足，特别是在促销之后消费者常有不愉快的经历。

服务商阻碍消费者更换产品或更换服务商

一些业务中存在与转换产品或服务商成本无关的各种经济处罚，还有的业务中存在一些"麻烦的因素"阻碍消费者转向其他更有价值的产品或服务。

消费者的投诉得不到妥善处理

不同金融机构的公司条例会有不同，但许多公司都没有把有效处理消费者的询问和投诉当做工作的重点，这在金融服务商的服务系统设计、资源配置、公司文化和产品和服务上都有所体现。

摘自金融服务管理局 2001 年 6 月简报文章，题为：售后要公平善待消费者（Financial Services Authority，"Treating Customers Fairly After the Point of Sale"，June 2001）。

英格兰银行对于促进和维持金融市场的稳定负有更广泛的责任来帮助保持经济健康平稳地运行。每周英格兰银行货币政策委员会都要召开例会讨论当前的银行利率。这一基准利率决定着银行和其他金融机构之间的借贷资金的利率。

一欧洲

让我们把目光转向英国以外的欧盟。欧盟正致力于创造一个单一的金融服务市场。从宏观经济的角度来看，欧盟的零售银行业务占银行业务总量的一半以上，每年创造的经济利润却只占欧盟 GDP 的 2%。人口老龄化给欧盟公共财政带来的压力与日俱增，这势必会抬高对个人退休准备金和医疗保险的潜在需求水平，同时也使得养老金、保险和投资基金部门的重要性日益凸显。欧盟创建零售金融服务单一市场已经取得了很大的进展，并已为确保金融市场的安全性以及欧洲银行、保险和证券发行方的统一性构建了一个基础框架。这一框架用于实现多元政策目标，包括金融系统的审慎性、稳定性、竞争性以及对消费者与投资者的高度保护。在一些领域，比如投资服务或者人寿保险领域，欧盟已有通过许多法规保护零售消费者和投资者的利益。欧盟启用欧元以及金融服务行动计划刺激着欧洲金融服务市场的发展，与此同时也使金融批发市场的竞争性大幅上升（2007年欧盟委员会报告）。

欧盟的各个成员国也有许多监管机构。葡萄牙证券市场委员会（CMVM）通过加强自身权力，采取了一系列措施对抗此次金融危机的冲击。在波兰，随着金融市场的不断发展以及跨国金融集团和跨部门金融产品的显著增加，波兰于2008年成立了金融监管局，其中人们熟知的部门是金融监督委员会。作为银行业监管机构，西班牙银行因其对银行偿债能力和流动性的控制而为人们所称道，它帮助西班牙银行体系避免了像其他欧洲银行和美国银行那样因按揭贷款支持债券而遭受的损失。尽管如此，西班牙政府还是在2008年创立了一个新的监管机构，即全国金融服务委员会（National Commission for Financial Services）。它取代了原来的全国证券市场委员会，拥有更宽泛的监管范围，包括整个金融服务行业及其客户关系。现存的保险业监管机构将并入西班牙银行，而后者仍然是金融市场偿债能力的监管者。

然而，监管的效果很大程度上取决于监管者。在英国北岩银行倒闭之前，金融服务管理局对自身行为的审查表明尽管银行已经接受了严密、持续的监管，但金融服务管理局和北岩银行的会议记录并没有保留下来。此外，金融服务管理局还错误地认定，一旦北岩银行资金告急，英格兰银行就会自动介入（www. fsa. org）。而实际上，政府不得不对这些经营失败的银行实行国有化。此外，同为监管机构的通信办公室也会对金融服务的市场活动进行监督，它最近就对巴克莱信用卡（Barclaycard）施以罚款处罚（见案例2.2）。

案例2.2
对巴克莱信用卡无声电话的处罚

巴克莱信用卡被监管者英国通信办公室认定为最严重的无声电话案例，并因此得到迄今为止监管力度最大的罚款。通信办公室对大量无声电话调查之后，给这家信用卡发行商开出50000英镑的罚单。无声电话情况是这样：电话中心的自动拨号系统拨出的电话超过了接线员能够处理的数量，导致电话接通时没有足够多的接线员与客户进行通话，这使客户感到非常困惑和愤懑。通信办公室从2006年10月到2007年5月对巴克莱银行（Barclays Bank）展开了调查，结果显示，人们接电话时通常不知道电话是从何处打来的。2006年，关于无声电话的规定是未接通的电话应该有打入者的信息，并且在每天24小时内未接通电话不能超过总电话数量的3%。通信办公室拒绝公布巴克莱银行的未接电话比例是多少，但透露了巴克莱银行的未接通电话数量要超过阿比国民银行。阿比国民银行的未接通电话是16000个，它之前也受到过通信办公室的处罚。监管者还发现巴克莱银行的电话中心并没有合理的程序来避免消费者在一段时间内持续打不通电话的现象。通信办公室认为巴克莱信用卡无声电话事件是有史以来数量最大、最严重的案例，将在法定最大罚金限额内处以最高的罚金。巴克莱银行已经对给消费者带来不便表示歉意，并且保证将继续改进自身的经营方式、操作方法和汇报系统等方面的工作。

作者根据以下网站上的内容编写：www.bbc.co.uk 和 www.ofcom.gov.uk。

英国财政部的职责目标是保证金融服务的创新性、交易的公平性和市场的有效性，同时要实践其监管使命，平衡各方公共利益。2008年2月，破产的北岩银行被财政部收购。到了9月，抵押银行布拉德福德·宾利银行（B&B）也遇到同样困境，它的一部分所有权被财政部收购。这两家银行曾经都是互助协会，后来将其互助的经营模式转换为银行模式，而它们真正的专长是为购房者提供融资。这两家银行从2000年开始的房地产市场扩张中看到了成长的机会，于是想方设法把资金借给那些自己出具收入证明的高风险人群，这些人也是欺诈行为频发的人群。这些互助协会的资金来源自批发市场，而一旦借款人违约，同时批发市场也借不到资金，贷款银行就会因为资金枯竭而面临高风险。

公平交易办公室（The Office of Fair Trading, OFT）的责任是确保市场能有效地服务于消费者，促进和保护全英国消费者的利益，使交易公平、有效地进行。2004年，汇丰银行收购了玛莎百货（Marks & Spencer），公平交易办公室并没有将这一收购案提交给竞争委员会（Competition Commission）。2008年劳合银行对苏格兰哈利法克斯银行的救助被认为触犯了竞争管制条例，因为这两家银行都位居英国前五大银行之列。英国政府认为，在严峻的环境下，政府对"市场滥用行为"的管制可以充分保护消费者利益。

金融服务部门还设有许多专业组织和机构。例如，在英国，有英国银行业联合会（BBA，www.bba.org.uk），抵押贷款协会（Council of Mortgage

Lenders, CML, www.cml.org.uk) 和英国保险协会（Association of British Insurers, ABI, www.abi.org.uk）。英国保险协会是英国保险业的商会，有将近400个会员机构，协会的保险业务占英国保险业务总量的94%以上。同样，在欧洲有瑞士银行家协会（Swiss Bankers' Association, www.swissbanking.org）的专业机构，同英国银行业联合会一样，它也是一个自我监管的机构。瑞士银行家协会也曾与英国银行业联合会讨论过信贷危机的问题，试图找到重拾市场信心的方略。在当前形势下的当务之急就是利益相关者各方，包括金融机构、中央银行、政策制定者、监管者、信用评级机构，甚至是投资者都应该在各自的专业领域发挥重要的作用。

一巴塞尔协议

巴塞尔协议是十国集团（比利时、荷兰、加拿大、日本、法国、瑞士、英国、德国、意大利、英国，再加上西班牙和卢森堡）为国际银行建立统一的全球监管标准所做努力的结果。1998年巴塞尔协议 I 出台，后又进行了一些修改，并于2004年出台了巴塞尔协议 II。这一协议包括三大互相加强的支柱，涉及风险、监管和市场约束。巴塞尔协议内容主要涵盖：贷款和按揭贷款的风险评估；为确保银行的资本充足率在最低要求之上，要进行国家层面的监管；及时和透明的信息披露。

一经济环境

可以说，金融机构与经济环境的相互联系要比其他领域的企业间的相互联系更密切。有时，人们很难将一国、某一区域甚至全球的经济与大型金融机构分开，因为金融机构在经济环境中运行并对经济环境产生巨大的影响。我们要在下文阐述并讨论经济环境和金融机构相互影响的各种方式。

一欧元区

在欧共体，特别是欧元区，欧洲中央银行（European Central Bank, ECB）在整合金融体系方面起着非常重要的作用。零售金融服务在宏观经济领域非常重要，从总收入的角度来看，零售银行（占整个银行业务的一半以上）创造了欧盟每年GDP的2%。人口老龄化以及公共财政压力不断增强了养老金、保险和投资基金部门的重要性。2004年底，保险公司的投资达到了

6万亿欧元，欧盟个人养老基金管理的资产达2.5万亿欧元，仅人寿保险金就占了欧盟GDP的5%（www. hm - treasury. gov. uk）。

过去，欧元区的金融体系是以国家为中心，每个国家都发行本国货币。随着单一市场和单一货币的推进，欧洲金融体系内部的互通性越来越高，这也意味着国家界限变得越来越不重要。目前，欧盟的金融市场、相关金融基础设施和金融机构中也正在形成这样的相通性。这样的例子有很多：银行的跨国并购，例如西班牙桑坦德集团的海外并购活动；还有金融机构到其他国家建立分支机构，例如冰岛的考普兴银行（Kaupthing）的扩张活动。金融一体化提高了经济增长的潜力，也就是说，欧元区金融体系一体化程度越高，它占GDP的比重也会越高。对于单一经济主体而言，比如金融机构，规模越大、一体化程度越高的金融体系可以使它们更好地利用规模经济所带来的收益。反过来讲，消费者可以从大范围的金融产品中得到更多的好处，例如，可以以较低的利率获得住房按揭贷款。金融一体化还对保护欧元区和欧盟的金融稳定性有重要的意义，因为一体化的金融市场是平稳吸收金融冲击的必要条件，在这方面英国和美国是很好的例子。尽管这种说法在后信贷危机时代有一些讽刺意味，欧洲政府和银行之间的合作对于减轻危机引发的一些严重问题还是起到了一定的作用。

西班牙银行在20世纪70年代的银行危机之后对风险保持谨慎态度，它不允许银行将其资产负债表上大量的高风险按揭贷款重新打包形成投资工具，这些投资工具在信贷危机时价值出现暴跌。尽管大家争相把西班牙银行看做是资产管理方面的佼佼者，但我们仍然不清楚监管机构是否会帮助西班牙的银行比欧洲和世界其他银行更好地应对当前的金融风暴。作为欧元区最大的银行，桑坦德集团（Group Santander）收购了两家在破产边缘苦苦挣扎的英国银行（这两家银行以前都是互助协会），并借此进一步巩固了它在英国的地位，而且它在南美地区也有很雄厚实力。许多人都担心，越小的银行在全球性流动性紧缩时越容易受到冲击，因为像桑坦德集团这样的大公司在批发融资市场所支付的费用是其他许多小银行难以承受的。许多西班牙的小型储蓄银行像英国的互助协会一样，在过去的十年里为狂热的购房者提供了颇具竞争力的按揭贷款，并因此而不断发展壮大，可是当下，它们遭受到了信贷危机的冲击。英国购房者在西班牙房地产泡沫的产生过程中也起到推波助澜作用，泡沫的破灭则是由少数消费者无法支付按揭贷款所引发的。依靠贷款维持生计的企业现在也面临更加艰难的时日，建筑业在过去这些年里建造了大量房屋，它们的困难感受尤为明显，颇具代表性（www.guardian.co.uk）。

为了推动欧元区金融一体化的进程，欧洲中央银行和各国的中央银行推出了"泛欧支付系统"，即欧洲实时快速自动清算系统（The Trans - European Automated Real - time Gross Settlement Express Transfer，TARGET）。欧洲中央银行有时会帮助市场参与者在某些创新项目中取得进展，在这一过程中，欧洲中央银行起着催化剂的作用，使市场参与者能够克服可能存在的协调问题。这种情况在零售支付领域中发生过：商业银行在欧洲中央银行的帮助下，提供了泛欧元区支付框架，使公民和企业将来能够在整个欧元区通过单一的银行账户、使用单一的支付工具进行清算，其简单、方便和安全的使用过程犹如目前国内支付体系一样。但也有评论认为，在英国和美国，政府支持的自由市场方式可能是导致金融危机的原因之一。

2008 年的金融危机对美国和英国的金融机构带来了很大的冲击。另外能源和食品价格的上扬也是导致全球市场动荡的一个重要原因。金融机构筹集资金主要有两个渠道：一是消费者在银行的存款和投资；二是从其他银行、国际储蓄机构和经纪人那里贷款，即批发融资。金融机构将这些资金借给消费者去购买房屋、为经营活动注资以及购买商品或服务。然而，2008 年货币市场关闭了，即银行间停止了互相借贷，资金的源头被掐断。人们不能再得到扩大生产的资金，也不能再得到按揭贷款的资金。与此同时，即将到来的冬天令人们为越来越高的能源价格以及账单忧心忡忡，普遍不愿意也不能进行消费。这对建筑业和零售业产生了巨大的影响。

英国房地产的高消费者轻松筹集资金的好日子，我们权且叫它"资金易得时代"已成为往昔。目前的金融服务业资金急剧萎缩，失业率不断上升，直到 2009 年，裁员还在持续进行。英国的负债水平在不断上升，特别是极端高额负债水平增长了很多。消费者信贷辅导服务（Consumer Credit Counselling Service，CCCS）表明，欠款在 100000 英镑以上的客户数量在一年内从 1.4%增长到了 2.7%，几乎翻了一番。2005 年，对消费这项服务的 280000 个客户的统计数据显示，年龄在 40 ~ 59 岁的人有最高的借款率，平均借款金额为34456 英镑。消费者信贷辅导服务的相关数据显示，向该机构进行咨询的 60岁以上的借款者所借的资金激增了 25%，平均额度达到 33658 英镑。年龄在18 ~ 24 岁的借款人数量也在不断上升，2005 年，向服务机构寻求帮助的人平均借款额为 15079 英镑，而在两年前，这一数字是 11935 英镑（www. cccs. co. uk）。根据按揭贷款市场的动荡趋势，抵押贷款协会预测，到 2008 年末，约 170000 份按揭贷款会出现三个月的逾期，不过抵押贷款协会将会下调 2009 年的预测数据（www. cml. org. uk）。始于 2008 年的这场金融危机不仅仅使个人消费者陷入无力还款的困境，而且还把一些国家推到了生存绝境（见案例 2.3）。

案例 2.3

冰岛濒临绝境

　　2008 年严重的经济形势中境遇最糟糕的当属冰岛这个小国。此前多年，冰岛金融业执行高于世界上许多国家的利率。冰岛金融机构首先从国外借入资金，特别是从实际利率为零的日本借得大量资金，然后再将资金借给高利率的经济体，比如英国。英国投资者意识到一家名为考普兴的新银行提供的利率很有吸引力，而且这家银行收购了小而精的英国歌手及弗里德兰德银行（Singer & Friedlander）。凭借低息借入——高息贷出的运作，冰岛的经济迅速扩张，成为欧洲最富有的国家之一。不过早有评论家表示，这种增长是建立在大量负债的基础上的。此番操作累积下来给当前的金融危机带来严重的后果，人们把冰岛这个国家比做是"有毒的对冲基金"。实际上，冰岛的 GDP 大约是 200 亿美元，但是它的大银行从国外的借款总额高达 1200 亿美元，而冰岛国力根本不能承受如此大规模的债台重负。即使冰岛政府对这些负债都提供了担保，它的负债/GDP 比例仍然高到连基本支出都不能保证的地步。考普兴和冰岛网路储蓄银行曾经为英国投资者提供了极具吸引力的利率。事实上，所有冰岛的问题对英国经济都会产生直接的影响，因为相关的债务头寸暴露波及了包括慈善机构、地方政府以及一些私人投资者在内的很多方面。2008 年秋天，冰岛将它的几家大银行收归国有，一时间冰岛的通货膨胀率达到 14%，冰岛克朗对欧元的汇率在一个月内下跌了 32%。在冰岛，人们很难借到信贷资金。过去的十年里，冰岛其他行业发展对国家经济的影响相较于银行业实在是微不足道。冰岛的年 GDP 是 68 亿英镑，而银行业的资产是它的 9 倍。冰岛银行业的问题殃及欧洲乃至世界其他地区。例如，冰岛公司鲍格零售集团持有一些英国零售商的股份，它还收购了英国高街零售商菲利普·格林公司。关于冰岛食品商店的恐慌抢购已有一些报道，然而此时的中央银行管理者还在信誓旦旦地保证有足够的财政储备支付 8~9 个月的食品进口费用。

作者根据以下网站上的内容编写：www. fool. co. uk，www. bbc. co. uk，www. telegraph. co. uk，www. guardian. co. uk 和 www. ft. com。

乌克兰也面临着非常严重的经济问题，欧盟成员国也在采取措施帮它走出困境。2008 年爆发的金融危机源于资金或流动性的短缺，银行不能保证支付它们所欠的资金。银行使用的预测模型为什么会在计划和预测方面出现如此灾难性的错误呢？由于银行所借的资金需要在短期内偿还，但它们却把这些短期借贷投到收益较高的长期投资业务中，这导致银行极易受到流动性问题的冲击。如果储户取出存款，与此同时其他持款方又拒绝把资金借给银行去清偿债务，银行又很难将其长期资产变现来弥补资金缺口，银行就会陷入困境。实际当中发生流动性危机是极其罕见的，通常标准模型不会把极端事件（Jameson，2008）考虑在内。流动性危机形式也是多种多样，每个危机都有与以往危机不同的特点。银行通常使用如下两类预测模型：

• 一类是常规模型（day – to – day model），它们都假定过去市场价格趋势会持续下去。但这种模型不能将金融工具创新包括在内，比如说高风险贷款的重新打包。

• 另外一些模型虽然评估了借款人的风险，但却忽略了坏消息对行业的影响。一些资产急剧贬值的消息传出之后，其他银行也不情愿再借出资金，这会进一步降低市场的流动性。

也有一些方法能帮助弥补风险模型的缺陷，如经对个体风险评估扩展到更广泛的风险评估，这会将整个行业的风险暴露包含进来，而不只是某家公司的风险状况。最近的这次危机说明了金融机构之间的唇齿相依的紧密联系，尽管是几家情况异常的银行，比如北岩银行，首先遭到了危机的冲击，但最终几乎没有哪家机构能逃过这次金融业流动性难题的困扰。

—自然环境

气候的变化也会对金融服务产生一定的影响。例如，英国 2007 年和 2008 年严重洪水泛滥导致保险公司遭遇了大量的洪灾损害索赔，2007 年的索赔额超过 15 亿英镑，2008 年的索赔额也是数以亿计。环境、食品和农业事务部（The Department of Environment，Food and Rural Affairs，DEFRA）和英国保险协会出台了一系列措施，由政府和行业长期执行，其中包括：

- 提高对洪灾风险的认识；
- 政府要形成长期的投资战略，其中包括预防洪水的战略目标，并且评估未来的政策选择和资金需求；
- 确保计划系统能够阻止不适合在高洪水风险地区开发的项目；
- 提高洪水风险高的地区人们的风险意识，鼓励财产所有者采取合理的预防措施，并针对洪水保险提供更多信息；
- 为低收入家庭提供房屋保险便利。

www. defra. org. uk

这是企业和政府共同致力于应对环境不断变化挑战的一个饶有意味的例子。上述最后一条措施也恰好与政府改善边缘群体金融服务状况的金融扩展政策吻合一致。

一循环经济与绿色行为

在金融服务中纸张的使用量已经有了明显的下降。有报道称，在过去的数十年中，支票的使用量已经减半。1990 年，金融机构每天会开出将近 1100 万张支票，到了 2008 年，这一数字已降为 500 万张。消费者在金融服务消费中越来越多地使用无纸化系统，比如采用直接扣款方式或者网上付费。不过，汇丰银行对没有减少支票使用量的汇丰客户情况进行了详细分析和研究，认为人们很可能夸大了支票使用数量下降的程度。汇丰银行的研究发现，有一部分核心的消费者始终偏好用支票作为购买高价值物品的支付工具。总体上，我们可以预测使用支票减少的速度会逐渐放缓，但并没有迹象表明这一自 18 世纪以来一直在用的支付工具会彻底消失。小商业主们认为支票支付很方便，并且现在仍然喜欢使用支票。金融服务中，因为事关信息保密的问题，文件的循环回收变得非常棘手。即使金融服务机构采用了安全的处理方案，用于循环使用的材料可能会在垃圾箱里等待几天才能被收集和处理，而在这段时间里文件上的信息很可能落入别有用心之徒的手中。

一可持续性

许多公司更喜欢使用"可持续"一词来形容它们在支持社区发展、环境保护和慈善事业方面的表现，因为这些扩展的活动内容超越了"环境友好"

或者"绿色"的范畴。渣打银行（Standard Chartered）列出了应该归属可持续性项下的几条惯例：

- 可持续融资，即只将资金借给那些有社会责任的项目或企业；
- 打击金融犯罪，银行对于洗钱金额超过 5000 亿美元的犯罪行为必须使用严格的程序进行打击；
- 向没有银行账户的人提供金融服务；
- 要负责任地进行营销和销售，为客户提供公开、透明的信息；
- 在全球进行社区投资；
- 有良好的、具有包容性和多样性的工作环境。

www. standardchartered. com

"可持续性"和"企业社会责任（CSR）"是两个很引人注目的概念。任何一家不促进自身的可持续性发展和社会责任的公司都有可能留给公众糟糕的形象。然而，关键的挑战在于这些希望在实践中遵循可持续和社会责任理念的金融机构能否全面实践可持续性和承担起应有的社会责任，比如要负责任地放出贷款、要创造出对股东有益的产品、要做有良知的广告促销而不用无法辨认的蝇头小字蒙蔽消费者等。一些不可持续的金融服务行为包括：名目繁多的证券化产品或者专注于获得短期收益的各种金融操作，提高银行家的额外津贴的种种做法等。

关于可持续性有许多定义（www. nps. gov/sustain），所有的定义都关注保护下一代的权益，平衡好资源的消耗和保持。下述定义对金融服务有一些特殊的启发意义：

世界观察研究室的创始人兼总裁莱斯特·布朗（Lester R. Brown）认为可持续发展的社会能在满足社会需求的同时不牺牲我们后代的福祉。

语境研究所总监罗伯特·吉尔曼（Robert Gilman）指出，随着时间的推移，可持续性是一项权益，是指在你做决策时兼顾对当前和未来的考虑，应该把可持续性当做金科玉律，如此与后代换位思考，妥当决策、行事。

西雅图大学社会学的大卫·麦克洛斯基教授（David McCloskey）强调指出，可持续性应该体现在具有以下特征的行为中：

■ 在资源的使用和资源的创造之间保持平衡
■ 保持资源使用后至少与初始时一样清洁
■ 恢复和维护自然系统的生命力、完整性和多样性

■ 能够加强本地和区域的独立自主能力

■ 能够创造和维护社区和本地文化

■ 保护好代际遗产的传承

社会文化环境

人们对于金钱的态度千差万别，这取决于个人因素、家庭影响和参照组的交互影响。不断增强的社会多样性以及全球银行业的增长催生出了新型银行，包括伊斯兰银行。二十多年前，伊斯兰银行才开始在世界舞台上活跃起来，但是其基本原则早在几个世纪前就已被世界广泛接受。伊斯兰银行的基本原则是禁止"里巴"，即高利贷或重利。虽然很少有人认为这一原则在伊斯兰世界之外仍然适用，但它的很多指导原则却广为人们接受。这些指导原则大部分都是建立在简明的道德和常识基础上，而正是这些道德和常识形成了包括伊斯兰教在内的很多宗教的根基（www. islamic - banking. com）。随着伊斯兰金融在中东和亚洲的基础不断增强，它也正在植根于伦敦这个金融中心并发展壮大。2004 年，英国首家独立的符合伊斯兰教义的银行宣布正式成立。由于对伊斯兰教的教旨教义的诠释在各个地区甚至各个机构之间存在差异，各方间的协调便显得尤为重要。所以伊斯兰金融要在全球主流金融中占据更稳固的地位，就必须通过协调标准和实践来增加透明度并提升信誉。同时，伊斯兰金融管理的监督也应该更敏捷，这对增加伊斯兰金融的吸引力以及缩小伊斯兰金融与传统金融间的差距至关重要。由于每次交易都由一项非金融交易支撑，符合伊斯兰教义的产品可能比传统产品更复杂。伊斯兰金融依然缺乏很多金融工具，包括企业债券和衍生品。由于能够判定金融产品是否符合伊斯兰教义的学者数量有限，产品创新受到阻碍（作者改编自www. economist. com）。

欧洲国家对债务的态度各不相同，在法国，对举债消费的慎重似乎成为了一种法兰西民族特征。法国整体上承担的财务风险远远低于英国，家庭债务占法国 GDP 的 47%。相比之下，英国的这一数字比法国高出两倍。因为法国的信用卡几乎就是清一色的借记卡，法国消费者购买产品和服务的欲望受严格的信贷额度制约。如果买方的账户余额不足以支付购买成本，银行将会阻止交易（www. bbc. co. uk）。法国银行对贷款有严格的标准，因此法国的投资银行业务分布比美国或英国银行更广，以便能把控风险。法国银行业只有大约四分之一的业务活动与投资银行和经销经纪活动有关，其余都是零售银行业务。然而，法国银行饱受信贷危机之苦。法国松鼠储蓄银行（Groupe des Caisse d'Epargne Ecureuil）是一家互助储蓄银行，在 2008 年 10 月一次衍生品交易事件中损失了 6 亿欧元。2008 年，正处在与其竞争对手法国人民银行集团（Groupe Banque Populaire）合并过程中的松鼠储蓄银行还是毅然决然地解雇了涉及这一事件的团队。

技术环境

与其他行业一样，在金融服务业中技术的发展在持续加速。这会通过影响客户对金融服务的消费方式，比如用手机为停车付费、访问账户等活动来影响金融服务营销。信用卡和借记卡都不是新产品，但是我们仍然能够研发新型卡片来妥善应对当代人生活方式的变化，并为商业创造更多优势（见案例 2.4）。

案例 2.4

非接触卡

巴克莱信用卡引进了一项新系统，它无须输入个人识别码或为交易签字，仅仅通过卡片接触阅读器即可完成价值低于 10 英镑的交易支付。2008年第一季度，在一些选定的咖啡共和国（Coffee Republic）店铺进行的试验表明，试验期内非接触式支付额增加了 50%。咖啡共和国计划将一键系统（One Touch System）引进到公司掌管的所有店铺中，也可能延伸到加盟店。这一系统的优点在于，在高峰时段交易时间明显缩短，从而能够为更多客户提供便捷的服务，减少客户的排队等候时间并避免客户流失。巴克莱信用卡研发出了一卡通支付卡（One Pulse Card），它将三种功能集于一身：用于伦敦交通的牡蛎卡，信用卡和无现金的一键式支付。因此，乘车上下班者可以使用同一张卡来乘坐公交地铁和购买早餐。

作者根据以下网站的内容编写：www. silicon. com 和 www. barclay-card. co. uk。

此外，对金融服务供应商来说使用技术研发新型卡片还会带来一项优势，即零售商的购买以及新技术的使用所产生的额外收入。

在金融服务中，技术的作用还体现在服务供应商采用它来支持销售、配送、制订战略规划和降低成本。金融欺诈是金融服务面临的一个主要问题，技术在帮助减少金融诈骗上已经取得了一些成效，但案例2.5告诉我们，这条路还很长。

案例2.5

技术降低了诈骗造成的损失

　　2006年，信用卡诈骗造成的总损失降低了3个百分点，减少至4.28亿英镑，较前两年减少了将近8000万英镑。2008年1月至6月，这一数字为4740万英镑。金融服务中成功引入芯片和个人识别码后，使面对面金融诈骗数量持续下降，2005年进一步降低了47%。自2005年起，丢失和被盗的信用卡诈骗整体上减少了23%。2006年，伪造信用卡诈骗仅上升了3个百分点至9960万英镑，增长率自2005年进一步下跌。2006年增加的信用卡诈骗主要为无卡（CNP）诈骗。与2005年相比，无卡诈骗增加了16%，并且，虽然无卡诈骗增长速度在递减，它造成的损失却高达21260万英镑，占信用卡诈骗总损失的一半。然而，在技术尚有待发展的一些欧洲国家，犯罪分子正从英国消费者的信用卡中窃取数以百万计的英镑。2005~2006年，国外信用卡诈骗造成12100万英镑的损失，较前一年增加了11%，较三年前增长了将近190%。这类诈骗主要发生在一些欧洲国家，那里尚未投入使用芯片和个人识别码，并且犯罪分子通常在零售店和ATM上利用被盗英国信用卡的信息进行诈骗。截至2010年，在欧洲带有芯片和个人识别码的信用卡将有望取代老式信用卡。不过犯罪分子也将目光投向另外一些可以不使用芯片和个人识别码进行交易的渠道，包括电话、因特网和邮购。在这些领域，诈骗额较前一年增加了16190万英镑，上涨了18%。

　　作者根据以下网站的内容编写：www.ukpayments.org.uk和www.silicon.com。

　　由于存在金融诈骗，即使银行一般会保证客户不赔钱，很多客户对用因特网购物和使用网上银行仍态度谨慎。虽然带着支票簿和银行卡四处奔波并不方便，但这种谨慎态度促使支票簿拥有者继续用支票为较为昂贵的项目付款。技术已经深刻地影响了银行业务和金融服务，并且毫无疑问这方面的影响还将继续。同时，客户和其他利益相关者也同样需要得到技术安全的保证。

电子银行、手机银行和电话银行为消费者和企业开辟了全新的财务管理途径。像贝宝（PayPal）这样专门为其他机构（主要是易趣）提供支付服务而出现的公司，使得资金能够在个人之间和公司之间转移。然而，洞察风险仍然是采用电子或远程银行业务中的关键挑战之一。

利益相关者环境

对金融服务而言，其微观环境一般包括若干相关方，比如客户，但是关系营销（Relationship Marketing，RM）的发展向我们指出了一个可能更广的与金融服务供应商互动的利益相关者范畴。这一解释微观环境的模型起源于利益相关者理论。利益相关者理论认为管理者做决策时应将公司所有利益相关者的利益考虑在内，不仅包括债权人，还应包括雇员、客户、社区和政府官员（Jensen，2001）。利益相关者理论越来越多地延伸到公司之外，将其他与公司相关者一并考虑。利益相关者理论对金融服务营销来说，其价值和意义在于它引导公司跳出当前的客户、竞争者和股东圈子，从更广的角度去思考营销问题（见图2.2）。

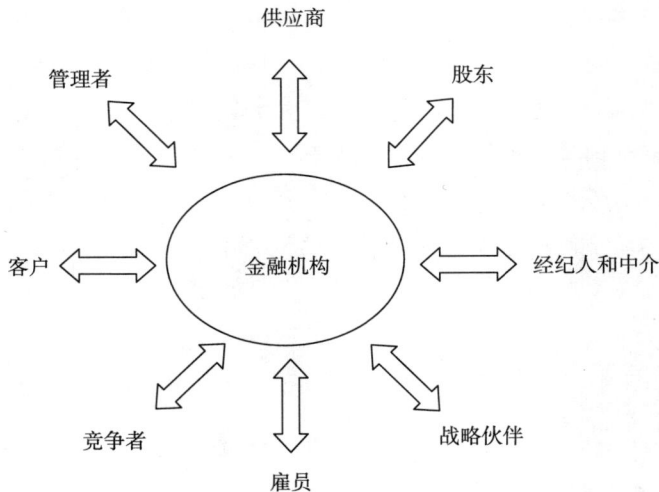

资料来源：改编自 Buttle，1996；Kumar 和 Reinartz，2006。

图2.2 金融服务的利益相关者模型

图2.2中的模型显示了一家金融机构所处微观环境中利益相关者的数量和类别。尽管一些金融机构狭隘地认为支配它们的常常是股东，但在这一模

型里股东只是金融机构的众多支配者之一。

一竞争者

将竞争者列为一家金融机构的利益相关者可能会出人意料，虽然金融机构都在同一个高度竞争的行业里运作，但它们之间确实存在着密切的关联。实际上，它们都会相互借款，它们常常参考竞争者的行为制定相应的策略，并且它们的细分市场也大体相似。多年来，金融服务供应商之间各自角色不鲜明和所售产品缺乏差异化的问题一直困扰着各家公司。因为大部分金融机构难以获得独特的竞争优势，这一点反倒加强了它们之间的紧密关联和依赖程度。2008 年的危机显著减少了金融市场上的玩家数量，同时可能也为未受影响的公司的扩张开辟了道路。这也意味着回归竞争业态和市场公平交易的未来趋势。

一经纪人与中介

很多金融服务是通过经纪人和中介向客户销售产品和服务，例如保险产品的销售。英国汽车协会（AA）的原持有人是苏格兰哈利法克斯银行，现在归属于劳合银行，但它是一家中介机构。这一组织设立的最初目的是为汽车司机服务，现在则提供一系列金融服务，包括人寿保险（见 www.theaa.com）。很多中介机构是独立的，不过大型金融机构仍然谨慎持有一些中介公司的股份。英国抵押贷款公司 John Charcol 在创办初期是完全独立的，后来被布拉德福德·宾利银行收购，现在又重新获得独立。无论一家中介机构是否独立，产品供应商和中介之间都有潜在的紧张关系。一些较大的金融机构认为中介瓦解了客户和产品供应商之间的忠诚，因为中介机构可能仅仅为了获得佣金而推荐一项产品。另外，中介又是金融机构销售产品的一条多快好省的渠道。

一供应商

和其他行业一样，金融机构也需要确定现代营销理论释义的价值主张，这方面，它们也同样依靠供应商的帮助。如上所述，尽管技术并非总能带来竞争优势，它在金融服务中仍可发挥关键作用。银行要想生存，就必须紧随技术发展，并将其整合到银行的战略规划和业务实践中。英国不列颠建屋互助协会（Britannia Building Society）是一家并不太大的机构，然而广泛并巧妙地投资于营销信息系统，实现了比很多竞争者更好地了解客户，因此总能够有效运营。金融机构也向各类咨询师征求战略规划建议。某大型银行曾向本书作者之一讲述了银行向贝恩咨询公司（Bain & Company）的研究员弗雷德·赖克尔（Fred Reichheld）咨询的情况。赖克尔在客户保留方面很有成就，并发表了很多有影响力的文章。

—雇员

所有组织都依靠它们的雇员而存续发展。实际上，金融机构往往比非金融机构更依赖雇员。正如第一章所述，金融机构实质上是提供服务，而前文提到的传递价值的重任则落在雇员肩上。金融机构为所有雇员提供发展机会，不论是直接面对客户的雇员还是支持部门的雇员，从而确保全员能够充分认同公司的经营战略，成为实践中真正的主人翁。内部营销这一概念凸显了雇员在服务营销中的重要作用。

—管理者

将管理者纳入利益相关者模型可能十分出人意料。管理者显然与公司有利害关系，但是他们无疑太接近公司核心，不能和其他利益相关者群体相提并论、同样对待。各路经理们的利益诉求，经受的训练及相关背景，特别是奋斗目标有诸多不同，是个多元化的群体。例如，北岩银行和苏格兰哈利法克斯银行的总裁拥有截然不同的背景。前者在北岩银行工作了很多年，后者带着丰富的零售业背景，刚刚上任不久。很多营销战略基于对未来长期的考量，比如关系营销。要求快速回报的投资者可能会给要求长期投资的营销战略带来压力，构成负面影响。营销主管和经理在制订计划时，应将其他部门经理的意见考虑在内，以便保证各个部门之间不会相互冲突，造成损害。

—战略伙伴

战略合作关系使新的机构得以进入金融服务领域。当特易购（Tesco）发现金融服务可以成为其旗下产品时，却受到缺乏经验和必要基础设施及监管部门审批的限制。于是特易购与苏格兰皇家银行（RBS）联手合作进入金融服务领域。法国零售业巨头家乐福（Carrefour）则与巴黎银行（BNP Paribas）结为金融服务合作伙伴。

一客户

金融机构为一系列客户提供金融服务，从政府到个体交易商，还有零售客户。客户根据宏观环境的变化来改变自身行为（见图2.3）。图2.3阐明了消费者可能会对经济衰退，或者更确切地说，对当前全球信贷危机作出的反应。图中的两个坐标轴分别表示消费者与产品/品牌的关系和消费者对经济形势的反应。

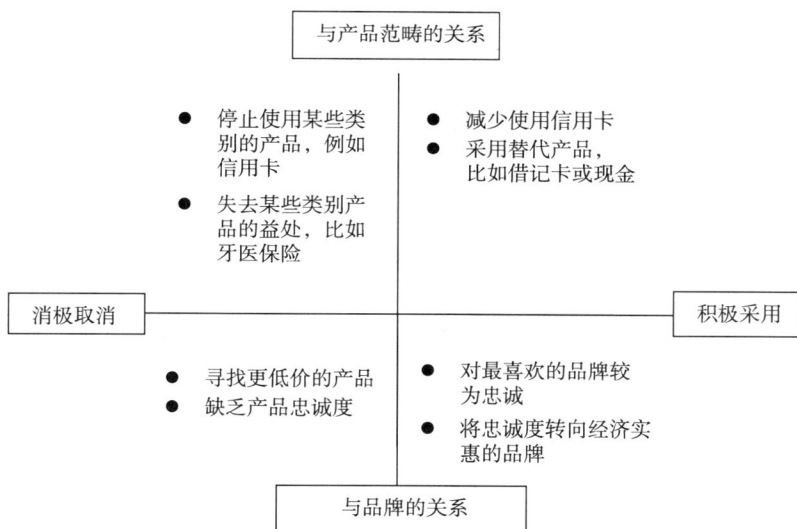

资料来源：改编自 Kotabe 和 Helsen，2008。

图2.3　经济衰退时期消费模式的变化

左上象限表明取消购买某类商品，比如信用卡和牙医保险的消费者的可能回应。右下象限说明了强烈依赖品牌并且花费较少的消费者的反应。虽然为金融服务塑造品牌并不能确保成功，但消费者可能很不情愿转向不熟悉的品牌。

新房屋贷款通常取决于金融服务供应商是否能获得批发基金，而当下批发基金供应量已经明显减少。能够支付25%购房首付金的借款人可以享有较低的借款利率。由于能源和食品价格不断上升，能够用于非必需品消费的资金越来越少。虽然金融服务不一定属于这一范畴，但它确实受到消费者支出能力下降的影响。就年龄和财务状况而言，不同的客户对经济变化的反应也各不相同，但是经济变化确实是消费者最看重的因素。如果经济不景气，金融机构的营销需要非常有针对性的定位产品，因为只有某些群体才有购买愿望。如果失业率像 2008 年后半期那样开始上升，购买量降低最少的是富有的人和年龄在 55 岁以上的人。如果股市行情下跌，55 岁以上的人将会减少购买金融服务。如果消费物价开始上涨，年龄最大的人受影响最小，年纪最轻的人受影响最大，而利率上升对 20 岁以下的人几乎根本没有影响（Tang 等，2007）。

股东

大多数规模较大的金融机构都是由股东持有的公司，有的股东本身也是大公司。股东投资于这些公司并期望获得回报，回报既可以是他们所持有股份的分红，也可以是在银行买卖股份的收益。针对在 2008 年和 2009 年失利的银行，英国和美国政府不得不大量购买它们的股份以避免这些银行彻底破产或不能履行义务。但是，社会组织创建过程中并没有出现股东，所以其经营收益能够输送回组织。

对环境的分析是制定营销战略和计划最基本的第一步。金融机构必须通过不断审视环境变化来保持与环境协调一致。通过分析数据，金融机构能够制定合适的战略并根据变化修正计划。2008 年的金融业混乱可以归因为各家机构只关注行业内部的趋势，而没有充分考虑自身所处的更为广泛的环境。在这种狭隘的视野里各家机构争先恐后地寻求短期增长的方法。表 2.1 总结了宏观环境和利益相关者环境及各自的变量，并佐以例证说明。

表 2.1　金融服务环境中的变量及例证

环境类型	环境变量	例证
宏观环境	政治/管理	金融服务监管机构，国际协定
	经济	货币区，国际贸易，可持续性
	社会文化	文化的和宗教的银行，如伊斯兰银行
	技术	无现金卡，信息技术系统
	竞争者	银行同业拆借，无差别市场

续表

环境类型	环境变量	例证
利益相关者环境	经纪人	独立顾问
	供应商	科技顾问
	雇员	分支机构，呼叫中心员工
	经理	非营销经理，高级主管
	战略伙伴	超市
	客户	新的/现有的，潜在的

　　对于银行和保险公司，利益相关者环境这一概念尚且较新，并且在现有环境下可能需要一段时间人们才能真正理解。困难时期孕育无限的机遇，在金融机构努力应对资金、风险和竞争的同时，有充分的理由重新审视它们开展业务的方式、通过审视环境来寻求革新和创新的理念，并可参考和比照其他非金融公司的运作方法。

第二章小结

　　本章主要介绍和阐述了以下内容：

　　● 宏观环境的分析方法对金融机构不可或缺，宏观环境包括政治、经济和社会文化环境以及技术等因素。

　　● 政府、中央银行、财政当局和其他机构的管理并未成功地引导金融机构负责任的可持续的企业行为。

　　● 微观环境可以使用由利益相关者理论发展而来的模型加以分析，这一模型包括股东和其他利益相关者，例如管理者和供应商。

　　● 金融机构之间关联紧密，比如它们相互借贷。通过采取可持续的行为，不断实践，可以帮助金融机构形成高远的视角和视野。

　　● 通常，营销与制定中长期战略有关，而环境分析对制定营销战略十分重要。

参考文献

　　［1］ Brassington, F. and Pettitt, S. （2006） *Principles of Marketing*, Chelmsford, FT Prentice Hall.

　　［2］ Buttle, F. （1996）, *Relationship Marketing：Theory and Practice*, London, Paul Chapman.

[3] Commission of the European Communities (2007) "Retail Financial Services in the Single Market" (Green Paper), Brussels, Commission of the European Communities.

[4] Heffernan, S. (2005) *Modern Banking*, Chichester, John Wiley & Sons.

[5] IBM (2008) "No Bank is an Island", *IBM Global Business Services*, New York, Somers.

[6] Jameson, R. (2008) "The Blunders that led to the Banking Crisis", New Scientist, 25 September, downloaded from www. newscientist. com on 2 October 2008.

[7] Jensen, M. (2001) "Value Maximization, Stakeholder Theory, and the Corporate Objective Function", *Journal of Applied Corporate Finance*, Vol. 14, No. 3, pp. 8 – 21.

[8] Kotabe, M. and Helsen, K. (2008) *Global Marketing Management*, 4th edn, Chichester, John Wiley & Sons.

[9] Kotler, P., Armstrong, G., Wong, V. and Saunders, J. (2008) *Principles of Marketing*, 5th European edn, Harlow, FT Prentice Hall.

[10] Kumar, V. and Reinartz, W. (2006), *Customer Relationship Management: A Databased Approach*, Hoboken, NJ, John Wiley & Sons.

[11] Tang, L. Thomas, L., Thomas, S. and Bozzetto, J. – F. (2007) "It's the Economy, Stupid: Modelling Financial Product Purchases", *International Journal of Bank Marketing*, Vol. 25, No. 1, pp. 22 – 8.

扩展阅读

[1] www. ukpayments. org. uk

[2] www. guardian. co. uk

[3] www. telegraph. co. uk/finance

[4] www. oft. gov. uk/news/press

[5] www. defra. org. uk

[6] www. money. co. uk

[7] www. nps. gov/sustain

[8] www. hm – teasury. gov. uk/media/D/D/ec_ retailfinservices_ greenpaper. pdf

[9] www. barclaycard – onepulse. co. uk

[10] http：//news. bbc. co. uk/player/nol/newsid_ 7130000/newsid_ 7138300/7138341. stm? bw = bb&mp = wm&asb = 1&news = 1&ms3 = 22&ms_ javascript = true&bbcws = 2

[11] www. competition – commission. gov. uk

[12] www. berr. gov. uk

思考题

1. 想一想你使用金融服务和接受技术的方式。你想继续使用纸质材料吗？如果想，为什么？

2. 社会和文化传统如何影响你所在的公司提供金融服务的方式？公司对这方面的影响程度有多少认识？

3. 根据文中提到的可持续性的定义，参考几家银行网站上公布的信息，准备一份简短的、可持续的银行行为纲要。这些银行的实际行为在多大程度上符合定义的要求？

4. 与供应商建立关系对于金融服务供应商有什么益处？按价选择一定是保持竞争优势的最佳方法吗？

案例学习

中国金融服务监管——以信用卡为例

世界中心

中国是世界上人口最多的国家，人口达 13 亿多，占世界总人口的五分之一。中华文化源远流长，上可追溯到 4000 多年前。中华民族大家庭中汉族占总人口的 92% 以上，此外还有 55 个官方确认的少数民族。汉族人拥有社会主导地位，主要因为汉族人是社会主干。旅居海外的 3000 万华侨对汉族人的代表身份感受颇深。华侨在印度尼西亚和泰国数量最多，估计分别有 700 万人和 900 万人；而新加坡的华侨最为集中，共有 300 万人，占其总人口的 75%。中国人一直认为中国是世界强国，并且由于其经济增长迅猛，中国希望恢复其应有的地位，即重回世界中心的辉煌。

19 世纪中叶鸦片战争之前，中国不仅代表伟大的文明，而且是一个经济强国。历史学家估计，在 1820 年，中国的 GDP 可能占世界总量的近三分之一。事实上，在这之前的唐、宋和明三个朝代，这一比例可能更高。在中国看来，鸦片战争结束了这段中华民族繁荣辉煌的历史篇章，此后一波又一波的外国列强入侵造成中国内部的政治崩盘和最终的经济瓦解，开始了中国人称为民族耻辱的一个世纪，即从 19 世纪 40 年代第一次鸦片战争直到 20 世纪 40 年代最终将日本侵略者赶出国门整整百年的时间。1949 年中华人民共和国宣布成立之际，结束了这一耻辱的时代。从那时起，中国人雄心勃勃地创造财富和积聚力量，希望中国能够抵制外来影响并再造辉煌。

改革过程

中国的经济改革和对外开放已走过 30 多年的历程。在这段时期，中国从一个相对落后国家发展成世界最具影响力的经济体之一。2005 年 4 月，随着世界对中国制造的电子产品需求激增，世界贸易组织宣布，中国已经超过日本，成为全球第三大出口国。中国的年均经济增长率接近 10%，她已经成为世界经济的一大巨头。

中国的发展状况在很多方面与其地理分布密切相关，其经济发展主要集中在东部沿海省份，而西部省份和内陆农村地区的发展相对不充分。这促使很多人口由内陆农村地区向东部城市流动。1950 年的城市人口占总人口的比例还不到 13%，现在约为 45%，并有望在 2030 年达到 60%。财富集散也在发生相似的变化，目前最富有的 20% 的人口贡献了总消费的 50%，而最贫穷的 20% 的人口消费占比还不到 5%。

为了驱动和引导经济增长，中国采取了出口导向型增长的东亚模式。在承担制造业外包过程中，一方面，有海外华人提供专业知识和社会关系，另一方面，中国大陆居民则提供储蓄资源，并在政府指导下把资金投向基础设施建设，从而保持出口部门的竞争力。这种良性循环在过去 25 年内创造了年均 10% 左右的人均收入增长。中国政府依靠行政权力而非市场力量来指导资金的分配。这种资源分配方式不仅低效，还容易滋生腐败，比如驻留在银行体系的不良贷款水平就充分说明了这一点。中国政府认识到必须改革，但是中国要想成为一个独立的和以市场为导向的金融体系还需要很多年的努力。

20 世纪 70 年代改革初期，中国偏重关注经济增长核心动力的制造业，导致目前制造业占中国 GDP 的 52%，相比之下，农业占 15%，服务业占 33%。制造业投资来自于日益增加的劳动力人口的储蓄。中国的储蓄率在 20 世纪 60 年代约为 25%，1980 年上升至 34%，2006 年进一步上涨到 45% 左右。在出口导向持续拉动制造业增长的同时，中国政府也正试图鼓励国内消费以实现经济的进一步发展。2005 年 2 月，总部设在华盛顿的地球政策研究所宣称中国的基本农业和工业品消费已超过美国。就国家而言，中国现在是谷物、肉类、煤和钢的最大消费国，美国只在石油这一商品上的消费超过中国。并且，中国在电视、冰箱和手机等商品上的消费量远远高于美国。中国国家统计局在 2008 年 3 月证实：在强劲消费的驱动下，中国的零售业销售 2008 年 1 月和 2 月同比增长了 20%。这是自 1999 年开始统计零售销售月度数据以来的最快增长。

现金支付

中国消费者如何为其购买的商品和服务付费？从目前来看，他们主要是用现金结账。实际上，中国人大多使用现金消费。2005 年 2 月，由中央银行，即中国人民银行公布的数据表明：2004 年所有种类的塑料支付卡（通常称为银行卡）的消费总计 5.26 万亿元人民币，只占零售消费品销售总额的 5%，但这一数字较三年前增长了 2.9%。银行卡消费在北京、上海、广州和深圳等中国主要城市占比高达 20%，显示出中国塑料卡支付市场的发展潜力。

塑料支付卡特别是信用卡市场在国外已经相当发达活跃，一旦中国市场彻底开放，信用卡市场同样也将充满活力。中国的塑料卡发行量已经位列世界第二，仅次于美国。中国银联公布的 2005 年末统计数据显示：支付卡发行量为 96000 万张，其中 92000 万张是借记卡，其余 4000 万张是信用卡，这其中只有 1200 万张是循环信用卡。剩余的 2800 万张在中国被称为"准"信用卡，因为它需要卡片持有人向卡片发行方缴纳安全保证金。这些卡在其他地区被称为"有保障"的信用卡。

中国人民银行正在推广使用塑料支付卡以满足大陆经济发展的需要。在中国，电子支付的相对稀缺被认为限制了消费支出的增长，这也是中国经济发展规划部门思考改变中国依靠出口驱动增长这一局面时重点关注的问题。

储蓄文化

储蓄在中国文化中占有重要地位，我们从"勤俭节约"和"先储蓄后消费"这类流行语可见一斑。这种储蓄文化与借贷消费文化形成鲜明反差，中国人把"借钱过日子"的人视为不能打理财物之辈。"量入而出"是中华民族普遍的理财心态，而且人们也习惯地用现金支付，甚至购买像汽车这样的"大件"商品也是如此。此外，由于教育、医保体制的不健全，且随着国家财政补贴的住房不复存在了，越来越多的中国人选择储蓄或借贷，以备子女教育、住房、医疗服务这三大要务的不时之需。

中国消费者喜欢通过家庭成员、亲戚和朋友等"非正式"渠道借款。这种借款方式成本很低，甚至根本没有利息。这种借款方式很大程度上依赖于中国人对于"关系"的看法。关系可以叫做"人脉"或与其他人的"私交"，主要建立在老乡、亲戚、上下属等关系之上，因此，每个人都与一定数量的他人建立关系。一旦他们属于一个社会网络，他们就将彼此看做"局内人"，将其他人视为"局外人"。区分局内人和局外人十分重要，因为局内人被认为是值得信任和依赖的，并且他们可以相互寻求支持、资源和进一步接触。同时，由于个人、商业组织和法律体系之间缺乏信任，中国人宁愿使用关系来实现互惠互利并扩大他们的社会人脉，因此，如果一个局外人想与另一个关系网建立关系，最有效的方式是通过第三方中介来引荐、介绍，从而建立新的关系。

对于中国金融服务市场的新进入者，也就是信用卡发行者，"关系"这一概念不仅代表机会，也意味着挑战。虽然与中国客户发展关系较为复杂，但只有通过这一途径才能获取信任从而赢得回头客生意，而且有望最终实现交叉销售并被推荐给其他潜在客户。这种信任不仅能保留现有客户并拓展与他们的关系，而且还能将这种关系延伸到客户自己的关系网中。

然而，对于新进入的信用卡发行者，其面临的挑战在于如何争取到最低数量的持卡人。迄今为止最有利的方法是与已经建立客户关系的中国金融机构建立合作或同盟关系，然后将它们作为第三方中介来向现有客户群推荐信用卡。然而，在本书撰写期间，中国的信贷市场发展尚不完全，消费者主要把银行当做储蓄场所，很少通过较为"正式"的金融机构渠道借贷，因此银行普遍缺乏消费者的信用记录。

中国的人均储蓄率如果不是世界最高的，也是最高的之一。大部分家庭选择用银行存款账户来保存财富。其他投资选择十分有限，并且大部分银行账户只提供很有限的收益。银行存款利率低于通货膨胀率，而且风险规避者不会投资股市。中国人储蓄是为了子女教育、住房和照顾年迈的父母。

1997～2004年，中国的平均储蓄率为40.3%，相比之下，同期美国的平均储蓄率为13.6%。部分由于这个原因，1997年至2004年，中国的投资占国内生产总值比重平均为40%，其中很大一部分资金来自国民的储蓄。中国人民银行统计资料显示，截至2004年8月底，储蓄总额达11.4万亿元人民币（折合1.37万亿美元），较前一年增长了15.3%。根据中国人民银行的一项调查，储蓄的原因按照重要性由高到低依次排为：教育、养老金、住房和应急之需。这种排序源于在中国人民生活中占据重要地位的"先储蓄、后消费"的文化，近期的原因还有中国取消了其最初在共产主义革命后提供的很多公共服务项目，比如，对教育、公有住房和公费医疗实施改革。因此，越来越多的中国人通过储蓄或借贷方式解决子女教育、住房和医疗服务问题。

目标群体

2004年8月，《澳大利亚人报》的一篇文章援引了《亚洲人口》杂志社行政长官克林特·洛朗（Clint Laurent）的研究发现，虽然新兴中产阶层位列中国城市地区最富有家庭的前10%，但其平均家庭收入参照西方标准来看还较低。洛朗研究了中国31个省（自治区、直辖市）的情况，结果表明，中国城市家庭的平均年收入为3294美元，而最富有的10%的家庭平均年收入为10000美元。这10%大约是1700万个家庭，即使对未来十年中国经济增长率做5%的保守估计，最富有的10%的家庭在2013年也将达到5500万个。

这些数字给中国未来的信用卡发行者带来了慰藉和希望，很多评论预计这一新兴中产阶层是未来的消费主力，其中一部分人的消费将以信用卡借款支付。洛朗还认为在中国，越来越多的人接受消费主义观念，但是地区之间消费习惯差别很大。平均每个城市家庭仍然将25%的收入（7052元人民币）"花费"在储蓄上，相比之下，在食物上的花费为20%（5779元人民币），对房租、抵押贷款和基础生活设施等的花费为15%（4230元人民币）。

　　然而，中国社会正在发生根本性的变化，这将对消费模式产生显著影响。这些变化包括人口年龄分布，中国在计划生育政策影响下人口正在老龄化。洛朗预计在未来的20年，中国20岁以下的人口绝对数量将从2003年的3.67亿减半到2023年的1.73亿。的确，一些观察家认为中国正面临劳动力短缺的问题。澳大利亚国立大学人口学和社会学系主任彼得·麦克唐纳教授（Peter McDonald）在2005年3月的一次会议上发言指出，上海、北京和天津的生育率已经降到每个妇女生育0.8人的"超低水平"，这可能是世界最低的。大量人口从农村转移到城市地区，致使中国劳动力增加。据估计，上海、北京和天津这三个城市共有1000万的"流动人口"，包括远离家人、主要住在集体宿舍里的男男女女。他们的家人大部分仍然生活在农村地区，因为即使这些进城务工人员可以把家属带到城里，城市还是缺乏足够的基础设施来为他们提供住宿。

　　麦克唐纳教授还提到性别比例失衡的问题。中国男性多于女性，男女比例为120比100，而世界平均水平为105比100。他还指出，在过去20年里，中国相对拥有"人口红利"，劳动市场有大量的年轻劳动力。他认为，现阶段由于缺少工人，并且中国，其实是整个亚洲的生育率下降速度比人口学家先前的预测更快更严重，中国的发展正受到阻碍。

　　根据洛朗的研究，计划生育政策在未来十年将会使儿童（0～14岁）数量减少35%，青年（15～24岁）数量减少17%，年轻家庭（25～39岁）数量减少9%，但会使中年家庭（40～59岁）数量增加33%，老年人口（60岁以上）数量增加49%。因此，他声称商业机构（包括信用卡发行机构）的"福地"在于数量不断增加的尚在工作的空巢人群。他们是40～59岁的父母们，其中一些人的子女长大成人离开了家，而父母们的手里一下子有了多于预期的可支配收入。这些空巢人群的数量预计在2025年将会从现在的1.03亿增至三倍还要多，达到3.43亿。同时，中国越来越多的年轻人要么单身时间更长从而推迟婚期，要么选择不生孩子而专注于事业，尽情享用两份收入的无忧生活。

　　显然，劳动力中的增长部分是白领阶层，他们创造了"信贷消费"的生活方式，尤其是因为这些人通常受过更好的教育并享有更高的收入。洛朗称，年收入低于40000元人民币的家庭即便有额外的收入，他们也会把额外部分平分秋色地用于基本消费品（比如食物）和非基本消费品（如娱乐）上。洛朗推测在未来的八年里，中国年收入在 40000 元人民币以上的家庭比例将从 18.4% 上升到 35.7%。以实际数量来看，这将意味着从现有的 3250 万个家庭增加到 2012 年的 8100 万个家庭。这些家庭在外出就餐、娱乐、医疗和通讯上的支出是其他低收入家庭的三倍。并且，中国的这一"消费阶层"高度集中于 28 个省份中的 11 个，主要分布在东部沿海地区。

中国正在快速由一个出口大国转变为消费大国，以进一步推动其经济的迅猛增长。作为亚洲新兴超级大国，中国将和美国一道成为世界经济增长的主要驱动力。当然，也有很多抱怨的声音指责中国高超的制造能力、相对廉价的劳动力，再加上中国人为压低的汇率水平让全球出口市场的竞争对手出师不利。

然而，中国经济持续增长的推动因素是消费者。中国政府正在拉动内需，鼓励消费，借此为国家的经济发展敷设更广泛的基础。不断壮大的中产阶层和日益发展的城市化引发了国人生活态度的变化，现在人们更勇于并乐于消费，而不是储蓄。中国沿海城市高速增长的收入刺激了汽车、房屋和手机的需求，并且房地产投资使上海等城市房价高攀。最大的买家是在 20~40 岁的群体，他们居住在所谓的"令人向往"的城市。

因此，要在中国发行信用卡的金融机构面临很多机遇，但是其成功很大一部分取决于很好地理解在中国哪些人在消费、消费什么以及他们如何支付。

案例思考

1. 在考虑进入中国金融服务市场之前，海外金融机构必须了解中国历史、文化和当代人口的哪些方面？

2. 如果你是一家海外信用卡发行银行，打算进入中国市场，那么你必须考虑中国人的消费观和储蓄观的哪些方面？

3. 理解"关系"如何能帮助海外金融机构更好地了解它们在中国市场的发展前景。

案例扩展阅读

[1] "The Adoption and Usage of Credit Cards by Urban – Affluent Consumers in China", International Journal of Bank Marketing, Vol. 25, No. 4, 2007, pp. 238 – 52.

［2］"Entering the Market for Financial Services in Transitional Economies: A Case Study of Credit Cards in China", International Journal of Bank Marketing, Vol. 23, No. 5, 2005, pp. 381 -96.

［3］"The Chinese Payment Card Market: An Exploratory Study", International Journal of Bank Marketing, Vol. 21, No. 6 -7, 2003, pp. 324 -34.

案例作者：澳大利亚莫纳什大学斯蒂芬·沃辛顿教授（Steve Worthington）。

第三章

金融服务的消费者

学习目标

学习本章后，读者应该掌握以下几点：

■ 了解营销战略中考虑消费者行为的重要意义

■ 结合金融服务，包括企业对消费者营销和企业对企业营销来评价客户行为理论的指导意义

■ 了解客户满意度、黏性、忠诚度、更换服务商、口碑（WOM）、风险和信任等对金融服务营销的重要影响

■ 用适当的理论阐述基于客户行为制订的战略方案

引言

客户行为是一个宽泛且充满矛盾的话题。然而，对于营销而言，它是每一步战略或运营行动不可或缺的基础知识体系。与客户相关的知识体系既涵盖了企业对消费者营销，也包括了企业对企业营销。本章将讨论这两方面的内容：第一部分集中探讨企业对消费者营销，第二部分探讨企业对企业营销。

对于客户行为这样一个宽泛的话题，很难用一章的篇幅做充分阐述。因此我们将重点讨论金融机构（FIs）需要理解的，与制订相应战略计划密切相关的客户行为。案例3.1的内容有助于我们理解客户的一些行为。

没有免费的午餐

年龄在 18～34 岁的群体最有可能（60% 的可能性）背负无抵押债务。如果我们将 22～25 岁的近期毕业生与年龄相仿的没有接受高等教育的群体作对比，能够发现学生债务的风险。前一类学生群体的负债概率比没有接受教育的较少，但债务负担可能也较同龄人群体高出 10%。今天，每个年龄在 18～34 岁的人平均无抵押债务超过 3200 英镑，这一债务水平相当于成年人平均水平的 40%，或相当于 55 岁以上群体负债水平的 4 倍。尤其令人担忧的是，那些 20 岁左右的青少年借钱主要是为了浮华的消费开支，18～24 岁的青少年中有 25% 的人承认他们曾借钱去购买并不真正需要的物品。现在人们常说的"雏鸟群体"或叫"啃老族"，是指与父母同住、不需要供养孩子的 15～34 岁的人，还有"离巢之鸟群体"或叫"单飞族"，是指 15～34 岁的不与任何与自己有关系的人共同生活的未婚之人。这两个群体都很漠视债务带来的各种问题，但他们看问题的角度截然不同。他们都认可透支消费，在花明天的钱满足今天的消费。那些离巢之鸟更能承受支付租金或抵押贷款的压力。对有些人来说，负债几乎正在成为一种生活方式，而且负债的后果也是意想不到的严峻。在 25～34 岁的群体中，年龄稍大一点的，借钱的首要原因是购置房产。这些年轻人也已债台高筑，不断攀升的房价也意味着他们现在的抵押贷款比全国平均水平高出 20000 英镑。18～34 岁群体的人均抵押贷款将近 111500 英镑，而全国平均水平在 92000 英镑左右。很多年轻人索性采取了一种债务生活方式，因为借贷成本低廉，而且总有人愿意放贷。他们并没有经历过经济周期中的困难岁月，可能也不清楚谨慎理财的益处。一旦经济下滑，他们会很快陷入负债的窘境。

作者根据 Consumer Attitudes towards Debt, Mintel, 2008 和 Attitudes to Debt, BMRB, 2008 整理编写。

金融服务的消费

显然，要营销首先必须了解客户。客户行为的一些重要方面确实会影响金融服务业，比如，信任和忠诚。为了概述消费者行为，我们将审视消费者如何做购买金融服务的决策以及影响决策的主要因素。我们将回顾消费者行为的一般释义，还要探讨后现代主义营销思想中"新消费者"的概念。虽然本书的目的不是进行哲学论辩，但还是要指出后现代主义思想对营销的重大影响和贡献。

当代的消费者更善于根据自身或他人的经验读懂市场信息，他们比前人对消费情形更易保持怀疑和警觉。服务失败补救无效或服务方态度冷漠无一不令消费者感到自己无足轻重。信息不对称会破坏任何关系中的信任，而在金融服务领域，服务商远比客户掌握的信息多得多，包括具体的服务期限和条件等，但服务商并无意纠正这种不平等。消费者希望交易过程和相互关系能够更透明，但实际情况往往不是这样，而是令他们心存疑虑。很多金融产品，例如养老金、年金和其他投资产品依然日益复杂，说明服务商并未特别为客户们把问题变得简单。不过可喜的是，现在的消费者比过去更了解金融服务的复杂性。

一消费决策

传统的消费者行为模型假定消费者是理性的、有逻辑的，将消费者描绘成一个信息处理器和问题解决者。消费者决策的方法通常包括五个步骤：第一阶段是发现需求问题。问题可能涉及从法律规定到购买摩托车保险、外汇需求或需要钱买一罐烤豆。一旦发现了需求问题，就需要确定解决问题的方法，这意味着消费者将采取某种形式搜索信息。很多人在这个时候会求助于因特网，从理财建议网站上获取广泛选择（以 www. fool. co. uk 为例）。金融服务公司务必要出现在这些网站上，从而成为消费者完成信息搜索时备选记忆库的一部分。但情况并不总是这样（见案例3.2）。金融服务管理局进行的一项研究（Financial Services Consumer Panel, 2006）表明消费者收集信息、征求意见的渠道非常广泛，包括报纸文章、专业出版物、分支机构、经纪人推荐或直邮等。

表3.1　个人贷款的消费决策阶段

决策阶段	形势
发现需求问题	糟糕，汽车没能通过年检，可这破车本身也不值得花钱再修。可是买新的手头又紧
信息搜索	查看银行贷款利率，求助父母，在购物时注意超市贷款利率，问问朋友、同学看能不能借点钱

决策阶段	形势
购买前评估	三种选择: 现有银行贷款,但利率不是特别优惠 超市贷款利率较低,但从超市借款有点奇怪 向父母借款总要有点"附带条件",不过自己希望多少表现出独立自主的一面
购买/消费	选择最优利率的超市贷款,何乐而不为呢?签订协议和明确还款条件
购买后评估	与同事或其他竞争的贷款提供方相比具有优惠的利率,至于汽车怎么样则是另一回事,这两项"购买"之间有多大的关联呢

案例3.2

直线 (Direct Line)

　　直线保险公司始终在抨击林林总总的价格对比网站,也从不在这类网站上宣传自己。它的核心理由是这些网站并没有调查整个市场,提供的信息不够全面。这类网站经常只关注一些圈定的供应商,提供的信息经常出于商业考虑而被扭曲。例如,有些网站对支付最高佣金率供应商的信息给予排序优先,还有一些网站拒绝列出不支付佣金的供应商。所以价格比较网站展示给消费者的选择与对他们的最优产品可能根本无关,而只是代表了价格比较网站和金融服务商的关系特性。这些网站也只关注一项指标,那就是价格,并只进行同类比较。可想而知,要从各个方面比较不同产品或服务组合会相当复杂,比如理赔额、替换汽车、事故救援和法律或行政帮助等方面。在选择金融服务时,价格是最重要的因素吗?消费者真正寻求的是能够给他们带来所需益处的产品,这些网站并不能提供准确而有价值的参考信息。而且,消费者决策时可能需要一些参考意见,价格比较网站目前尚不能提供这些。

　　由作者汇编自 Marketing Week,28 June 2007。

　　消费者收集完信息,会整理出一系列备选方案,并对它们作比较权衡。在金融服务中包括三种可能的选择,这些服务由于其无形性和复杂性而很难评估。评估将会受到先前经验,例如满意度、口碑和家庭模式的影响。金融服务供应商非常希望品牌能够促进销售,但是金融服务品牌在消费决策中的影响并不像金融机构所希望的那么强大(O'Loughlin 和 Szmigin,2007)。

　　金融消费行为受家庭模式的影响很大，银行已认识到父母能够影响孩子选择哪些银行办理业务。消费者评估信息之后作出是否购买的决定。最后一个阶段是购买后评估，此时消费者评估所购买的产品与服务是否提供了他们想要的益处。在金融服务中，做到这一点并不容易，因为服务的益处可能无法立竿见影地体现出来。比如一项养老金购买者在几十年内无法享受它的收益，并且一旦购买，他们想作出任何改变往往都为时已晚。保单的收益往往只在事故或灾难发生时才能得到。理赔过程中消费者应得的支持和资金可能由于保险公司本身工作系统效率低而被耽搁。此时，满意度和口碑对其他客户的消费决策有重要影响。

　　以上讨论的模型常被归类为认知模型，但是伊斯特等（East 等，2008）还总结了其他消费决策模型。比如，强化模型假设购买是据悉行为的结果，即如果一位客户有正面的消费经历，他会重复这一经历。一次负面经历一般不会带来重复消费行为。一次强化的经历将增加一个消费者的重复消费频率，这在金融服务中，可能意味着消费者在这家金融机构购买较多。一次繁重费力的经历有着相反的效果，并会降低重复消费的频率。这明确地提示金融机构务必保证客户的消费经历是正面的！很多服务商一直为分支机构的员工与客户之间的良好互动而自豪，他们能够多年提供个人化的服务并保持消费者的经历为正面。然而，当这些金融机构从它们的"腹地"向新市场延伸，原有的个人化服务水平相对难以维持，因而失去了这些正面强化激励。在这种情况下，消费者最终将失去对服务商的偏爱，转而重新审视市场，寻找有竞争力的价格。因此，服务商势必靠拼价格来竞争，而其竞争对手也会以牙还牙地杀价以吸引客户。

　　消费者经常依照习惯购买同样的品牌或光顾同样的商店，包括实体的或虚拟的。习惯是遇到某一特殊刺激后的经常性行为（East 等，2008），例如，需要现金时去同一个 ATM 取钱。银行很快意识到使用 ATM 来收集消费者信息，建立他们的消费习惯档案，进而有针对性地进行营销，潜力巨大。现有服务商希望缩短消费者冗长的决策过程，因为过程中消费者可能发现竞争者的出价更诱人，并且会形成惯性消费。当然，从消费者的观点来看，为了全面评估可选方案而花费的时间和努力并不总能带来愉快结果，所以消费者也同样乐于利用服务商提供的捷径。金融机构可能通过简化续保流程直接邮件，当然还有品牌化来达到这一目的。消费者确实会重复习惯性行为，特别是在结果尤其好或者尤其坏的时候，但是习惯限制了消费者尝试新事物的开放心态；一些消费者仍然意识不到竞争者可能提供的好处或更好的产品和服务。

—决策单元（Decision – Making Units，DMUs）

人们考虑购买金融服务的时候，常常征求朋友、同事或家人的意见；很少有不咨询马上就作决策的。金融机构了解这一点，尤其是家人的强大影响力量。一个典型的决策单位可能包括五个不同的角色，每个角色都可能由一组人或一个人来担当；同理，两个或两个以上的角色可以由一个人或一个组共担，如下所示：

- 发起人认识到存在问题或等待满足的需求；
- 影响者指的是决策者作决策时所求助的，可能具有相关经验或专业知识的某个人或一些人；
- 使用者是即将使用这项服务的人，他并不一定是决策者，比如为一个新司机购买保险；
- 看门人可能是限制接近潜在服务商的人；
- 决策者是作出最终选择的个人或群体。

对于金融服务供应商而言，很重要的一点是要认识到这些人在决策过程中可以扮演不止一个角色，他们可以参考这方面的知识相应地设计购买情境和准备营销信息。服务中影响者的作用尤其重要，而正面的口碑在培养习惯中至关重要。决策单元在企业对企业的情形中也很常见，本章稍后会介绍一个商业行为中的决策模型。

金融服务的多元消费视角

以上讨论的消费者决策模型频繁出现在教科书和学术刊物中，然而还有一些消费者行为的观点也很重要，值得我们了解。这些观点也许能为金融服务消费研究指点迷津。对营销人员而言，把诸多消费者行为模型理解成管理或操纵消费者的"营销组合宝典"则是特别危险的。后现代主义营销思想影响了很多营销专家，在某种程度上平衡了对当代消费的纯理性解释。后现代主义提倡个人至上以及社会的动态性和多元化，特别是日益增长的多元文化和多种族（Dawes 和 Brown，2000）。后现代主义思想固有的活力导致了市场分化，由稳定市场细分向动态易变的小群落转变（Aubert – Gamet 和 Cova，1999）。

群落，而不是细分市场，是理解其他有关消费行为或消费观点的关键，因为群落成员在全社会中互动并形成社区（Cova 和 Cova，2011）。市场异质性带来产品的扩散（Brown，1995），并强化了消费者在交换过程中的力量；后现代主义者的一个显著特征是避免承诺。在商业术语中，举例来说，现代主义者客户可能忠于一个公司或一项产品，而后现代主义消费者可能因为选择或心血来潮而自由更换服务商。消费者不仅拥有多种生活方式和经常高度迥异的价值体系，这些建立在现代主义者强调秩序和一致的价值体系中的生活方式常常与现有商业和营销战略相左（Brown，1995）。后现代主义将消费者置于生产过程的中心，并且以"善变的"消费者为导向。表 3.2 说明了消费者的特征如何决定他们试图从一项金融服务中寻找的经历和体验，同时展示了后现代消费者的属性或品质，例如缺乏时间，如何影响他们试图从客户体验中寻找的内容。今天的消费者时间少，所以寻求与之相符的消费经历和体验，他们吝啬花费稀缺的时间资源去体验与自身无关的事物。对于金融机构而言，识别缺乏时间的消费者并提供易于理解和定制的相关产品和服务就变得至关重要。

如表 3.2 所示，新一代消费者可能正在从他们的金融服务体验中寻求与消费者行为模型预测的很不一样的内容。比如，我们能识别心存疑虑、苛刻的消费者吗？金融机构如何提供消费者渴望的正直、诚实的消费体验？表 3.2 最后一列给出了一些建议，即金融机构由大众市场定位转向认识个体消费者的力量。

表 3.2　客户和他们所寻求的消费体验

消费者属性	期望消费体验	对金融服务的指示意义
怀疑的	正直、诚实、透明	公司形象，可持续的以及符合道德准则的行为
有知识的	有意义、合适	契合他们的生活方式、需求、合适的用途 客户驱动的产品开发与定制
缺乏时间的	相关、便利	对部落或客户细分的意识和理解
群落	群落确认，即与所属群体一致	将消费体验个性化，而不仅仅是销售 意识到不同客户应区别对待
个人的	定制	让消费者在体验服务、共同创造价值的过程中得到认可并发挥作用
严苛的	满足期望	
寻求体验的	参与、共同创造价值	

资料来源：改编自 Stuart - Menteth 等，2006。

对于金融机构，通常是大型的、结构化的和并不总是以消费者为导向的组织。后现代主义的消费者观点具有深刻的指导意义，金融机构能很快地对后现代社会的活力作出反应吗？退一步讲，它们认识到这种活力的重要启示了吗？

消费者的风险认知

之前讨论的金融服务的无形性给消费者在消费前的评估带来了困难。因此，在对消费者进行营销的过程中，消费者在消费金融服务时认知风险的方式以及他们是否信任金融机构都是重要的考虑因素。与实物产品不同，在服务消费中，一个普遍存在的问题是消费者不能够事先了解产品的性能和表现。比如，消费者可以试穿衣物、试开汽车，在最坏的情况下，他们还可以退货。大部分产品都具有能够在购买前被评估的属性或特征，比如颜色、合身与否以及性能，这些被称为搜寻特性（search qualities）。而一般情况下，服务并不具备这些特征，因此，服务供应商提供一些线索来反映出符合服务宗旨的性能、质量，抑或适合度，这些线索可能与价格或品牌的承诺相关。在试图确定一项服务是否会令人满意时，消费者必须使用其他指示物，其中之一就是体验这项服务。体验特征是一项服务在实际消费比如去剧院、外出就餐或游览主题公园时被评价的内容。营销者还可以通过提供试用期来满足客户对服务前期体验的渴望，健身俱乐部尤其擅长这一点。一些金融机构也提供试用，比如英国联合莱斯特银行对新企业提供两年的免费银行服务。这种试用还可能吸引消费者，所以也是获取新客户的一种方法。

金融机构也需要保证客户体验能够使他们愿意再次购买或购买更多。有些服务并不提供试用或体验，决定购买这些服务基于一种信念，即相信这项服务能够满足客户的需要，或者相信供应商具备提供客户所需服务的能力，这被称为信任服务（credence service）。信任服务的例子是一些更复杂的、可能在收益方面具有长期性的产品或服务，例如投资服务，尤其是养老金。对金融机构提供收益能力的信任可能源于品牌、关系或对销售方专业知识的信赖。一般认为独立金融顾问（Independent Financial Advisors，IFAs）具有这种专业知识。独立金融顾问试图与客户建立良好的沟通，以使客户理解他们在消费过程中的作用。一旦建立了这种联系，独立金融顾问和客户便可以共同创造一项服务（Auh 等，2007），这项服务也可能更能满足客户预期。

通过了解客户在消费金融服务时的风险认知水平，金融机构可以制定措施来降低这一水平。帕尔默（Palmer，2008）提出了一些措施，认为适用于任何服务供应商降低客户在消费金融服务时的风险认知水平。有形展示或证据再次向客户保证了供应商是可靠和值得信任的。对于金融机构，这可能包括分支机构的热情服务、员工制服、方便用户的网站和清晰印刷的广告信息。风险水平将取决于销售过程的客户参与程度，比如，长期投资和养老金比汽车保险具有更高的风险水平。首次购买者将比有经验的消费者感觉到更高的风险；通过鉴别这些购买者，供应商能够管理风险认知。客户接受风险的意愿千差万别，有的客户厌恶风险，他们想要一个安全的投资产品并能够接受相对较低的回报率。另一些客户截然相反，他们并不排斥风险，为了追求较高回报，他们不怕所作的选择可能带来损失。由机构或一个诸如英国金融服务管理局的独立体系提供的安全措施可以降低消费者的风险认知水平。

信贷危机的一个有趣结果是货币流通中大面额钞票数量的增加。2008年秋季，欧洲银行发行了300亿欧元的货币，这是自2004年以来的最大增量。在英国，虽然零售营业额总体下降了，但由于消费者使用现金来购买或支付，证券公司拥有的现金量增加了。2008年，货币流通中50英镑面额的钞票数量增长了20%（The Observer，2008年11月2日）。

政府接管经营不善的金融机构也降低了客户的风险认知水平。在北岩银行的案例中，客户最开始对于从银行取出自己的存款已经近乎绝望，他们在各个分行排起长队等待提款。在英国政府介入北岩银行后，该银行风险降低，资金又开始流入。

消费者参与度（involvement）

消费者选择金融服务时，他们考虑的主要因素之一是其在购买过程中的参与度。参与度代表消费者将在购买过程中倾注的努力。参与度因人而异，比如，一个有感知的守财奴不愿意花费精力去处理信息。因此，参与度可以解释为是为了满足兴趣、享受、情境和风险等维度的需要而处理信息的动机。在金融服务中，虽然风险和情境也同样适用，但是兴趣和享受体现得并不十分明显（Howcroft 等，2007），这说明参与度研究可能需要将金融服务作为一个不同的范畴来考虑。金融服务中涉及参与度方面主要有两个问题影响金融服务的营销。第一，从产品角度来看，很重要的一点是理解客户对不同产品具有不同的参与度。一项研究采用两种参与度量表测量了八种金融服务中的客户参与度，结果显示这八种金融服务的客户参与度水平不同，其中抵押贷款和各种投资产品的客户参与度较高（Aldlaigan 和 Buttle，2001）。第二，我们需要考虑消费者和买家在确保自己具备了选择产品和服务所需的充分信息的过程中将要投入多少努力。英国的一项研究选取了四个金融产品系列，并根据它们的复杂度鉴别出了六个客户群（Howcroft 等，2007）。最大的"重复消极客户"群体特征是不愿意更换服务商、缺乏自信、金融专业知识和理解能力较低，他们在选择金融产品时举棋不定。这些研究表明，参与度在金融服务消费中很重要，但是参与度是个很抽象的概念，也很难测量。可见，参与度是金融服务营销的一大挑战。

消费者满意与不满意（satisfaction and dissatisfaction）

任何组织，无论它是商业组织还是非营利机构，也不论是产品制造商还是服务供应商，它的组织目标和营销目标主要是赢得消费者满意。人们普遍认为，如果缺乏消费者满意，消费者将最终从其他供应商那里寻求替代。虽然满意的定义多种多样，但是这些定义都认为满意的概念暗含消费者希望达到的目标，那就是他们希望从所消费的服务或产品中得到满足。因此，包括金融机构在内的大部分组织都长期进行大量研究来掌握客户的满意度状况。对美国的银行网站、信用卡机构网站和投资网站的满意度调查结果（Forbes，2008）显示，消费者给出了积极的评价。该调查发现满意度在以下方面与消费者的未来行为相关：

- 忠诚：与信用卡和投资公司的客户相比，很明显银行客户更可能持续地使用银行的服务，而不是更换服务商。"继续使用公司服务的可能性"量化了网络在促进对机构的总体忠诚度中的作用。满意度在客户忠诚度中的作用比更换服务商时涉及的任何成本都要大，这凸显了银行追求高满意度的重要性（Beerli 等，2004）。

- 资金份额：银行和投资公司的客户额外购买服务的可能性远远高于信用卡客户。

- 口碑：银行客户最有可能告诉朋友、家人和同事相关银行和网站的信息。口口相传是金融服务组织招徕客户的一种重要的、低成本的方式。

- 成本效益：金融机构正致力于鼓励使用经济有效并且便捷的网络渠

道。在使用网络渠道方面，银行的表现略优于投资公司，而投资公司又比信用卡发卡机构表现稍好。

以上发现表明金融机构应该更好地了解如何获得较高客户满意度并从中获益。这里需要涉及满意概念的学术释义，图3.1中介绍了一种适用于金融服务的客户满意度模型或概念模型。

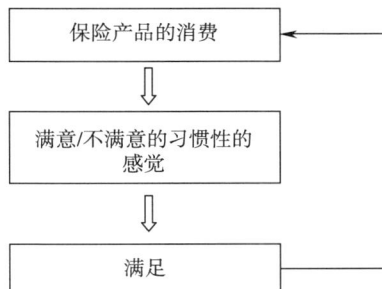

```
┌─────────────────────┐
│    保险产品的消费     │◄──┐
└─────────────────────┘   │
          ⇩               │
┌─────────────────────┐   │
│  满意/不满意的习惯性的 │   │
│        感觉          │   │
└─────────────────────┘   │
          ⇩               │
┌─────────────────────┐   │
│        满足          │───┘
└─────────────────────┘
```

资料来源：改编自 East 等，2008。

图 3.1　客户满意的验证模型：满足预期

这一模型较多用于常规情形分析，比如图3.1中所介绍的保险产品的消费。每当出现负面预期情况，比如分支机构或电话中的排长队现象、更换地址或其他常规信息出现错误等，消费者可能会有些许不满。但是消费者不大可能公开抱怨问题，而更可能表现出黏性（inertia）。只有当被询问时，消费者才会指出他们的不满（East 等，2008）。

金融服务的内容和方式范畴很广，消费者可能遇到各种各样的情形。这些都表明在探讨金融服务中的客户满意度时需要考虑更复杂的维度和影响因素。如果供应商与客户的接触联系较为紧密，而且需要定制解决方案时，客户满意度的影响因素可能更复杂。客户评价服务最常见的依据是先前经验，如果购买结果超出预期时，客户便会满意，每一次体验都会产生一次评价和引起客户的情绪反应（Molina 等，2007）。

客户满意也可以归因于不同的维度，比如对一线员工的服务感受、对核心产品与服务的满意程度或对组织总体的满意程度（Lewis 和 Soureli，2006）。客户满意并不仅仅基于客户对得到的服务可靠性的判断，还基于客户体验服务的经历，人口统计方面的差异可能影响体验（Jamal 和 Naser，2002）。客户不满意不太可能导致该客户离开供应商，但它可能意味着该客户对这家金融机构并非有益，而且，对服务商来讲，该客户可能意味着成本。

名不副实（disconfirmation）在营销理论中是一项重要概念，它涉及预期—表现不相符的心理学解释（Oliver，1997）。

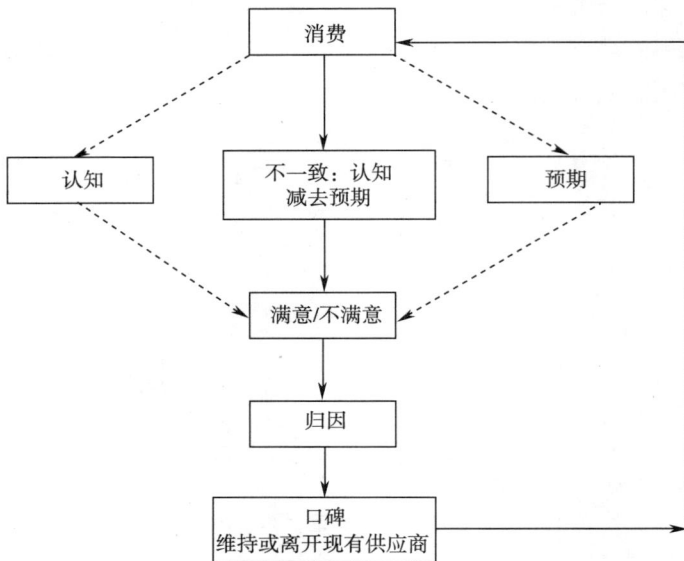

资料来源：改编自 East 等，2008。

图 3.2　不一致模型：超越或不及预期

图 3.2 刻画的名不副实模型比前面的图 3.1 客户满意验证模型要复杂，它关注消费者对服务质量的认知方式或预期方式。在这一模型中，金融机构管理客户的预期，尤其是客户对所售产品的预期。比如，银行应该清楚地说明产品特征以便客户对产品表现形成符合实际的预期。无论是出差还是度假，在出国之前，客户通常会购买假期保险，它可能具有一系列特征，例如涵盖私人物品、私人债务或航班延误等。如果行李在运送过程中丢失，保险公司会负责赔付。然而，航空公司和保险公司经常会为哪方应该负责赔付而争执不休，而客户迟迟得不到赔偿。由于保险公司拒绝赔付或推迟赔付，消费者有了一次糟糕的体验并将其归因于保险公司的失职（见图 3.2）。有过这样遭遇的客户今后很可能会拒绝这家保险公司，对它的口碑影响肯定是负面的。

图 3.2 中描绘的客户满意、口碑和客户保留或客户离开之间的联系并不一定像人们普遍认为的那么直接。或许将满意考虑成保留客户的必要但不充分条件更加明智。不满意并不一定导致客户离开，但不满意可能导致客户消极的行为。金融机构怎样才能满足客户？为了达到这一目标，他们必须首先

了解客户现在有多满意，这可以通过调查或持续的测度系统来完成。表 3.3 试图找出对一个金融服务呼叫中心不满意的主要原因。

其次是分析客户满意和不满意的原因，例如，为什么客户等待时间过长？答案也许是呼叫中心有时缺少员工。一个解决方案可能是雇用更多员工从而降低等候客户的不满意水平。员工最终也可能体会到当他们更有效、更愉快地处理问题时，客户的脾气就不会那么暴躁了，从而产生更高水平的员工满意度；这反过来又催生了更令人满意的服务过程。呼叫中心遇到客户等待时间过长的情况时，经常建议客户在线路不忙时段再呼叫，但是这种建议并不会导致客户满意。

表 3.3　某呼叫中心客户不满意度调查结果

- 等待时间太长
- 需向多个代理人重复信息
- 代理人不能提供我需要的答案
- 代理人企图向我推销其他产品和服务
- 代理人缺乏灵活性
- 代理人反应迟钝
- 代理人不够优雅
- 代理人不提供定制的解决方案
- 客户服务的电脑经常死机
- 代理人询问过多个人信息
- 代理人问题过多
- 代理人生成纸质文件太多
- 代理人英文水平欠佳/有浓重口音

资料来源：改编自 Accenture，2008。

从理论上来看，满意和不满意并不直接相关，也就是说，使客户满意的事物和使他们不满意的事物是不同的，了解这一点对我们很重要。例如，如果一位客户必须为一项服务排队，无论是在电话中、在分支机构里还是在 ATM 前，他们经常感到不满意，然而不需要排队并不一定会令他们满意。排队时间太长被认为是一个"不满意因子"。满意因子是一项服务中能够带来满意的元素，例如业绩良好的储蓄账户或快速处理的保险理赔。一家金融机构必须同时鉴别它们机构中的满意因子和不满意因子，并制订战略计划来发扬前者、消除后者。为了产生有意义的客户满意因子，组织中的最高层级必须采取行动，制订监督和促成满意度提升的计划。服务商关键要创造一种使员工和服务系统能够让客户满意的氛围，可以调整组织的汇报关系结构、改变高级职员的工作行为，使他们能处理好日常工作的优先顺序；可以调整薪酬体系、确定合理而又切实可行的关键绩效指标（Key Performance Indicators, KPIs）；此外也需要同步变革员工发展方面的一些工作等。然而，客户满意并不是静态的。客户的预期会上升，他们去年能够容忍的事物，今年却不一定能够接受。虽然满意和忠诚这两个概念之间的联系并不明确，但是消费者满意确实能够促进消费者忠诚（Oliver，1999）。与黏性不同的是，如果消费者缺乏满意感，他们就不太可能忠诚。

消费者忠诚（customer loyalty）

众所周知，消费者满意和忠诚之间相互影响的准确属性难以捉摸，但是满意度对忠诚度有正面影响（Bloemer 等，1999）。经过适当的培养，满意可以转换为忠诚（Oliver，1999）。作为与客户发展长期关系的一部分，组织越来越关注忠诚的客户。据称，这些客户会带来收入的增加，会进一步购买并产生积极的口碑。研究表明，忠诚是再次购买意愿的主导和决定因素（例如Bell 和 Eisingerich，2007）。人们普遍认为正面的口碑与忠诚呈正相关关系，并且对他人的行为有强烈的影响（Gremler 和 Brown，1999）。

迪克和巴苏（Dick 和 Basu，1994）根据再次购买的相对态度和意向间的相互影响，将四种形式的忠诚用模型加以刻画（见图 3.3）。他们的工作对消费者忠诚相关研究作出了建设性的贡献。

再次购买意向

	高	低
相对态度 高	忠诚——与多种产品有长期的业务关系，供应商的拥护者	潜在忠诚——偶尔与现有供应商联系以询问产品和服务
相对态度 低	虚假忠诚——对换服务商具有惰性和/或倾向。对价格变化和竞争者的产品和服务敏感	没有忠诚——可能更换服务商，也许只受制于高额的转换成本。具有惰性

资料来源：改编自 Dick 和 Basu，1994。

图 3.3　忠诚状态和金融服务客户

在这一模型中，消费者的忠诚取决于态度与行为之间关系的强度，真正的忠诚只在相对态度和购买意图都较高时产生。其他类型的忠诚有：非忠诚，此时相对态度和购买意图都较低；潜在忠诚，此时态度较高但购买意图较低；虚假忠诚，这种忠诚仅仅基于行为。虚假忠诚类似于客户黏性，我们将在以下部分中讨论客户黏性问题。由于客户行为比较便于收集，常常被用来度量客户的忠诚度，例如，购买成交量、到访或进入频率。行为忠诚并没有刻画出忠诚的全部，行为也并不一定能预测盈利能力（Kumar 和 Shah，2004）。忠诚的另一个维度是态度，但在一个客户群之内测量态度难度非常大。实践中解决这一难题的方法是参考客户推荐，它在客户忠诚研究中起着重要作用。推荐或正面口碑能够相应地强化态度，与再次购买的决定相关（Reinarts 和 Kumar，2000）。图 3.3 描绘了迪克和巴苏（Dick 和 Basu，1994）提出的模型中金融服务忠诚度的关键指标。

为了建立真正的忠诚，组织必须培养态度忠诚（attitudinal loyalty）。如图 3.3 所示，服务商要培养的对象显然应该是虚假忠诚的客户，应该寻求与他们建立长期的关系（Kumar 和 Shah，2004）。总体上来说，忠诚可以这样维持：通过利用金融机构信息系统的信息和尖端的解析技术来鉴别客户之间的个体差异，然后可以制订与客户相关并对客户有价值的奖励计划。服务商可以与其他公司合作完成奖励计划的相关工作（以 www. nectar. com 内容为例）。

一消费者更换服务商和黏性（customer switching and inertia）

如果消费者持续或强烈不满意，认知和预期之间屡次出现落差，他们可能把业务带到另一家服务商那里，即消费者换掉他们当前的服务供应商。比如，一位汽车保险投保人在续保时发现现有的保险机构要价太高或服务质量糟糕而更换保险机构。在金融服务中，更换服务商是一个比较新的现象。金融服务业向来黏性客户比例较高，客户虽然没有更换服务商，但是可能对当前的服务商也并不感到满意。然而，更换服务商的现象不断增加，金融机构不断尝试从商业对手那里"偷猎"具有盈利潜质的客户。既然客户对金融机构的不满程度达到相当水平，客户似乎理应更频繁地更换服务商。这可能是由于他们认识到更换存在障碍，包括认知的和情感的成本。如果客户转向现有服务商的竞争者，会丧失原来享有的社交圈子或特别优惠待遇，而这些好处甚至足以抵消不满意的种种原因。谁也说不准更换服务商的结果是什么，也很难断定存不存在不利影响。这些风险可能与财务问题（比如在倒闭的银行或养老基金中的投资损失）有关，或与耗费时间或失去某些便利有关，比如便捷的服务商网点，还有与其他惯常行为紧密联系在一起的金融消费行为等。

还有很重要的一点值得注意，即客户不离开并不能判定他们是满意的或忠诚的，客户可能只是觉得更换服务商的成本太高。一个不满意但没有离开或更换服务商的客户，对一家银行或金融服务供应商并不一定有利，因为这些客户可能频繁抱怨并需要投入资源加以"维持"，从而产生高额成本，所以带来的收益也相对较低。联合莱斯特银行提供的免费银行服务（www. alliance - leicestercommercialbank. co. uk）不仅实现了服务的体验属性，也利用了银行客户的黏性，因而并不是那么的无私。无论是对企业客户还是个人客户，黏性在经常账户中最为普遍。金融机构想在自身与客户之间创造一种"黏附"效应或退出障碍。可惜，这些障碍并不会像客户满意那样带来忠诚（Beerli 等，2004）。

黏性常用来指客户的消极惠顾，缺乏真正的忠诚，但同时并未表现出更换服务商的意愿（Huang 和 Yu，1999）。虽然品牌忠诚和黏性的表现可能类似，即持续购买，但是这两种状态之间也存在差别。如图 3.3 所示，图中缺少的组成部分是赞同的态度。黏性可能导致再次购买，而且易受营销活动的影响，比如营销沟通和定价调整等。黏性是不稳定的，它可能在任何时候没有任何前兆就发生变化，因此营销者不能指望黏性客户持续的再次购买。抱怨行为并不是黏性客户的明显标志特征。澳大利亚的一项研究发现，持有支票的客户比其他类型账户的客户抱怨的少一些（White 和 Yanam and ram，2004），客户黏性极有可能导致分支机构关闭。这项研究也鉴别出了一个他们称为"居民"的群体，他们是开设了新账户但并未注销旧账户的客户，这潜在表明了这一群体通常与金融机构没有较好的关系，并且他们觉得这些机构都是一样的。这项研究中年龄较大的受访者在过去五年中更换账户的可能性较低，而收入较高的人更有可能变更。这些发现的含义在于高度合意的、较为富有的群体（或高净值群体）对于金融机构来说难以保留，或者说他们拥有很多不同的金融服务供应商。黏性客户并不是一个同质客户群。研究中鉴别出了三种黏性客户群体：乐于保持黏性的客户群；不经意保持黏性的客户群；忧虑地保持黏性的客户群（White 和 Yanam and ram，2004），他们可能被认为是"危险"的，即可能更换或离开现有服务商。

一消费者惯性

消费者为何停止购买养老金和年金等长期投资产品是尤为受政府关注的一个话题。这些投资产品都是退休或更换生活方式后预防性储蓄计划的一部分。然而，金融服务的消费者缺乏继续购买这种产品的意愿。即使他们还要工作很久，不愿意做预防性储蓄同样意味着他们不工作之后的岁月里生活可能没有足够的资金保障。公民缺乏预防性储蓄意愿对于政府有相当多的启示意义。为此，政府可能需要为贫穷的老年公民建立资金储备。下面的案例介绍了有关惯性研究的一些发现。政府如果想减轻居民后期生活中的贫困状况，政策制定者就必须克服这一现象。

案例 3.3

惯性中的个人特征

英国金融服务管理局（2004）分析了惯性和定期支付保费的个人养老金整体情况，发现处于最低收入段的人群惯性也最低。不断恶化的金融环境对养老金失效的可能性有着显著的正影响。在调查的大约40%的案例中，收入和负担能力问题是养老金失效的唯一最重要原因。这些原因可以分解如下：

- 对于15%的失效者，原因是工作/就业/收入环境的变化
- 对于14%的失效者，原因在于他们无法继续负担应支付的养老金份额
- 7%的失效者希望把这份资金挪作他用

影响收入的个人情况变化是养老金失效的唯一最重要原因。此外，婚姻状况、家庭环境或迁居等变化影响大约10%的案例。失业显著增加了退保的可能性，婴儿降生或更换成附有雇主养老金的工作也是如此。另外，不会定期储蓄的人更有可能发生养老金储蓄失效。低收入人群的低惯性可能是因为他们更有可能遭遇不利事件的困扰，而不太具备应付这些事件的能力和条件。"失效的消费者"数据图表显示出女性比男性的惯性低，因为她们收入较低并且更易受收入变化的影响。另外，休产假对收入水平有显著影响。

由作者改编自 "Understanding Switching: A Consumer Survey – based Approach to Switching and Persistency for Pensions and Investments"。

消费者行为不仅对金融机构的营销十分重要，对政府也有重大意义。这个特殊的例子表明如果消费者不了解一项复杂且昂贵的、具有长期收益的产品，它们在维持支付方面可能就会出现问题。虽然这一问题远远没有得到解决，但这项消费者行为的研究引起了社会对一些人群没能持续支付购买这些产品的特殊原因的关注。

商业消费者

在英国，四大银行——巴克莱银行、汇丰银行、劳合银行和苏格兰皇家银行（Royal Bank of Scotland，RBS）控制着 85% 的小企业账户（www. news. bbc. co. uk，2007）。这些账户在金融服务中具有与消费者相似的黏性。在金融服务中，消费者和企业行为之间还有其他的相似之处，比如忠诚和风险，如案例 3.4 所示。

案例 3.4

针对小企业及其银行的研究发现

小企业最频繁使用的六家银行依次是：国民西敏寺银行（NatWest）、汇丰银行、劳合银行、巴克莱银行、合作银行（Co - operative Bank）和苏格兰皇家银行。在小企业联合会（Federation of Small Businesses，FSB）中，高街银行具有相对较高的市场份额，这可能是由于它对小企业联合会成员优先提供银行服务的原因所致。

使用银行的数量

79% 的受访者在经营企业时只使用一家银行，少于 3% 的受访者使用超过两家银行。这几乎和竞争委员会的研究结果一样，即小企业并不会延伸它们的银行服务，而宁可只使用一家银行。

对银行的忠诚

大部分小企业都没有更换银行的意愿，而宁可使用它们熟悉的那家银行，但是这大大取决于企业与银行间的私人关系。当形势发展不佳时，一家企业通常会尝试寻找一家替代银行。然而，考虑到更换银行时可能遇到的困难以及涉及的时限，小企业通常没有时间和资源来寻找替代银行。银行有必要提供更优质的服务并更加了解企业的个体需求。与当地银行的关系越好，小企业在地方层面上的问题得到满意解决的可能性就越大。

小企业在银行的经历

一项小企业联合会研究的关键发现表明小企业：

■ 倾向于选择四家主要清算银行之一

■ 不太可能使用小银行

■ 倾向于将所有银行业务交付靠近它们主要业务区的一家机构

■ 需要定期与银行联系，根据业务需要频繁联系和到当地分行机构办理业务

■ 更喜欢能够在它们的银行拥有一个了解企业账户和业务需要的联络处

■ 总体上看，这些小企业对银行的服务满意

■ 出现问题的领域往往都会影响到企业的整体表现

总体上看，小企业对其银行服务还算满意，并且大体上在服务中遇到的问题较少。在银行遇到问题可能对一家企业非常不利。小企业觉得难以让银行注意到企业的问题或让银行为难。这种情形使一些企业没能及时向银行提出问题。很多受访者感到银行职员不重视它们，到银行办理业务，企业人员得不到接触合适权威人员的机会。这方面花费的时间以及对企业的日常经营造成的影响经常打消小企业主向银行抱怨的念头。很多小企业感到它们的银行收费太高并且仍在增加。对公业务收费如此这般，而对私业务却有那么多的免费，两相对比令企业客户有些愤慨。虽然小企业联合会成员确实也享有一些免费银行服务，但这经常只在特定条件下才能实现，例如必须在现有账户中保留最低额度才能享有这一服务。很少有小企业热衷于更换银行，因为它们依据自身方便性、根据得到银行服务的能力来开设账户。如果他们确实决定更换并打算采取行动，它们办手续时经常遭遇层层拖延，一直拖到你觉得不换也罢。此外，在更换账户时遇到的困难可能在一开始就打消小企业的积极性，即使它们对现有服务供应商并不满意。

作者改编自小企业联合会：Federation of Small Businesses：Report on Small Business Banking，2007。

消费者和企业，至少是与小企业之间的相似之处也存在于决策单元，如图 3.4 所示。

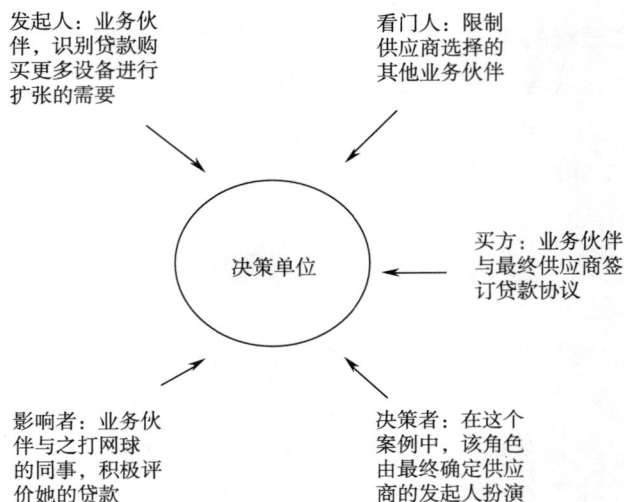

发起人：业务伙伴，识别贷款购买更多设备进行扩张的需要

看门人：限制供应商选择的其他业务伙伴

决策单位

买方：业务伙伴与最终供应商签订贷款协议

影响者：业务伙伴与之打网球的同事，积极评价她的贷款

决策者：在这个案例中，该角色由最终确定供应商的发起人扮演

资料来源：改编自 Brassington 和 Pettitt，2006。

图 3.4 一家贷款扩张的小企业中的决策单位

如本章先前所述，消费者营销中存在决策单位。图 3.4 表明一个决策单位如何在小企业贷款扩张中发挥作用，就像在企业对消费者中那样。这张图表明小企业中双方如何就从哪家金融机构借款实现扩张作出决定。从金融服务供应商方面来看，了解一个决策单位中各方不同的作用很重要，这能帮助银行制定相应的策略。影响者可以积极评价他的贷款经历，如果贷款和贷款经历令人满意，供应商则占据了进一步给客户提供金融服务的有利位置。

较大型企业的行为有所不同，它们需要获得多种多样的资源。而由于有日益丰富的资源采购经历和经验，它们购买和消费金融服务的方式也更老道内行。巴拉斯格托和佩蒂特（Brassington 和 Pettitt，2006）总结了一些企业选择供应商的准则，可能也适用于金融机构参考。虽然金融市场提供了大量的产品和服务，令消费者眼花缭乱，难以进行比较，这些专家还是建议企业作为金融服务的消费者，要"货比三家"以获取最优价格的产品和服务。企业对金融服务的需要很可能随时间而变化，所以企业非常关注金融机构是否能提供最适合它们的产品和服务。市场经济里时间就是金钱；金融机构务必要快速纠正任何服务偏差问题，重要的是要在产品和服务质量以及客户服务方面双管齐下地兑现所有承诺。企业选择金融服务供应商可能还受一些非经济因素的影响，比如金融机构的美誉，例如，能与苏格兰皇家银行集团旗下的库茨（Coutts）银行开展私人银行业务本身就很有号召力。此外，金融服务采购方和供应商之间的关系或友谊也可能影响选择。当然，如果私交友情最终主导了企业选择哪家供应商，这会引发道德问题。

研究消费者行为在企业对消费者市场和企业对企业的市场中都很重要。而在后信贷危机时代，这方面的研究则更为关键和重要，因为从总体看，消费者对金融机构失去信任，甚至对整个金融业的质疑和不满都在与日俱增。总之，金融机构制定营销战略时，必须充分理解消费者行为。

第三章小结

■ 本章讨论了包括企业对消费者和企业对企业金融服务市场中的客户

■ 在选择金融服务时，消费者可以使用理性的决策模型，其中，决策单位经常发挥作用，后现代主义理论提出了营销中的非理性模型，帮助阐释消费者决策过程

■ 由于缺乏服务品质保障，消费者参与度低，人们感觉消费金融服务有风险

■ 不同种类金融服务的消费者可能有不同程度的满意度

■ 客户忠诚可能体现在态度层面和行为层面，很多客户实际是黏性客户，和其他领域的营销不同，金融服务中的企业和个体消费者行为之间存在某些共同特征

参考文献

［1］ Accenture（2008）*Experiencing the Brand*；*Branding the Experience*，downloaded 15 August 2008.

［2］ Aldlaigan，A. and Buttle，F.（2001）"Consumer Involvement in Financial Services：An Empirical Test of Two Measures"，*International Journal of Bank Marketing*，Vol. 19，No. 6，pp. 232－45.

［3］ Aubert－Gamet，V. and Cova，B.（1999）"Servicescapes：From Modern Non－Places to Postmodern Common Places"，*Journal of Business Research*，Vol. 44，pp. 37－45.

［4］ Auh，S.，Bell，S.，Mcleod，C. and Shih，E.（2007）"Co－production and Customer Loyalty in Financial Services"，*Journal of Retailing*，Vol.

83, No. 3, pp. 359 – 70.

[5] Beerli, A. Martin, J. and Quintana, A. (2004) "A model of customer loyalty in the retail banking market", *European Journal of Marketing*, Vol. 38, No. 1/2, pp. 253 – 75.

[6] Bell, S. and Eisingerich, A. (2007) "The Paradox of Customer Education: Customer Expertise and Loyalty in the Financial Services Industry", *European Journal of Marketing*, Vol. 41, No. 5/6, pp. 466 – 86.

[7] Black, N., Lockett, A., Ennew, C., Winkelhofer, H. and McKechnie, S. (2002) "Modelling Consumer Choice of Distribution Channels: An Illustration from Financial Services", *International Journal of Bank Marketing*, Vol. 20, No. 4, pp. 161 – 73.

[8] Bloemer, J., de Ruyter, K. and Wetzels, M. (1999) "Linking Perceived Service Quality and Service Loyalty: A Multi – dimensional Perspective", *European Journal of Marketing*, Vol. 33, No. 11/12, pp. 1082 – 106.

[9] BMRB, "Attitudes Towards Debt", www. bmrb. co. uk/news/article/attitudes – to – debt/, downloaded 20 January 2009.

[10] Brassington, F. and Pettitt, S. (2006) *Principles of Marketing*, Chelmsford, FT Prentice Hall.

[11] Brown, S., (1995) *Postmodern Marketing*, London, Routledge.

[12] Cova, B. and Cova. V. (2001) "Tribal Aspects of Postmodern Consumption Research: The Case of French In – line Roller Skaters", *Journal of Consumer Behaviour*, Vol. 1, No. 1, pp. 67 – 76.

[13] Dawes, J. and Brown, R. (2000) "Postmodern Marketing: Research Issues for Retail Financial Services", *Qualitative Marketing Research: An International Journal*, Vol. 3, No. 2, pp. 90 – 8.

[14] Dick, A. and Basu, K. (1994) "Customer Loyalty: Towards an Integrated Customer Framework", *Journal of the Academy of Marketing Science*, Vol. 22, No. 2, pp. 99 – 113.

[15] East, R., Wright, M. and Vanhuele, M. (2008) *Consumer Behaviour: Applications in Marketing*, London, Sage.

[16] Federation of Small Businesses (2007) *Report on Small Business Bank-*

金融服务营销

ing, www. fsb. org. uk/news, downloaded 15 January 2008.

［17］Financial Services Authority (2004) *Stopping Short: Why Do So Many Consumers Stop Contributing to Long – term Savings Policies?*, London, FSA Occasional Papers in Financial Regulation.

［18］Financial Services Consumer Panel (2006), *Survey of Consumer Attitudes to Financial Services and their Experience in Buying Them*, www. fs – cp. org. uk.

［19］Firat, A. and Venkatesh, A. (1993) "Postmodernity: The Age of Marketing", *International Journal of Research in Marketing*, Vol. 10, pp. 227 – 49.

［20］Forbes (2008), *How Financial Services Institutions Can Build Share of Wallet and Loyalty Online*, ForeSee Online Financial Services Study, Forbes. com.

［21］Fornell, C. (1992) "A National Customer Satisfaction Barometer: The Swedish Experience", *Journal of Marketing*, Vol. 56, January, pp. 6 – 21.

［22］Gremler, D. and Brown, S. (1999) "The Loyalty Ripple Effect: Appreciating the Full Value of Customers", *International Journal of Service Industries Management*, Vol. 10, No. 3, pp. 271 – 91.

［23］Gwinner, K. , Gremler, D. and Bitner, M. – J. (1998) "Relational Benefits in Services Industries: The Customer's Perspective", *Journal of the Academy of Marketing Service*, Vol. 26, No. 2, pp. 101 – 14.

［24］Howcroft, B. , Hamilton, R. and Hewer, P. (2007) "Customer Involvement and Interaction in Retail Banking: An Examination of Risk and Confidence in the Purchase of Financial Products", *Journal of Services Marketing*, Vol. 21, No. 7, pp. 481 – 91.

［25］Huang, M. and Yu, S. (1999) "Are Consumers Inherently or Situationally Brand Loyal? A Set Intercorrelation Account for Conscious Brand Loyalty and Non – conscious Inertia", *Psychology & Marketing*, Vol. 16, No. 6, pp. 523 – 44.

［26］Jamal, A. and Naser, K. (2002) "Customer Satisfaction and Retail Banking: An Assessment of Some of the Key Antecedents of Customer Satisfaction in Retail Banking", *International Journal of Bank Marketing*, Vol. 20, No. 4, pp. 146 – 60.

[27] Jones, H. and Farquhar, J. D. (2007) "Putting It Right: Service Failure and Customer Loyalty in UK Banks", *International Journal of Bank Marketing*, Vol. 25, No. 3, pp. 161 – 72.

[28] Kumar, V. and Shah, D. (2004) "Building and Sustaining Profitable Customer Loyalty for the 21st century", *Journal of Retailing*, Vol. 80, pp. 317 – 30.

[29] Lewis, B. and Soureli, M. (2006) "The Antecedents of Consumer Loyalty in Retail Banking", *Journal of Consumer Behaviour*, Vol. 5, pp. 15 – 31.

[30] Mintel (2008), *Consumer Attitudes towards Debt*, June, London.

[31] Molina, A., Martin – Consuegra, D. and Esteban, A. (2007) "Relational Benefits and Customer Satisfaction in Retail Banking", *International Journal of Bank Marketing*, Vol. 25, No. 4, pp. 253 – 71.

[32] www. news. bbc. co. uk/1/hi/business/6959833. stm, accessed 23 July 2008.

[33] O'Loughlin, D. and Szmigin, I. (2007) "Services Branding: Revealing the Rhetoric within Retail Branding", *Service Industries Journal*, Vol. 27, No. 4, pp. 435 – 52.

[34] Oliver, R. (1997) *Satisfaction: A Behavioral Perspective on the Consumer*, New York, McGraw Hill.

[35] Oliver, R. (1999) "Whence Consumer Loyalty?", *Journal of Marketing*, Vol. 63 (Special issue), pp. 33 – 44.

[36] Palmer, A. (2008) *Principles of Services Marketing*, 5th edn, Maidenhead, McGraw – Hill Education.

[37] Reinartz, W. and Kumar, V. (2000) "On the Profitability of Long – Life Customers in a Noncontractual Setting: An Empirical Investigation and Implications for Marketing", *Journal of Marketing*, Vol. 64, No. 4, pp. 17 – 35.

[38] Stuart – Menteth, H., Wilson, H. and Baker, S. (2006) "Escaping the Channel Silo: Researching the New Consumer", *International Journal of Market Research*, Vol. 48, No. 4, pp. 415 – 37.

［39］ *The Observer*，"Slump Sets Circulation of £ 50 Notes Soaring"，2 November 2008.

［40］ White，L. and Yanamandram，V.（2004）"Why Consumers Stay：Reasons and Consequences of Inertia in Financial Services"，*Managing Service Quality*，Vol. 14，No. 2/3，pp. 183 – 94.

思考题

1. 简要列出你的主要金融服务供应商的"强化因子"和"惩罚因子"。这些正面或负面激励如何影响你的行为？

2. 比较消费者满意的两个模型和你自身的经历。找出你体验每一种情形的例子并注意两种情形有何不同。你的经历对金融服务供应商有什么启示？

3. 研究表3.3，借鉴引起消费者不满意的问题，列出有利于消费者满意的一些做法，并说明为什么在消费者行为研究中同时使用这两套问卷更可取。

4. 询问你的亲戚或朋友，他们使用目前的银行服务有多久了？他们对银行的服务是否满意。如果他们不满意，询问并了解他们不更换银行的原因。你能将他们的回答归类到转换障碍和黏性中吗？他们提到的原因对金融机构有什么启示？

5. 先列出金融服务中潜在的满意因子清单，之后列出不满意因子清单。列出消除或减少不满意因子对金融服务供应商有哪些好处？

拓展阅读

金融服务消费者专题讨论小组（2006），《消费者对金融服务的态度及购买服务体验的调查》，www. fs – cp. org. uk。

案例学习
消费者对个人金融服务和养老金的态度
——来自瑞典的案例

大体上，每个人都能活到退休的年龄，之后依靠先前储蓄的养老金或基金生活。然而，大部分人并没有充分认识到退休后必须适应相对较低的生活水平。虽然人们大体了解退休意味着什么，但是大部分人并不能采取措施来保证有充足的资金保障退休后的生活质量。在一项近期调查中，大部分受访的瑞典消费者认为他们的养老金可能不够用①。实际上，这是一个很普遍的问题，世界上很多靠领取养老金生活的人会面临被贫穷困扰的风险。

一项对600名瑞典人的研究表明平均每6个人中只有一人知道自己将如何获得养老金[2]。这项研究表明，大部分受访者都很不了解养老金体系，很少参与这方面问题的讨论。三分之一的受访者不能给出任何他们可以联系的与养老金有关的公司或主管部门。当然，造成这一情形的原因有很多。最重要的原因是大部分消费者通常对金融问题，尤其是与退休相关的金融问题并不感兴趣。不管在哪里，英国、瑞典、美国还是澳大利亚，情况都一样。在瑞典的案例中，第二个原因是提供有关养老金信息的方式。没有一家组织负责提供全面的养老金信息让消费者知道他们退休后能领到多少钱。实际上，人们需要通过三种不同的途径来获取这方面的信息，而且得到的信息很零散，不成体系，也没有针对性。当然，出现这种情况并不令人意外[3]。这种信息匮乏导致了瑞典人不太参与养老金话题的讨论，也谈不上充分了解这方面事务。这可能造成瑞典人没有为退休后的生活做足储蓄或投资准备。

英国学者Alan Aldridge惊奇地发现，有关消费和消费主义的社会学研究并未囊括任何有关个人金融服务的讨论[4]。他认为，个人金融影响人们的生活机遇，理所应当值得学术界关注和研究。他指出，用布迪厄的话来说，市场化要求消费者具有较高的文化资本[5]。但毕竟这对金融服务并不适用。1995年，维珍公司（Virgin）以维珍品牌发行了一项共同基金（指数基金），这降低了投资门槛，更重要的是降低了需要的文化资本投入。公司简化一项复杂的金融产品，将它像日杂货品一样出售给大众，但没人确切知道消费者是否对此做好了准备。

瑞典政府投入大量资金来向国民提供养老金信息[6]。最重要的信息装在"橘色信封"里，自1999年以来每年派发。信封选取橘色是为了引起人们的注意，里面包含了保障型养老保险的信息。虽然相关部门作出了一些努力使这类信息富有趣味，并且方便取阅，但只有五分之一的人认为这类信息适合他们。这是因为信封中包含的信息并不总是与消费者决策相关，例如，不同年龄的群体有不同的需要，信息应该针对各个群体的具体情况。养老金信息的一个重要部分是对人们退休后将得到的养老金数额的估算。

但遗憾的是，不同的信息提供方给出的估算数额不同，比如，橘色信封中的估算比其他方估算的可能低25%。这种差异只会引起理解混乱，妨碍很多人阅读，甚至会使很多人打消对养老金的念头。收到橘色信封的人中，大约有20%甚至从不会打开信封看内容[7]。略多于25%的人打开信封并浏览信息，但觉得内容不方便阅读或很难理解。虽然自1999年起政府在提高信息质量上投入了相当可观的资金，认为信息较难或很难理解的消费者数量却并未减少。结果，大约三分之二的瑞典人对养老金体系知之甚少。

关键问题在于向金融知识缺乏或可能不感兴趣的消费者解释复杂的金融问题很困难。在瑞典的案例中，后续研究揭示出消费者并不理解"正常的"经济增长是什么，也不理解经济增长与养老金规模有什么关系。在橘色信封中，消费者可以了解到如果经济增长，例如每年经济增长2%，他们的养老金将是 X 欧元，如果经济以另一速度增长，养老金则为 Y 欧元。这一信息预先假定已经理解经济增长如何影响养老金。可见，这样的沟通并不能传达信息。面对面的或个性化的交流会不会有效一些呢？大约50%的瑞典家庭聘用理财顾问，但与此同时，这其中40%的家庭实际上并不信任理财顾问[8]。使用过理财顾问的人中，有一半认为他们自己能更好地处理这方面的问题，29%的人不信任理财顾问的建议[9]。理财顾问面对的难题是如何在建议和销售之间划定界限。毕竟，理财顾问是按销售业绩获取佣金，而与他们给予消费者什么建议无关。

欧盟发布了有关消费者对财务状况和金融服务态度的系列研究报告[10]。当被问道："我认为我的财务状况和金融服务……"25个欧盟成员国的消费者给出了负面的评价。25%的受访者认为很复杂，21%感到恐惧，21%觉得沮丧，17%认为单调乏味，14%觉得欣慰，8%觉得很享受。

这些研究指出，人们认识金融服务的方式需要改变，有关各方必须改革和制定新的方法来改善现状。这个瑞典案例表明，不论装有信息的信封颜色多么鲜艳，多么引人注目，仅仅通过传播信息难以提高消费者对金融服务的了解和参与度。更难的是要针对不同的人群准备信息。其他研究表明，理财顾问在金融服务销售中可能有既得利益问题，与消费者利益最优化的目标有冲突。随着欧洲人口老龄化步伐在加快，现在开始鼓励人们为不工作后的财务储备制订计划为时已晚。但即便形势如此，有关各方尚未就如何解决这一问题达成共识。

案例注释

① Hushållens ekonomiska förmåga. Report 2007 – 0627, Finansinspektionen, Stockholm, p. 2. A study based on interviews with 1, 019 households.

② www. unionen. se, Report "Pensionen – långt borta och nära", Stockholm, summer 2008. "Bara ar sjätte förstår hur man skall få pension". Dagens Nyheters nätupplaga, www. dn. se (2 July 2008).

③ *Ibid.*

④ Aldridge, Alan (1998) "Habitus and Cultural Capital in the Field of Personal Finance", *The sociological Review*, pp. 1 – 23.

⑤ *Ibid.*

⑥ Riksrevisionen (2008) Staten och pensionsinformationen. RiR 2008: 3, Stockholm.

⑦ *Ibid.*

⑧ Financial Services Authority (2004) "Consumer Understanding of Financial Risk", prepared for the Financial Service Authority by Conquest Research Ltd., Consumer Research 33, November, p. 3.

⑨ Hushållens ekonomiska förmåga. Report 2007 – 0627.

⑩ "Public Opinion in Europe on Financial Services, Special Eurobarometer 230", European Commission (2005). Approximately 1, 000 consumers interviewed in each of the 25 countries (EU25).

Professor Rita Martenson

案例思考

1. 在提供养老金信息时，独立的第三方的作用是什么？它将如何提高人们对养老金的了解深度和参与度？

2. 文化资本是什么？它将如何影响金融服务？商品化对金融服务有什么意义？

3. 你为以后的生活做了什么储备？哪种类型的信息可能促使你开始储蓄或购买合适的金融产品。你将从何处寻求意见？

第四章

金融服务市场细分与目标市场

学习目标

学习本章后，读者应该掌握以下几点：

■ 消费市场与商业市场的不同细分技术和方法

■ 多重市场细分对目标市场的贡献

■ 市场细分战略和目标市场的基本原理

■ 金融服务定位的关键点

引言

上一章我们讨论了金融服务营销中的客户行为以及客户行为对金融机构营销成功的关键作用。无论是在欧洲市场还是在金融机构日益发展的全球市场，在市场规模一定的条件下，除非所面对的单一客户为大型跨国集团，否则针对个人消费者或单个公司实施战略都是不现实的。因此，需要通过一些途径将繁杂的市场分割成更小的消费单元。尽管营销人员经常谈及大市场营销的概念，但市场细分仍然是金融服务营销的核心战略之一。随着金融机构在信息系统方面的投资额不断增加以及数据分析能力的不断增强，视消费者市场为单一整体的时代已经一去不复返。信息技术的不断进步帮助金融服务营销人员更好地了解客户，发现其特质，从而区分不同类型的客户，为他们提供相应的定制产品和服务。尤其是在金融机构全球化运营的今天，就客户需求而言，商业市场也表现出与消费市场类似的多元化需求。本章将讨论金融服务中的核心战略，即市场细分战略，并进一步讨论市场细分如何决定目标市场与金融机构的自我定位。

什么是市场细分

　　市场细分是必不可少的营销策划活动，它依据客户对于特定营销策略的反应区分不同类别的客户，进而提出相应的价值主张。从战略角度来看，市场细分允许金融机构最大限度地利用资源对不同类别的客户进行区分与定位，包括个人客户和企业客户，这些客户都极有可能对金融机构的产品服务作出回应。市场细分需要将具有某些共同特征的客户分到同一组中，但问题在于如何确定这些共同特征，以便建立可行的、能够获利的细分市场。和客户行为一样，个人消费者市场细分与商业市场细分具有较大差异。我们需要分别讨论这两个市场的细分问题，本章首先讨论的是消费者细分。对于营销者而言，"平均数""大部分""很大比例"和"模式"等词汇不仅无益，反而会带来极大的危害。这些词汇通常来源于模糊的测量数据，基于各种假设、以偏概全的认知，甚至毫无根据的信念，而营销者需要掌握的是及时更新的、精确的客户信息。

　　市场的变化意味着市场细分战略要随之而变，随着客户在市场交易中的地位不断上升，市场的分割需要更加精准细化。市场细分必须考虑金融服务市场的复杂性和多变性，并要与之同步。信息技术的进步、激烈的竞争以及金融产品的供过于求使市场细分越来越受关注，并且这一营销战略的实施也需要投入大量的资金，用于信息收集与处理。

消费者细分

　　本节我们将讨论消费者细分。消费者细分主要有两种方法：一种是根据已经制定的标准，如地理因素，进行事前细分（a priori），称为自然细分；另一种应用越来越广泛的方法则是根据客户的行为进行事后细分（post hoc）。我们先来看自然细分法。

一自然细分

　　地域细分（Geographic segmentation），即根据客户的居住地对其分组。这是用来细分建屋互助会客户的常用方法，建屋互助会以往仅在当地社区提供住房贷款服务，根据它们的名字就可以对其进行区分，如斯卡伯勒建屋互助会（Scarborough Building Society）和肯特建屋互助会（Kent Reliance Building

Society）。现在，这些机构通过邮递、电话和互联网等方式将业务延伸到更广泛的地域，以增加客户数量。然而，人们发现这种做法不仅损害了与原有客户之间的长期关系，也削弱了多年来建立的对所在地的了解程度。通过居住地对客户进行研究，可以了解客户的一些基本情况。例如，区分英国南北部的不同消费者可以得到包括预期寿命等一些大致情况。然而，金融机构要在一个成熟的金融服务市场中赢得竞争力，仅仅掌握这些消费者的大致信息还远远不够。

营销者也借助一些人口统计特征（Demographics）来细分市场，人口统计因素通常包括年龄、性别、种族、收入和行业等信息。使用这些信息对金融机构的一个明显的好处就是客户在特定的时间会需要一些特定的金融产品和服务，例如助学贷款、住房抵押贷款和医疗保险。案例4.1展示了客户性别如何成为细分市场的标志特征。

案例4.1

希拉的汽车：女性尊享汽车保险

2005年，一家名为"希拉的汽车"，专为女性提供汽车保险的公司在英国成立，它在飞速发展的女性保险用户市场中展现了极大的竞争力。该品牌的推广运用了澳大利亚角色互换的主题，其中超低的保费成了权利的象征，这一权利转移给了漂亮女孩希拉，而一群男性则眼巴巴地在一旁观望，甚至希望自己变成女人。该广告转化了"角色互换"这一澳大利亚表述中的贬损意味。"希拉的汽车"投入数百万英镑在全国各地进行广告宣传，其中开启广告的一段三重唱成为亮点。根据一项独立调查，在"希拉的汽车"投保的女性客户中，半数以上的客户平均节省了203英镑的保费；客户还能获得保险市场上最低价格的汽车故障保险。"希拉的汽车"保险产品包括很多专为女性驾驶员设计的特有服务，例如，如果手提包在汽车上被盗，驾驶员可以获得300英镑赔偿手提包及包内物品的损失，24小时开通的交通事故理赔热线服务与车辆维修人员都必须遵循友好对待女性的行为准则。这个品牌专注于女性客户，其优惠的保费也反映了女性驾驶员相对男性驾驶员具有更高的安全系数。

这些产品所吸引的"希拉们"聪明而时尚，认为自己应当获得更好的服务。英国有1440万女性驾驶员，占总驾驶员人数的45%，女性保险市场在不断扩大，就过去的十年而言，女性购买汽车保险的比例提高了三分

　　正如"希拉的汽车"案例故事描述的那样，客户们越来越聪明而时尚，前文提到的自然细分方式对他们已不再轻易适用，他们更乐意自行进行区分。MacDonald 和 Dunbar（2004）提到，客户们根据自己对于产品价值的评价选择产品。也就是说，他们通常选择能够提供给他们所需利益的产品和服务。尽管人口统计特征目前更常用于描述已经形成的细分市场，但这种方法的普及程度依赖于数据的可获得性和数据之间的关联程度，由此来提高细分方法的精确性与有效性。

　　单一的客户细分方法的局限性很强，所以人们采用一定的技术将两种方法结合起来。例如，居住地与人口统计特征结合起来成为地理人口统计（geodemographics）。在地理人口统计中，最基本的分析单元是邮政编码，可以使用邮政编码信息，附加简明地址描述对客户进行分组（见www.caci.co.uk），并将分组信息整理成一张地图。这张地图涵盖了各类客户，从富有的投资者到贫困的养老金领取者。这样的信息地图对于金融服务营销尤为重要。通过对数据的整合，益百利公司（Experian）归纳出13种金融客户分类，后又进一步分解为82个客户组。为了进一步阐明这种方法，我们来看看表4.1列出的其中一种分类，叫做急需信贷家庭。

表 4.1　金融服务细分市场举例

组别	家庭描述	占英国家庭总数比例	类型	描述	个人名称和描述
F	急需信贷家庭	9.18%	F18	盲目超支	达伦、克莱尔
			F19	时尚消费但开销较大	肖恩、特蕾西
			F20	逐渐减小的房贷压力	戴尔、林西
			F21	收支紧张	温妮和安

资料来源：根据 Experian（2005）信息整理。

在这个简单的描述中，"急需信贷的家庭"分类下的子类别提供了非常有价值的信息，决策者可以依据这些信息判断消费者正在使用哪类产品以及他们需要何种服务。一家名为麦米柯尼斯的咨询公司（Mapmechanics of Switzerland）在瑞士开展了一项业务，为客户提供市场细分战略所需的数据。首先，他们面临的一个关键问题是如何将瑞士的语言种类和市场细分联系起来。例如，你会按照不同语言进行市场细分吗？如案例 4.2 中显示的那样，营销人员必须意识到语言在制定营销沟通策略中的重要性。

案例 4.2

多语言的市场细分

根据人口普查数据，瑞士目前有以下几种通用语言：德语，法语，英语，意大利语，罗曼语。也有一些双语人士，能讲英语和法语，或者德语和意大利语。对每一门语言的使用者按照如下的社会职业进行分类：管理人员，自由职业者，农场主，其他个体经营者，知识工作者和中层管理人员，中级专业人士，正式白领，正式蓝领和其他非正式务工人员。教育水平，不同性别的职业（全职、兼职），失业与否，实习经历，志愿者活动，房屋管家，退休与否，每周工作小时数（小于 6 小时，6 至 19 小时，20 至 39 小时，40 至 45 小时，45 小时以上）都可以用来对瑞士人口进一步细分。

作者改编自 www.mapmechanics.com。

了解消费者对借款的态度对金融机构十分重要。然而，这些信息是否能够告诉我们消费者的所思所想？如果他们不愿意借钱，那他们就不大可能申请贷款或者使用信用卡。消费者是喜欢自己进行财务规划还是听从他人的财务建议呢？在结合两类细分市场统计基础上形成的心理统计特征（psychographic）将市场更进一步细分，它包括一些关系到消费者生活方式的信息，例如态度、信仰和观点。按照心理统计特征进行市场细分后，我们不再需要过度简化或者使用均值，营销者能够为每个细分市场制定最有效的策略，例如，一则有针对性的短信就有可能改变客户对待金融产品与服务的心态。根据 Morgan 和 Levy（2002）的研究，通过研究根据心理统计特征划分的细分市场特征可以进一步提高投资回报率（ROI）。例如，某些细分市场的客户能够接受金融产品和服务，但对大众传媒却持回避态度。因此，相关信息无法通过普通媒体传递给他们。Morgan 和 Levy 认为，对一个心理统计特征分类的细分市场各方面进行研究有助于判断它是否是有价值的目标市场，从而将精力集中到可能获利或者有很大发展潜力的细分市场中。例如，通过了解人们信仰什么、喜欢什么，营销者能够开发出符合消费者的信念与喜好的产品和服务，如与慈善手牵手的信用卡、为传统经典车购买者或采用环保交通方式的人们提供的个人贷款。

然而，通过自然细分的方法进行消费者细分仍远远不够。基于消费者行为研究产生的一组细分技术，我们称为事后细分或者行为细分（behavioral segmentation）。我们在下文讨论这一技术。

一行为细分

MacDonald 和 Dunbar（2004）指出，考虑到竞争压力与消费者生活方式的复杂性，依赖传统的、基于年龄或者地域的自然细分方法会显得力不从心。一种有效的对客户分类的方式是考虑客户行为。行为细分的一个典型案例就是将产品和服务与客户利益结合起来。这种方法在金融服务中尤其适用，因为金融产品本身并没有终端用户，而是一种帮助客户满足其他需求的工具。以信用卡为例，花钱较为大手大脚的人由于使用信用卡不需要存钱就可以进行消费，这给他们带来极大的满足感。即使对于不希望欠债的人来说，信用卡也提供了记录每月交易的便利，还能够使用不同的信用卡进行不同类型的消费。事实上，一些媒体建议消费者使用信用卡进行度假消费，因为一旦旅行社倒闭，信用卡会为消费者提供一定的损失赔偿。信用卡起初是利用信用卡本身的"价值"进行市场细分，比如白金卡（www. mastercard. com）。客户为什么要选择白金卡呢？金融机构利用所能得到的一切信息有效地细分个人客户与企业客户。银行要求客户开设活期账户的一个原因就是为了获得客户收入和支出的信息。开发客户关系管理（CRM）系统的意义在于通过记录公司与客户之间的互动，跟踪客户在某个特定金融机构中的"寿命"。

客户细分方法的基础是一些先进的统计技术，将消费者分成不同的类型。下文的研究详细地阐释了零售银行中客户忠诚度与盈利性之间的关系。Garland（2005）基于客户寿命、客户资金份额以及对银行的短期价值这三个因素，提出了一个市场细分的模型。他设法从新西兰的一个银行数据库中获得了 1700 名客户的盈利性（或者贡献率）数据，然后对同一批客户通过问卷调查的方式取得相关数据，这样就能够将两组数据结合，更加深入地了解客户的消费行为。通过分析这些数据，Garland 划出了八个细分市场（见表 4.2 和表 4.3）。值得注意的是，Garland 从银行收集的数据是关于个人消费者的行为信息，这些信息属于后验分析，也就是根据过去的行为模式进行客户分组。依据历史可以预测未来，尤其在预测客户未来购买某种金融产品的可能性以及对特定营销策略的反应方面，历史数据很有价值。在没有更精确的预测变量可供参考的情况下，人们常参考客户过去的行为预测其未来的消费。

表 4.2　根据客户盈利性和购买时间划分的金融服务细分市场　单位:%

类别	占受访者比例	客户份额	盈利性	使用银行业务的时间
陌生客户	11	低	低	短
热情的陌生客户	8	高	低	短
黏性客户	6	低	低	长
忠诚的黏性客户	7	高	低	长
可争取的客户	16	高	高	短
观望的客户	16	低	高	短
普通客户	17	低	高	长
优质客户	19	高	高	长

资料来源：改编自 Garland，2005。

表 4.3　根据行为可能性的金融服务市场细分　　　单位:%

类别	平均满意度	未来 12 个月的可能性				
	区间 1～7	可推荐度	业务增长	业务减少	在竞争对手开户	销户
	中值	百分率	百分率	百分率	百分率	百分率
陌生客户	5.2	61	40	25	27	17
热情的陌生客户	6.2	73	50	14	14	10
黏性客户	6.2	80	53	17	16	6

类别	平均满意度		未来 12 个月的可能性				
	区间 1~7	可推荐度	业务增长	业务减少	在竞争对手开户	销户
	中值	百分率	百分率	百分率	百分率	百分率
忠诚的黏性客户	6.5	88	51	17	9	7
可争取的客户	6.2	79	52	15	13	10
观望的客户	5.8	71	48	29	18	11
普通客户	6	71	43	22	12	10
优质客户	6.4	83	43	16	7	7

资料来源: 改编自 Garland, 2005。

　　这两张表对 Garland 论文中的分析进行了总结, 列出了对于银行客户忠诚度/客户盈利性有着重要意义的八个银行细分市场。Reinartz 和 Kumar (2000) 将客户分为如下四类: 陌生客户, 黏性客户, 观望客户和普通客户/优质客户。表4.3 的第 2 列是客户对银行满意度的均值, 分值范围为 1 至 7, 最高满意度为 7 分。客户满意度是评价金融机构服务水平的重要指标, 通常也被视为客户忠诚度的先行指标。结果显示, 在 1 至 7 的评分区间中, 只有两组的平均分在 6 分以下, 说明这家银行的客户满意度整体水平较高。第一组客户 "陌生客户" 对该银行的满意度最低, 他们在这家银行的消费比例很小, 同时也购买其他两三家银行的产品和服务。因此, 考虑到成本问题, 银行可能会将他们从目标客户群中剔除。

　　其他金融机构也有这种类型的客户。解决方案之一就是停止向他们发送邮件或者终止其他方式的联系, 银行希望这种刻意的忽视能使这类客户主动转向其他银行 (Farquhar 和 Panther, 2008)。"热情的陌生客户" 是一个更大的麻烦。研究表明, 他们将消费集中在一家银行, 而且总是带来损失, 甚至很有可能成为 "黏性客户"。"黏性" 这个词最早由 Reinartz 和 Kumar 在 2000 年提出, 它指代那类忠诚却带来损失的客户。但这些客户有可能转变为可盈利的客户 (Zeithaml 等, 2001)。如表 4.2 所示, "忠诚的黏性客户" 仅占客户群中的 7%, 他们的消费全部集中在一家银行, 但是盈利性相当低。"黏性客户" 在这家银行的消费比例较小, 意味着他们的大部分资金流入了其他银行, 很有可能是放在竞争对手银行里。但他们在未来 12 个月中有相当高的可推荐度, 高达 53% 的客户有可能增加在银行的业务量, 这是在所有客户组中最高的比例。不是所有的客户类别都能成为银行所需要的细分市场，但是行为细分方法不失为金融产品和服务营销中值得一试的决策工具。

一动态细分（dynamic segments）

市场细分中的挑战不仅在于公司选择怎样的特征变量来达到一定程度的准确性，同时也必须了解细分市场的动态本质。细分市场不是固定的，而是不断演变的，一些细分市场甚至可能消失。也就是说，随着消费者品位和需求的变化，一旦他们不再需要这些金融产品和服务，这些细分市场也就不存在了。这种情况可能产生在人们搬家、失业、发生经济拮据或者使用绿色产品的时候。也有可能是因为金融机构改变了自己的战略，服务于一些新的细分市场，这些新的细分市场更符合它们的组织发展目标。市场细分是一个持续的过程，金融服务的营销者们需要专注于第二章提到的环境事项，以便及时辨别市场情况并相应作出反应。例如，选择销售渠道在金融服务中变得越来越重要，它不仅仅是为了吸引客户，也是为了收集信息。消费决策者的数量十分重要，金融机构通常认为家族在金融消费决策过程中起到了重要作用。然而，当消费决策不再是传统的以家族为核心，而是越来越向现代的代理人角色转换时，随之产生的一个问题是如何管理消费决策过程。客户的价值以及他们的财务实力是一个十分复杂的动态过程，这一点在信用审查中体现得很明显（见 www. experian. co. uk）。对很多公司而言，客户资金份额十分宝贵，通常份额越大的客户盈利性越高。然而，当客户逐渐与多家金融机构发生业务往来时，服务商开始通过不同的方法来测算客户价值，这些方法包括贷款规模、信用卡上的信用额度以及月末欠款。由于信息不对称现象长期存在，消费者对金融产品和服务的了解程度也是金融服务中相当有争议的话题。

案例 4.3 显示了政治与经济环境的变化是如何为一家银行创造机会的，使它满足不同地域客户群的特定需求。

案例 4.3

欧洲人来了

劳合银行在曼彻斯特的一家银行超市开张了，为来自波兰的新移民提供服务，使他们有机会享受量身定做的银行服务。这家银行超市位于曼彻斯特市中心的圣玛丽门，专为迎合这座城市内日益增长的波兰社群的金融服务需求。在这家银行超市里，会讲一口流利波兰话的工作人员坐在台前，劳合银行的相关文件也翻译成波兰语，这些都是为了帮助英国银行更好地为移民提供金融服务。Gerrard Schmid 是劳合银行交易部门主管。他介绍说："对于那些刚来到英国的人们，我们国际化的银行超市能够帮助他们降低开户时的恐惧感。显然，他们很需要定制的银行服务。为了满足这种需求，我们就得调整一些业务流程，特别是我们要不断简化客户的开户流程。"劳合银行计划把相当数量的支行改装成国际化的营业场所。劳合银行这一举动反映了现实中的新动向，即在过去两年里，有 40 多万人从欧盟国家来到英国，其中 26.5 万是波兰人。

作者根据 www.moneynews.co.uk 上的内容编写。

一旦客户在银行开立了账户，银行就将所有数据导入客户关系管理系统中，并从中进一步挖掘数据，如账户的薪资水平、地址以及消费方式，进而将这些新客户分成不同的类群，每个类群中的客户都有相似的特征。

在欧洲和美国，出现了一类非常重要的客户，他们极其富有，位居财富轴上端。尽管英国的超级富豪们在信贷危机中蒙受损失，如印度钢铁巨头拉克希米·米塔尔的财富 2010 年从 169 亿英镑跌到 108 亿英镑，但他仍然位居富豪榜首（www.busuness.timesonline.co.uk/tol/business）。这些超级富豪们很有可能购买金融服务，但他们的消费情形各不相同。很多情况下，他们致富的原因在于他们精通金融，或者能够得到正确的理财建议。另外一类对于金融机构有着巨大吸引力的客户是富裕大众。富裕大众并不是一个特别讨人喜欢的词语。这类客户的储蓄额或投资额在 5 万英镑以上，当然最低资金额要求在不同的银行会有不同。银行为这类富裕大众提供的服务相较于那些超级富豪而言远没有那么个性化，例如，这些客户由客服中心提供服务而不是一位指定的专员悉心照顾，他们储蓄账户余额的利率只有 1%，也毫无吸引力。

在财富轴下端是处于所有细分市场边缘的客户，即低收入人群，或者被称为金融体系之外的人，因为他们在任何一家银行都没有活期账户。不用说传统的盈利性银行，这类人与任何一家金融机构都没有往来。然而，越来越多的证据表明，金融行业的去监管化改善了一些社会群体状况，使他们受益于金融扩展计划。金融扩展计划的宗旨是让更多的人享受更多的金融产品与服务。当然，强调客户细分，关注风险定价和附加值，可能会使另一些群体状况恶化。在欧洲很多国家，人们开始关注那些被排除在金融体系之外的人群，并逐渐制定各种相应政策来解决这一问题。金融扩展计划一直是发达国家的一个热点经济问题，尤其是在像英国、美国这样具有很强市场导向的金融体系中（Carbo 等，2005）。英国政府正在采取行动，以保证这类人群有机会接触银行服务、享受到能负担得起的信贷服务和面对面的理财咨询服务。

　　一直到最近，英国始终是世界上最大、最复杂，也是最成熟、最具竞争力的金融服务市场之一，它能够对经济快速变化带来的需求迅速作出反应。为了迎合生活方式和商业运作模式的发展变化，人们不断研发新的技术，向市场推出新产品。然而，越来越多的证据显示市场无法满足所有人的具体需求。一些人数较少却不容忽视的群体甚至无法获得最简单的金融服务。这意味着他们需要付出更高的代价来管理自己的资产，他们很难规划好未来的财务需要，不能应对财务压力，因此在金融困顿中更易受到冲击而过度负债。在英国和欧盟，政府主张和支持的一项政策强调：所有人都应当有效而安全地管理自己的资产；在一定安全保障下对未来进行合理规划；并拥有所需的信息、能力与自信来规避那些本可避免的财务困境；处于财务困境时，他们应当知道自己能向哪些部门求助（www. financialinclusion－taskforce. org. uk）。

一网络用户细分

　　金融机构正在进行的一项重要工作是发现网络用户的需求，这类客户通过互联网获得银行金融服务。对金融机构而言，互联网大大降低了服务成本，降幅达 10 倍之多。这极大地激励着金融机构去识别和了解那些正在或即将使用互联网获取金融服务的消费者。网络用户不仅降低了金融机构的服务成本，他们还是具有更高潜在价值的客户，这一点让他们变得更受欢迎。英国支付协会最近的一项调查显示，半数以上的英国人在使用网上银行，其中一半以上年龄在 25 岁至 34 岁，只有 15% 的人年龄在 65 岁以上。事实上，自 2006 年 10 月以来的 12 个月内，在英国网民人数中，25 岁以下人数的比例由 29% 降到了 25%（Neilsen，2008），而 55 岁及以上的人数比例从 16% 上升到 19%，即将取代 35 岁至 44 岁这一年龄组而成为网民中的最大群体。这些现象表明，尽管存在某个不断增长的受银行欢迎的客户群，但是绝不能将这些网络用户看做一个细分市场，因为这些客户的组成非常复杂。

　　尽管客户为了便捷起见倾向于使用网络和自助服务技术（SSTs），对技术的进步持积极态度（Thornton 和 White，2001），但根据不同交易的需求，他们仍然需要与金融服务人员互动交流（Howcroft 等，2003）。金融服务市场中有一些客户更偏好自助服务，但这并不意味着金融机构可以划分一个细分市场，仅仅依靠这一种渠道提供服务。自助服务技术帮助金融机构意识到细分市场中遇到的挑战，尤其是使用诸多细分变量时的挑战，同时也能反映客户对各式金融产品看法的多元化。

Lee 等（2005）提出，对于尚未采用自助技术的客户进行细分是相当有价值的，因为这类客户可以进一步细分为两类：即将采用自助服务的客户和可能一直拒绝自助服务的客户（或称为坚决不用者）。某些行为表现能够有效增加一个拒绝使用自助服务的客户在未来 12 个月使用网上银行的可能性，例如正在使用电话、ATM 以及上班时使用电脑等。因此，研究者总结到，如果银行想要将客户转移到网上银行，它必须意识到客户需要熟练地掌握上网技能。因为即使客户有很强的意愿，缺乏上网经历也会妨碍他们使用网上银行。研究者根据行为变量定义的三个细分市场是：使用者，潜在使用者和坚持不使用者。通过这种分组，金融机构能够更有效地为一个特定的客户群提供服务，创造更高的客户满意度来留住这些客户。在 Akinci 等（2004）发起的一项关于网上银行使用的调查中，受访者提到：总的来说，选择网上银行时最重要的考虑因素与安全、可信赖度和隐私保护相关。

表 4.4　网络用户细分

细分市场	选择标准
速度追求者	下载速度，用户友好界面的网站，交易速度，个人隐私，创新性
谨慎用户	银行的可靠性，网站的安全性，服务质量，忠诚度
易受影响的用户	广告，同事的建议

资料来源：改编自 Akinci 等，2004。

Akinci 等的研究基于客户的选择标准划分了如表 4.4 所示的细分市场，其中包括已经使用网上银行服务的客户。可以根据这些标准很快区分速度追求者和谨慎用户，有趣的是第三类客户，因为他们在使用网上银行时会受到其他人的影响。对银行而言，将这一类客户区分出来具有实际意义。通过提供优质的服务和打动人心的广告宣传，银行能够说服他们使用更多的金融产品与服务。

一细分实践

我们已经列举了一些金融机构可能会感兴趣的市场细分案例，给出了能够达到一定准确度的市场细分的提示。为了进一步提高准确度，采用自然细分的客户研究一般遵循以下几步：

1. 进行消费者调查：采集的产品/品牌使用数据，购买渠道使用数据，一些测评量表数据或题项汇总数据可构成数据分析的基础。

2. 用因子分析法找到测评量表中最有用的因子，并根据这些因子将数据划分成几个基础维度。这一部分的分析需要一定的创造力，才能得到最佳的结果。

3. 采用聚类分析法，根据问卷受访者的分数对他们进行分类。

4. 利用其余的调查数据，如分类问题，对各类客户进行大致描述。这是通常使用的步骤，但在技术上备受质疑，一些研究者已提出了改进方法。除了技术上的缺陷，另一个主要反对意见是这些类别是不可用的，或者说不能提供什么信息。一些错误可能发生在评分表的操作方式上，尤其是在国际性的调查中，所以在分类技术上总有需要改进与完善的地方。

5. 一旦区分好这些客户类群，习惯的做法是给他们取一些有特色的名字；尽管这种做法经常遭到批评，人们依旧认为它能够帮助理解，有助于那些富有创造力的人们与目标客户进行沟通。一些体系，例如 Claritas 的 PRIZM（一系列根据地理人口统计进行的分组），将总人口分为不同的小组，像"富裕阶层"（听起来比"忠诚的黏性客户"更顺耳）。这种做法的现实意义在于这些细分市场更容易被整个公司的人理解，从而变得更有用，最终派上用场。没有什么比一份尘封在橱柜里昂贵的市场细分调研更没有价值了。市场细分是营销研究的核心内容，即使细分技术尚不够完善，细分的核心地位依然不容动摇。

用于消费者细分的数据挖掘和分析的深度和广度越来越庞大复杂，这方面的工作不断给金融机构带来挑战。金融机构采用一系列技术细分市场开发和调整战略。他们所获得的信息以及信息处理能力帮助他们跟踪客户，评估客户对组织的价值。

商业市场细分

和个人消费市场一样，商业市场也是不同质的，营销者面临的问题同样是使用什么样的标准将相似的客户分为一组。我们有两个层次的市场细分需要考虑，首先是宏观市场细分。宏观市场细分在金融机构的网站上已经标明，它将市场分为三块：个人、商业和公司。正如我们在本章前半段所看到的，个人消费市场有很大的进一步细分的空间，商业市场同样如此。制定一个有效的战略首先要求公司对市场细分标准作出清晰的选择。我们接下来将讨论在客户群中进行分组的主要问题和常用方法。

描述性分类是一种根据一些特定的描述信息将公司分类的方法，例如经营利润，雇员人数，产品线数目，主要竞争者数目，市场份额以及类似分类条目（Richarme，2004）。描述性分类方法的一大缺点是很多描述信息并非公开信息，并且无法提供充分的决策者群体特征描述信息。有一种最新的描述类信息使用方法用到摩西系统（Mosaic system）的商业版。这种方法根据影响商业行为的关键因素，将在英国的所有企业分为 13 个组、50 种类型，并给出一些说明，如"本地坚石"和"小型供应商"。另一种方法是根据业务类型进行企业分类，依据一种标准化的分类方案，例如证监会使用的行业分类（SIC）代码。尽管所需要的信息能够从公开信息中获取（www. statistics. gov. uk），这种方法仍然面临挑战，即如何对那些经营业务多样的公司进行分类，例如非常混业的维珍公司。第三种方法参考公司的地址，将地区作为主要的分组指标。尽管这种方法能将在同一区域经营的各家公司划分成易辨识的小组，但它不能广泛适用于一些地域分散的部门、分支机构和零售店。不过这种分类结果对于销售、快递、账单寄送、客户服务和几乎公司的所有其他方面都有参考价值。2008 年，益百利和他的搭档定义了一个叫做"习性"（propensities）的小组，并根据统计模型对其作出详细的描述。它反映了一种可能的商业行为，例如购买倾向和盈利性。他们建立了 24 个行业的模型，从啤酒饮料到化工、酒店服务和电信。巴克莱银行出资 2000 万英镑，请专家团队研究以下几个商业领域的习性：慈善组织，教育机构，金融服务，政府机构，医疗单位，休闲娱乐，制造业，油气，专业服务，房地产金融、招聘与咨询、零售与批发、社会福利住房、支持性服务、技术与电信、交通与物流（www. barclay. com）。

上述例子再次说明了金融机构可以从不同角度进行市场细分。

细分的组织

我们考察了一系列的细分市场以及金融机构在细分过程中需要考虑的变量，但营销者在制定市场细分战略时仍然需要思考一些关键问题。人们往往过于强调细枝末节而忽略了那些支撑市场细分战略目标的根本因素。

一组织结构

MacDonald 和 Dunbar（2004）提出了对组织内进行市场细分的两个维度（见表4.5），他们认为高度整合的客户驱动型组织能够更好地制定和实施企业战略，实现组织目标。以销售为基础的市场细分从如何组织销售职能这一角度研究市场，例如关注人寿保险而非客户特点。结构性的细分根据组织结构的构造做安排，例如银行网点是为了与在线渠道以及电话银行竞争，而不是为了保证良好的客户体验（Farquhar 和 Panther，2008）。Jenkins 和 Mac-Donald（1997）承认，尽管简易市场细分方法结合了完整市场细分惯例中的一些特点，例如使用组织内部的客户数据，并与外部的分类系统相结合，它还是更接近于以销售为基础的市场细分，因为它的整体意图是为了销售而非制定合适的可持续战略。最优的途径是使客户导向和组织整合度达到最高水平，这样公司能够提供相应的信息进行分析，得到明确的客户细分市场。

表4.5 金融机构中的市场细分

		高	低
客户导向	高	有效的市场细分：为金融机构确认不同的创造收入的细分市场	简易市场细分：市场细分对组织成功并非十分重要，制订规划时缺乏对适宜的细分市场的正确认识
	低	结构性市场细分：根据产品、地域和渠道进行的市场细分	以销售为基础的市场细分：重点在于销售，并不关心开发能够在未来几年产生持续利润的细分市场

资料来源：改编自 Jenkins 和 MacDonald，1997。

表4.5 描述得相当简单，但两条坐标轴对于企业通过细分市场获得利润至关重要。这种情况在金融服务行业中尤为常见，金融机构通常不具有足够高的整合度来支持它的营销战略。金融机构提供的金融服务十分广泛，但它们通常是由部门进行设计，如住房抵押贷款部门和外汇管理部门。然而许多消费者和企业客户可能选择多种金融产品，这样银行或者公司需要交叉运作，

而它们的水平整合度仍然很低（Farquhar 和 Panther，2008）。

一细分核验

除了严格的统计步骤，世界广告研究中心（WARC）还对上文中的细分过程提出了一些非常直观的问题。市场细分是否能得到不同的客户群，这些客户群恰好符合我们对市场的认知？如果并不符合，我们可能就会没理由将其作为目标市场。分类的过程能否帮助我们更好地了解各类客户以及我们自身的品牌？为市场细分付出如此多的努力和费用后，我们理应得到一些新的有用的信息。在一些创意性的活动或者媒体策划中（两者兼而有之则更好），这些客户群能否发挥作用？市场细分为公司内的许多活动提供了决定性的基础，因此公司能够更合理地利用资源，首先便是营销传播、品牌推广和营销策划。这些客户群是否长期稳定呢？正如我们上文讨论的那样，市场细分并不是永久性的，但它又确实需要一定的持久性，这样公司才能制订计划。这些客户群能否应用到国际市场，或者至少应用到一个地域更广的市场？金融服务组织的范围越来越全球化，例如汇丰银行、法国安盛集团（AXA）以及桑坦德银行，这些公司寻找着能够跨越国界的细分市场。同样，一些小型公司也在尝试开拓传统"腹地"之外的市场，使自己看起来既具区域性又国际化。挖掘业已存在的客户数据库是细分实践中最重大的变化之一，无论使用自然细分的方法还是用内部数据分组都是获得目标市场最划算的方式（WARC，2006）。最后，通过锁定最有可能为公司创造利润的新老客户，市场细分为金融机构提供了最有效的资源管理方式。

目标市场

目标市场是营销与商业活动中广泛使用的术语，毫无疑问，它对市场营销的成功起到了关键作用。一般来说，在确定对金融产品与服务具有一致性的细分市场后，营销者开始采取差异化战略来服务这些细分市场。差异化战略是制定不同的战略来服务不同的细分市场，最重要的是跟踪和检测这些细分市场，注意它们的发展与变化。过去，高净值客户（HNW）总是能够使金融机构相当激动，但将这一类客户作为一个细分市场却不能产生预期的收益。金融机构不能单纯根据财富来定义高净值客户，而应该包括一些其他的特征。相较于其他金融产品消费者，这些客户表现出更高的金融成熟度。例如，他们会雇用独立的金融咨询师，就资产管理而言，他们和一些公司有共同之处。尽管如此，对于英国的私人银行和资产管理公司而言，这些客户仍存在很大的发展潜力。例如，案例4.4描述了一家大型银行的私人银行业务部门为它的个人客户所提供的服务。

需要强调的是服务的个性化。通过使用一些诸如"量身定做"、"关系"和"定制"等术语，银行向客户传达了这样一种信息，即它们采用了更加精确的方式来满足客户的预期，根据客户的需要和要求提供服务。通过使用"战略团队"和"资产组合模型"等词汇，银行还向外界传达出其在该领域的专业性。银行花费大量的努力来争取这些客户，通过提及的定制服务等方式维护客户关系，达到保留客户的目标，这种方法被称为集中营销或者利基营销。

然而，越大的银行通常需要应对更大的市场。尽管它们已经将市场高度细分，但它们仍不得不通过广告或者其他的营销传播方式来选择目标市场。例如，英国一家大型的建屋互助会指出它的竞争者所收取的隐性费用，以此从其他银行那里争取客户。在这种情况下，那些对银行隐性收费不满的客户成了目标市场。一些保险公司的兴起，如"希拉的汽车"和"丘吉尔保险"，同样是用特定产品服务特定目标市场的很好案例。

案例4.4

细分市场中的私人银行产品

■ 私人咨询和定制方案：私人银行业务和财富管理都是围绕个性化服务和客户关系而展开。它对您的事务进行整体的了解，然后提供私人咨询以及精准的定制方案来解决复杂的财务问题。

■ 个性化的投资规划：一位客户经理会专程为您服务，我们的投资战略团队会针对你的风险收益目标、投资期限以及流动性需求制定专门的资产组合模型。通过使用我们银行专有的投资组合实现方案，我们将帮助您量身定制资产组合，该组合可以使用一个或几个绝对收益战略或者相对收益战略。

■ 自主的咨询服务：银行不会事先假设客户在投资决策过程中掌握多大的参与度和控制力。

定位

　　市场定位是为了帮助金融机构在市场中找到一个独特的位置，与其他竞争者区别开来；实现市场定位后，余下的营销活动，如营销传播和定价将紧随其后展开。市场定位需要对一个特定的空间进行多维度定义，该空间能够准确反映目标客户对公司/产品/品牌的感知。然后对公司/产品/品牌在这个空间内所处的位置进行评估，评估通常会带来关于公司/产品/品牌特征的调整，以及对目标受众认知的调整，一般通过营销传播和品牌推广来实现这些调整，并在品牌推广和市场定位之间建立紧密的联系。市场定位确保了品牌开发的目的在于感知目标市场，也就是说，它是客户导向的。为了制定更加稳健的定位战略，金融服务供应商应该首先回答如下问题（Lovelock，2001）：

■ 我们目前是为哪些客户服务，未来希望将哪些人作为目标客户？

■ 我们现有的金融产品与服务有哪些特点？它们分别针对哪些细分市场？

■ 我们的产品与服务和竞争者有哪些不同？

■ 在选定的细分市场中，客户们是否认为我们的产品与服务充分满足他们的需求？

■ 在这些细分市场中，我们需要对产品与服务做出哪些改变来增强我们的竞争力？

■ 在我们的利益相关者的心目中，我们公司/品牌意味着什么？

　　产品差异化对于金融服务供应商而言尤其具有挑战性，比如一个保险产品看起来和其他产品极其相似。进一步说，人们购买他们的产品并不是为了产品本身，而是为了获得或者规避某种结果，因此人们在购买时更看重价格和便利性，而不是公司/品牌的特定属性。沿着一个和产品本身并不直接相关的维度占领"空间"，比如说品牌，通过这种方式可以实现金融服务的市场定位。

　　许多金融机构都有公司品牌。例如，巴克莱银行最近对它的商业部门进行重新定位，使自己成为一家更有远见的银行，在当下和未来都能帮助企业获得成功。此外，在产品定位方面也存在空间。在一项针对信用卡的研究中，Blankson 和 Kalafatis（2007）提出一套关于信用卡定位战略的分类，他们称这种分类在服务中有着广泛的应用（见表4.6）。表中列出的定位说明排序经与信用卡业务经理和专家咨询而得。

Blankson 和 Kalafatis（2007）的调查包括消费者数据，调查结果表明信用卡和签账卡的定位比较模糊。

表 4.6　定位战略的分类

维度	条款/说明
高端	上层阶级，高端的，身份的象征，享有声望的，一流的
服务	令人印象深刻的服务，注重个性化，重视客户，态度友好
物有所值	定价合理，实惠
可靠性	经久耐用，质量保证，安全，可靠
吸引力	十分美观，吸引人，时尚，优雅
原产国	爱国主义，原产国情节
品牌	产品名称，市场领先者，其他特色，精品，品种多
选择性	差别对待，有选择性，高原则

从表 4.7 我们发现，表 4.6 中的类型之间存在一定的重复。这表明在这四种信用卡的研究中，没有一种单个的定位战略能起到决定性作用。市场定位并未用到原产国，但其他所有的类型或多或少都有所体现。高端战略是信用卡市场上一种重要的定位，它一般会收取年费。研究中有三种信用卡的市场定位都使用了品牌战略，其他方面包括可靠性、高端战略和服务。

目前的经济波动可以帮助金融机构通过重新定位找到机会。许多较富裕的客户对金融服务供应商大失所望，正在寻找新的服务商。如果金融机构能够按照客户所需要的方向迅速地进行再次自我定位，他们就有可能获得这些高利润的新客户。利用品牌传播自己的价值主张以及市场定位，金融机构可以争得一些市场领地。消费者们现在更想储蓄而非消费，因此，他们在关注一些信息透明、行为得当，不给高管发高额奖金、能够公平对待利益相关者的金融服务商，寻找恰当的投资机会。

表 4.7　信用卡市场中定位的一个例子

信用卡品牌	总体的定位战略
维萨（Visa）	可靠性和品牌
万事达（Mastercard）	品牌
美国运通卡（Amex）	高端战略和品牌
大莱卡（Diners Club）	高端战略和服务

第四章小结

- 市场细分、目标市场和定位都是关键的战略行为，它们推动金融机构市场营销计划的实施。

- 一方面，大型银行必须学会将符合其战略目标的细分市场作为目标市场，这些战略目标可以是增长之类；另一方面，也必须维护与能够带来利润的细分市场之间的关系。银行要权衡好两方面会遇到一定的矛盾冲突。

- 有迹象表明，当金融机构服务于他们选择的细分市场时，并不能达到标准金融产品的期望功效。进一步说，我们很多人认为银行提供服务是理所当然之事，然而，银行股东们显然更期待他们的投资收益有保障。有些客户并不在银行想要的细分市场中，为这类客户服务就会成为问题。

- 由于定位战略分类很难避免重复性和模糊性，而且它们呈逐渐上升趋势，金融服务要实现企业、品牌和产品的定位并非易事。

参考文献

［1］Akinici, S. Aksoy, S. and Stilgan, E. （2004）"Adoption of Internet Banking Among Sophisticated Consumer Segments in an Advanced Developing Country", *International Journal of Bank Marketing*, Vol. 22, No. 3, pp. 212 – 32.

［2］Black, N. , Lockett, A. , Ennew, C. , Winkelhofer, H. and Mckechnie, S. （2002）"Modeling Consumer Choice of Distribution Channels：An Illustration from Financial Service", *International Journal of Bank Marketing*, Vol. 20, No. 4, pp. 435 – 50.

［3］Blankson, C. and Kalafaitis, S. （2007）"Positioning Strategy of International and Multi – cultural – oriented Service Brands", *Journal of Service Marketing*, Vol. 21, No. 6, pp. 435 – 50.

［4］Buisiness. timesonline. co. uk/tol/business, accessed 12 May 2008.

［5］Carbo, S. , Gardner, E. and Molyneux, P. （2005）, *Financial Exclusion*, Basignstoke, Palgrave Macmillan.

［6］Faequhar, J. and Panther, T. （2008）, "Acquiring and Retaining Customers in UK Banks：An Exploratory Study", *Journal of Retailing and Consumer Services*, Vol. 15, No. 1, pp. 9 – 12.

［7］ Garland, R. （2004） "Share of Wallet's Role in Customer Profitability", *Journal of Financial Services Marketing*, Vol. 8, No. 3, pp. 259 – 68.

［8］ Garland, R. （2005） "Segmenting Retail Bank Customers", *Journal of Financial Service Marketing*, Vol. 10, No. 2, pp. 179 – 91.

［9］ HM Treasury （2007） *Mapping the Demand for, and supply of, third Sector Affordable Credit*, London.

［10］ Howcroft, B. , Hewer, P. and Durkin, M. （2003） "Banker – Customer Interactions in Financial Services", *Journal of Marketing Management*, Vol. 19, pp. 1001 – 20.

［11］ Jenkins, M. and McDonald, M. （1997） "Market Segmentation: Organizational Archetypes and research Agenda", *European Journal of Marketing*, Vol. 31, No. 1, pp. 17 – 32.

［12］ Kumar, V. and Reinartz, W. （2006） *Customer Relationship Management*, Hoboken, NJ, J. Wiley & Son.

［13］ Lee, E. – J. , Kwon, K. – N. and Schumann, D. （2005） "Segmenting the Non – adopter Category in the Diffusion of Internet Banking", *International Journal of Bank Marketing*, Vol. 23, No. 5, pp. 414 – 37.

［14］ Lovelock, C. （2001）, *Service Marketing: People, Technology, Strategy*, 4th edn, Upper Saddle River, Prentice Hall.

［15］ McDonald, M. and Dunbar, I. , （2004） *Market Segmentation*, Oxford, Elsevier Butterworth Heinemann.

［16］ Michel, D. , Naude, P. , Salle, R. and Valla, J. – P. （2003） *Business – to – Business Marketing*, Basingstoke, Palgrave Macmillan.

［17］ Moneynews. co. uk, accessed 27 April 2008.

［18］ Morgan, C. and Levey, D. （2002） "Psychographic Segmentation: How to Increase Communication ROI by Examining Values, Beliefs and Motivations", Communication Wirld, December.

［19］ Neisen, A. C. （2008） www. uk. nielsen. com/site/index/shtml, accessed 17 August 2008.

［20］ Reinartz, W. and Kumar, V. （2000） "On the Profitability of Long – life Customers in a Non – contractual Setting: An Empirical Investigation and Implications for Marketing", *Journal of Marketing*, Vol. 64, No. 4, pp. 17 – 35.

［21］ Richarme, M. （2004） *Business Segmentation：Emerging Approaches to More Mearningful Clusters*, www. decisionanalyst. com/publ_ art/b2bsegmentation. dai.

［22］ Rugimbana, R. （2007） "Youth – based Segmentation in the malaysian Banking Sector", *International Journal of Bank Marketing*, Vol. 25, No. 1, pp. 6 – 21.

［23］ Thornton, J. and White, L. （2001） "Customer Orientation and Usage of Financial Distribution Channels", *Journal of Serivce Marketing*, Vol. 15, No. 3, pp. 168 – 85.

［24］ Uk. biz. yahoo. com/25042008/404/granny – online. html. accessed 27 April 2008.

［25］ www. Finanfiallinclusion – taskforce. org. uk, accessed 1 – May 2008.

［26］ WARC （2006） *Segmentation*, Helen, World Advertising Research Center.

［27］ Zeithaml, V., Ust, R. and Lemon, K. （2001） "The Customer Pyramid：Creating and Serving Profitable Customers", *California Management Review*, Vol. 43, No. 4, pp. 118 – 42.

思考题

1. 选择一组朋友，例如你的班级同学或者 Facebook 上的好友。尝试找出他们的共同特点和不同特点，当你找到四五个特点后，对他们进行分组，分成的小组需要对金融机构有一定的参考价值。你不妨从他们的主要居住地这个变量开始分类编组。

2. 找出两份你近期的银行账单和信用卡账单，查看一下上面的消费记录（支出）和购买（存入）记录。这些记录为金融服务供应商提供了你的哪些生活细节？

3. 研究一下表 4.3 的内容，根据表中提供的信息判断未来 12 个月内，哪些客户群会构成合适的细分市场。当你确定这些细分市场后，基于表中的数据大致给出一些营销宣传方案，以激励这些客户增加他们在该银行的业务。对于那些业务空间有限的客户，你有何建议？

4. 写下三个你相当熟悉的银行名字，并确保它们在规模、地点和业务方面具有一定区别。从银行服务的角度看，它们是否处于同一个细分市场？如果是的话，细分这个市场的标准有哪些？如果这三家银行并非处于同一个细分市场中，那么从银行的角度来看，它们有什么差别？

扩展阅读

［1］Brassington, F. and Pettitt, S. （2006）*Principles of Marketing*, 4th edn, Chelmsford, Pearson Education.

［2］McDonald, M. and Dunbar, I. （2004）*Marketing Segmentation*, Oxford, Elsevier Butterworth Heinemann.

［3］Michel, D., Naude, P., Salle, R. and Valla, J. – P. （2003）*Business – to – Business Marketing*, Bassingstoke, Palgrave Macmillan.

［4］www. dinersclub. co. uk

案例学习

瑞士零售银行的市场细分

瑞士是一个重要的国际金融中心，管理着大量资产。瑞士的金融服务业基础牢固，高度多元化，市场十分发达。然而，银行正面临着更大的竞争以及不断增加的客户要求，客户满意度的决定性因素是银行专业技能与客户咨询需求之间的契合程度（Hambrecht 等，2004）。因此，瑞士的金融机构需要立即实施对客户进行细分的战略，提供适当的产品和服务来满足个性化的需求，这将决定金融业未来的成败。

瑞士银行市场

瑞士是一个只有760万人口的小国，却是世界上最繁荣、经济最发达的国家之一，同时也是一个国际金融中心，拥有多家世界顶级的金融机构。瑞士的政治、经济、法律和社会长期稳定。瑞士的私人银行历史悠久，起源于法国大革命之前，例如一家名为威格林银行（Wegelin & Co.）的私人银行，就成立于1741年。瑞士法郎（CHF）是世界上最稳定的货币之一（Roth，2005）。瑞士金融业在全球金融体系中发挥着重要的中介功能（IMF，2002）。金融业是瑞士经济的重要组成部分，截至2007年底，银行系统的总资产超过了4.7万亿瑞士法郎，是瑞士当年GDP的9倍以上。这一数据位居十国集团（G10）榜首，德国是2.9倍，英国为3.6倍，美国是0.9倍（瑞士央行报告，2008b）。银行系统中的全职从业人员超过13

万人（瑞士央行报告，2008b）。瑞士金融机构管理着30%的国际私人财富投资，占世界私人银行业务中的最大份额。

与那些英语国家和日本相反，瑞士的私人银行系统建立在综合银行的概念基础上，即每家银行都能提供全面的银行业务（SBA，2006）。综合银行的优势在于能够将风险分散到更多的银行业务和来自经济各个领域的客户身上。瑞士的银行业极其多元化，2007年有330家银行（不包括从事特殊业务的机构，瑞士央行报告，2008a）。它们中有一些大型银行集团，如瑞士信贷集团（Credit Suisse）、瑞士联合银行集团（UBS），还有州立银行、区域银行和储蓄银行、信用合作银行以及其他银行（包括商业银行、证券交易所和外资控股银行）、海外银行的分支以及私人银行。这些机构的经营活动和产品差异巨大，既包括本地存款注资的最基本的住房抵押贷款，也包括提供给海外投资者的高度复杂的金融产品（IMF，2002）。

金融服务中的市场细分

瑞士的金融业十分发达且多元化，拥有高水准的风险管理、监管体系以及几乎持续的盈利业绩（IMF，2002）。然而，最近银行体系面临着海内外日益增加的竞争压力，客户对银行的要求也在大幅上升。与此同时，客户忠诚度在下降，客户使用多银行服务。在这个竞争逐渐激烈的市场中，极有可能发生进一步的兼并收购，金融机构需要重视客户关系和客户保留，需要深入了解客户的态度和行为。金融服务商实施产品服务的细分与创新迫在眉睫，实践证明定制化地满足客户需求是成功的关键。

细分市场的预测指标根据客户对产品的需求进行分组，这种市场细分的目的是区别不同的金融消费行为模式。已有的研究表明在市场上采用细分方法能够带来各种好处，包括：更好地满足客户需求，定制化的产品服务以及更高的客户满意度。这些都有利于提高客户保留度，建立忠诚度和长期客户保留关系，对供应商业绩有积极影响。市场细分在金融服务行业是一种常用的方法，帮助更好地了解和服务不同的客户群，这些客户有着广泛的需求和多样的行为模式。然而，现行的金融服务营销主要还是依据客户的收入与资产，以及诸如性别和年龄等社会人口统计特征。也许这些特征在客户分组中容易识别和应用，可惜这些特征并不能预测需求，因此，人们也在重新审视使用广泛的自然细分方法。相反，事后细分法根据客户对特定变量的反应进行分组，关注客户的积极性（即客户的需求/行为），很有可能产生个性化的服务。对银行而言，为了满足客户需求，进一步修正已有的市场细分并随之进行产品服务的调整十分重要。

基于行为和心理因素的市场细分

为了应对瑞士金融业激烈的竞争环境，苏黎世的一家金融公司开发了一种以客户态度和行为为基础的市场细分方法。这家公司采访了1200多名客户与非客户，并通过一些调查问题来考察他们的日常财务行为。研究人员用探索因子分析法找到金融态度和行为趋势的五个基本维度，包括焦虑感、对金融的兴趣、直觉行事、预防性储蓄需求和随意消费（见图C4.1）。

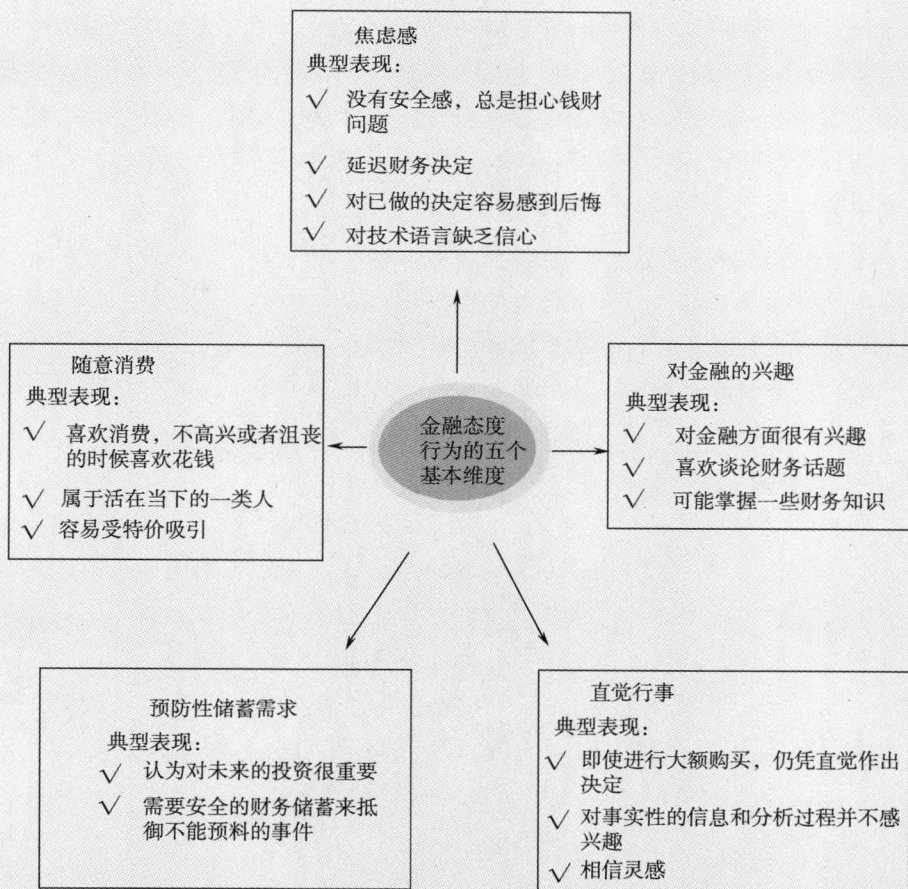

焦虑感
典型表现：
√ 没有安全感，总是担心钱财问题
√ 延迟财务决定
√ 对已做的决定容易感到后悔
√ 对技术语言缺乏信心

随意消费
典型表现：
√ 喜欢消费，不高兴或者沮丧的时候喜欢花钱
√ 属于活在当下的一类人
√ 容易受特价吸引

金融态度行为的五个基本维度

对金融的兴趣
典型表现：
√ 对金融方面很有兴趣
√ 喜欢谈论财务话题
√ 可能掌握一些财务知识

预防性储蓄需求
典型表现：
√ 认为对未来的投资很重要
√ 需要安全的财务储蓄来抵御不能预料的事件

直觉行事
典型表现：
√ 即使进行大额购买，仍凭直觉作出决定
√ 对事实性的信息和分析过程并不感兴趣
√ 相信灵感

图C4.1　金融兴趣与行为的五个组成部分

依据这五个维度，采用聚类分析的方法将消费者分成不同的小组。这样做是为了使每个类群里的成员都是相似的，并且和其他类群尽可能不同。和应用因子分析法一样，聚类分析法已经成为市场营销中的常用工具，也是市场细分的一种适用方法。第一步是采用层次聚类过程来决定类群的个数，这种方法提供了很好的标准来计算可能的类别个数。然而，它的最大缺陷在于因素的分配是不可更改的，不能重新分配给其他组，包括更合适的组。为了从"再分类"中获利，可以通过增加非层级聚类分析来提供必要的灵活性。因此，在第二步中，采用 K - means 的非层级聚类分析法来改进 Ward 的方法。对每种情景进行检验，看之前的因素分配是否是最合适的，或者采用另一种分配得到的新的目标类群，它的共性受到的影响比原先那种方法要小。这些分类步骤得到了五个界定明确的组群。这些数据都是基于客户的态度和自述的行为趋向，可以从中总结基于行为和心理因素的市场细分方法。下面列出了这家瑞士公司的一些客户，他们是每个类群中的典型代表。

穆勒女士对金融有一定的了解，她每天早上都会认真地阅读报纸上的财经板块，她也喜欢参加各种金融问题讨论。在"金融世界"中，她总是显得很自信和自在。她喜欢通过分析作决定，比较各类产品风险，并乐于了解产品比较的结果。她发现自己需要预防性储蓄，因此追加了自己的养老基金。对她而言，金钱本身不具备价值，而是一种被聪明使用的工具。[理性消费者]

29 岁的施密特先生相当自信，正处于事业的起步阶段，属于"有安全感，不焦虑"这一类型。他不会被专业术语困扰，对金融事务具有一定兴趣。他并不是喜欢购物，也不挥霍。总体来看，尽管他看上去一点也不需要预防性储蓄，他依然能掌控自己的财务事项。[短视消费者]

维斯女士年纪稍大些，是一位较谨慎的客户。她认为未来的财务保障极其重要，需要留下一部分资金以备不测。比起消费，她更喜欢储蓄，她也不喜欢随意消费。她喜欢用分析的眼光看待各种决策、产品和风险。然而，财务事项也经常让她感到焦虑，她对于财务术语经常感到困惑，并迟迟拿不定财务主见，她对金融话题也缺乏兴致。[不安的储蓄者]

梅茨格先生喜欢消费，对于财务事项严重缺乏安全感，对金融话题几乎毫无兴趣。他声称自己需要预防性储蓄，然而却在享受消费，并把消费看做沮丧时的慰藉。即使消费数额相当大时，他也凭直觉做决定。他表现出来的消费行为与他对于预防性储蓄需求的自我陈述十分矛盾。[不安的挥霍者]

金融公司根据 5 个因子对消费者进行细分，将其分为类型 I 至类型 V 这 5 个定义清晰的聚类。为了更好地处理财务事务，这种区分十分必要。表 C4.1 大致介绍了这 5 种类型。

基于市场细分的定制产品和服务

确定专业财务建议中的具体参数时，客户的财务信息十分重要。对于不同的类别，可以通过修正财务行为来改善个人财务状况。为了解释这一点，我们选择了退休储蓄中的一些例子，因为退休储蓄是个人财务管理的重要内容。

表 C4.1　与五个细分因子相关的五类客户

分类因子	I. 理性消费者	II. 短视消费者	III. 不安的储蓄者	IV. 直觉行事者	V. 不安的挥霍者
1. 焦虑感	低	低	高	中等	高
2. 对金融的兴趣	高	中等	低	低	低
3. 直觉行事	低	中等	低	高	高
4. 预防性储蓄需求	高	低	高	低	高
5. 随意消费	中等	中等	低	中等	高

理性消费者以理性的方法管理自己的财务事项，参与到经济和财务事务中，在"金融世界"中十分自在，他们通过分析作决策，因此，需要清晰明了地为他们提供事实与数据。对他们来说，决定购买某一产品前，了解产品十分重要。

短视消费者同样用理性的方法来处理他们的财务事项，但他们对未来的财务状况过于自信，否认需要预防性储蓄。短视消费者对金融事务不感兴趣，他们也不是情绪化的决策者。为了帮助他们了解退休储蓄的重要性，银行可以围绕系统性规划向其提供建议，例如同他们讨论退休后的预期消费问题，并提出建议。

　　不安的储蓄者十分谨慎，他们通过分析作出决定，并且需要减轻不安全感和焦虑程度。这种不安全感可以通过清晰的决策过程来消除。更丰富的金融知识能够缓解焦虑，更多的信息也会减少认知失调。权威性的依据会鼓励他们作出财务决定，否则他们会有不安全感，例如，这种权威性的依据可以是金融从业人员的推荐。同样，税务方面的激励也会鼓励他们投资退休储蓄，这相当于一种来自政府权威的支持。考虑到他们对财务事项不感兴趣，可以采取一些自动措施，如每年定期付款。

　　剩下的两类客户形势相对严峻。直觉行事者依靠直觉下意识地作出决定，对金融事物不感兴趣，也没有意识到未雨绸缪的必要性。由于他们对财务事务并不感兴趣，一个关键的问题就是如何联系上他们。在报纸的商业板块中打广告，强调退休储蓄的重要性，这种方法并不能引起这些客户的注意。由于过于随意的决策方式，以及对财务上未雨绸缪的必要性缺乏深入了解，他们往往会动用自己的储蓄。为了避免发生这种情况，可以增加一些限制轻率消费的特色服务，例如短期或者长期限制提取他们的金融资产。

　　最后，不安的挥霍者是最需要专家财务建议的人。这些人有强烈的预防性储蓄需求，但对财务事项总有不安全感。由于不安的挥霍者享受消费，甚至将花钱作为沮丧时的慰藉，并且经常凭直觉作决定，要他们做预防性储蓄十分困难。因此必须提供控制无意识消费的特色服务。短期限制包括使用合同取消期。可以通过一些机制来避免反复的行为，例如关于惩罚提前支取的事前约定，还有通过收取合约中止费来防止客户退出合约。长期限制包括只有当客户到达一定年龄时才能提取养老金。由于这类客户远离金融市场，预防性储蓄很难得到支持或者采取补救行动。有一些操作机制可以将这类客户引进金融服务市场，包括强制养老基金、强制保险以及雇主配套的产品服务等。为了获得安全感，这些极度不安的客户需要一个清晰的决策过程，用足够的信息使自己理性行事（见表 C4.2）。

表 C4.2　为各类客户提供的合理的定制产品服务

类型	每种类型的服务示例
理性消费者	—清楚透明的报告；与参考标准进行比较 —金融产品透明化 —事实和数据比客户与咨询师之间的私人关系更重要
短视消费者	—解释退休后的收入问题 —强制退休保险 —披露风险
不安的储蓄者	—清晰的决策过程，逐步进行 —推荐（例如雇主配套的金融产品服务） —税务激励，如 IRAs（个人退休账户），美国的 401k 计划和瑞士的"第三支柱" —按期自动支付（例如年金保险制度）
直觉行事者	—咨询师的选择很重要 —按期自动支付（例如年金保险制度） —短期限制提取（例如 30 天通知存款） —长期限制提取（例如长期储蓄的特点）
不安的挥霍者	—咨询师的选择对建立信心很重要 —限制提取金融资产（例如合同取消期） —建立机制以防反复的行为（例如预先设定对提前支取的惩罚，只有达到一定年龄才能支取保险金） —强制性的养老基金，强制保险 —不频繁的交易日期（例如每月最后一天）

　　对于每一类客户都需要找到特定的方法满足其需要。这些类型特征也为金融机构提供了一些设计和改进金融工具的指南，用于特定的金融需求。

　　案例思考

　　1. 这项研究证明了通过基于客户财务态度和行为的市场细分，金融机构可以实现收益。根据行为态度的五个维度，说出这五类客户的特征。

　　2. 对这五类客户进行区分需要不同的步骤，你能大致勾勒出分类的过程吗？

　　3. 每一类客户都面临一些关键的问题，例如怎样满足客户需求，如何准确地使用金融工具。你会向这五类客户分别推荐哪些金融产品和服务呢？

参考文献

［1］ Fünfgeld, B. and Wang, M. （2008） "Attitudes and Behaviour in Everyday Finance: Evidence from Switzerland", NCCR Working Paper No. 446, University of Zurich, Zurich, June.

［2］ International Monetary Fund （IMF） （2002） "Switzerland: Financial System Stability Assessment, Including Report on the Observance of Standards and Codes on the following topic: Banking Supervision, Securities Regulation, Insurance Regulation, Payment System, and Monetary and Financial Policy Transparency", IMF Country Report No. 02/108, June, Washington DC.

［3］ Hambrecht, M., Grünebaum, B., Neugebauer, N. and Bernet, B. （2004） "The Swiss Banking Industry in the Year 2010", Accenture and University of St Gallen, available at: http://www. accenture. con/NR/rdonlyres/42D43E61 - 3E43 - 4B82 - A0AA - B7BF6B6F4AFB/0/SwissBanking2010_e. pdf （accessed 20 October 2008）.

［4］ Roth, U. P. （2005） "A Center of Excellence in Global Banking", Swiss Bankers Association （SBA）, 14 *June* 2005 *at the Swiss – American Chamber of Commerce*, New York NYC, available at: http://www. amcham. ch/events/content/downloads05/Oith_ NYC_ June_ 2005 – A4 – . pdf （accessed 20 October 2008）.

［5］ Swiss Bankers Association （SBA） （2006） "The Swiss Banking Sector". Compendium Edition 2006, Basel, available at: http://shop. sba. ch/11116_ e. pdf （accessed 26 October 2008）.

［6］ Swiss National Bank （SNB） （2008a） "Banks in Switzerland 2007", Vol. 92, June, available at: http://www. snb. ch/en/iabout/stat/statpub/bchpub/stats/bankench （accessed 26 October 2008）.

［7］ Swiss National Bank （SNB） （2008b） "Financial Stability Report", June, available at: http://www. snb. ch/en/iabout/finstab/id/finstab_ report （accessed 26 October 2008）.

该案例由 Brigitte Fünfgeld 和王媚编写。Brigitte Fünfgeld 是瑞士的高级金融咨询师，就职于苏黎世大学瑞士银行研究所。王媚是苏黎世大学金融研究所的助理教授，研究方向为金融和金融市场，她同时也是苏黎世大学

"大学优先研究项目：行为金融与财富管理"的项目负责人。

版权为 Brigitte Fünfgeld 和王媚（2008）所有。

案例中的资料来自大量访谈、公开信息以及研究报告。更多细节请参阅 Brigitte Fünfgeld 和王媚（2008）。

第五章

金融服务营销的信息化

学习目标

学习本章后，读者应该掌握以下几点：

- 了解支持金融服务营销决策的数据类型和数据来源
- 描述客户关系管理过程
- 概述客户信息管理中制定营销决策的主要参考因素

引言

如果金融机构不掌握所处市场以及所服务客户的信息，就会陷入极大的竞争劣势。本章我们将概要介绍金融机构利用信息实现营销目标的几种方式。金融机构投入大量的资源维护现有信息系统。信息系统支持先进的统计分析，这些分析成为市场细分的基础依据。信息技术改变了大量营销数据的储存和管理方式，由此产生了"数据仓库"（Data Warehouse）的概念。数据仓库指的是组织中数据的储存，通常包括检索、下载、提取和分析。金融机构也经常需要向外部机构提供信息，如案例 5.1 所述，他们要按规定向金融服务管理局提供信息报告。

案例 5.1

公平对待客户

金融服务管理局监管目标的核心原则是公平对待客户。这意味着金融机构需要证明他们所做的每件事都是以客户结果公平为核心。截至 2008 年 3 月底，金融机构需要提供适当的管理信息来证明他们是否公平对待客户。

截至 2008 年 12 月底，他们需要证明如何通过内化的商业惯例持续地为客户提供公平的服务。金融服务管理局要求各金融机构加快公平对待客户的进程。任何造成客户潜在或实际损失的事件都会引起金融服务管理局关注，并加强监管和采取强制纠正措施。

　　根据 KPMG 的 "Working to Rules：Regulatory Bulletin" (2008) 整理。

　　如第二章所述，金融机构受到很多监管部门的监管，其中之一就是金融服务管理局。案例 5.1 告诉我们，金融机构需要收集、整理并向金融服务管理局提供必要的信息，证明自己遵守公平对待客户的守则。因此，金融机构需要人员和系统资源来建立及维护信息收集，以便按期完成任务，并保证将来这些系统都能到位以满足金融服务管理局的要求。

市场研究

　　尽管从理论和实际来看，知识和信息之间存在差异，但我们仍认同信息可以转化为知识这一观点，这种转化会为组织带来竞争优势（Vargo 和 Lush，2004）。在 21 世纪，公司和个人面临的一个巨大挑战是如何通过管理得到的信息作出决策，从而取得竞争优势。传统的市场营销决策信息系统模型（例如，Brassington 和 Pettitt，2006）认为，信息有两个主要来源：外部来源和内部来源。外部来源包括以公开报告为代表的二手数据，有政府报告、英国银行业协会和金融服务管理局的刊物、委托商业公司所做的调查［如民意调查机构（www.ipsos‑mori.com）以及可购买的调研报告（如明特尔公司）］。当然，二手数据还包括互联网上的信息来源。社会网络给商业市场研究带来了关键优势。"我的空间"（Myspace）和 Facebook 的目的在于培育、启发和分享经验、技能以及知识，但同时也留给企业宝贵的市场研究空间，帮助企业更好地了解客户基础。下面的案例介绍了金融机构和其他企业如何从社交网络中发掘商机。

　　还有一些实际存在的社交网络机会，例如前面曾提到过的英国银行业协会，抵押贷款理事会，英国保险协会和英国特许行销协会，金融机构可以在这些场合与相关方进行互动。

LinkedIn：商务人际关系网络

作为旨在为职业人士服务的最大的在线社交网络，LinkedIn 的价值超过 10 亿美元。它于 2003 年由瑞得·霍夫曼创办，瑞得·霍夫曼是在线支付公司贝宝的资深人员。LinkedIn 拥有 2300 万成员，每个月都有 100 多万的新增用户。LinkedIn 的用户通过网站进行商业接触，招募雇员或者找到新工作。尽管总部位于硅谷，LinkedIn 宣称自己也是欧洲最大的在线商务社交网络。与其他社交网络靠广告收入维持生计相比，LinkedIn 盈利方式与众不同。除了职位招聘广告，LinkedIn 还为用户们提供一些付费服务，例如在网上进行一些个人职业背景介绍等。LinkedIn 同时也提供网络软件服务，向企业招聘方征收年费，帮助他们管理网站上的招聘信息。该网站 2008 年收入接近 8500 万美元，比 2007 年的收入高出两倍。根据尼尔森公司的在线调查（Nielsen Online），LinkedIn 在英国拥有 100 多万的用户，成为英国发展最快的在线品牌之一。在英国，LinkedIn75% 的用户是应届毕业生，他们在 IT、新媒体和金融行业表现出强大的竞争力，金融业是该网站发展用户最快的行业之一。网站上的英国用户的平均年薪大约是 6 万英镑。LinkedIn 多元化的收入来源帮助它获得 10 亿美元的估值，它主要有四种收入来源：订阅收费、职位销售、在线广告和公司招聘。尽管它的绝大部分客户使用免费服务，还有一小部分人每月花费 10 英镑来接触自己社交网络之外的人。不管对英国广告市场有何看法，LinkedIn 收集的个人信息对广告商而言是无价之宝，他们可以据此向特定的人群进行广告宣传。Facebook 对其欧洲的业务进行了改组后，LinkedIn 紧跟它的步伐，于 2010 年早些时候决定在英国成立代表处。

作者根据 Financial Times，www.LinkedIn.com 和每日电讯（Daily Telegraph）上的信息整理。

组织学习

不是所有的信息都会带来竞争优势，竞争优势来自如何理解信息，将其转化为知识，即有效地使用信息。掌握市场信息有利于我们了解市场运作机制，进而使企业在市场中最有效地经营。组织从广泛的渠道持续地吸收、处理和传播有关市场、产品、流程和技术的知识，甚至包括企业竞争对手信息的过程，我们称这个持续的过程为组织学习。如果金融机构以市场为导向，它的管理者就必须深悟市场洞察力和市场信息理解能力的重要性（Cravens 和 Piercy，2006）。市场洞察力可以借助一个结构图来表达，管理者从中辨别出未来三至五年哪些事件将对企业和市场产生最重大影响（见图5.1）。图中左下方的方框表明企业很有可能面临迫在眉睫的危险，这种情形将对企业的经营产生严重影响，管理者需要立即采取行动降低这一事件的影响。

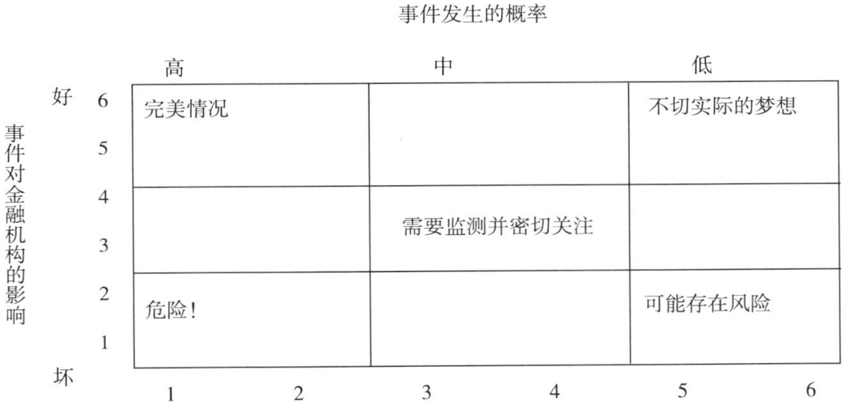

事件发生的概率

资料来源：改编自 Cravens 和 Piercy，2006。

图5.1 市场洞察力框架

管理者使用这一框架来判断周围环境中可能发生的重大事件，根据事件可能发生的概率以及一旦发生对企业带来的影响在矩阵中定位该事件。例如，银行可以使用这个框架来预测购买债务抵押证券可能造成的影响。如果债务抵押证券出现违约，后果将非常严重。银行本应发现这种情况有较高的发生概率，但由于这种操作的目的在于将债务风险分散到世界各地，银行忽视了其后果的严重性。美国住房贷款人不能还款的概率很高，买入这种证券可能会对公司产生破坏性的影响，但令人困惑的是为何还有如此多的金融机构大规模购买这种产品。Cravens 和 Piercy（2006）提出了一套组成市场洞察力的相关维度，其描述如下：

客观探寻（Objective enquiry）：这一维度中，接受新思想和市场观察新方式十分重要。但这一点对金融机构尤为困难，也因此造成金融领域缺乏差异化的现实。

信息分配（Information distribution）：金融机构内部共享有关客户和竞争者的信息。以往的组织信息管理方式可能会使各部门间不情愿共享信息。信息系统的速度也可以帮助解锁和传播之前受限的信息。获得"客户视角"意味着工作人员必须能够更新客户信息，但在不同公司里获得战略性信息的方法也有所不同。

互通有无求共识（Mutually informed interpretation）：只有当金融机构和它的利益相关方分享对于公司以及市场发展方向的看法时，信息才能发挥它的全部效用。

可提取记忆（Accessible memory）：在金融机构的发展过程中，先前发生的事情对当下和未来有重要影响。工作日复一日地继续，员工的经验和学习成果如何保存？这些经验需要整合到金融机构的信息系统中。

组织学习的确由一整套的实践活动组成，但它也和组织中的思想状况高度相关。金融机构从所犯的错误中吸取教训，并将这一学习留在集体记忆中，对新事物持有开放的态度。金融机构在开发和销售一些金融工具时并未表现出令人信服的可持续发展观和道德水准，这些金融工具既包括优良债务也包括有毒债务，不过政府买下金融机构的部分股权可以减轻后果的严重程度。

客户关系管理

客户关系管理（CRM）与关系营销密切相关，它关注的是如何通过价值传递、合作以及由信息系统支持的销售效率来改善客户服务水平（Cooper等，2008）。CRM策略着力于市场营销的重要目标，如客户忠诚计划、客户服务中心管理和销售自动化，需要信息系统和高层管理的介入。CRM通常用来描述以技术为基础的客户解决方案，主要为了解决基于数据信息的关系营销战略下的销售问题，但它在实践中还有很多其他解释，如直邮广告、忠诚卡计划或者数据库。有了CRM以及它的支持系统，金融机构可以识别客户并记录他们的信息，包括个人基本信息、产品购买记录、支付信息以及一系列广泛的能够概括客户与金融机构关系的信息。然而，如图5.2所示，金融机构对CRM的定义和相应的CRM运行方式存在不同。CRM并不总能取得成功，在一些情况下，CRM仅仅是在缺乏信息时进行产品销售的一种方式，这种情况下，因为信息不准确，很难保证能把产品提供给最可能购买的目标客户。

从战术上对CRM
进行狭隘定义

从战略上对CRM
进行广泛定义

CRM是指实施
一项特定的技
术解决方案

CRM是指实施
一系列综合的
客户导向的技
术解决方案

CRM是管理客户
关系为各方创造
价值的综合方法

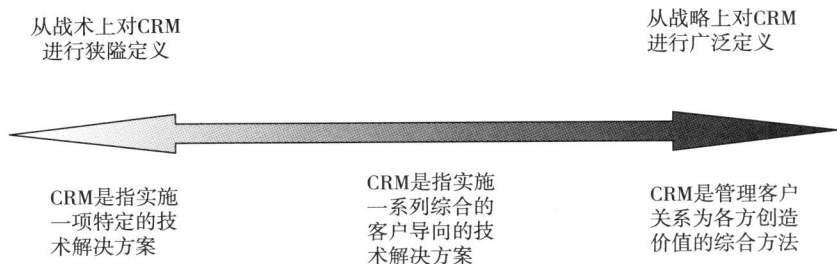

资料来源：摘自 Payne 和 Frow，2005。

图 5.2　CRM 连续定义轴

导致 CRM 策略失败的一个更深层原因是过于强调技术内容。箭头中浅色的一端表示将 CRM 看做一种单纯的技术解决方案来促进一项特定的行动，例如，一个支持直邮广告销售的数据库，这只是在功能层面上进行运作（Kumar 和 Reinartz，2006）。箭头的中间部分代表的是 CRM 在大部分银行和大型建屋互助会中的运作情况。通过关注客户体验，在所有渠道中建立"单一客户视图"，CRM 在这些机构中对多渠道销售、客户服务中心和直接邮寄广告起到支持作用。箭头深色一端的 CRM 运行则关注它对金融机构的战略贡献，以及利益相关方的关系网络，如供应商、客户和雇员。

价值的创造过程是 CRM 和营销的关键（Kumar 和 Reinartz，2006；Payne 和 Frow，2005）。具体来说，这里的价值概念包括客户获得的价值和金融机构从客户身上获得的价值，包括终生价值。价值创造是现代营销学的核心，蕴含在各个层次的营销中。如今，企业运营 CRM 必须重视的一个现实挑战是多渠道营销，尤其要重视如何利用一个渠道收集的信息为另一个渠道提供服务参考，进而将渠道进行整合以满足客户需要。Payne 和 Frow（2005）提出渠道的整合需要依靠信息管理过程，从所有的客户接触中收集、整理和使用客户数据和信息，从而产生市场洞察力以及恰当的营销反应能力。Payne 和 Frow（2005）总结归纳了信息管理过程的关键因素，包括以下几点：

数据储存——即公司记忆，可能体现为一个数据仓库，具备各类分析能力，例如，识别适合于直邮汽车保险广告的客户群。企业数据模型通过数据管理来减少数据的重复和不一致。

信息系统——企业收购新公司后，通常需要进行数据库的整合（见案例 5.2）。通常要完成技术整合后，才能向用户提供访问权限和数据整合，遗憾的是，市场营销和信息技术联手运作领域还鲜见成功的范例。

分析工具——除非这些数据能够发挥作用，否则金融机构的大量数据是无价值的。而为了使这些数据发挥作用，需要应用到一系列的分析技术。我们将在本章后半部分讨论其中的一些分析技术。

前台和后台部门的应用——是指客户界面和后台支持活动之间的差异。例如，当一个客户呼叫客服中心时，金融机构的工作人员需要迅速获得客户档案，准备好信息来回应客户的需求，并根据对话的结果更新档案信息。因此，这种互动涉及如何设计 IT 系统来支持这一界面，以及包括供应商、雇员、财务和物流的关系网络。

CRM 技术的参与方——通常不能购买现成的系统来提供这种服务，因此 IT 系统供应商需要参与其中，参见案例 5.3。CRM 应该在组织的战略层面进行运作，图 5.3 描述了有助于 CRM 战略实施的几个重要维度。

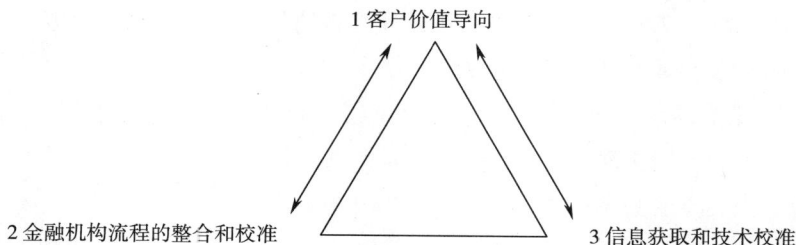

资料来源：改编自 Kumar 和 Reinartz，2006。

图 5.3　战略性的 CRM 系统

组织选择以客户价值为导向，可以在组织内部最高层面推动 CRM 战略的实施。组织的流程，无论是信息技术驱动型还是基于人工，都必须组织有效和支持得力，方能传递客户价值。

案例 5.3

保持优势？

　　布拉德福德·宾利集团为了将新近收购的业务尽快整合进集团公司业务，从文化和技术上整合这部分新业务以优化其联合资产，正在考虑如何新建一个整合的网络平台，提供新服务。布拉德福德·宾利银行发现安装面向未来的灵活解决方案可以带来显而易见的好处。首先，它比因每次技术进步而做相应升级的成本小很多。灵活的互联网基础设施可以兼容新信息技术应用和满足变化的业务需要。其次，它也能帮助公司更快地营销新产品和服务，为客户提供更快捷、信息更丰富的服务。相比维持集团内各独立的网络，集团内各业务平台之间共同分担信息技术管理服务成本可以降低集团整体的运作成本，这与集团削减成本、鼓励各部分以集团整体战略规划为目标行事的宗旨相一致。过去，随着布拉德福德·宾利银行不断增加新的业务，相应硬件基础也有了简单的升级，并与很多网络服务商签订了网络协议。1998 年，当布拉德福德·宾利银行决定优化它的网络渠道平台时，集团指定英国电信（BT）作为战略伙伴，BT 成为布拉德福德·宾利银行的信息技术承包商，共同设计未来五年集团发展所需的网络系统，使其更加合理优化。目前，BT 向布拉德福德·宾利银行提供语音和数据管理服务、协作工具、安全服务、灾难恢复服务，并负责集团网络基础构架的运维。同时 BT 还提供广域和本地网络的管理维护服务，这个网络连接布拉德福德·宾利银行在英国的 550 多个支行。现在，工作人员可以远程访问日程表、工作日程记录、电子邮箱和企业内部网，因为集团的移动销售团队很依赖同市场动态保持联系，这些互联便利给他们的工作带来巨大裨益。布拉德福德·宾利银行集团将它的信息技术外包出去后，可以集中精力开展它的核心业务，将资源用于改善客户服务。

作者根据 www. bradford and bingley. co. uk 被桑坦德银行收购前的材料改编。

客户价值

市场营销中的客户价值有如下两种理解：

■ 在价值创造过程中产生的客户价值（Grönroos，2000）

■ 客户关系为企业带来的经济价值（Kumar 和 Reinartz，2006）

第一种解释是现代营销学定义市场营销的一个核心思想。第二种解释关心的是客户给公司带来多少盈利，是我们接下来要讨论的内容。显然，只有当客户能够从与公司的关系中实现价值，他们才会与公司建立联系。当然，与此同时公司也应当能从中收益获利。

公司如何衡量它的业绩呢？传统的衡量方式包括销售量/价值、利润和市场份额（数量/价值）、客户总数和知名度。但是，衡量方式必须反映公司的战略优先级。CRM 系统的实施帮助金融机构区别对待每位客户，因此需要其他方式来衡量客户对金融机构的价值。Kumar 和 Reinartz（2006）结合实例评价了许多公司使用的客户价值度量方法。

—客户资金量/钱包大小（size of wallet）

这种度量方法是指客户在某一类别的金融产品和服务中的总消费额，或者指客户在某家金融机构的总消费量，以货币为单位进行测算。一位客户在一个月内用在金融服务中的总金额可能达到 1750 英镑，分别是住房抵押贷款、房屋保险和汽车保险、储蓄账户中的定期存款、信用卡账单和透支费用。在这种情况下，金融服务的消费额要分摊到多达六个服务业务上。每一家金融机构都知道客户在本家银行的消费金额，但是如果不通过市场研究收集额外的信息，各家服务商都无法知道这一消费额在客户的总资金量中的占比是多少。对金融机构而言，客户资金量是关键的信息，因为他们可以从中判断客户的购买潜力。一般而言，客户的资金量越大，对服务商就越有吸引力，这也是为什么高净值客户是各家服务商的兴趣点和争抢的目标。

—客户资金消费份额/钱包份额（share of wallet）

客户资金消费份额是指金融机构的产品或者服务在客户购买该类消费中所占的比重。这种度量既可以从单个的客户层面进行测算，也可以从总量的层面，如一个细分市场进行测算。个人资金消费份额是这名客户在该类金融服务的总购买中（包括其他金融机构）中所占比重。继续使用上文提到的客户资金量的案例，如果消费者每个月花了 350 英镑在信用卡购物上，根据信用卡公司的内部记录和来自客户调查反馈数据测算，信用卡公司占这名客户金融服务总开销的 20%。如 Kumar 和 Reinartz（2006）所观察到的，收集这些数据的成本十分昂贵，但根据这些数据可以推断出整个客户基础有多大，因此也算物有所值。从消费者行为的角度来看，客户资金消费份额是客户忠诚度的重要指标，但是对于预测未来从客户处获得的收益并没多大帮助。

客户资金量和资金消费份额是金融机构的重要度量方法。从图 5.4 中可以看到，从这两个维度细分客户为客户资源的分配提供了参考信息。

这张图以非常直观的方式分析了在计算出客户资金量和资金消费份额后，金融机构可能考虑的几种选择。当资金量比较小，资金份额也很低的时候，从这名客户那里产生收益的可能性也较小，金融机构不应对这类客户给予太

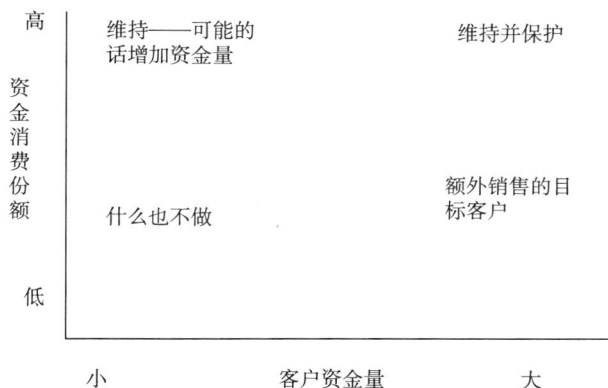

图的内容：

高
资金消费份额

维持——可能的话增加资金量　　　　　　　维持并保护

什么也不做　　　　　　　　　　　　　　　额外销售的目标客户

低

小　　　　　客户资金量　　　　大

资料来源：改编自 Kumar 和 Reinartz，2006。

图 5.4　客户资金量和资金消费份额

多关注。如果客户的资金量很大，但是现有的资金消费份额较小，这样的客户值得金融机构投入大量资源进行尝试开发，扩大他们的资金消费份额。最理想的情况是资金量和资金消费份额都很大，在这种情况下，金融机构需要保护好这些客户，防止竞争对手打他们的主意，因为这类客户是每家金融机构都想要的客户。

这些度量方法关注个人消费者或买方。从另一方面来讲，市场份额是通过买方和非买方计算得到的。一些金融机构的市场份额较小，但一小部分富有人群在它们那里有着很高的资金消费份额。英国很多小的建屋互助会就属于这类，例如，全国县镇建屋互助会（National Counties，www. ncbs. co. uk）。

一交叉销售和向上销售

CRM 的目的之一是帮助金融机构在为客户提供金融服务的过程中发现交叉销售和向上销售的机会。交叉销售是指增加客户从金融机构购买的产品和服务的数量，例如，在向客户提供住房抵押贷款的同时也卖给他保险。交叉销售最好的预期目标是那些在该银行使用服务倾向很高，但现在还未使用的客户。这些客户或许正在使用另一家银行提供的服务，并且很可能被说服更换服务商（Kamakura 等，2003）。向上销售的重点在于改善先前获得的产品状况，使客户维持消费，例如，将一位客户从普通的现金账户转移到一个可以获得额外收入和费用的账户（Salazar 等，2007）。尽管交叉销售和向上销售存在不同，但这两种行为都旨在通过持续消费加强金融机构和客户之间的联系。这里可能用到一些历史记录数据来判断，包括最后一次消费时间/消费频率/消费金额，简称 RFM 分析模型。服务商应切记的重要一点是不要推销客户不需要的产品，这会使客户对金融机构产生负面影响，以后会对相关产品产生疏远和抵制的情绪。Salazar 等（2007）使用某家金融机构的数据库，提出了交叉销售和向上销售基础分析的三个阶段，具体如下：

市场细分——客户并不是频繁地购买金融服务，而是倾向于在一些重要的生命阶段集中购买（例如结婚和住房抵押贷款）。金融机构的数据库中有一种采用益百利公司开发的统计分析程序，对客户分组细化。

重复购买行为——一种叫做"购买树"（Purchase tree）的方法可以用来分析重复购买行为。它从底部往上依次列出了每个细分市场中最流行的首次购买模式，以验证连续购买行为是向上销售或交叉销售的实例。从数据库中获得客户特征并进行分析，例如人口统计特征和行为变量，可以加深服务商对客户重复购买驱动因素的理解。

时间顺序——金融机构不仅要提供客户想要的产品，还应该在客户生命周期中的恰当时间提供这些产品。因此，分析的最后一步是努力发现客户在哪些时刻最有可能对金融产品服务作出正面回应。生命曲线刻画了时间对于重复购买的影响。

在研究中，学者们注意到购买行为的分析表明了产品与客户年龄、之前在金融机构的购买体验（渠道，价值）之间的联系方式十分重要。同样，在客户购买后要尽快与他们取得联系，因为这么做有益于提高购买率，也会提高客户满意度和熟悉度。金融机构需要解决的关键问题是如何预测客户在本机构和其他金融机构的金融服务消费倾向和概率，所以需要开发一些统计模型来计算这些概率。建立数据库以及使用 CRM 技术本身并不是获得牢固关系的方式。事实上，如 Kamakura 等（2003）所言，草率的邮件会引起抵触情绪。如果分析得当，金融机构收集的大量的客户数据能够为公司提供交叉销售和向上销售的基础依据。通常需要通过市场调研得到的外部数据对内部获得的数据进行补充。Kamakura 等（2003）使用了如下指标：

■ 便利——ATM，渠道使用，自动支付、还款
■ 投资——特殊支票、储蓄、共同基金和黄金
■ 风险管理——人寿保险、汽车保险

■ 信用——住房抵押贷款、贷款、信用卡

一客户流失

如上文所述，CRM 的目的是改善客户关系，减小客户脱离这段关系的几率。为了理解如何保留客户，金融机构也必须明白客户怎样离开以及为何离开。如果金融机构能够成功减少客户流失，那么由于从这些客户那里获得收入的提高，并且寻找新客户的成本降低，金融机构的利润也会增加。金融机构面临的挑战是建立基于多年而非一年期的客户流失模型，这个模型能够反映 1% 的客户维持率的增加会带来怎样的收入变化。客户流失的计算基于一系列变量，如产品持有量、电话银行使用情况、信用卡持有量、年龄和性别（Van den Poel 和 Larivière，2004）。研究发现，在一段可能发生流失的关系中有两个关键的阶段——关系建立的最开始几年（大约七年后关系开始稳定）以及第 20 年。影响客户保留的几个因素是人口统计特征和环境变化（例如经济繁荣时期）。客户如何获得产品以及最近与服务商的互动行为变量也十分重要（Van den Poel 和 Larivière，2004）。对金融机构而言，了解这些关键时期可以使他们在合适的时机介入，如适时提供周密设计、有针对性的产品和服务，一对一接触和忠诚奖励计划等。

一客户惯性

客户惯性是指现有可盈利的和不可盈利的客户在多大程度上能够维持现有状态。金融服务行业的惯例是根据现有的客户盈利性来预测未来的盈利性。尽管并没有证据表明这是一种好的预测指标（Campbell 和 Frei，2004），事实上，它是一种回顾过去而非展望未来的做法。客户忠诚度的假设认为，由于客户对价格越来越不敏感，为其服务的成本越来越小，客户和金融机构保持联系的时间越长，购买服务的数量也越多，那么现有的盈利性并不会是一个很好的预测指标。如果服务等级根据现有盈利性进行划分，就有可能将目前盈利性水平低的客户放入错误服务等级，掩盖了他们未来的盈利性。例如，金融机构可能从它的信息系统中注意到一个消费水平相对较低的客户，于是决定将这位客户放在最基本的服务等级中。尽管这名客户有着较高的潜在盈利性，当他接受到的仅仅是最基本的服务时，他也不会在这家金融机构提高他的消费额。导致一段时期内发生相对低的消费水平的原因有很多，例如在这一期间生病了或者开始了新职业。Campbell 和 Frei（2004）使用了如下几个变量来预测客户的盈利性：

- 利息收入——银行从客户存款账户中赚取的利息
- 手续费收入——与每月服务费、透支额、最小余额相关的所有手续费
- 总收入——表示收入减去交易成本
- 交易成本——这些成本由金融机构的成本系统决定，包括雇员、供应商、设备等

金融机构可能使用其他标准计算客户盈利性，但是研究者们发现，利息收入比手续费收入能更好地预测未来。

假定金融机构和客户的关系是长期的，那么知道一个特定的客户在这段关系期间带来的价值十分重要。金融机构是否成功地进行了交叉销售和向上销售呢？这样做的成本是多少？需要付出多大的成本才能提高客户满意度，足以使客户扩大在这家金融机构中的资金消费份额？尽管预测的方法多变且富有争议，客户终生价值（customer lifetime value，CLV）仍然是一种引起广泛兴趣的度量方法。一个观点是客户终生价值是客户未来毛利润（收入减去销售服务的成本和其他的可变边际变量）、客户维持这段关系的倾向性（客户保留）以及客户分配的营销资源的函数（Berger 等，2006）。与使用既有的盈利性作为衡量方法不同，客户终生价值是一种向前看的度量方法。客户终生价值的另一个问题在于究竟是以个人消费者为基础进行计算还是以细分市场的总量为基础计算。Berger 等（2006）表达了对后者的强烈反对，他们认为尽管以个人消费者为基础的客户终生价值计算方法的成本更高，但总体上它会改善股东价值。

与客户盈利性相关的是平衡客户开发与客户维系的资源分配。由于客户不可避免地会发生流失，那些失去的客户需要得到补充，这个过程叫做客户开发。但问题是需要付出多大的成本来开发新客户，维系已有客户。由于服务商的总体目标是从客户那里获得利润，因此需要一个将所有提高盈利性的行为组合起来的模型。

图 5.5 刻画的是从潜在机会到盈利阶段的过程。潜在机会是指潜在的客户，也就是那些整体情况适合成为金融机构目标的消费者，可能是根据客户资金量所作的判断。不管是直接邮寄广告还是储蓄账户的促销活动，都不能开发所有的潜在客户。服务商避免客户开发和保留过程中的投入不足十分重

要，因为这归根到底会对投资回报不利。保留客户尤其需要充足的资源投入保障，因为人们普遍认为保留客户对长期的客户盈利性影响重大（Farquhar，2005；Reichheld，1996）。

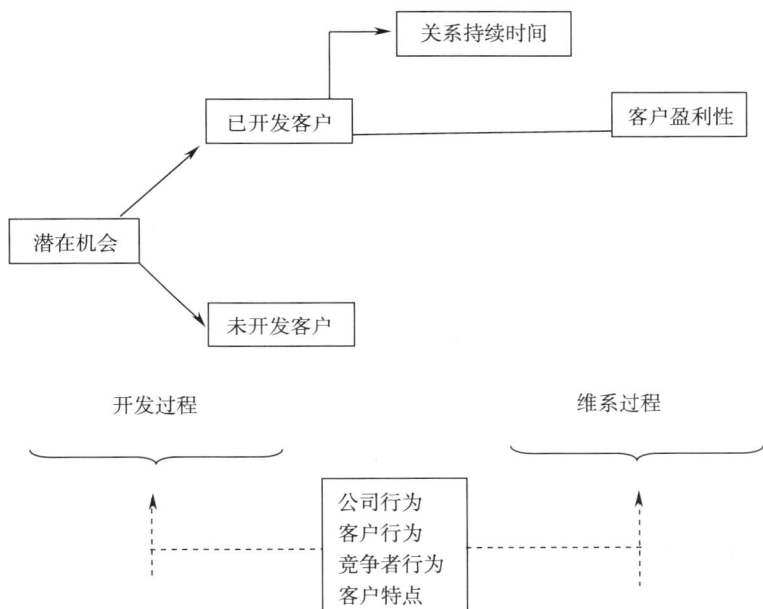

资料来源：改编自 Reinartz 等，2005。

图 5.5　客户开发、关系持续时间和客户盈利性的联系

—客户满意度与资金消费份额（钱包份额）

随着客户多元化，人们认为品牌忠诚度在逐渐降低（Bennett 和 Rundle - Thiele，2005），因此，了解金融机构实际获得客户多大的消费份额以及影响这个份额的因素十分重要。人们一直认为客户满意度对客户行为有重要影响，并有相当数量的客户满意度和客户保留之间联系的研究。客户保留和资金消费份额相关，这是客户与金融机构之间关系隐含的一种联系，因此可以认为资金消费份额与满意度之间存在联系。已有的研究表明，客户满意度的变化与客户一段时间内在某一金融机构的资金消费份额存在正相关关系。人口统计特征和具体情景下的客户特点对这种关系有调节影响作用，尤其是收入水平和关系时间长短（Cooil 等，2007）。该研究表明需要考虑客户满意度和客户资金消费份额的关系，这样客户才能产生足以带来更高资金消费份额的满意度。作者还强调了对客户满意度和行为数据进行与截面评估相反的纵向评估十分重要。

客户忠诚计划

在过去 20 年左右的时间里，服务商引入客户忠诚计划成为商业领域的一个重要活动特点。公司努力留住客户，鼓励他们更多、更频繁地消费。其中最著名的忠诚计划来自特易购，它随着公司进军零售金融服务市场得到进一步的发展。由于客户忠诚度并不一定产生盈利，尤其是在金融服务行业，因此金融服务业的忠诚计划效果往往参差不齐。奖励计划经常与信用卡现金返还、积分返还或航空里程卡相结合使用。表 5.1 展示了公司在设计和维护忠诚计划中的机遇和风险。

表 5.1   忠诚计划中的机遇和风险

好处	风险
客户忠诚度	对奖励奖品不满
引导客户行为	对奖励过程不满
追加销售和交叉销售的机会	错误的成本收益分析
降低客户流失率	
获得机会促销新产品或表现差的产品	

资料来源：改编自 www.mahadiscounts.com。

人们对忠诚计划是否有效这一问题的争论很激烈，争论的焦点是上述表 5.1 所列的好处（利）是否大于风险（弊）。忠诚计划的出发点是吸引客户再次购买和继续光顾，金融机构使用客户关系管理系统来量化验证忠诚计划对客户未来购买行为的影响。目前，有关忠诚计划的有效性研究还十分有限，但最近一项关于便利店的研究表明，忠诚计划对重度、中度和轻度使用者的客户行为影响存在显著区别。重度使用者领取奖励，但并未增加消费额或提高忠诚度；而计划对轻度和中度使用者有着积极作用，他们提高消费额并变得更加忠诚。事实上，不同客户对忠诚计划的反应各不相同，这一点进一步验证了客户关系的个性特征（Liu，2007）。

案例 5.4

奖励计划

不列颠建屋互助协会是唯一一家直接与客户分享利润的建屋互助协会。协会独特的会员奖励制度体现了它致力于达成"建立更公平的社团"的协会使命。每年协会用一部分利润额度奖励会员的忠诚。作为一个建屋互助协会，他们没有股东，客户就是协会的会员。在过去 12 年里，协会与全体会员分享了 5 亿多英镑的利润，每位会员每年最多享受高达 500 英镑的奖励。当客户从协会抵押贷款或在协会开设一个储蓄账户，与任何建屋互助协会的制度一样，客户即可成为协会会员，并因此有资格获得协会独有的会员奖励。会龄满两年，会员就可以开始在其拥有的每项合格的不列颠协会产品上赚取积分。

作者根据不列颠建屋互助协会与英国合作银行合并之前的 www. britannia. co. uk 上内容编写。

会员奖励计划不仅奖励加入协会两年的成员，也根据会员在协会购买产品数量进行奖励。不列颠建屋互助协会十多年前就已经意识到信息将成为获取竞争优势的重要部分，一直大量投资于信息系统建设（Dawes 和 Worthington，1995）。尽管协会的奖励回报十分具有吸引力，但大部分协会会员可能仅把自己的部分财富投入协会，并在其他金融机构购买其他产品或不同品牌的同类产品（Uncles 等，2003）。因此，客户忠诚计划面临的挑战就是如何解决客户从多家银行购买产品的问题，并说服客户购买足够多的产品以支付忠诚计划的成本。管理层必须了解如何激励客户增加产品的使用，并劝阻其购买竞争品牌产品。Uncles 等（2003）指出，只有极为出色的客户忠诚计划才能改变消费者的购买行为。

Uncles 等（2003）向忠诚计划管理者提出三种金融机构的忠诚计划策略。第一种是通过使大量潜在客户接受该品牌提高品牌的影响力。部分大型银行采用这一策略，它们用广告、极具吸引力的利率和更高的价值回馈吸引客户。第二种策略是创建一个利基品牌，客户数量相对较少，但客户平均消费较高。这一策略适合中小型建屋互助协会（见案例 5.4）。第三种是将一个大品牌变为一个超级忠诚度品牌，客户有强烈的投入感，并出现很多的重复购买行为，不过我们很难想象哪家金融机构未来会采用这一战略。

在金融服务业，忠诚计划并不多见，这也恰恰说明这样的计划能否奏效还是个未知数。Kumar 和 Reinartz（2006）对此并不乐观，他们认为忠诚计划还不如强化现有行为对客户行为的影响大，而且忠诚计划成本更高。

信息的组织

本章的目的是讨论金融机构如何挖掘客户信息，以制定具有上下一致的营销战略。我们已经从概述中清楚地了解到，内部信息能在提供客户个人和商业的详细信息方面发挥重要作用。毫无疑问，这一信息十分宝贵，但它对金融机构的潜在客户却不起作用。金融机构仍需依靠传统的营销研究手段解决潜在客户的相关问题。案例 5.5 提供了一家客户代理商完成的 B2B 企业项目案例。

案例 5.5

B2B 和企业银行业务：客户案例

本案例中的客户是一家企业福利计划的利基提供商，希望重新调整其在英国市场上的业务并推出新的产品组合。它的目标市场包括直接市场，即企业雇主本身和间接市场，那些通过独立财务顾问及员工福利顾问安排福利计划的企业。受托研究机构对大中型企业雇主和独立财务顾问和员工福利顾问进行调研，希望了解他们对包括委托调查的客户在内的服务供应商的态度，以及他们可能需要哪些新产品。其中受访企业按在职员工人数多少分组。调查研究分两个阶段进行：对市场环境的定性研究和关于供应商品牌和产品改进的问题研究，随后使用定量方法测量市场对不同供应商和产品的态度，评估该委托客户正式进入英国市场所面临的障碍。

作者根据以下网站内容整理编写：www. gfknop. com/customresearch – uk/sectors/financial/casestudies。

金融机构在全球开展业务，需要掌握不同经济体、地区和文化背景的市场信息。一些研究公司，如 AC 尼尔森市场研究公司（ACNeilsen）、特恩斯市场研究公司（TNS）和欧睿信息咨询公司（Euromonitor），撰写各种市场报告，随时出售给有需求的公司，如关于委内瑞拉国内信用卡消费的报告（www. euromonitor. com/Financial_ Cards_ in_ Venezuela）。金融服务的全球化需要全球性营销信息系统的支持。金融机构存储的海量信息，对经理们来说是个挑战：应该如何组织信息，以保障它们能够以适当的形式，提供给那些需要决策信息的用户，为了满足这种需求，一些专业供应商开发出集成软件包用来建立和管理信息系统，但难题并不在于技术系统而在于公司内部的信息整合，例如营销与广告的整合，营销与销售的整合，而问题的关键是金融机构需要一个能够满足其营销目标的集成系统。图 5.6 展示了 Daniel 等（2003）提出的信息系统支持模型。模型描述的营销过程主要包含以下四个阶段：

定义市场与理解价值——这个阶段需要明确金融机构在哪个市场运作，它可能会寻求进入的市场，以及它的目标细分市场在哪里。这些细分市场中的客户如何理解价值？竞争者如何提供客户价值？

创造价值主张——要达到这个目标，金融机构必须了解客户需求和相对具有吸引力的细分客户市场，如高净值客户。金融机构追求的是市场容量还是营业收入？它将提供给客户哪些价值？

沟通和传递价值——整合的沟通渠道包括：信件、电话、互联网、个人销售和大众传媒。金融机构是广告的重度使用者，通过广告图像和情节可以有力地传达无形服务的价值主张。服务商也可以通过一系列类似的渠道提供金融服务，为客户和机构之间的良性互动提供机会。

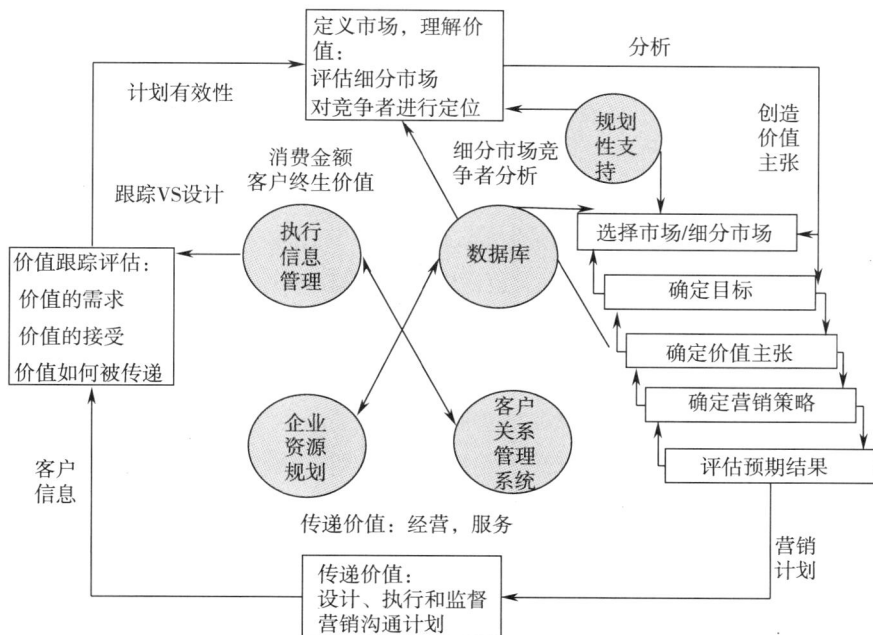

资料来源：摘自 Daniel 等，2003。

图 5.6 金融服务营销信息系统支持模型

价值跟踪评估——这个阶段包括评估金融机构从选定客户那里获取的价值，比如高净值客户真的为公司创造价值了吗？还是只是占用了大量的资源？营销传播和营销战略目标达到了吗？

信息技术的进步为营销带来了巨大的益处。但在某些情况下，一些金融机构的技术应用落伍，暴露出营销不成体系的种种问题。研究人员总结出五大影响营销的因素，包括战略思维，营销，前瞻性地利用信息技术，营销导向和监察制约零售金融服务行业复杂的信息系统的竞争环境（Colgate，2000）。我们不能假设金融机构已经拥有严密而健全的营销导向、丰富而又娴熟的营销技能和知识。和许多行业部门一样，各家金融机构在实施上述营销各阶段任务的能力方面存在巨大差异。

营销研究和信息管理中的伦理

营销研究和信息管理受市场研究协会制定的关于隐私、数据保护和人权保护的道德准则和行为规范的约束（www. marketreseach. org. uk/code. htm）。然而，信息储存和运输的便利也带来一定风险，例如一旦笔记本电脑和数据存储设备被错放或被盗，就可能发生许多违规行为。因此，金融机构客户十分担心他们的个人信息和商业活动信息以及账户信息被盗用。金融机构必须确保客户数据得到充分保护，并能迅速排解客户的担忧。一旦发生这类情况，必须快速作出反应，重建客户的信任。当前，信息安全隐患时有发生，互联网上的犯罪行为层出不穷，难以根除，特别是钓鱼网站和间谍软件制造的困扰。客户自然对他们的数据安全性非常担忧，害怕这些信息最终落到身份窃贼手中。复杂的互联网欺诈削弱了消费者对金融机构保证信息安全能力的信心。面对这样的挑战，金融机构建立信任的战略与战术尤为重要（www. guardian. co. uk/money/2008/aug/26/consumeraffiars. banks）。

第五章小结

本章中，我们探讨了信息在金融服务营销中的作用。金融机构既要遵守监管机构规章要求，又要分析客户和市场数据来制定战略。金融机构为了能最大限度地利用收集的信息，自身必须注重建立和培育学习型的组织文化，从经验中学习以求不断发展。金融机构利用收集的客户信息，制定以下营销活动策略：

- 发展关系营销策略；
- 通过分析客户数据，选择特定的客户进行交叉销售和向上销售；
- 通过分析，理解如何管理客户流失、客户黏性和客户满意；
- 了解如何管理客户资金量和资金消费份额；
- 开发并维护信息系统，为选定的细分市场和客户提供价值。

本章还讨论了客户忠诚计划以及它们在金融服务行业中对客户忠诚度的贡献。信息和研究越来越多地受到伦理审查，所有组织收集并管理客户信息都要承担相应的法律、社会和道德义务。

参考文献

［1］ Bennett，R. and Rundle – Thiele，S. （2005）"The Brand Loyalty Life Cycle：Implications for Marketers"，*Journal of Brand Management*，Vol. 12，No. 4，pp. 250 – 63.

［2］ Berger，P.，Eechambadi，N.，George，M.，Lehmann，D.，Rizley，R. and Venkatesan，R. （2006）"From Lifetime Value to Shareholder Value"，*Journal of Service Research*，Vol. 9，No. 2，pp. 156 – 67.

［3］ Bolton，R.，Lemon，K. and Verhoef，P. （2004）"The Theoretical Underpinning of Customer Asset Management：A Framework and Propositions for Future Research"，*Journal of the Academy of Marketing Science*，Vol. 32，No. 3，pp. 271 – 92.

［4］ Brassington，F. and Pettitt，S. （2006），*Principles of Marketing*，Chelmsford，FT Prentice Hall.

［5］ Campbell，D. and Frei，F. （2004）"The Persistence of Customer Profitability：Empirical Evidence and Implications From a Financial Services Firm"，*Journal of Service Research*，Vol. 7，No. 2，pp. 107 – 23.

［6］ Colgate，M，（2000）"Marketing and Marketing Information System Sophistication in Retail Banking"，*Service Industries Journal*，Vol. 20，No. 1，pp. 139 – 52.

［7］ Cooil，B. Keiningham，T.，Aksoy，L. and Hsu，M. （2007）"A longitudinal Analysis of Customer Satisfaction and Share of Wallet：Investigating the Moderating Effect of Customer Characteristics"，*Journal of Marketing*，Vol. 71，

January, pp. 67 – 83.

[8] Cooper, M. , Gwin, C. and Wakefield, K. (2008) "Cross – functional Interface and Disruption in CRM Projects: Is Marketing from Venus and Information Systems from Mars?", *Journal of Business Research*, Vol. 61, pp. 292 – 9.

[9] Cravens, D. and Piercy, N. (2006) *Strategic Marketing*, 8th edn, New York, McGraw Hill.

[10] Daniel, E. , Wilson, H. and McDonald, M. (2003) "Towards a Map of Marketing Information Systems: An Inductive Study", *European Journal of Marketing*, Vol. 37, No. 5/6, pp. 821 – 47.

[11] Dawes, J. and Worthington, S. (1995) "Customer Information Systems and Competitive Advantage: A Case Study of a Top Ten Building Society", *International Journal of Bank Marketing*, Vol. 14, No. 4, pp. 36 – 44.

[12] Farquhar, J. D. (2005) "Retaining Customers in UK Financial Services: The Retailers' Tale", Service *Industries Journal*, Vol. 25, No. 8, pp. 1029 – 44.

[13] Foehn, P. (2004) "Client Valuation in Private Banking: Results of a Case Study in Switzerland", *Managing Service Quality*, Vol. 14, No. 2/3, pp. 194 – 204.

[14] Grönroos, C. (2000), *Service Management and Marketing: A Customer Relationship Management Approach*, Wiley & Sons, Chichester.

[15] Kamakura, W. , Wedel, M. , de Rosa, F. and Mazzon, J. A. (2003) "Cross – selling Through Database Marketing: A Mixed Factor Analyzer for Data Augmentation and Prediction", *International Journal for Research in Marketing*, Vol. 20, pp. 45 – 65.

[16] Kumar, V. and Reinartz, W. (2006) *Customer Relationship Management*, Hoboken, NJ, J. Wiley & Sons.

[17] KPMG (2008) *Working to Rules*, Regulatory Bulletin, February.

[18] Liu, Y. (2007) "The Long – Term Impact of Loyalty Programs on Consumer Purchase Behavior and Loyalty", *Journal of Marketing*, Vol. 71, October, pp. 19 – 35.

[19] Payne, A. and Frow, P. (2005) "A Strategic Framework for Custom-

er Relationship Management", *Journal of Marketing*, Vol. 69, October, pp. 167 – 76.

［20］Reichheld, F. (1996), "Learning from Customer Defections", *Harvard Business Review*, March/April, pp. 56 – 69.

［21］Reinartz, W., Thomas, J. and Kumar, V. (2005) "Balancing Acquisition and Retention Resources to Maximize Customer Profitability", *Journal of Marketing*, Vol. 69, January, pp. 63 – 79.

［22］Salazar, M. T., Harrison, T. and Ansell, J. (2007) "An Approach for the Identification of Cross – sell and Up – sell Opportunities using a Financial Services Customer Database", *Journal of Financial Services Marketing*, Vol. 12, No. 2, pp. 115 – 31.

［23］Uncles, M., Dowling, G. and Hammond, K. (2003) "Customer Loyalty and Customer Loyalty Programmes", *Journal of Consumer Marketing*, Vol. 20, No. 4, pp. 294 – 316.

［24］Van den Poel, D. and Larivière, B. (2004) "Customer Attrition Analysis for Financial Services using Proportional Hazard Models", *European Journal of Operational Research*, Vol. 157, pp. 196 – 217.

［25］Vargo, S. L. and Lusch, R. (2004) "Evolving to a New Dominant Logic for Marketing", *Journal of Marketing*, Vol. 68, No. 1, pp. 1 – 17.

思考题

1. 你会采用什么方法保证按时高质量地完成小组工作？这些方法的效率和效果如何？可以怎样改进？

2. 对于金融机构而言，战略性地定义客户关系管理有哪些益处？

3. 金融机构如何能把客户流失率降到最低？

扩展阅读

［1］www. marketresearch. org. uk/Case study

［2］www. cml. org. uk/cml/home

［3］www. bba. org. uk

［4］www. abi. org. uk

［5］ www. gemoney. co. uk/en/about_ ge_ money/media_ centre/index. html

案例学习

外籍人员

外籍人员通常是指生活在非西方国家的西方人，实际上，这一概念当然也包括任何不居住在自己国家的人。在商业领域，相对于本地雇员，外籍人员往往是被公司派到海外工作的专业人员。一个横跨四大洲的调查项目，向 2155 名外籍人员了解了他们工作生活所面临的各种挑战。

研究方法

2008 年 2 月至 4 月间，研究通过一项网上虚拟调查采集数据。调查涉及一系列问题：生活方式，收入水平，子女相关问题，融入当地社区的难易程度。样本包括生活在近 50 个国家的 2155 名外籍人员，但本研究只包括受访者人数在 30 人以上的样本国家的数据结果。

外籍人员的生存状况

最豪华的生活地点是新加坡，其次是阿拉伯联合酋长国。调查要求受访者提供如下信息，如表 C5.1 所示。

表 C5.1　生活标准

最高得分国	评分标准	得分因素
生活方式	居住时间	能否吸引新的外籍人员及外籍人员是否在此定居
	收入和储蓄	外籍人员收入在 100000 英镑以上，而且储蓄占收入的比例在增加
	奢华程度	在 11 项生活方式奢华程度的评分标准中的得分上升幅度最大
	住宿条件	住宿条件改善

排名结果如表 C5.2 所示。每项标准按 1～15 分计分，其中 1 分为最低分，15 分为最高分。

表 C5.2　外籍人员生活方式评分

国家	居住时间	收入和储蓄	奢华程度	住宿条件	平均分
新加坡	10	14	14	15	13
阿拉伯联合酋长国	9	13	15	12	12
美国	13	12	10	14	12
比利时	12	7	11	13	11
中国香港	11	14	12	4	10

续表

国家	居住时间	收入和储蓄	奢华程度	住宿条件	平均分
德国	14	4	5	11	8
荷兰	15	9	3	5	8
加拿大	8	7	6	10	8
印度	1	15	13	1	7
澳大利亚	2	7	7	10	6
中国	3	7	9	6	6
西班牙	4	1	8	8	5
法国	5	2	4	7	5
英国	6	8	1	3	4

　　新加坡得分很高，因为外籍人员在新加坡不仅能赚取高收入以增加储蓄，还能享受高品质的住宿和高水准的舒适生活。美国得分也较高，但荷兰和德国在外籍人员居住时间长短方面超过美国。印度在收入和储蓄方面得分最高，但外籍人员选择在印度居住的时间最短，也许是因为印度的住宿条件差。虽然法国和英国的平均得分都很低，但法国在住宿条件方面还是明显好于不少国家。

　　在中国香港和印度的外籍人员领的薪水最高，其中一半（49%）的受访者每年收入超过100000英镑。图C5.1是受调查的外籍人员的收入信息，半数以上的人年收入超过60000英镑。

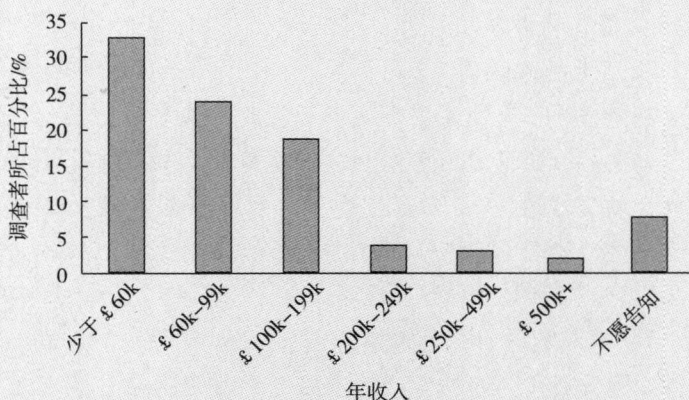

图 C5.1　外籍人员收入

外籍人员不仅收入高，而且储蓄增多的机会也大。例如，印度较低的生活成本使得82%的外国人能比他们在原籍国储蓄更多。总体而言，58%的外国人投资和储蓄更多，一半以上（52%）在食品方面花费更多，49%的人购物开销增加，而45%在社交方面的支出增加。

评分标准之一是生活方式的奢华程度，其中英国得到的评分很低。衡量这一标准的项目包括：私人卫生保健，拥有超过一处地产，为孩子提供私立教育，拥有游泳池和雇用员工。阿联酋是最豪华的，其次是得分非常接近的西班牙和新加坡。男性对奢华体验的评分总体来说高于女性。至于住宿方面，分数列前几位的分别是新加坡（74%），美国（61%）和比利时（59%）。对外籍人员来说，英国是住宿最昂贵的地方，85%的受访者透露，他们的生活成本提高了。而只有19%的受访者认为住宿质量有所上升。

海外的子女问题

大部分情况下，外籍人员有子女，所以调查的一部分内容是收集在东道国抚养子女所面临的种种挑战。调查要求受访者回答子女在东道国的下述情况：

- 孩子在户外的时间
- 孩子用在学习上的时间
- 养育孩子的成本
- 孩子掌握几种语言
- 孩子是否想留在该国

与先前研究结果一致，英国是抚养子女花费最昂贵的国家，其次是阿联酋和中国香港。而西班牙，印度和中国是最便宜的地方。几乎一半的受访者表示他们的孩子在东道国会花更多时间在户外活动，其中澳大利亚80%，远远超过西班牙（59%）和法国（57%）。三分之一的父母说，他们的孩子因为搬迁而在学习上需要花更多时间，而超过半数的父母（56%）表示，孩子的学习时间和在原籍国基本相同。在欧洲生活的外籍儿童学习语言种类最多，94%生活在西班牙的外籍儿童能讲两种或两种以上语言，在德国和法国这一比例也很高。而在新加坡和中国香港，孩子学习多门语言的可能性相对较低。关于孩子留在东道国还是返回原籍国的问题，研究得到了一些有趣的结果。例如，一些在加拿大的外籍人员，希望他们的孩子留在加拿大（33%），但43%的人还是希望自己的孩子回国。外籍人员很期望留下的东道国还有美国（25%）和德国（23%）。有42%生活在澳大利亚的外籍人员希望回国。

外籍人员的经历

调查问题最后问到了外籍人员迁居新国度的经历。调查涉及：结交朋友，加入当地社团，学习语言和购买房产。表C5.3给出了基于国家分组的调查结果，其中1为最高等级，14为最低等级，德国在这四个方面整体得分最高。

表 C5.3 外籍人员经历

国家	结交朋友	社会团体	语言学习	购置房产	名次
德国	2	1	1	8	1
加拿大	1	3	10	2	2
西班牙	7	10	2	3	3
法国	9	8	5	1	4
比利时	12	6	2	5	5
荷兰	10	7	4	6	6
中国香港	7	2	8	10	7
美国	6	3	13	4	7
英国	4	8	12	10	9
新加坡	13	3	9	12	10
印度	5	13	7	14	11
澳大利亚	3	14	14	8	11
阿拉伯联合酋长国	14	10	11	7	13
中国	11	12	6	13	13

生活在欧洲的外籍人员最有可能学会东道国的语言，其中德国75%，西班牙70%和比利时70%。来自美洲的外籍人士最有可能学会当地语言，其中美国人51%，巴西人50%。在法国的外国人最有可能购买地产（64%），其次是加拿大（55%）和西班牙（52%）。大约四分之一的受访者在新加坡、西班牙和法国开始创业，约三分之一的人会在比利时、德国和阿联酋生孩子。图C5.2是外籍人员参加当地社会团体的情况。

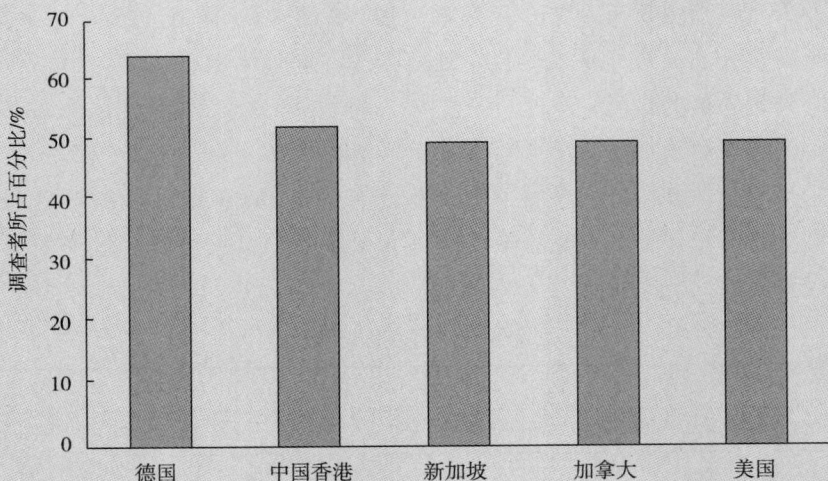

图 C5.2　加入当地社团情况

在澳大利亚，只有38%的外籍人员表示他们加入了当地社会团体，虽然澳大利亚在结交朋友容易程度方面得分很高。但这也许是因为在澳大利亚的外籍人员往往是年轻人（51%在18~34岁年龄段），他们即使不通过加入社团也很容易交朋友。德国籍的外籍人员是所受访者中加入社团组织最少的（32%）。

案例思考

1. 为什么全球性银行对外籍人员感兴趣？

2. 你如何评价该研究的设计？哪些人是研究取样的对象？样本的代表性如何？样本是怎样编制的？

3. 阅读表C5.2，居住在中国香港和新加坡的外籍人员可能对哪些金融服务感兴趣？

4. 金融机构该如何帮助抚养孩子成本较高的外籍家庭？

5. 外籍人员在欧洲的经历对金融服务有什么借鉴意义（见图C5.2）？

作者根据汇丰银行外籍人员调研报告（2008）内容编写。

第六章

金融服务业中的关系营销

学习目标

学习本章后，读者应该掌握以下几点：

■ 理解关系在金融服务营销中的作用

■ 如何将关系营销融入营销策略，以获得规模—范围效益

■ 理解打造客户忠诚度的关键营销行为

引言

本章将探讨关系营销。在过去十年里，关系营销是金融服务供应商所采用的关键营销策略之一。目前，学术界已对关系营销进行了广泛的研究，许多组织采用该策略并获取了不同程度的成功。本章我们将关注商业环境中关系的重要组成部分，探索如何将这些概念应用到金融服务营销领域。此外，鉴于关系营销是建立在客户行为的基础上，我们将研究关系营销是作为一种典型的营销策略如何与市场细分相结合的问题。

关系营销

消费者购买某种服务而非某种产品时，他们体验的核心部分是提供服务与使用服务同时发生。这是消费者感知消费过程、评估消费体验的关键时段，也是客户关系开始或得到加强的时段。关系营销中服务供应商通常以一对一的形式与客户长期交往，并形成关系性的交易过程（Grönroos，2000）。这种关系是稳定的，有利于服务商克服市场分化和服务缺少差异化所带来的种种困难（O'Malley 等，1997）。关系营销通过强化联系、响应客户需求和服务于

细分市场建立起企业和客户之间的桥梁（Henning – Thurau，2000）。由于买卖双方持续积极地在多层面的交易过程中实现真正的互动，理论上双方在关系中具有同等重要的地位。

然而，在某些行业，如银行业，由于供应商往往掌握更多的专业知识和技术，是关系中的强势一方，相形之下客户对金融机构的依赖性更强。因此，金融机构通过开展关系营销能够获得许多优势。消费者终身都需要金融服务，由此产生持续性的交易。久而久之，消费者会与其他人谈论"我的银行"（O'Loughlin 等，2004），尽管谈论内容并非都是对金融机构的赞美之词。那么，消费者希望与其所有的金融服务供应商建立关系吗？如果不是，他们希望与主要服务商建立关系吗？消费者是如何看待这种关系的？他们的看法同金融机构一致吗？最后，同时也是最重要的一点，金融机构对保持客户关系感兴趣的原因之一是保留现有客户通常比寻找新客户更经济划算。建立买卖双方关系而产生收益颇具吸引力，但我们该如何在金融服务行业实现这些收益呢？Berry（1983）从营销策略的角度出发，提出发展关系营销需要关注下文中的几项要素。

一开发核心关系要素

只有能够得到明确的益处，消费者才会与金融机构建立并保持关系，因此金融机构提供的产品和服务必须在一定时段里保持向客户提供价值。金融机构必须从所提供的产品和服务以及双方关系的双重视角理解客户的需求，并确保公司最高管理层理解客户需求的方方面面。同样重要的是，金融机构必须清楚，大部分情况下个人客户和企业客户拥有多个金融服务供应商，而且每家供应商都将不遗余力地争取客户资产中的一定份额，客户则通过服务过程和服务体验评判他们与金融机构的关系及其价值。

一关系的私交化

许多金融机构拥有数百万客户，如桑坦德银行在全球拥有 6900 万客户。对这样的银行而言，为众多客户实现客户关系个性化必须有强大的技术支持基础。早期关于关系营销的文献隐含了个人关系这一先决条件，但随着分支机构组织结构的变化，这一条件不再成立，例如，使用 ATM 完成常规业务交易意味着减少了金融机构与客户的个人交流。客户倾向使用多渠道的服务方式表明，在金融服务中，客户愿意为非人工渠道带来的方便和可控性而减少使用人工渠道（Farquhar 和 Panther，2007）。这种权衡对处于既要控制成本，又要迎合客户偏好两难境地的客户服务质量来说意义深远。不过，仍有四分之三（76.4%）的客户倾向于和训练有素的工作人员面对面讨论其财务问题（Keynote，2007）。在有着高信任度或高参与度的服务行业，人的因素依然十分重要和必需，金融机构必须确保良好的客户服务以赢得信任。虽然金融业工作人员的专业知识必不可少，但在交流中对人际能力等个人因素要求同样非常高（Bell 和 Eisingerich，2007），这一点可能对金融机构的招聘和人力资源开发政策产生影响。金融机构应该将客户教育融入关系营销理念，客户教育有助于逐步丰富客户的专业知识，进而了解客户金融观念的变化。因此，随着客户愈发关注金融服务中的技术要素，金融机构必须树立起客户关系动态变化的观念（Bell 和 Eisingerich，2007）。

—提供附加服务强化核心收益

关系营销，与其他营销策略一样，应当认识到市场的动态变化以及客户的期望随着双方关系的延续而增长。比如除了企业账户的核心收益，企业有可能还希望获得更迅速的支票处理服务、更有竞争力的信用卡费用或者更有针对性的建议。针对这一点，金融机构需要考虑客户给它们带来的价值以及是否值得向客户提供额外收益。

—加强员工对客户的责任意识

不是只有一线员工才对金融服务具有核心作用，Gummesson（1987）意识到在提供服务过程中一切工作人员都十分重要，他提出了所有员工都是"兼职营销者"的概念。在越来越重视系统化运作的银行业和保险业，系统的设计与维护、呼叫中心经理、制定战略战术并为之调配资源的高级管理人员都在发挥不同但都十分重要的作用。因此，金融机构应该扩大并维护这张关系网，使之涵盖一系列利益相关者，包括金融机构的供应商（见图6.1）。

如图6.1所示，在各关系要素与金融服务营销相结合的方式方面，可能有一些易产生摩擦的地带（Berry，1983）。人们已经认识到，关系营销在组织环境和服务营销方面极具价值，但在某些情形下却并不适当（Smith 和 Higgins，2000）。在金融服务业的部分领域中，关系营销是灵丹妙药，例如，

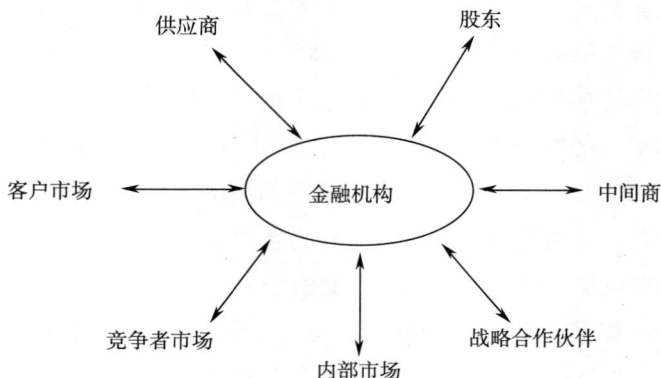

图中文字：
供应商　　股东
客户市场　　金融机构　　中间商
竞争者市场　　内部市场　　战略合作伙伴

资料来源：改编自 Payne 等，2005。

图 6.1　金融服务中的关系

针对可以实现相互依存关系的大型企业客户。然而，在消费者金融业务中，包括保险和活期账户在内的基础产品，关系营销对建立客户关系几乎毫无价值。为了获得重复性业务，可能要设置客户转换成本和实施价格战术。通常，关系营销只有在有助于公司竞争优势时才采用（Morgan 和 Hunt，1990）。此外，理论界和实务界关于关系营销应涵盖哪些内容一直争议较多，致使公司在试图使用关系营销战略时遭遇重重困难。显然，关系营销很可能比许多公司理解得更复杂，为了不浪费稀缺资源，必须能分清哪些方面的关系值得重视和探讨（Wand 和 Dagger，2007）。

利益相关者的关系

虽然关系营销通常被认为仅仅是金融机构与客户之间的关系，但利益相关者关系理念已经得到了越来越多人的认可（例如，Buttle，1996；Payne 等，2005）。利益相关者理念的关系模型由以下各方组成（见图 6.1）。

■ 客户市场包括现有客户及潜在客户

■ 影响力群体包括消费者群体、金融中介机构、媒体、家庭，这些影响群体对金融服务至关重要

■ 供应商和联盟市场不仅包括传统供应商，如 IT 企业，也包括战略合作伙伴（见案例 6.1）

■ 内部市场由员工、管理人员、部门、分支机构共同组成，当金融机构合并时，必须确保员工能够顺利融入新公司环境，如英国劳合银行案例

■ 竞争对手市场对金融服务机构非常关键，因为许多首创方案都来自竞争对手的活动

■ 政府和监管机构必须确保金融机构遵守行业规则，同时保持金融服务业的健康发展，显然这种关系中有失败的案例

利益相关者模型的重要贡献之一在于它使企业意识到仅仅依赖"客户为中心"理念进行规划和分析不足以帮助企业在当今市场中获得竞争力。组织只有用更广阔的视野审视市场构成，才可能识别出重要的利益相关者，并将其纳入自身的发展战略和规划，比如与其他金融机构形成战略联盟。

案例6.1

汇丰银行和英杰华（Aviva）的联姻

汇丰银行和英杰华集团（Aviva plc）计划通过合资创建"汇丰保险"品牌，目标是成为英国一般保险业务的前十大品牌之一。根据合资计划条款，汇丰银行将和英杰华集团旗下的英国一般保险业务分支诺威治联合保险公司共同向汇丰银行1020万英国客户承销和分销一般保险产品。英国消费者在金融服务业的消费额中约有五分之一用于购买保险产品，而2005年，一般保险业务创造了36亿英镑保费收入。人们普遍认为这是一项典型的强强联手合资，以创造市场中最好的一般保险服务业务。此番合资融合了汇丰银行发达的分销网络和诺威治联合保险公司的承销能力和客户管理能力，双方均为英国最值得信赖的大品牌，而且诺威治联合保险公司和汇丰银行有长达23年的承保关系。目前，汇丰银行负责分销诺威治联合保险公司的保护性保险、家居保险、旅行保险和汽车保险产品，该合资计划将进一步加强和深化双方的合作关系。客户越来越多地转向值得信赖的品牌来满足自身的保险需求，人们相信汇丰银行品牌效应将在英国保险市场形成一股重要的新生力量。汇丰银行已设定明确的业务发展目标和具体的业务计划方案，即新的保险业务对其全球业务利润的贡献将要翻倍，而打造与行业领先地位的一般保险公司的战略结盟则是该计划的一项关键内容。此宗合资的所有提案目前仍有待于各方最终签署决定性文件，以及监管部门的审批和其他各方的核准，例如，英杰华集团目前还在为汇丰的客户提供旅行保险。

作者根据 www.hsbc.co.uk 上的内容编写。

此次合作案例为金融服务营销提供多方面的参考。首先，两家金融机构能最好地利用销售机会，并通过现有品牌赢得消费者的信赖；其次，该联盟的主要优势在于利用汇丰银行的庞大销售网络和英杰华集团保险丰富的承销能力与经验来销售保险产品，这一举措为双方带来了规模经济效益。

商业关系

在商业业务关系中，各方知识的汇集，能力的匹配和整体行动的协调能够提高价值回报，同时阻止机会主义行为（Hollendsen，2003）或其他可能破坏关系的举动。随着与客户建立良好的沟通机制，两个组织之间的界限逐渐模糊，相互关系越来越融洽，理解越来越深，服务商与现有客户更容易合作。同时，保留现有客户还能降低成本。建立关系需要时间，这一过程可分为若干阶段（Hollendsen，2003）。其中一个阶段称为"求爱"阶段，是指某个刚刚起步的公司开始接洽金融服务供应商。随着公司发展壮大并逐渐盈利，"求爱"阶段可能会持续一段时间。案例6.2介绍了一家金融机构向企业客户提供全球性服务和合作伙伴特权的情况。

案例6.2

享有合作伙伴特权的业务组合

这家金融机构通过全球市场部门提供广泛的国际银行、资金管理和贸易融资业务，包括：外汇风险管理，贷款，存款产品（货币存款，活期/定期存款）及贸易融资，包括信用证、托收、债券和担保。

财务咨询服务

我们拥有针对整个保险市场的专业财务顾问团队可满足您在个人和企业财务规划方面的需求。我们的财务顾问针对每位客户具体情况提供独立的咨询建议，推荐量身定制的产品和服务，配套设计最佳的节税方案满足您的需求。新客户还可获得首次咨询免费的优惠。

满足基本条件的客户将有机会获得价值不菲的优惠折扣，并可得到专家的支持和建议。我们的专家团队来自当今英国保险业中领先的商业服务供应商，为您提供法律咨询、服务设计、与通信伙伴的协商、免费评估您的保险计划方案并免费提供账户管理软件。

作者根据多家银行网站内容编写。

在递标书阶段，供应商与企业之间的联系并不紧密，即使出现企业失败或转投另一家银行，供应商的损失也只是经济方面的，甚至还有可能挽回这部分损失。双方再往前走，可能进入的是关系阶段。中小型企业（SMEs）要应对不断变化的市场环境就很有必要与银行形成良好关系。这些企业及管理人员很希望提高自身的财务管理知识，加深对财务状况的理解，以促进企业和银行的关系。此外，银行必须意识到，在任何关系正常化的过程中，如果中小企业能参与并且认可这一发展过程，双方设立明确的突发事件处理方式以克服可能的关系危机，如此安排能大大增强中小企业对银行的信心（Binks 等，2006）。合作双方如果能成功度过困难期，它们将进入关系发展的最后阶段。此时，企业经验日渐丰富，双方在合作关系中地位均等，互尊互信，双方关系相对紧密，并可能出现个人或社会关系特征。金融服务供应商可能会考虑通过保持工作人员的连续性来维护与客户之间的社会关系。在每一段关系中都可能发生多种多样的交换：服务交换，信息交换，财务交换和社会交换。当然，社会交换通常会减弱客户的风险感受程度，同时也会降低他们对每个合作伙伴能力、谈判水平和适应性的评估难度。

客户组织的规模，或者更确切地说，客户对金融机构的战略重要性也会影响关系的性质，所以越来越多的服务商对关键客户管理（KAM）概念产生了兴趣。考虑到监管环境、行业规模、高度中介依赖性、行业构成的多样性、产品的多样性和复杂性以及产品表现的不确定性，关键客户管理在金融服务行业中体现出一些特殊性（Hughes 等，2004）。为关键客户提供的服务包括：特殊定价，定制产品和服务，信息共享以及为客户接管业务流程。规模较大的银行提供专项行业服务，例如巴克莱银行设立了"专业地方性服务单元"，它是由一个专家小组组成，所涉领域包括废物处理、交通、消防和警力专项融资（www. business. barclays. co. uk）。从营销理论角度来看，关键客户管理常常被看做是一种人员推销活动，在后文我们还将提到关键客户管理。有些研究认为关键客户管理应当与关系营销相结合（Homburg 等，2002），尽管该理论似乎没有什么实际意义，拥有特定业务功能这一性质将影响组织内的角色定位及其实现方式。如果我们认为关键客户管理就是关系营销，从长远来看，关系应当超出任何个人销售的努力，是营销的终极目标。如果认为关键客户管理是传统销售职能之一，我们的关注重点可能落在每月的销售目标，而这未必对发展长期关系有益。

跨文化关系

随着银行业逐渐成为一个全球性行业，许多客户需要进行跨国和跨洲的金融操作。管理全球范围内的银行业和金融服务关系变得越发重要。一项以印度和加拿大为样本，旨在衡量文化价值，验证国家文化在 B2B 关系中的作用的研究（Dash 等，2006）发现买卖关系中双方相互依存、地位对等是建立信任和承诺的关键因素。如果依存关系中的不对等性增加，关系承诺会降低，这也印证了其他研究提出的占优方权力距离影响业务关系性质的观点。权力距离是指关系中相对弱势的一方接受权力分配的不平等程度。因此，在制定国际服务战略时应慎重考虑买卖双方关系中可能存在的文化差异。长期以来，人们一直认为国家文化作为关键的环境特征之一是造成消费者行为、文化规范、信仰等影响跨国界买卖双方互动功能系统性差异的根本原因（Dash 等，2006）。要建立全球商业银行关系中的承诺与信任，高度的相互依存和对等关系是必要的条件。金融机构可以通过营造适当的文化社区缩小权力距离。

企业与银行关系中的权力强势方大多为银行，由于双方在关系发展过程中投入很大，它们的关系通常能维持较长时间，关系不会一成不变，也未必都很相似，大体看有两种相反的购买行为：交易性购买和关系性购买。交易导向的公司认为每笔交易都是全新的，可以借机更换内容或寻找替代服务商。关系导向的企业往往只考虑一两家服务商，并将其看做持续的关系或新关系的开始。企业为了更有效地使用供应商的服务，应当摒弃交易导向的做法。

Proenca 和 Castro（2005）的一项关于葡萄牙银行的研究表明，银行与企业之间的关系是持久的，但这种关系仍受到双方组织内部事件带来的短期不稳定影响，会带来一定压力。了解压力的来源对理解关系中潜在威胁十分重要。压力可能来自客户与其他银行的关系，例如个人客户拥有多银行业务时，使个人与银行的关系产生交错影响。

关系的结果

通过保留现有客户来降低成本是建立关系的关键驱动力之一。金融机构也很清楚并非所有保留下来的客户都能产生收益，因此需要寻求更强的关系营销结果，如客户忠诚度。忠诚客户的两种行为表现吸引着金融机

构，一是他们倾向于更多的消费，二是他们向家人和朋友推荐该金融机
构。金融机构为了鼓励客户忠诚，必须首先理解关系的驱动力和结果的复
杂性，据此适当地分配资源。尽管对究竟哪些营销变量决定关系的结果还
有很多争议，但人们普遍认同客户满意度、信任和承诺等是关系营销中的
关键变量。

一、客户满意

客户满意影响着双方关系的持久性，因此金融机构必须通过一切与客户
的接触来监测客户满意程度。如果金融机构希望留住客户，双方的关系应当
能够提高客户满意度。根据 Molina 等（2007）关于西班牙的研究发现，客户
从以下途径获得满意度：最重要的是信心以及其他三个方面，包括一线员工
服务质量满意度、服务便利性和服务政策。信心是指一系列的心理收益，包
括对市场营销人员的信任，感知的操作风险降低和焦虑感的减少。维持发展
客户对供应商的信心对客户满意度有重要影响。这项研究还表明，服务便利
性，如营业时间长短、分行地理位置、营业环境以及服务政策，比如服务种
类，也对客户满意度有显著影响。

来自监管机构，如英国金融服务管理局的外部压力也对提升客户服务质
量产生了巨大推动作用。以客户为中心的服务理念与金融机构提出的服务目
标相匹配。近期发表的一份报告显示，股东利益和客户利益已经达到了某种
微妙的平衡，并有望在未来五年里继续保持这样的均衡态势。然而，如果金
融市场要长期保持稳健发展，金融机构必须继续把重点放在员工培训和消费
者教育上，这方面需要争取政府和行业联盟的资金支持和道义支持（Key-
note，2007）。信任和信心这一对密切相关的行为（Henning – Thurau 等，
2002）对客户满意度有着极大的影响（见表6.1）。

一、信任与承诺

一旦关系或关系网络中的合作伙伴忠于这段关系，他们就不大可能轻易
放弃这样的关系（Mrogan 和 Hunt，1994）。信任可以理解为一种信念，认为
被信任的一方将会遵守承诺并且不会采取有失公平的做法。有人提出了信任
的三个要素：诚信、善行和信誉（Arnott，2007）。表6.1 提供了一些关于金
融机构如何将这些因素付诸实践的建议。

表 6.1　践行信任

信任	具体行动
诚信	履行协议，谨慎处理利益相关者信息，发展并遵守道德实践，公平对待客户
善行	将利益相关者视为平等的伙伴，为利益相关者争取利益，发展以客户为中心的系统，为客户提供恰当的服务
信誉	制定易于理解的定价策略，取消惩罚性收费，弥补服务中的不足，作出利益相关者可以信赖的声明

英国金融服务管理局（www. fsa. gov. uk）针对 1000 多名受访者进行了一项消费者对金融服务行业信任度的民意调查，调查结果表明：

1. 大多数金融服务机构公平地对待客户；

2. 如果误导客户可以获得更多利润，大多数金融机构会这么做；

3. 金融服务机构会选佣金最高的产品出售给客户，而非选最适合客户的产品。

首先值得一提的是，在消费者研究中，就某一特定主题设计多项问题来了解受访者的具体感受非常重要。如果我们只考虑受访者对第一个问题的回答，我们会认为服务商的行为很正常健康。然而，问题 2 和问题 3 得到的回答表明，客户对金融机构已毫无信心。其次，研究表明受访者认为金融机构并不总是为客户利益行事。关系中的合作伙伴或利益相关者通常将根据对方的忠诚度，如对方的保证，双方的沟通，声誉以及关系的历史等因素选择对关系的投入程度。根据这里显示的数据，当消费者认为金融机构对关系的忠诚度较低时，他们也不太可能对这段关系投入太多。由于忠诚度被视为对关系延续性的投入和保证，预示着将来会有积极的合作行为，因而它是一段关系中的关键要素之一。信贷危机后，英国金融服务管理局的关键目标之一便是解决信任的问题。对英国金融服务管理局这一调查反馈结果的复杂性表明，诚信、善行和信誉这些概念的含义涉及更多层面。

一关系的效益

无论是通过核心服务还是关系本身，利益相关者希望从关系中获得益处（Henning - Thurau 等，2002）。有人认为这些效益可能包括：（1）信任利益，比如缓解焦虑、感觉舒适等，信任利益在金融服务中有一些应用；（2）社会利益，其中涉及关系中的情感部分，比如客户或利益相关者获得员工的认同感或双方建立熟悉关系；（3）特殊待遇利益，比如可能在服务定价或捆绑服务方面给予客户一定优惠。Henning－Thurau（2002）在针对美国服务业（包括金融服务业）的研究提炼了客户或利益相关者在关系中寻求的利益内容，如图 6.2 模型所示内容项，指出这些利益内容之间存在显著关系，并刻画了内容项之间的关联路径，如图中箭头所示。

Henning－Thurau（2002）的研究结果表明，客户满意度、承诺、口碑和客户忠诚度之间存在较强联系。社会利益与承诺和客户忠诚度直接相关，而信任利益影响客户满意度。金融机构所面临的挑战是如何进一步考察社会利益的重要性，以及利益相关者/客户如何理解和认识这些利益。特殊待遇利益只与承诺存在较弱的相关关系，就这一研究的结果来说，社会利益也许才是关系营销的关键。

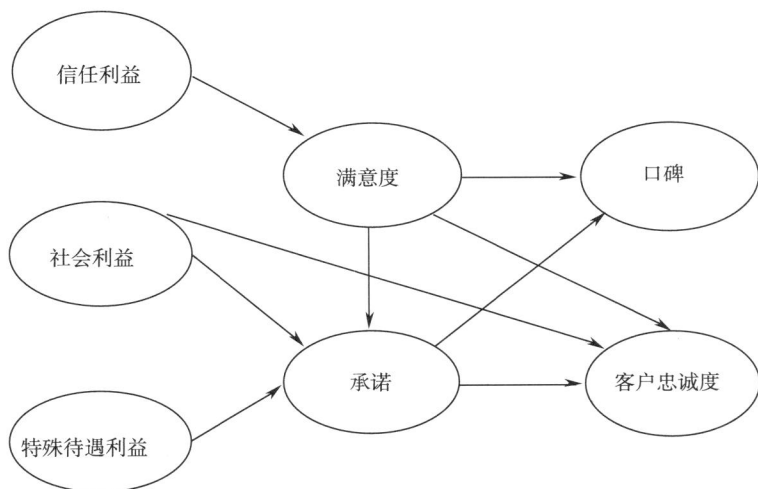

资料来源：改编自 Henning－Thurau 等，2002。

图 6.2　关系营销的推动力及结果

内部营销

如果社会利益是关系营销的核心驱动力，金融机构该如何将这些利益提供给客户呢？正如在前文关系营销的利益相关者模型中提到的，雇员包括管理人员和一般员工，都处于利益相关者网络中。即使关系营销的利益相关者模型与金融机构的当前战略很不吻合，工作人员在赢得客户满意度过程中取得的各项结果（见图6.2）显然非常重要。内部营销通常是指让工作人员和管理层向客户提供高质量服务，令客户满意的一组操作方法。人们已经意识到，在服务营销领域，服务的不可分离性通常意味着服务过程由工作人员和客户的互动组成。信任和承诺不仅可以加强工作人员与客户的互动，还能建立双方的联系，金融机构的内部营销是通过建立全员上下的整体关系以确保接触到所有客户，获得客户满意的过程。

关于内部营销的讨论很多。一种观点认为，员工也应当被视为客户，因为他们的需求和愿望也要得到满足，一旦员工的需求得到了满足，他们将更积极地满足客户的需求。对内部营销的最新诠释则注重员工和利益相关者的参与度，实现这一目标的机制是企业品牌。Ahmed和Rafiq（2003）提出将内部营销上升为一种营销哲学，重点关注员工需求和其他利益相关者需求之间的和谐。举例来说，金融机构需要向员工提供职业发展机会以保留优秀员工，但在这一过程中同时需要考虑特定员工在原职位任职期间建立的关系，因此，金融机构必须保证职位交接的平稳和原有关系的维护。员工需要能够付出额外的努力以使客户满意，并产生对金融机构的信任，这正是前文提出的关系营销理论的核心。Ahmed和Rafiq（2003，第1181页）认为内部营销涉及更高层次的员工需求，即员工需要感到"心理安全"，而员工的参与投入行为可能帮助他们在工作时摒弃恐惧，与客户分享知识并感到被重视。

金融机构需要辨别并鼓励带来满意度的行为。图6.2的模型是根据客户调查数据创建的，这个模型可以适用于一系列包括员工在内的利益相关者。给予员工的利益可以产生的良性后果包括：信任方面，体现为员工做好本职工作以及员工对雇主、设备和同事的信心；社会方面，体现为与其他利益相关者共享良好的工作环境，还有奖励员工高于预期表现的特殊待遇。这些益处将使员工投入工作并更加满意，以及随后的忠诚度和有利于品牌宣传的口碑。金融机构的跨职能能力在其人力资源战略和政策、奖励政策、资源管理、长期战略和利益相关者价值体系下的销售过程中受到检验。有证据表明，客户对金融机构的负面情绪与员工轮岗、裁员或客户被强制转入低成本的呼叫中心服务等直接相关，这些人员配备政策削弱银行与客户的关系（O'Loughlin等，2004）。即使客户能够忍受这些不快，也不利于扩大或加深客户与金融机构之间的关系。

关系的生命周期

我们可以从长度、深度和广度三方面来看待关系。关系的长度是客户与公司合作的时间有多长，Beloucif 等（2006）提出了关系中的若干阶段。表6.2 展示了一个以 12 个月为周期的关系发展过程，帮助我们审视一段 B2B 关系是如何形成，以及在任何时点上都可能中止的情况。客户关系依据产品性质的不同而有差异，比如养老金和年金产品周期较长，一些活期存款账户也可能被长期持有，而实际上，金融机构并不一定从它们所提供的服务中赚取利润。关系对市场营销的影响不仅仅与关系的长度有关，还与关系的深度有关。关系深度通常表现为服务的使用频率，例如，客户多久使用一次 ATM，去一家分支机构或拨打电话呼叫中心电话等，这些使用频率都会影响金融机构的成本。为了增加关系的深度以便赚取收入，金融机构可能会试图说服客户开设收费账户而非免费账户。如果客户切换到这些收费账户（如www. alliance－leicester. co. uk），会获得金融机构提供的很吸引人的利率。关系的广度也会影响营销，它体现在交叉购买方面，例如从抵押贷款提供商处购买房屋和家庭财产保险。金融机构与客户，在某种程度上讲，与利益相关者的关系都会形成关系的长度、深度和广度三个维度。金融机构需要关注的是利益相关者如何从更深、更广的关系中获取利益，以及这些扩展关系中的互惠性（Palmatier 等，2005）。

表6.2　保险经纪公司与企业客户的关系

关系的发展及时间标尺	主要特征	管理问题
阶段一——关系建立前（几天，少数情况下几年）	通过其他机构推荐获得客户，通常称为"潜在客户"，常常采用非正式的、面对面交流	客户端是如何取得的？之前的关系为什么终止？客户在寻找什么样的服务？新客户与现有的资产组合是否相适应
阶段二——新业务建立	客户仍为"潜在客户"，初步方案讨论：业务类型、组织规模、风险状况，与合适的保险公司联系	这段关系会持续吗？可持续的标准包括：成本—收益分析、信用评级、经营原则
阶段三——初创阶段（通常为 2~6 个月）	开始进行提案撰写，确定承销商，收到来自保险公司的文件并核对，将客户称为正式客户，使用客户全名，尚不用缩写	依据工作经验和工作负荷，每日安排客户经理为客户服务，确定保费融资方案，可能出现交叉销售的机会

关系的发展及时间标尺	主要特征	管理问题
阶段四——参与阶段（第一年的后 6 个月）	开始使用客户名称的缩写，并且各方都明白缩写代表哪个客户，双方接触频率变化较大，可能从每天联络到几乎不联络，这取决于客户组织的大小，通过信件或传真通知客户公司的声明和政策变化	如果实际理赔高于预期风险评估，可以考虑采取措施，主动采取预防性措施更好
阶段五——全面关系发展及续约前（续约前两个月）	获得未来 12 个月或更长期的财务和商业预测，将更新的信息提供给保险公司以保证续保条款建立在正确的信息基础上，由保险公司签发同意未来 12 个月续保的文件	在面对面会议上将续约条款提交给客户，审查保费融资方案，存在交叉销售的机会，确认具备所需的保险品种和文件资料准确无误
回到阶段三，问题索赔或投诉	各方交流大幅提高	如果索赔得到有效的处理，可以促进双方关系，如果索赔处理不当或风险管理上双方存在分歧，关系可能受到损害，存在交叉销售的机会，或实施客户最初不愿考虑的保险，管理层反思服务质量差原因的机会

资料来源：作者改编自 Beloucif 等，2006。

　　客户可能会选择离开服务供应商，员工可能找到新的就业机会，其他利益相关者可能会在别处寻找其他机会，这些都可能导致关系的终止。失去利益相关者意味着关系的失败吗？这种关系的终止产生了什么损失？金融机构的关系终止存在两种情况。第一种是失去一个有价值的利益相关者，例如，一位能产生利润的客户，一位天赋过人的经理或一个高效的供应商。金融机构通过哪些信息判断一段关系是值得挽救的呢？哪些迹象表明关系可能已经存在问题？可以做些什么来恢复关系吗（Tähtinen 和 Havila，2004）？如果关系不能挽救，我们怎样吸取教训，采取行动来防范再次发生类似情况？例如，我们在内部营销部分所讨论的员工轮岗政策与员工的工作——生活平衡的需求是否一致；与供应商的关系是否建立在相互尊重的基础上；是否对供应商施加不必要的压力，要求他们压低价格，但同时要提高服务水平；关系是否相互对等、互惠。正如 Morgan 和 Hunt（1999）提出的，只应当在能够获得竞争优势时采用关系营销。因此，当维系现有关系的长期成本和资源大于关系带来的长远利益，那么这些关系就不必挽救了。需要注意的是，金融机构要努力采取对各方利益损害最小的方式终止关系。

第二种情况是失去一个对关系几乎无价值的利益相关者，如案例6.3内容所述。案例情况表明，尽管原则上一段对双方都不产生利益的关系应该被终止，金融机构采取的终止此种关系的做法却尚未得到认同，金融机构必须认识到人们对它们的这种行为的不同意见往往会招致对金融机构的负面批评。

案例6.3

减少信用卡数量

艾格银行（Egg Bank）成立于1998年，总部在英国德比郡的一家互联网银行。2009年，这家银行在之前取消了161000多位客户的信用卡使用权问题上拒绝作出任何让步。艾格银行于2008年2月向200万客户中7%的人发送信件，提示他们的信用卡将在35天内失效。许多收到信件的客户坚称他们一直按时支付账单并且保持良好的信用记录。有人指出此事件是这家网络银行有意为之，因为这些客户没能让它赚到足够的钱，但艾格银行否认了该项指责。在英国金融历史上，这是一家银行一次取消这么大数量信用卡的首例，有人担忧信贷危机持续下去会导致其他服务商也开始彻查账目。利润幅度的紧缩意味着信用卡公司正试图避免坏账，方法之一就是放弃那些从不支付利息费用无利可图的客户。其他的竞争银行尚未采取取消如此大规模信用卡的措施，但有些银行已经出台了向几乎不使用信用卡的用户收取固定费用的规定，还有一些银行则缩短了每月支付全部余额的持卡用户的免息期限。

2009年，花旗银行收购艾格银行后，艾格银行对其230万信用卡账户进行了审查。银行的一位发言人解释说："此次审查基于大量的客户数据，研究客户群体而非个人的固有风险水平。因此，虽然该群体中的部分客户可能迄今为止一直按时还款，并在信贷服务机构有良好的记录等，但他们在未来成为高风险客户的概率高于我们愿意接受的水平。"也许有人目前并未出现信用卡破产的情况，但银行认为他们在未来可能会朝这个方向发展。艾格银行通过观察客户使用信用卡方式的变化，如申请多张卡或改变现有卡的消费模式，来检测是否存在上述情形。有人向公平交易办公室投诉艾格银行取消信用卡的做法，但监管机构尚未决定是否要进行调查。即便是在困难重重的信用卡市场上，艾格银行决定取消信用卡来进一步减少坏账的行动，仍被看做是一个令人震惊的利己之举，尤其是考虑到广大的客户都在艰难地努力偿还债务。

　　作者根据 www.bbc.co.uk 和每日电讯（Daily Telegraph）上的内容编写。

　　以上案例是公司在终止客户关系问题上处理不当的典型例子。使问题恶化的原因包括受影响客户人数过多（161000 多位）和提前通知期限相对太短（35 天）。在利益相关者已经非常网络化的情形下，服务商正式审查关系终止关系（见图 6.1）可能产生的各方面影响时应确保毫无差错，例如，如何解决影响力群体问题（Tähtinen 和 Havila，2004）。艾格银行的其他利益相关者很可能会关心"下一个要轮到谁倒霉了？"

数字环境下的关系特征

　　较早的关系营销学说强调个性化关系的重要性，这通常被理解为关系中的个人之间的互动。高街银行的优势之一便是客户与特定工作人员的个人联系。然而，随着非人工渠道的发展，金融机构必须重新审视它们与消费者和企业的关系，使这些关系可以通过电子渠道保持下来。客户关系管理是指金融机构管理其与利益相关者关系的方式（见第五章）。接下来我们将讨论数字化环境下金融机构如何保持各方面关系的问题。

一管理商业客户

　　信息技术（IT）在建立业务关系方面已经得到充分应用，并有进一步提高客户服务水平、增加客户的转换成本、扩大关系的地域范围和展示技术领先能力的潜力（Mulligan 和 Gordon，2002）。技术在关系中的关键优势之一是使客户得到即时服务，这契合了全球性公司和越来越多的全球化消费者的需求。另外，业务关系中可能发生能够加强关系的人际互动、社会性互动和联系。尽管关系的社会性本质十分重要，但信息技术的优势不言自明，金融机构纷纷大量投资于集约化经营并在任何可能的地方建立非人工渠道设施。人们注意到信息技术对现有关系的威胁，如客户控制弱化，人际接触减少以及服务产品化（Mulligan 和 Gordon，2002），如果没有任何人际交换，服务产品变得同任何一种在售商品别无二致。此外，随着越来越多地采用技术，安全威胁如黑客攻击、窃取数据存储设备、系统故障等，很可能对双方关系造成损害。金融机构在不断向技术驱动服务方向发展的同时，应该将技术供应商纳入利益相关者网络，以建立一个反映金融机构关系营销战略并与之紧密联系的系统。

一与消费者建立和保持联系

一方面，人们认为非人工渠道由于缺乏人际互动，减少了社会交往机会，已经削弱了金融机构与消费者的关系。另一方面，有人认为客户可以通过非人工渠道与金融机构建立某种关系，尽管这种关系可能不同于早期关系营销理论中的关系概念。速度和便利取代了人际互动，消费者似乎乐于作出权衡取舍。这也可能表明人际互动只在某些情形下发挥作用，越来越多的消费者似乎很乐意远程购买一系列服务。金融机构纷纷上手机服务业务是想通过与客户建立情感联系，特别是努力成为客户日常生活的重要组成部分来增加直接关系投资（Nysveen 等，2005）。人们相信手机银行将经历类似于网上银行的增长模式。

尽管手机银行更像是网上银行的延伸，而非一个全新的渠道，通过使用语音提示和文本——语音转换功能，手机银行在更小的屏幕上提供了一系列互动（www.onlinebankingreport.com，2007）。无论是 B2B 还是 B2C 客户都可以选择如何使用这些设备来提高他们的移动生活质量。研究表明，使用移动服务能带来捆绑利益，一些改善功能可以用到金融服务中，如高端银行服务、派送保险损失报告、参加网上拍卖、买卖股票、购买产品、订票、在线支付、获取并使用交易服务和货币兑换。Mort 和 Drennan（2005）也发现有着不同倾向的消费者群体会使用不同的手机服务，在金融服务领域的创新者和信赖技术的人最有可能使用手机服务。手机服务提供了广阔的服务前景，但研究强调，用户会采用符合他们生活方式的方法来使用移动设备，一些金融服务的群体比其他客户更倾向于使用这些设备。

如图 6.1 所示，出于多方面的考虑，金融机构应当在和客户维持关系的同时，也同利益相关者保持关系。然而，信贷危机以及由此暴露出的多家金融机构忽视客户最佳利益的行为造成了消极的现实影响。金融机构的当务之急是通过行动证明它们重视与利益相关者的关系，并努力取得关系中所有积极的因素，如满意度、信任和其他关系利益。

第六章小结

本章主要讨论了以下内容：

• 关系营销的本质：人际互动和数字化环境下发展关系的战略及背景，移动设备和互联网的应用对关系的影响；

• 关系营销不止包含金融机构和客户，它还包括所有利益相关者，如员工和供应商；

• 关系营销的驱动力，包括客户满意度、信任和关系利益；

• 金融服务供应商与利益相关者建立关系，如供应商和推荐群体，以提高客户满意度，促进内部市场环境的发展；

• 金融服务供应商与个人客户和企业客户的关系的异同。探讨了关系营销在个人消费市场中是否起作用的问题。

参考文献

［1］Ahmed，P. and Rafiq，M.（2003）"Commentary：Internal Marketing Issues and Challenges"，*European Journal of Marketing*，Vol. 37，No. 9，pp. 1177 – 86.

［2］Amott，D.（2007）"Trust：Current Thinking and Future Research"，*European Journal of Marketing*，Vol. 41，No. 9/10，pp. 981 – 7.

［3］Bell，S. and Eisingerich，A.（2007）"The Paradox of Customer Education：Customer Expertise and Loyalty in the Financial Services Industry"，*European Journal of Marketing*，Vol. 41，No. 5/6，pp. 466 – 86.

［4］Beloucif，A.，Donaldson，B. and Waddell，M.（2006）"A System View of Relationship Dissolution"，*Journal of Financial Services Marketing*，Vol. 11，No. 1，pp. 30 – 48.

［5］Berry，L.（1983）"Relationship Marketing"，in L. Berry，G. L. Shostack，G. Upah（eds），*Emerging Perspectives in Services Marketing*，Chicago，IL，AMA.

［6］Binks，M.，Ennew，C. and Mowlah，A.（2006）"The Relationship between Private Business and their Banks"，*International Journal of Bank Marketing，Vol. 24，No. 5，pp. 346 – 55.

［7］Buttle，F. （1996）"Relationship Marketing"，in F. Buttle（ed. ），*Relationship Marketing*：Theory and Practice，London，Paul Chapman.

［8］Dash，S. ，Bruning，E. and Guin K. （2006）"The Moderating Effect of Power Distance on Perceived Interdependence and Relationship Quality in Commercial Banking"，*International Journal of Bank Marketing*，Vol. 24，No. 5，pp. 307 – 26.

［9］Dwyer，F. ，Schurr，P. and Oh，S. （1987）"Developing Buyer – Seller Relationships"，*Journal of Marketing*，Vol. 37，pp. 39 – 47.

［10］Farquhar，J. and Panther，T. （2007）"The More the Merrier? An Exploratory Study into Managing Channels in UK Retail Financial Services"，*International Review of Retail*，*Distribution and Consumer Research*，Vol. 17，No. 1，pp. 1 – 14.

［11］Gränroos，C. （2000），Service Management and Marketing：*A Customer Relationship Management Approach*，Chichester，Wiley & Sons.

［12］Gummesson，E. （1987）"The New Marketing：Developing Long – term Interactive Relationships"，*Long Range Planning*，Vol. 20，No. 4，pp. 10 – 20.

［13］Henning – Thurau，T. （2000），"Relationship Quality and Customer Retention through Strategic Communication of Customer Skills"，*Journal of Marketing Management*，Vol. 16，pp. 55 – 79.

［14］Henning – Thurau，T. ，Gwinner，K. and Gremler，D. （2002），"Understanding Relationship Marketing Outcomes：An Integration of Relational Benefits and Relationship Quality"，*Journal of Service Research*，Vol. 4，No. 3，pp. 230 – 47.

［15］Hollendsen，S. （2003），*Marketing Management*：*A Relationship Approach*，Chelmsford，FT Prentice Hall.

［16］Homburg，C. ，Workman，J. and Jensen，O. （2002）"A Configurational Perspective on Key Account Management"，*Journal of Marketing*，Vol. 66，April，pp. 38 – 60.

［17］Hughes，T. ，Foss，B. ，Stone，M. and Cheverton，P. （2004）

"Key Account Management in Financial Services: An Outline Research Agenda", *Journal of Financial Services Marketing*, Vol. 9, pp. 184 – 93.

[18] Keynote (2007) Customer *Services in Financial Organizations*, March, London, Keynote.

[19] Molina, A. , Martin – Consuegra, D. and Esteban, A. (2007) "Relational Benefits and Customer Satisfaction in Retail Banking", *International Journal of Bank Marketing*, 25, 4, 253 – 271.

[20] Morgan, R. and Hunt, S. (1999), "Relationship – Based Competitive Advantage: The Role of Relationship Marketing in Marketing Strategy", *Journal of Business Research*, Vol. 46, pp. 281 – 90.

[21] Mort, G. S. and Drennan, J. (2005) "Marketing m – services: Establishing a Usage Benefit Typology Related to Mobile User Characteristics", *Database Marketing & Customer Strategy Management*, Vol. 12, No. 4, pp. 327 – 41.

[22] Mulligan, P. and Gordan, S. (2002) "The Impact of Information Technology on Customer and Supplier Relationships in Financial Services", *International Journal of Service Industries Management*, Vol. 13, No. 1, pp. 29 – 46.

[23] Nysveen, H. , Pedersen, P. , Thorbjørnsen, H. and Berthon, P. (2005) "Mobilizing the Brand: The effects of Mobile Services on Brand Relationships and Main Channel Use", *Journal of Service Research*, Vol. 7, pp. 257 – 76.

[24] O'Loughlin, D. and Szmigin, I. (2006) "Customer Relationship Typologies and the Nature of Loyalty in Irish Retail Financial Services", *Journal of Marketing Management*, Vol. 22, No. 2, pp. 265 – 93.

[25] O'Loughlin, D. and Szmigin, I. and Turnbull, P. (2004) "From Relationships to Experiences in Retail Financial Services", *International Journal of Bank Marketing*, 22, 7, 522 – 539.

[26] O'Malley, L. , Patterson, M. and Evans, M. (1997), "Intimacy or Intrusion? The Privacy Dilemma for Relationship Marketing in Consumer Markets", *Journal of Marketing Management*, Vol. 13, No. 6, pp. 541 – 60.

[27] O'Malley, L. and Tynan, C. (1999), "The Unity of the Relationship

Metaphor in Consumer Markets: A Critical Evaluation", *Journal of Marketing Management*, Vol. 15, pp. 587－602.

［28］Onlinebankingreport. com（2007）, accessed 13 August 2008.

［29］Palmatier, R., Dant, R, Grewal, D. and Evans, K.（2005）"Leveraging Relationship Marketing Strategies for Better Performance: A meta－analysis", *MSI Reports*, *Working Paper Series*, Vol. 3, pp. 107－32.

［30］Payne, A., Ballantyne, D. and Christopher, M.（2005）"A Stakeholder Approach to Relationship Marketing Strategy", *European Journal of Marketing*, Vol. 39, No. 7/8, pp. 855－71.

［31］Proença, J. and Castro, L.（2005）"Stress in Business Relationships: A Study on Corporate Banking Services", *International Journal of Bank Marketing*, Vol. 23, No. 7, pp. 527－41.

［32］Richarme, M.（2004）, Business Segmentation: Emerging Approaches to More Meaningful Clusters, www. decisionanalyst. com, accessed 20 October, 2008.

［33］Smith, W. and Higgins, M.（2000）"Reconsidering the Relationship Analogy", *Journal of Marketing Management*, Vol. 16, pp. 81－94.

［34］Tähtinen, J. and Havila, V.（2004）"Editorial: Enhancing Research in Exchange Relationship Dissolution", *Journal of Marketing Management*, Vol. 20, pp. 919－26.

［35］Van del Poel, D. and Larivière, B.（2004）"Customer Attrition Analysis for Financial Services using Proportional Hazard Models", *European Journal of Operational Research*, Vol. 157, pp. 196－217.

［36］Ward, T. and Dagger, T.（2007）, "The Complexity of Relationship Marketing for Service Customers", *Journal of Services Marketing*, Vol. 21, No. 4, pp. 281－90.

［37］www. sheilaswheels. com, accessed 14 December 2008.

思考题

1. 参考表6.1内容，提出信任的决定因素的其他可实现方式。

2. 参考图6.1内容，对金融机构提升口碑和客户忠诚度你有哪些建议？

3. 考虑金融机构中的三个职位，并注明每个职位上的员工是如何促进客户满意度的。

4. 数字环境下金融服务行业关系营销的主要特点有哪些？

扩展阅读

[1] Berry, L. (1983) "Relationship Marketing", in L. Berry, G. L. Shostack, G. Upah (eds), *Emerging Perspectives in Services Marketing*, Chicago, IL, AMA.

[2] Hooley, G., Saunders, J. and Piercy, N. (2003), *Marketing Strategy and Competitive Positioning*, 3rd edn, Chelmsford, Prentice Hall.

[3] Morgan, R. and Hunt S. (1994) "The Commitment – Trust Theory of Relationship Marketing", *Journal of Marketing*, Vol. 58, pp. 20 –38.

[4] www. fsa. gov. uk

[5] www. santander. com

[6] www. newbusiness. co. uk/articles/banking – finance

案例学习

爱尔兰零售银行的客户关系管理

近几十年来，爱尔兰金融服务业已受到越来越多的关注，营销人员面对新的挑战。近些年来，这个传统上高度集中的市场，由于放松管制和金融机构间的激烈竞争，经历了前所未有的动荡时期，这对消费者行为和营销的成功之法产生了重要影响。面对这些新的发展，爱尔兰的金融服务供应商不得不重新评估其营销战略，包括重新审视其关系营销方式。

爱尔兰银行市场

爱尔兰金融服务市场与国际市场环境的发展类似，其中放松管制和技术进步是近期产生竞争压力的主要因素（爱尔兰政府报告，2001）。市场分析表明，银行业对国民生产总值的贡献为5%，就业人数达到80000人（爱尔兰银行业联合会统计年鉴，2007）。传统的爱尔兰零售银行业比其他行业集中度更高，直至不久前行业中仅有五家清算银行，包括爱尔兰联合银行（AIB），爱尔兰银行（Bank of Ireland），爱尔兰国民银行（National Irish Bank），爱尔兰商业银行（Permanent TSB）和爱尔兰阿斯特银行（Ulster Bank）。爱尔兰境内银行分行总数中，这五家拥有的分行大约占90%。

金融监管新的法规环境降低了行业进入壁垒，模糊了不同类别金融服务的业务边界，导致了金融机构之间前所未有的激烈竞争。随着英国金融服务行业新供应商哈利法克斯（Halifax），在线金融供应商雷波直线（Rabo Direct）和北岩银行以及非传统金融供应商，包括新进入的金融零售批发商玛莎百货和特易购的出现，客户面前已经呈现出一幅全新的金融服务供应商图景。和国外同行业一样，爱尔兰的金融零售服务业已经在服务渠道方面完成了重大技术改革，从相对高频率接触、人际导向转为高科技互动。爱尔兰消费者采用高科技服务，包括电话银行和网上银行，其中40%的25～34岁消费者使用线上银行（星期日商业邮报，2007），代表了关键技术的发展。伴随着外国供应商和来自非传统领域的新供应商的进入、不断变化的消费行为和服务渠道、不断出现的新服务及组合，所有爱尔兰零售银行业中的竞争者必须占据最具活力的竞争地位，并调整其市场营销战略和客户关系管理战略。

关系营销在金融服务中的作用

关系营销是一个"开始、维护和提升客户关系"的过程（Berry，1983），它已经深刻地影响了市场营销思想和实践。有人认为，基于金融服务行业复杂、高风险、持续性和长期购买性特点，关系营销的方法特别适用于银行业。因此，关系的形成和参与是传统银行业提供服务的核心要素。然而，关系营销在实际操作中遇到了一些问题，特别是在互动本质和服务方式已有所改变的行业，有人质疑关系营销是否适用于所有客户。事实上，随着银行分支机构的自动化和银行经理工作的去技能化，零售银行的个人关系已大大削弱。从长远看，传统的银行分支机构的前景并不明朗。推出网上银行以来，客户已开始使用信息技术渠道与金融服务供应商互动，这影响了关系的性质和质量。精通技术的低忠诚度的客户群体已经开始出现，超过20000名爱尔兰消费者在2005年更换银行服务商（爱尔兰银行业联合会，2006）。因此，金融服务供应商现在必须争夺它们从前认为理所应当拥有的客户。另外，一些专家强调，银行仍然在开展高频接触的业务；买卖双方的互动本质以及建立在信心和信任基础上的长期合作关系会直接影响获得客户和客户保留。无论关系营销是否对零售金融服务适用，毫无疑问，行业内部和外部的重大变化都已影响了金融服务的提供方式、质量和建立、管理客户关系的机会。

最近一项基于爱尔兰国情、探讨消费者与银行关系的性质和多样性（O'Loughlin 和 Szmigin，2006）活动显示大部分消费者同时与多家金融服务供应商保持着不同的关系，以满足他们的金融产品需求，其中包括活期存款账户、储蓄、投资品、信用卡、贷款、抵押贷款和退休金。更重要的是，客户关系类型包括：第一，纯粹交易型，通过柜台工作人员办理非个人交易，称为交易经历；第二，以目标为导向，与核心员工的关系为随机性，称为结果导向关系；第三，与柜台工作人员的互动友谊；第四，与银行高级管理人员密切的个人关系。如图 C6.1 所示，这四种关系类型可以用一条连续轴来刻画，从交易经历为主的交易营销到以密切个人关系为特征的关系营销。

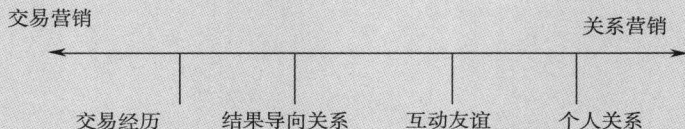

图 C6.1　客户关系类型轴

与一线员工的交易经历关系

部分消费者与他们的主要银行只存在纯粹的交易关系。在个人生命周期的早期阶段，一些消费者可能尚未做过抵押贷款或刚刚开始要做投资决策，又或是理财经验有限。因此，消费者和金融服务供应商之间的接触水平有限，他们与银行的交往仅仅涉及一些非人工处理业务或一线非特定员工的接触。所以，这类消费者往往并不认识分行中的任何人，他们喜欢使用电话银行或网上银行。此类关系不仅适用于消费者开立核心活期存款账户和储蓄账户的主要银行，也可能适用于次要的银行账户，如投资账户和抵押贷款，这些账户的性质更具交易性，他们与银行的接触更少。这可能是由于次要账户的交易频率低，比高交易频率的活期存款账户和主要的储蓄账户对与供应商之间的沟通需要更少。事实上，账户开立之后，这些与次要供应商的交易关系并不随着时间推移发展成更紧密的关系，相反，大多数客户都乐意持"办完了就行了"的态度，并不认为与供应商的定期接触是必要的。因此，建立双方关系的机会最少。

与关键人员建立的结果导向关系

中等收入的客户和拥有较多理财经验的客户倾向于和员工或管理层保持业务接触，保持结果导向关系。不同于交易关系，这种关系通常是和主要员工或分行中高级管理人员建立的，具有高度功能性，该客户群体主要以目的为导向，利用关系获得贷款或达成最划算的交易，如快速审批或优惠的按揭或贷款利率。即使在发展这些关系，大部分客户很少或根本没有表现出对银行的忠诚，在他们看来，与银行的交易具有投机性，他们相信"生意只是生意"。此外，此类客户通常能够描述发展这些关系的主要动机，包括让经理认识自己，取得良好的服务或专家的建议。因此，这些关系侧重于消费者获得的结果，而缺乏个人特点和深层的社会纽带建立的更密切的关系。

与一线员工的互动友谊

另一种类型的消费者关系可以归为互动友谊，涉及金融服务人员，大多是一线员工与客户的友好互动。尽管这种关系比交易经历和结果导向关系有更多的人际交流，这种类型的关系主要是与初级职员或一线员工而非关键员工或管理层建立的。由于关系的社会性和友谊性，往往是那些有充足时间经常光顾分行的中老年女性消费者会建立这种关系，她们认识银行柜台后的每个员工并重视这种友谊，认为员工给予的帮助、展现的礼貌和交流中的共同语言非常重要。虽然这些中老年女性消费者可能与分行工作人员十分熟悉，甚至成为朋友，她们中的大多数在分行中并没有一个核心接触人，也不会要求或寻找任何这样特定的人。更重要的是，由于这些友谊往往是与不具有决策权的一线员工或初级职员建立的，此类客户往往无法利用这种关系来解决严重的客户问题。另外，保持这种互动友谊关系的大部分消费者只有相对简单的金融需求，对她们来说，与一线员工的这种关系在银行业务中的影响力似乎并不重要。

与核心员工的个人关系

少数消费者，特别是高收入人群，通常会与一个或多个银行核心的资深员工建立真正的个人关系。这些消费者可能拥有各自独特的财务状况，这使他们有必要与银行核心员工发展个人关系。例如，农场主或个体工商户认为，为了适应他们财务状况的独特性，如收入的不确定性，变动的信贷和透支额度需求，与银行建立个人关系是必要的。对于某些客户而言，这种个人关系比其他所有的决策标准都更为重要，他们甚至对银行的竞争力水平漠不关心，声称"对利率高低毫不在乎"。第三种类型是私人银行客户，他们享受最高级别的个人关系和量身定制的零售银行业务。有趣的是，与其他消费者观点所不同，这些客户认为银行是"为我们工作"并"将我们的利益置于首位"。在一般情况下，这些拥有"特权"个人关系的消费者也能享受到许多实际的好处，包括更优惠的利率，量身定制的服务，良好的建议和灵活性，同时还拥有心理上的优越感，如信任感和安全感。

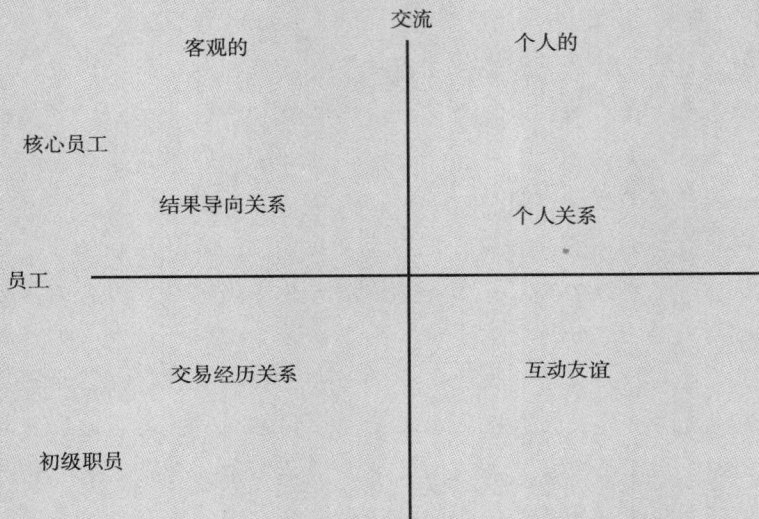

图 C6.2　客户关系类型矩阵

　　如矩阵图 C6.2 所示，这四种类型的关系可以在两方面进行区分：关系合作伙伴是一线员工还是核心员工，个人的还是客观的交换行为。交易经历类型涉及与一线员工的客观交换，而互动友谊则代表着与一线员工或初级职员的个人交换。此外，虽然结果导向关系是与核心员工和管理层建立的，其与个人关系的不同之处在于，他们大多是客观的并具有业务导向或目标导向性质，并没有达到个人关系中更深层的个人联系。

满足不同关系的需求

　　大部分消费者与金融机构保持着从交易关系到密切的个人关系等多种关系，重要的是，这些类型的关系并不是互斥的，大部分客户关系在本质上是多维的，而关系性质是与交易的性质有关的。比如，当客户通过网上

金融服务营销

银行完成一笔交易时，自动与银行建立了交易关系，当客户在同一家银行与核心员工讨论投资产品的选择时，这就是个人关系了。尽管随着技术的引进和其他渠道的建立，对大多数客户而言，爱尔兰银行业仍然保持着高接触频率的业务操作，在这里服务代理商或员工在创造良性互动和建立客户关系中依然发挥着关键作用。此外，许多受访者，不论长幼，对个人关系抱有偏爱，认为这种关系存在固有的优势。因此，金融服务供应商必须应对的挑战是，明确客户对银行业务关系类型的要求，并探讨以新的服务提供方式和客户体验满足客户的需求。

案例思考

1. 讨论爱尔兰金融服务行业内部环境和外部环境的主要发展变化。

2. 指出在金融服务营销中采用关系营销手段面临的主要挑战。

3. 根据当前客户关系需求的多元化，为金融服务供应商提供一个合理的客户关系管理策略。

第七章

建立和维护金融服务品牌

学习目标

学习本章后，读者应该掌握以下几点：

■ 理解如何将品牌理论应用到金融服务营销中

■ 能为金融服务领域的品牌开发献计献策

■ 能描述金融服务领域中品牌营销的关键问题，例如公司品牌和企业传播

引言

品牌是市场营销中比较容易理解的概念，也是人们最感兴趣的部分。金融机构把大部分的营销预算都花在了打造品牌上。而实际上，很多机构并没有真正理解品牌这个概念的实质，对于金融机构来说，品牌管理是一项很有挑战性的工作。在全球品牌顾问 Interbrand（2008）全球品牌排行榜上，金融业中美国运通公司（American Express）排名最高，居第 15 位，汇丰银行排在第 27 位（www.interbrand.com）。诸如美林（Merrill Lynch）和摩根大通（JP Morgan）这样的投资银行因专注于国际资本市场以及国际客户，在信贷危机时期遭遇困境，因而纷纷落榜。2008 年排名前 50 位的品牌中价值下跌的 10 家里，有 7 家是银行。这些银行的品牌价值损失超过 100 亿美元（55 亿英镑）。零售银行的品牌主要还是针对国内业务，但不可否认，在金融市场比较成熟的地方，例如德国、意大利、西班牙和美国，零售银行也涵盖跨地区、跨国界的业务，而区域性的本地银行在零售业务领域依旧发挥着重要作用。虽然大多数零售银行品牌不符合全球品牌顾问的国际标准，但是案例

7.1 中的金融机构却是一个例外，2008 年该机构全球排名第 86 位。

案例 7.1

一个国际金融服务品牌

　　荷兰国际集团（International Netherlands Groups，ING）是一家国际金融服务公司，为客户提供银行、投资、人寿保险以及退休计划服务。公司同时为欧洲、美国、加拿大、拉丁美洲、亚洲以及澳大利亚的 8500 万客户提供服务，也因此拥有了广泛的客户群（包括个人、家庭、小企业、大型企业、各类机构以及政府）。ING 的战略焦点是银行业务、投资业务、人寿保险以及退休计划业务。公司非常有信心为个人客户提供他们所需要的所有产品，以帮助他们增加储蓄、规划投资并为退休做好准备。该战略的成功执行有赖于 ING 持续有效的资本重置：公司把在成熟市场获得的资本投放到高增长的行业中，或者将资本返还给股东。在此战略的指引下，ING 专注于为股东谋福利，从长远来看为股东带来高于金融行业平均回报率水平的收益。ING 依据明确的商业准则来开展业务，在所有的业务中，仔细权衡各个利益集团（包括客户、股东、员工、商业合作伙伴和社会各界）的权益，并努力成为优秀的企业公民。ING 坚持良好的商业道德标准，在此基础上谋求利益最大化，同时尊重各个利益相关者，企业责任被纳入ING 的基本战略之中，它承诺：道德方面、社会方面以及环境方面的要素在集团的商业决策中扮演着不可或缺的角色。

　　作者根据 www.ing.com 上的内容编写。

什么是品牌

　　传统的品牌概念主要指品牌名称、标志以及品牌设计，它们共同传达了品牌给市场带来的价值。品牌被定义为产品和服务在客户脑海中形成的心理图像。品牌形象在客户的印象中以认知的形式存在（Iacobucci，1998），所有品牌相关信息被汇总提炼成有一定意义的概念。品牌是消费者评估产品和服务的依据，公司以此区别于其他竞争对手。不过，科普菲尔在 2001 年的文章中反对这一观点，他认为公司应该采用"源效应"，并把"源效应"看做公司说服性沟通中的关键要素，为了达到这样的效果，我们需要像经营公司一样经营品牌，为公司的产品和服务融入品牌内涵以满足客户挑剔的需求。

通常我们认为品牌的内涵至少包括两个层面。第一个层面主要从品牌的功能性来考虑，例如，信用卡允许用户透支消费。第二个层面是从品牌的情感吸引力来考量，De Chernatony 等（2006）认为品牌能给其利益相关者带来独特而温暖的情感体验。帕尔默（Palmer）2008 年的研究发现，品牌的情感层面内涵能够很好地在偏好、信任和渴望等维度上定位品牌，所以情感层面的内涵变得越来越重要。可以说，品牌代表了与客户相关的独特价值体系。为了让客户和金融机构之间建立长久的信任关系，品牌需要指明产品和服务的出处（Dall'Olmo Riley 和 De Chernatony，2000）。

一金融服务的品牌化

体现良好形象和声誉的品牌是公司提高客户对其产品和服务的认同及信任度的关键。一个响亮的牌子对于任何一家机构都有数不尽的益处，其中包括提高客户回头率。对于金融机构来说，品牌意味着能增加客户购买其产品和服务的数量。一旦现有客户已经熟悉了某个品牌的产品，他们就更容易接受同一品牌推介的其他新产品。由于金融机构已经在消费者心目中确立了其品牌核心价值信息，向已有客户推介产品则变得非常有效。有时候品牌使金融机构有机会对消费者使用"质优价高定价策略"，尽管金融服务业非常愿意采用这个策略，但是除私人银行之外，很少有金融机构能够成功实践这一定价策略。金融服务业的新进入者也已试图在拥挤不堪而竞争激烈的市场环境中寻找某种差异化的服务方式。虽然在金融服务领域打造品牌有很多显而易见的好处，但是竞争优势也许并不是从品牌的功能性优势中获得的。一个成功从功能性优势中获得品牌竞争性优势的特例是一家叫直线的保险公司，这家公司成功地在短时间内通过电话向客户提供保险服务。和金融服务业的大多数案例一样，直线保险公司的这一创新性优势很快就被其他竞争者模仿，快速模仿在服务业非常司空见惯。金融服务在激发客户欲望性的需求上尝试过很多方法，包括提供各式各样的临时账户以及信用卡服务。O'Loughlin 和 Szmigin（2007）认为，客户越来越倾向于依价抉择，原因是服务商们的产品和服务无差异，价格成为选择的依据；另外，品牌监管越来越放松，技术在不断进步，这些变化意味着品牌战略需要兼具相关性、意义和可实施性。人与人之间面对面的互动在减少，客户的品牌忠诚度也在不断下降。正如我们所熟知的那样，金融服务渠道正势不可当地从过去的分支机构的现场服务向远程服务渠道转移（Veloutsou 等，2004）。如图 7.1 所示，随着金融品牌丧失差异化服务的能力，差异化定价的能力也随之降低，品牌化的金融服务市场在向商品化的金融服务市场蜕变。

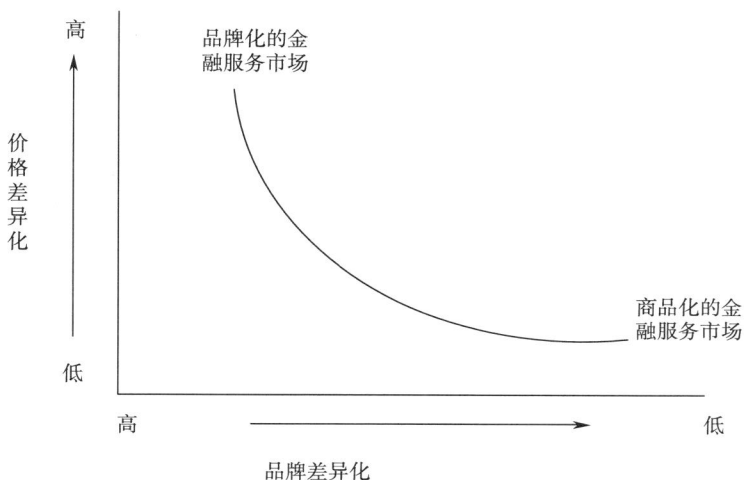

资料来源：作者改编自 Knox，2000。

图7.1 金融服务中的品牌蜕变

对于类似投资这样的专业性金融服务，有人认为，建立良好的声誉、名列前茅的行业排名以及正面的媒体评论，是打造成功品牌的最好方式。因此，投资类服务的营销者应该强调客观信息，而不是利用诸如广告或者口碑之类的主观性很强的媒介来进行品牌推广。由于品牌依赖公司声誉而立，所以需要公司与公共关系（public relationship，PR）方面的专业人士建立良好关系，以便更好地传播有利于公司形象的事件，有效地处理品牌建设的负面事件。从理论上来说，参与度高的金融服务项目的内在参照系（例如企业声誉等）比外在参照系（例如定价和推介）更具影响力（Brady 等，2005）。

一品牌开发

品牌为服务标准的一致性提供了有效保证，特别是在公司还没有与客户建立紧密关系的时候，品牌保证更不可或缺。品牌的意义在于最大限度地缩减客户的搜索时间，使客户能够区别化对待不具有品牌价值的产品（Palmer，2008）。品牌作为私人关系的纽带，通过创造对产品安全性和服务水平的信任感简化客户挑选产品服务的决策过程。品牌的出现最初是为了提供一种“差异化”的依托。而科普菲尔（2001）对这一观点并不认同，他认为金融服务机构不论是否能为客户提供最优服务，都倾向于模仿同业竞争者的产品和服务。这就是金融服务中“你有，我也有”的文化。这种文化会影响金融机构为客户提供价值的原创的差异化服务方式和方法。做竞争者都没有做过的事情可以实现差异化，但是这需要敢为天下先的勇气。金融机构的文化传统是规避风险，因此也很难用全新的视角看待事物。关于差异化讨论的另一个担忧是客户也许并不期待从金融服务供应商那里获得创新性的产品和服务。即便没有彼此之间的信任，客户和金融机构的关系也可以建立在稳固、长期、低风险的基础上。全球品牌顾问 Interbrands（2001）的研究为金融机构的品牌战略提出了一个有意思的视角：基于对银行的访谈调查，全球品牌顾问研究总结了品牌开发的四个阶段（如图 7.2 所示）。

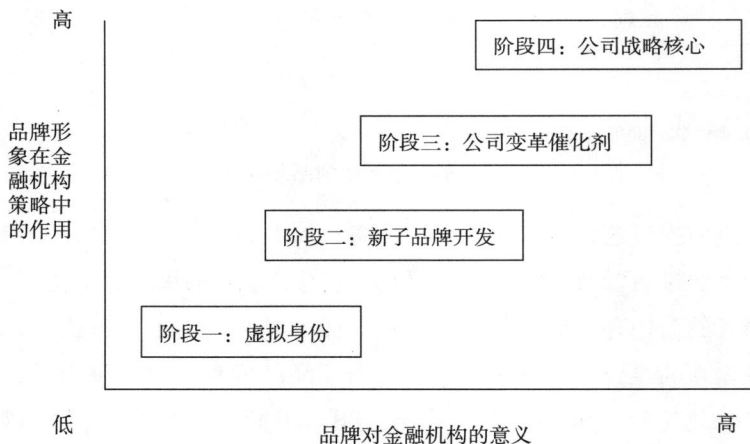

图 7.2　品牌化的方式

品牌化的第一个阶段：公司处于品牌开发的第一个层级，虚拟身份是这一阶段企业品牌的唯一角色定位。这些公司通常会将建立品牌与价值的联系摆在比较低的优先级上，把品牌当做一个命名，以此来提高客户的关注度。因此，由于没有清晰地阐释品牌形象和利益相关者（特别是与企业员工）的关系，品牌的许多潜在价值没有被挖掘出来。

品牌化的第二个阶段：基于一个新的服务而确立品牌，例如电话银行或网上银行，或者由斯密尔（Smille）、艾格银行及卡户特（Cahoot）提供的类似保险服务。采用这一策略的益处是整个机构的风格及文化也许不能适应剧烈变化，但是可以发展一项采用全新方式运作的服务，并与母公司保持独立。新创设的子品牌是品牌和利益相关者之间不可或缺的纽带。在很多案例当中，外部推广企业品牌时仍然以第一阶段中虚拟身份定位。在基于电话和网络的业务中，子品牌在对内和对外的业务解说中都被频繁地使用，并且在开发新业务过程中至关重要，因此新业务显著地有别于母公司及母公司的品牌。其中一个重大的变化是不仅服务商的市场营销人员认为子品牌传达了服务的内涵，新兴服务项目的业务员们也有同样的评价。

打造品牌的目的在于传达服务或者提供服务的价值和本质，传达品牌、客户、利益相关者之间关系的本质。这样做同时也使得员工了解他们应该为客户提供怎样的服务，也鼓励员工采用符合子品牌价值观的行为。这些新的子品牌面临的困境是，它们仍然是母公司的一部分，而母公司把品牌仅仅看做一个虚拟身份，子品牌与这个虚拟身份拥有不同的愿景和价值体系。当价值和行为的冲突发生在同一个公司的时候，无疑会限制子品牌的推广以及品牌价值的最大化。为了解决这种冲突，子品牌可以完全脱离母公司而存在，并拥有自己的不动产、政策以及相适应的 IT 系统来支持新品牌的愿景和价值体系。相比之下，人们普遍主张重新定位企业品牌，让它的愿景、价值观以及与之配套的一系列政策和服务系统与成熟的子品牌相一致。

品牌的第三层级用途体现在企业想提高自身的服务竞争力的时候，特别是在企业想通过提高服务标准来提高竞争力的时候，企业倾向于将品牌作为企业文化变更项目的催化剂。新进入市场的有实力的零售品牌，凭借其品牌与价值的力量，以及与之呼应的标准化的服务向老牌金融机构宣战。处于第三阶段的品牌具有广泛的认知度，但是如果它们想抵挡住来自新进入者的挑战，就必须能更强有力地将优质的客户服务特色与品牌联系在一起。在母公司层面，品牌处于战略性的地位，并作为整个公司愿景和价值取向的象征，强调客户关系对公司业务的重要影响。这时，品牌被用来激励员工以及与客户的沟通，并由一支对品牌发展拥有长期业务视角的跨部门团队来打造。然而，这是通往品牌管理最高层级的转型阶段，最高层级阶段，即第四层级阶段，此时的品牌是公司商业战略的核心。这些机构要解决的一个重要的问题是它们能否维持新品牌驱动企业文化的动力，直到新品牌赢得广泛认同和支持。在全球品牌顾问研究的样本中，约25%的公司在描述管理架构和活动时反映，它们的主要品牌是公司业务战略的核心，这和我们将品牌推广排在高优先级的做法相一致。在这些公司里，高层管理团队在定位企业愿景和战略的同时，对品牌的战略和定位达成一致。所以，对于这些机构来说，品牌成为公司愿景和发展方向的一部分，品牌使命和价值体系成为各种变革及改进方案的滤镜，即凡是不符合品牌使命和价值体系的变革方案都不会被接受。公司战略核心中的品牌定位在现实中意味着什么呢？这些公司拥有品牌导向的完整组织结构，信守品牌承诺的企业高管团队带领着一批投入品牌愿景和价值体系的员工，共同组建了这一服务体系。

只有少数几家金融机构的品牌赢得了客户的情感认同，在英国，能获得如此殊荣的大概只有第一直线银行和英国合作银行这两家金融机构。金融服务行业中鲜有客户认同品牌情感价值的例子，这也许是因为金融机构的管理者更着重于打造品牌的实用价值，而其实他们应该更多地致力于建立品牌实用价值和非实用价值之间的联系。非实用性价值或者说情感价值，可以通过在金融机构内部建立共同的认知体系来实现。品牌是实用性和情感性价值的统一体，体现了通过与员工互动而培育出来的客户关系。品牌代表了一种与众不同的价值体系，但是在金融服务业的大背景下，一家公司若想以一个品牌的形象赢得广泛认可的身份和良好的声誉，需要在众多的服务过程中建立信誉。为了达到这一目的，品牌价值获得员工的认同至关重要（Dall'Olmo Riley 和 De Chernatony，2000）。品牌战略的技术层面研究表明，为了增强品牌的情感效应，用手机短信发送账户信息会是一个不错的选择，因为手机是私人物品（Nysveen 等，2005）。公司与客户在合适的时间就共同关心的问题进行双向的、一对一的交流会增强情感联系，从而提升品牌的情感价值（Nysveen 等，2005）。

一品牌扩展

如果公司已经拥有了一个知名品牌，那么就可以在此基础上进行下一阶段的品牌建设。依据提供的新产品和服务的性质，这一过程被称为品牌延伸或品牌扩展。品牌扩展的目的是向现有的客户推介相关的产品和服务，或者是为了进驻新的市场。这和服务商经常使用的交叉销售策略非常相似。在某些情况下，品牌扩展可能是一次飞跃，维珍集团（Virgin Group）就是一个典型的例子。它特别勇于将维珍品牌拓展到全新的业务领域，包括交通运输、金融服务以及化妆品行业等（www. virgin. com）。品牌扩展从来都不是依靠一个现有的产品目录进行销售，而是企业意识到市场上有这样一群客户，他们认同这个品牌，由于他们对这一品牌青睐有加，就更愿意尝试同品牌的新产品和服务。

　　既然公司已经在打造品牌的实用性价值和情感性价值方面付出了相当大的努力，品牌的扩展将带来诸多优势。关于品牌扩展，Laforet（2007）总结认为可感知的匹配度、风险大小、品牌信誉及产品和服务水平与扩展策略相关。在品牌扩展中，可感知的匹配度指的是品牌下已有产品和服务及新产品和服务对品牌的老客户或各方利益相关者来说关联紧密，有聚合力。例如，一家保险公司为投保人提供解决发生损失或带来成本的保险项目，那么，针对此类项目设计的新产品和服务就体现了新老产品之间的一种匹配。正如我们在维珍集团的例子所看到的那样，这种聚合力并不总是前提条件。在对爱尔兰的银行系统的一项研究发现客户很难辨别品牌差异，也就是所谓的"身份认同危机"（O'Loughlin 和 Szmigin，2007：443），这更使得品牌形象缺乏凝聚力，对客户也更难有品牌吸引力。有证据表明，银行越来越难在实用性价值上和其他竞争者相区别，特别是在靠定价策略赢得竞争力的情况下，品牌难分辨自然大大削弱了品牌的实用性价值相对于情感性价值的优势。近年来，信贷危机的发展态势变得越来越捉摸不定，这样的形势使金融服务业继续受信任滑坡的困扰。

品牌的维护

　　在快速消费品业（fast – moving consumer goods，fmcg），大多数的品牌是在围绕产品这个层面进行推广。大型跨国公司，如美味食品公司（Premier Foods），就是这样一家拥有多种多样食品品牌的公司。由于消费者有熟悉的商品品牌参考，他们花在搜寻适合产品上的时间大大减少，同时他们也更可能重复购买同一产品。然而，具有行业领导力的品牌绝不仅限于方便客户快速决策，它们还为客户带来一种看不见摸不着的体验，正如科普菲尔 2001 年文章中所提到的，那是一种超越了物物交换的嘉奖或礼遇，是一种期望价值。对于那些在金融服务业有一定知名度的品牌来说，我们以第一直线银行和成功抓住金融利基市场需求的私人银行凯特国际（Cater Allen）为例，可以满足客户的期望价值是非常有成就感的事情。对于像劳合银行这样面向大众市场的银行来说，面对如此庞大的市场，以及劳合银行在全世界的众多分支机构想通过品牌传递价值理念更具有挑战性。从某种意义上来说，特易购由于规模太大以及迅速扩张的多元化经营，其中也包括金融服务业务，特易购也面临相似的挑战。金融服务供应商同时权衡着两股力量，一是成为世界级玩家以实现规模经济效益，二是了解不同的客户需求同时以品牌的形式赢得他们的认同感。

品牌认同感通常从四个维度培育，它们分别是：物理维度、个性维度、价值维度和隐性关系或联系维度。科普菲尔（2008）认为，品牌的消费者借助价值、隐性关系两个维度的元素构建自我身份。这方面最典型的例子是奢侈品消费者自我身份的形成过程，这清晰地告诉我们大型金融机构要提高品牌认同感有多难。因此，如果一家公司能够拥有一系列稳定的品牌，一旦发现客户厌倦了某个品牌，或者境况发生了变化，公司就有机会向这位客户推介其他品牌产品和服务。本书作者考察了金融服务业品牌相关从业人员的工作情况，发现：

■ 随着保险公司类型和经营模式的不同，为保险公司特别设计或主要为保险公司设计的品牌营销方案实施的效果也不同，例如，大多数具有鲜明个性的品牌产品销售情况好于人寿保险品牌产品和养老保险品牌产品名

■ 通常情况下，那些品牌效用排名居后 25% 的品牌，落后的原因要么是引起的关注度不够高，要么是多数情况下与零售贷款及支付卡业务营销活动捆绑所致

■ 英国 1995～2005 年新出现的金融服务品牌之间差别很大，例如艾格银行，在品牌有效性总排名榜上位列第八，它的评估得分遥遥领先于排位紧随其后的竞争者，分差非常大

■ 能为公司创造价值的品牌均拥有一系列均衡发展的特点，排名在前 25% 的各家公司在品牌有效性评估的大多数指标上得分很均衡，例如 Visa、皇家汽车保险（RAC）、哈利法克斯（Halifax）、全英房屋抵押贷款协会以及万事达

这些评估结果并不会令金融机构很受鼓舞。艾格银行虽然排名相对较高，但显然曾因要放弃一部分客户而有过一段痛苦岁月，那是一段挥之不去的记忆。

一公司品牌与标识

　　服务性组织需要首先明确，自己是希望围绕一个产品打造一个品牌，还是希望以公司的整体形象，打造一个公司品牌（McDonald 等，2001）。金融机构还有更进一步的担忧，兼并收购发生后，原有的品牌如何融入新的母公司的品牌中，这个问题在信贷危机之后变得更加尖锐。金融服务业拥有诸如汇丰银行和安盛集团这样的国际大品牌，也有地区性的苏黎世银行（Zurich）和巴黎银行这样的公司品牌（corporate branding），还有像邓福姆林建屋互助会（Dunfermline Building Society）这样的地方性品牌。新开一个分支机构或者业务部门通常要看新的细分市场是否为母公司提供潜在的发展空间，而且还要有别于公司已有品牌业务或者行业已有业务。几年前苏格兰哈利法克斯银行收购了伯明翰建屋互助会（Birmingham Midshires Building Society），现在它还是用其原来建屋协会的品牌名称专门为抵押贷款市场提供产品和服务。其他例子参见表 7.1。

表 7.1　品牌名图谱/层级

McDonald 等（2001）	Laforêt 和 Saunders（2005）	例子
公司作为品牌名	公司化品牌	全英房屋抵押贷款协会
公司强制推行品牌	强制推行品牌	桑坦德银行和联合莱斯特银行
公司非强制推行品牌	双品牌	皇家太阳联合保险集团（Royal Sun）和优廉保险（More Than）
独立品牌	品牌化	皇家汽车保险

　　虽然消费者的参与度可能会不一样，但他们可以为服务性企业的品牌建设和发展作贡献，消费者贡献是服务品牌的根本内容（McDonald 等，2001）。Balmer 和 Grey（2003）主张采用的公司品牌策略已经被金融服务业采纳（见表 7.2）。

表 7.2　金融服务业中的公司品牌分类

公司品牌分类	解释	建议金融服务举例
族系品牌	两个原本分立的个体共享一个公司品牌	苏格兰哈利法克斯银行
总领品牌	广覆盖式的公司品牌，从几个相对独立的公司品牌中演化而来	桑坦德银行和阿比银行（Abbey）
多用途品牌	在不同产业领域应用公司品牌的权力	维珍
联合品牌	在共享资源的合资企业创立新公司品牌	信贷危机后可能出现

　　资料来源：作者改编自 Balmer 和 Grey，2003；Lambkin 和 Muzellec，2008。

和公司品牌类似,公司的标识最初被定义成一种图像设计,目的是用象征性的图案、行为以及信息沟通来代表企业的特性(Van Riel,1995)。对普通标识的研究调查发现,这种定义过于狭隘,而且没有抓住机构的真正特点(He 和 Balmer,2005)。机构的标识要能回答"作为一个机构,我们是谁?"或"作为一个机构,我们是什么?"然后企业再将机构这些组织行为的指导原则写进企业战略。金融机构开始谈论"实践品牌理念""体现价值观"的问题,也就是在整个组织中实行品牌共享、价值观共享,并将其传递给客户,公司标识关注的是那些让组织与众不同的特点。

建屋协会历史上就拥有与其他金融机构不同的标识(Meidan,1996)。自20 世纪 80 年代金融服务市场自由化以来,建屋协会与银行竞争的同时也失去了一部分自有的身份特征。研究建屋协会对金融服务机构的身份特征有启示作用(He 和 Balmer,2005)。英国大众认为建屋协会是传统的、可信的和公平的。公司标识随着客户群体力量的壮大而快速发展。对于互助会,人们的理解各有不同,所以互助会都要打造一个独特的形象。这项研究对更广泛的金融服务领域,特别是后北岩时代的启示是:或许存在一个通用的高级银行形象,但是这个形象不见得是每个金融机构都会认同的身份选择。花在打造组织品牌以及公司形象上的工夫,需要依据利益相关者各方所重视和理解的特征内容而定。用历史的眼光来了解一个组织或者一个行业的身份特征或许很有必要,理解一个机构的身份形象也包括理解其所在行业的身份形象,对于金融服务业的品牌经理来说,这最后一点尤其重要。

—产品品牌

很多金融服务部门的品牌都是公司品牌。例如,英杰华通过对诺威奇联合保险公司(Norwich Union)做品牌重新定位来强化其成为国际金融服务供应商的愿望。其中的一个特例是苏格兰皇家银行,它旗下拥有很多品牌,包括直线保险公司。一些银行给自己的某些产品树立品牌,例如给各类活期账户定品牌。巴克莱银行推出了增值账户和高级账户,苏格兰哈利法克斯银行推出了最佳奖励活期账户。这些账户和普通活期账户不同,客户需要每月支付费用,或者需要达到一定的累计财富标准。作为这些费用的回报,金融机构会提供诸如电话保险这样的便利。没有明显的证据显示这些账户如何符合了上述的"品牌标准"。也许对于某个客户群体来说,他们的确非常看重这些账户的实用价值，但是它们提供的情感价值并不明显。这些账户只不过是银行用来最大化收益的手段，当然它们同时很可能满足了客户的某种期望需求。

一自有商标

"自有商标"指的是零售商以自己的商标卖产品的惯例，例如森宝利（Sainsbury）的奶酪和橙汁。价值是零售品牌商业运作的基础，目的是为了赚得利润，同时获得客户对同一族品牌产品的忠实度。零售商们取得了这方面的成功经验，继而开始进军金融服务行业。案例7.2简要介绍了家乐福提供的贷款。虽然家乐福是一家全球性企业，但是它的核心业务中的金融服务还仅限于法国境内。通行证"Pass"是家乐福金融产品的名称，包括信用卡业务。

案例7.2

家乐福

个人贷款通行证：令人心动的贷款利率！买新车，筹划下一个假期，重新装修房子……所有令你心动的项目都可以享受个人贷款通行证提供的优惠利率。贷多少，由你做主，还贷期酌情宽松！（参见www. Carrefour. com/CDC/press/）

家乐福网站提供大家熟知的便捷服务，例如买新车、度假和重新装修。在金融服务领域，出现零售商品牌的身影并不新鲜，它体现了企业在饱和的市场环境中对有限的成长空间作出的本能反应。这些"自有品牌"进驻金融服务领域的主要原因之一是人们相信这些零售品牌和很多其他市场上的品牌一样会影响客户对产品质量的认知（Collins - Dodd 和 Lindley，2003）。把零售业务品牌或者自有品牌拓展为金融服务业务品牌，需要考虑一个关键问题，即消费者需要从购买低风险的有形产品向购买高风险的无形金融产品和服务转变。一项针对英国谢菲尔德市消费者的研究表明，对母公司品牌的信任感能够转移到扩展的产品和服务当中，公司品牌知名度越高，和这个品牌不相关的产品的认可度和接受度可能越大（Laforet，2007）。反之，对不那么有名的品牌也成立，即本来就弱的品牌转为金融品牌会令人们对总品牌的认识变得模糊不清。零售商不断涌入金融业打拼，并且通过提供多元化的产品和服务寻找价值增长的机会。

超市和其他商店的金融服务营销是通过"贴牌"方式进行的。它包括与金融机构达成协议，金融机构同意以超市的标签，提供产品和服务。这种方式使得 comparethemarket.com 公司签订了一系列"贴牌"协议，公司使用第三方金融服务供应商的产品和服务，并在 comparethemarket.com 的品牌下营销。这家公司的贴牌合作伙伴有 Simply Business（SME 服务），PMI（健康保险），Motley Fool（贷款），Xelector（公用事业）和 The Idol（旅游保险）。贴牌也可以帮助一些被有毒贷款拖累的金融机构维持销售。

—联合品牌

在某个层面上，品牌合作使得双方都获得品牌价值增值。2005 年 1 月，英国第一个大规模公对公项目花蜜（Nectar）启动。花蜜信用卡也在 2005 年发布，这使得 Nectar 收集者可以在 Nectar 合伙公司再次获益，与此同时，在其他所有信用卡上的消费，也可以赢得花蜜积分。花蜜信用卡和美国运通公司（Amex）（www.amex.co.uk）联合订立商标，将这两个品牌结合在一起，希望能够通过这种联合使得两个品牌互助增益。金融服务业当中，其他联合品牌战略的例子有联营卡，例如 Visa 为防止虐待动物协会（RSPCA）经营一种银行卡，这一卡种已经为慈善事业吸引了 100 万英镑的资金。在这些尝试中，合作对象的选择十分关键，因为需要将品牌的实用性特征和情感性特征以及知名品牌的价值体系有机地统一起来。

—品牌重建

金融服务业在应对全球化需求的挑战，与动态的市场变化相伴相随的品牌重建时有发生。案例 7.3 讲述了一家大型企业品牌重建的例子。

案例 7.3

巅峰重新定位

巴黎银行的资产管理公司是母公司私人银行业务的新品牌。巴黎银行在私人银行业务领域是个主要参与者，在全球 30 个国家开展业务，专业雇员超过 4500 人，截至 2008 年 6 月，其管理资产近 1500 亿欧元。巴黎银行资产管理业务的战略是，为私人客户提供个性化的丰富的金融工具和理财产品和服务。新公司叫巴黎银行资产管理公司（BNP Paribas Wealth Management)，更加准确地体现了巴黎银行私人银行客户关系全球性特征。作为全球知名的银行集团的一部分，巴黎银行资产管理公司即拥有投资产品创新和提供新投资技术的能力，同时它的品牌也获得了与生俱来的安全保证。巴黎银行资产管理业务有两条产品线：一是由期货零售银行集团（Future Retail Banking Group）提供的资产管理网络（Wealth Management Network，WMN），以及合资企业资产管理和服务公司（Asset Management 和 Service，AMS）。

　　作者根据 www. bnpparibas. com 上的内容编写。

　　虽然巴黎银行规模庞大，业务领域广泛，但它还没有在全球品牌顾问排名榜上露过面。通过这次品牌拓展，或许它能在一些较小但利润较高的细分市场巩固它的地位。

利益相关者

　　品牌建设绝不仅仅发生在公司和客户之间的活动中。在市场营销过程中，人们普遍认识到品牌建设涉及很多利益相关方。金融机构需要重视这些利益相关方的关联程度和他们的制衡权力。市场细分要依据客户可能对公司某产品感兴趣的相似特征进行分类。有些人不论出于什么原因，会对某个品牌情有独钟，因为他们的利益与品牌关联。但是品牌经理们对这个问题的理解和认识不尽相同。Rust 等人的研究发现"绝大多数大企业的品牌经理习惯凌驾于客户管理之上来管理品牌，这与企业成长中的需求格格不入"（Rust 等，2004：110）。

　　在下文中，我们将以更大的品牌受众范畴为背景，探讨品牌究竟对谁有吸引力这个问题。

一品牌社区

　　品牌还有其他一些受众群体，例如商业伙伴、未来的员工以及媒体。媒体在影响客户对金融市场的认知和信心方面力量强大。品牌社区（brand communities）向社区的消费者提供信息和支持，有些人甚至指出品牌社区的力量在不断瓦解公司品牌建设方面的努力。人们办了很多投诉网站专门用来投诉银行。在这个品牌需要获得公众认可才能经营的世界里，金融机构的反应相当滞后。品牌可以依据不同细分市场来定（见案例7.3），要清晰辨认这些细分市场的各种特征，还要平衡好规模效应和客户个性需求之间的关系。如果品牌战略是面向更多的受众，那么应当需要改变一下公司内部与品牌决策相关的汇报关系结构，使品牌战略与管理高层直接联系（Rust 等，2004）。科普菲尔（2008）认为，我们需要强调量化管理意识，开发测量工具用于检验品牌的成功水平。制定品牌战略需要参考更广的客户资本内容。所谓客户资本（customer equity），指的是该品牌的所有客户全部生命周期的总价值。品牌战略认识的相应变化要求管理者重新思考一个管理得当的品牌应该达到哪些目标，用什么来测量以及品牌应担当什么角色（Rust 等，2004）。品牌需要代表客户的身份，而不是体现金融服务供应商的身份，品牌战略应从品牌扩张转向客户价值最大化。

对银行来说，特别是那些拥有网上客户社区的银行，客户访问银行网站进行交易给银行带来品牌建立和维护客户关系的良机。现实世界变得越来越虚拟化，品牌成为唯一的参照物，而市场中的制衡力杠杆已经倾向了消费者。例如信息中介越来越多，出现很多在线比较网站。金融机构管理者需要关注许多问题，包括：

■ 你们的品牌在媒体上活跃吗？也就是说，品牌是不是通过一系列的媒体接触到了目标客户群

■ 品牌是不是极具关系特征？也就是说，买卖双方能就品牌坦诚对话。销售渠道仅仅作为卖方向买方沟通的渠道是不够的，消费者必须有办法向卖方反馈意见，从而参与到品牌的维护活动当中

■ 一切事物都在变化中向前发展，你们的品牌是否具有持久的学习能力？如果品牌没有学会与时俱进，就会落伍倒退

■ 你们的品牌是不是具有凝聚力，能够凝聚形成虚拟社群或者品牌联盟吗？一个品牌不能孤军作战，品牌理论家科普菲尔和德·切纳托尼（De Chernatony）认为好的品牌会在群落及联盟中壮大繁荣

—依客户视角定品牌

米契尔（Mitchell，2001）认为，很多因素都会对品牌产生重大影响。品牌需要依据客户的需求而建立，要以系统且专业的方式向客户营销。在此，销售目标不再是品牌建设的向导，品牌追求的是某种元状态或者超状态，整

合各方资源和力量为客户带来最优结果（Mitchell，2001）。对金融服务供应商而言，打造响亮品牌的重要优势之一是品牌帮助客户迅速精准地找到需要的产品和服务，减少客户搜寻产品和服务的成本。对客户来说，一个熟悉的品牌是服务质量和一致性的保障，能降低他们购买产品的风险。如果风险减少，再加上服务质量始终如一，供应商就会占据更为有利的位置来推出其他可能吸引客户的产品和服务，而这些新产品和服务会继续向客户传递低风险的信号。但是，正如 De Chernatony 等（2006）指出的那样，客户通过对品牌的整体体验来评判一个产品或服务的价值，而且与产品接触的每个点上的体验都会对产品价值判断产生影响。客户不会单凭一个信息来源来评价和判断品牌，因此品牌经理需要将一切可能会被客户和其他利益相关者用来作一致性判断的信息拼接完整。

一品牌的责任

大多数金融机构的网站上都有企业社会责任的相关内容，并且会扩展到品牌及品牌价值。然而品牌只将目标锁定在其营销涉及的客户群体，但人们势必会问："品牌会给更广泛的社会带来什么影响（科普菲尔，2008）？"特别是在北岩银行倒闭之后，人们更关注这个问题。因为不仅仅是北岩银行的客户受到该银行高风险战略的影响，整个国家都被拖累，例如冰岛和拉脱维亚，都受到了信贷危机的沉重打击（www. news. bbc. co. uk/1/hi/business/7761066. stm）。为了符合企业社会责任的标准，企业越来越应该在其整体的客户关系框架下制定战略。在组织当中，应该规定负责客户关系建设和维护的管理人员担当起相应的责任（Rust 等，2004）。受欢迎的品牌不仅让客户更相信产品和服务会符合要求和兑现承诺，而且还能满足客户的社会性需求，例如私人银行。因此，品牌既要满足客户个性化需求，还要获得规模经济效应（Rust 等，2004）。金融服务供应商在平衡好二者的同时，还要向客户传递"此品牌非你莫属"的信息。重要的是，确保广告宣传的期望和客户体验之间没有差别（O'Loughlin 和 Szmighin，2007）。此外，由于近来一些银行在投资和零售领域的劣迹使整个银行业的声誉一败涂地，可以说负面声誉把品牌传递的正面信息完全冲抵了。

图 7.3 体现了样本客户群对金融服务品牌问题的反馈。如图 7.3 所示，49% 的人认为，品牌对于选择金融机构很重要。这些发现没有显著削弱金融

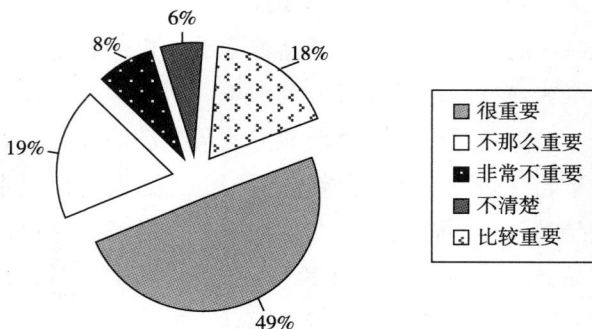

图例:
- 很重要
- 不那么重要
- 非常不重要
- 不清楚
- 比较重要

资料来源：根据 Finaccord（2006）数据整理。

图7.3　品牌度量：客户对问题"品牌化对金融服务的选择有多重要"的反馈

服务商品化的论断，因为品牌和价格之间可能会相互作用，但是说明品牌只是对不到一半的调查参与者"比较重要"。品牌经理和金融机构整体上会希望提升这块的分数。

品牌通过减少风险唤起客户的信任，因为它让客户不必重新评估很多备选产品。就金融服务而言，客户在考虑一个品牌的时候，是在寻找诚信以及物有所值的产品和服务（Finaccord，2006）。在各项指标中评分优异的品牌有：Visa、皇家汽车保险、苏格兰哈利法克斯银行、全英房屋抵押贷款协会以及万事达。因为金融服务的立法整体上对金融行业形成了某种保护，这使得广大消费者认为没必要担心大品牌的信任度问题（Oalmer，2008）。信贷危机昭示了消费者的这种深信不疑背后的风险之大，削弱了金融法规，使它无力保护消费者免受全球性金融不轨行为的伤害。

依利益相关者整体视角定位品牌

利益相关者各方，包括员工、供应商甚至竞争者赋予品牌以活力。例如，很多金融机构认识到第一直线银行的活力。人们已经发现企业员工会通过良好的内部交流、服务规范和技能培训进一步为品牌助力。这些活动旨在加强公司内部文化认同和提高员工提供优质服务的意愿（Dall'Olmo Riley 和 De Chernatony，2000）。另外，高级管理人员在"实践品牌理念"过程中的作用不可忽视。如果高级管理人员没有认识到品牌的情感价值的重要性，不了解企业如何能在与客户和其他利益相关者互动中共同创造情感价值，那么一切品牌战略努力都将是空谈。人们逐渐认可品牌建设涉及多方利益相关者的观点。我们可以参照涉及多个利益相关方（包括竞争对手，供应商）的关系营销活动，构建一个基本的利益相关者模型（Farquhar，2008），为所有处于利益相关地位或者品牌环境中的人创造品牌体验。

表 7.3　利益相关者和金融机构品牌的关系

	利益相关者	描述
金融机构品牌	内部	员工、执行品牌价值的管理者
	利益相关者和金融市场	金融机构对投资者有承诺，而这也许和品牌建设并不完全一致
	监管者和政府	这种关系存在着，并因政府的援助计划得到进一步加强，通过品牌加强利益相关者之间的关系
	供应商和联盟伙伴	供应商提供一系列服务，例如产品，联盟伙伴质疑共同品牌的价值
	竞争者	竞争者在品牌建设过程中扮演重要角色
	影响者	一个由中介机构、家庭、各家媒体记者等组成的多元群体
	客户：新客户和现有客户	这是传统上品牌关注的主要内容，但是要注意区分两个类型客户的不同

资料来源：作者改编自 Farquhar，2008。

金融服务供应商通过"践行品牌理念"，推动其服务和品牌整体体验的延续，并随着时间的推移带动品牌向前发展。品牌公民（brand citizenship）的概念描述了能够强化品牌认知的一系列行为（Burmann 和 Zeplin，2005），受利益相关者对品牌的心理依赖的驱动，依赖程度高低影响客户愿为达成品牌目标付出多少努力。

数字环境下的品牌

网络银行的出现给品牌营销带来了重大变革，将品牌营销从广告以及面对面的互动转向了远距离诠释品牌意义的新环境。在线运营对于金融机构来说非常重要，尤其是服务商需要缩减运营成本的时候更是如此。金融机构在提供"在线服务"的过程中有两种不同的方式，一种是打造全新的在线品牌，例如阿比旗下的卡户特（Cahoot，Abbey）和合作银行旗下的斯密尔（Smile，Co - operative）；或者保持他们原有的品牌，例如巴克莱银行。一个品牌如何才能不依赖实体运作呢？金融机构的品牌需要在服务过程中和技术上传达高安全性和高信誉度的信号。品牌是重要的信号力量，在此基础上，实践承诺，并通过一些网上链接让客户了解通过这样的电子渠道他们可以获得怎样的用户体验（Davis 等，2000）。网络帮助建立客户和品牌之间的对话，同时网络关系营销也使客户更想货比三家地选择商品和服务。因此和现实世界相比，品牌在电子环境中扮演着更为重要的角色，体现了客户记忆中的现实空间。如果原先的品牌非常弱，此时直接把它带进数字环境（digital environment）当中，很容易暴露它本身的缺陷，同时也难以依靠面对面的互动弥补瑕疵。

全球化环境中的品牌

虽然数字环境可能会暴露品牌的一些缺陷，但它同时也使得金融机构能够远距离低成本地进行全球化品牌推广（Wright，2002）。技术通过互联网和内部网造就了良好的内部体系。大体上看，汇丰银行似乎已解决了品牌标准化和定制化的难题，它的"全球化的本地银行"理念抓住了全球化经营管理的金融机构的本质（www. hsbc. com）。优秀的金融机构网站对品牌会有加强效用，并允许服务机构提供一个门户网站的链接，使得客户可以参与到自己青睐的银行品牌群体活动当中。一项早期的预测认为，在银行界会有十几家全球性的领导者，其他的小型金融机构扮演利基市场的参与者，或者某些产品和服务的专业供应商的角色。这种重新洗牌转型过程中的阵痛行将结束，但是入围的各家银行也许不是预期中的品牌。案例 7.4 提供了一家大型保险公司如何重组，实现规模经济和保持统一品牌形象的例子。

案例 7.4

苏黎世金融服务集团

2008 年春，苏黎世金融服务集团发起了它的名为"全球产业专业项目"活动。这是一项集团上下齐动员参与的活动，能够调动集团已有的知识基础和普通保险领域的专家资源，并将拓展集团对特定行业的风险认识。项目旨在通过开发差异化的客户价值主张，并提供量身定制的风险管理解决方案来提高苏黎世对客户和经销商的服务质量。这个项目把苏黎世客户和经销商管理战略进行整合，着力于打造更以客户为中心的苏黎世，同时更得力地发挥集团丰富的销售渠道的作用。全球产业专业项目将作为全球业务实践的领导力集成器，使苏黎世金融服务集团的各个分支、职能部门以及不同地区的领导可以共享信息，并从各自不同的经验中汲取专业知识，提高各方收益。这样会有利于集团上下对影响行业的当前形势和未来的趋势有更为深远的见地和把握，使集团在全球不断变化的风险环境中，形成人力、产品和信息资源快速调度和反应能力。

作者根据 www.zurich.com 上的内容编写。

信贷危机使金融服务业务进一步集中到存活下来的金融机构中，而且它们将努力通过全球化运作来实现规模效益。是否"国际化"并不是一个问题，关键在于"选择什么时候，以怎样的速度和效率来全球化？"如图 7.4 所示，在全球化的大环境中，技术是怎样从企业（供给方）和客户（需求方）两个方面支持品牌建设和推广的。

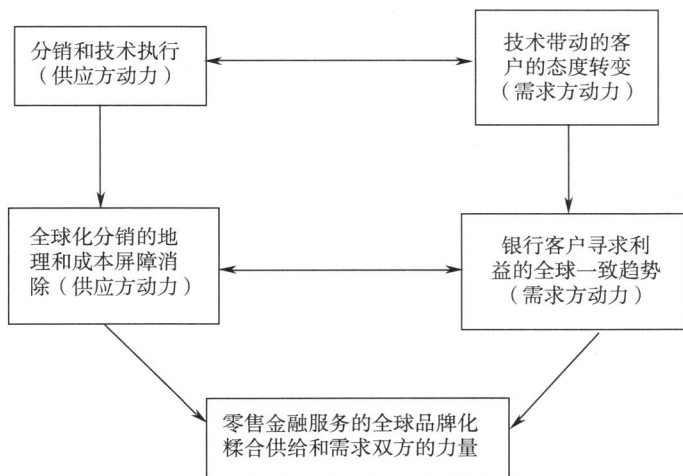

资料来源：作者改编自 Wright，2002。

图 7.4　技术促进全球品牌建设与推广

图 7.4 的左边代表了供给方的推动力，图 7.4 的右边列出的是需求方的推动力。虽然图中给出了一些有趣的技术应用，但是正如上面所说的那样，品牌推广远比简单的供给方和需求方的理解要复杂得多。依据利益相关者视角看品牌管理的观点主张把品牌战略与客户关系管理紧密联系起来，这在后信贷危机时代不失为更经得住考验的战略思想。

—品牌资产

不论环境怎样，品牌的价值是高度个性化的。而且像所有沟通一样，受众可以用多种方式解读信息。换句话说，品牌也是"情人眼里出西施"。维珍公司在金融服务市场的发展也许要归功于它的品牌力量，维珍的品牌向每个特定的客户群体成功地传达了它的价值。品牌资本尝试给品牌估值，传统的做法将注意力集中在品牌的资产和负债上（Aaker，1991），例如：

■ 忠诚度：长期一致地满足客户高标准的需求，使溢价成为可能

■ 可感知的品牌质量：强有力的领导力保证质量始终如一

■ 关联性/差异化：可感知的价值，品牌形象，组织关联

■ 品牌的知名度：客户/利益相关者的记忆中的首要品牌

■ 市场表现：影响市场份额，价格以及销售指数

巴默和格雷（Balmer 和 Grey，2003）指出，公司品牌通过传达恒久价值赋予公司超过竞争对手的优势，但是对于金融机构来说，这类优势非常捉摸不定。品牌健康程度评估能反映品牌资本变化的方向，并能发现亟待解决的问题。品牌健康程度评估包括：品牌是否相关且一致，品牌经理是否明白品牌对客户意味着什么；以及品牌组合要有意义（Cravens 和 Piercy，2006），例如一提起苏格兰皇家银行，人们都有很清晰的认识。Aaker（1991）指出品牌资本思想可以帮助金融机构非市场营销人员认识到品牌建设投资能给公司带来收益。尽管通常市场份额与盈利能力相关，但在金融服务业中，市场份额并不会直接决定盈利能力。因此，用市场份额作为品牌资本的度量也许并不可靠，也不像之前讨论的那样令人满意。一项对新西兰金融服务的研究发现，就与市场份额相关而言，最好的品牌资本度量指标还是品牌知名度，例如品牌回头率以及熟悉程度，这些都是在商品市场里广泛应用的衡量标准（Mackay，2001）。

对金融机构而言，品牌营销依然很具挑战性。它们需要参考品牌策略大师们的先进思想，比如科普菲尔和米契尔代表最前沿的品牌思想。他们认为品牌建设不是公司推动的提升销量的活动，而是创造一个令消费者以及更广泛的相关受众振奋的企业形象。与其他公司相似，金融机构也有自己的度量体系和测量工具，但需要花时间对它们进行调整以适应环境。金融服务机构的市场营销人员未来面临的挑战是构建合适的度量体系和工具，并争取让更

广泛的品牌社区的众多成员能够理解并接受。尽管品牌社区成员可能对市场营销不太了解而态度强硬，但做到这一点对营销中打造吸引目标群体的各类品牌特别重要。

金融机构的品牌营销仍然是一个难题。然而，任何金融机构要从拥挤不堪的市场竞争中脱颖而出，品牌营销实属当务之急。品牌营销除了有助于金融机构的差异化运作，它还是一种通过情感依附建立忠诚度的良方。遗憾的是，众多的金融机构没能实现品牌力量的渴望。恰值后信贷危机的金融机构有机会重新评估自身的品牌观念，以期借未来品牌建设培养消费者的信任和信心。从利益相关者视角看品牌建设有利于金融机构跳出现行的没有多少建树的种种品牌模式，推动品牌建设向前发展。

第七章小结

- 在金融服务领域，要在商品化的市场中实现差异化，需要开展大量的工作。
- 在沟通渠道越来越虚拟化的世界里，消费者在品牌推广过程中的重要性与日俱增，品牌经理需要重视客户的影响力。客户和利益相关者定义服务价值为使用价值，这对品牌经营与管理具有借鉴意义。
- 品牌或许更需要体现客户/利益相关者及他们所在群体的身份，而不仅仅是金融机构的身份，这是从品牌扩张到客户价值最大化的思想转变。
- 英国和美国的金融服务品牌在信贷危机后都已元气大伤，而欧洲品牌由于卷入有毒资产有限而处于有利的地位，获得一定施展空间。如果金融机构真的希望打造与急速变化中的环境相匹配的品牌，那么最近的信贷危机应该能激发出一些快速应对措施。

思考题

1. 研究苏格兰皇家银行和国民农业联合互助保险协会（National Farmers Union Mutual Insurance Societ，NFU Mutual）的官方网站，看看这两家机构主要采用了哪些品牌策略，品牌的哪些方面向客户传递了使用价值信息，网站有没有针对其他利益相关者进行宣传。尝试比较并阐释这两个品牌的异同。在制定品牌管理策略方面，这两家机构分别遇到了怎样的挑战？

2. 对金融服务市场的新进入者，你有哪些品牌管理建议？

3. 从品牌的角度分析金融机构的兼并与收购，你从中学到了什么？

参考文献

［1］ Aaker, D. (1991) *Managing Brand Equity*: *Capitalizing on the Value of a Brand Name*, New York, Free Press.

［2］ Balmer, J. and Gary, E. (2003) "Commentary. Corporate Brands: What are They? What of Them?", *European Journal of Marketing*, Vol. 37, No. 7/8, pp. 972 – 97.

［3］ Brady, M., Bourdeau, B. and Heskel, J. (2005) "The Importance of Brand Cues in Intangible Service Industries: An Application to Investment Services", *Journal of Services Marketing*, Vol. 19, No. 6, pp. 401 – 10.

［4］ Burmann, C. and Zeplin, S. (2005) "Building Brand Commitment: A Behavioural Approach to Internal Brand Management", *Brand Management*, Vol. 12, No. 4, pp. 279 – 300.

［5］ Collins – Dodd, C. and Lindley, T. (2003) "Store Brands and Retail Differentiation: The Influence of Store Image and Store Brand Attitude on Store Own – brand Perceptions", *Journal of Retailing and Consumer Services*, Vol. 10, No. 6, pp. 345 – 52.

［6］ Cravens, D. and Piercy, N. (2006) *Strategic Marketing*, 8th edn, New York, McGraw Hill.

［7］ Dall' Olmo Riley, F. and De Chernatony, L. (2000) "The Service Brand as Relationship Builder", *British Journal of Management*, Vol. 11, pp. 137 – 50.

［8］ Davis, R., Buchanan – Oliver, M. and Brodie, R. (2000) "Retailing Service Branding in Electronic – Commerce Encironments", *Journal of Service Research*, Vol. 3, pp. 178 – 86.

［9］ De Chernatony, L., Cottam, S. and Segal – Horn, S. (2006) "Communicating Service Brands' Values Internally and Externally", *Service Industries Journal*, Vol. 26, No. 8, pp. 819 – 36.

［10］ Farquhar, J. (2008) "Branding for Stakeholder Relationships in High Street Financial Services: In Words and Pictures", Academy of Marketing Services

Special Interest Group, University of Westminister, 7 – 9 November.

[11] Farquhar, J. D. and Rowley, J. (2006) "Relationships and Online Consumer Communities", *Business Process Management Journal*, Vol. 12, No. 2, pp. 162 – 77.

[12] Finaccord (2006), *Brand Metrics: Consumer Awareness of and Attitudes Towards Brands in UK Financial Services*, London.

[13] He, H. – W. and Balmer, J. (2005) "The Saliency and Significance of Generic Identity: An Explanation of UK Building Societies", *International Journal of Bank Marketing*, Vol. 23, No. 3, pp. 334 – 48.

[14] Iacobucci, D. (1998) "Cognitive Networks of Services", *Journal of Service Research*, Vol. 1, No. 1, pp. 32 – 46.

[15] Interbrand (2004) *Integrated Brand Communications: A Powerful New Paradigm*, Canada, Interbrand.

[16] Kapferer, J. – N. (2001) [*Re*] *inventing the Brand*, London, Kogan Page.

[17] Kapferer, J. – N. (2008) *The New Strategic Brand Management*, 4th edn, London, Kogan Page.

[18] Knox, S. (2000) "Branding and Positonning", *Marketing Management: A Relationship Marketing Perspecitve*, Cranfield School of Management, Basingstoke, Macmillan Business.

[19] Laforêt, S. (2007) "British Grocers' Brand Extension in Financial Services", *Journal of Product and Brand Management*, Vol. 16, No. 2, pp. 82 – 97.

[20] Laforêt, S. and Saunders, J. (2005) "Managing Brand Portfolios: How Strategies Have Changed", *Journal of Advertising Research*. September, pp. 314 – 27.

[21] Lambkin, M. and Muzellec, L. (2008) "Rebranding in the Banking Industry Following Mergers and Acquisitions", *International Journal of Bank Marketing*, Vol. 26, No. 4/5, pp. 328 – 52.

[22] Mcdonald, M., De Chernatony, L. and Harris, F. (2001) "Corporate Marketing and Service Brands", *European Journal of Marketing*, Vol. 35,

No. 3/4, pp. 335 –52.

[23] Mackay, M. (2001) "Application of Brand Equity Measures in Service Markets", *Journal of Services Marketing*, Vol. 15, No. 3, pp. 210 –21.

[24] Meidan, A. (1996) *Marketing Financial Services*, Basingstoke, Macmillan.

[25] Mitchell, A. (2001) *Right Side Up: Building Brands in the Age of the Organized Consumer*, London, HarperCollins.

[26] Nysveen, H., Pedersen, P., Thorbjørnsen, H. and Berthon, P. (2005) "Mobilizing the Brand: The Effects of Mobile Services on Brand Relationships and Main Channel Use", *Journal of Service Research*, Vol. 7, pp. 257 –76.

[27] O'Loughlin, D. and Szmigin, I. (2007) "Services Branding: Revealing the Rhetoric within Retail Branding", *Service Industries Journal*, Vol. 27, No. 4, pp. 435 –52.

[28] O'Loughlin, D. Szmigin, I. and Turnbull, P. (2004) "From Relationships to Experiences in Retail Financial Services", *International Journal of Bank Marketing*, Vol. 22, No. 7, pp. 522 –39.

[29] Palmer, A. (2008) *Principles of Services Marketing*, 4th edn, London, McGraw Hill.

[30] Rust, R, Zeithaml, V. and Lemon, K. (2004) "Customer – Centered Brand Management", *Harvard Business Review*, September, pp. 110 –18.

[31] Taylor, S., Hunter, G. and Lindberg, D. (2005) "Understanding (Customer – based) Brand Equity in Financial Services", *Journal of Services Marketing*, Vol. 21, No. 4, pp. 241 –52.

[32] Van Riel, C. (1995) *Principles of Corporate Communications*, Hemel Hempstead, Prentice Hall.

[33] Veloutsou, C., Daskou, S. and Daskou, A. (2004) "Are the Determinants of Bank Loyalty Brand Specific?", *Journal of Financial Services Marketing*, Vol. 9, No. 2, pp. 113 –25.

[34] Wright, A. (2002) "Technology as an Enabler of the Global Branding of Retail Financial Services", *Journal of International Marketing*, Vol. 10, No.

2，pp. 83 – 98.

扩展阅读

　　[1] www. interbrand. co. uk

　　[2] www. virgin. com

案例学习

阿尔法（Alfa）银行集团的品牌重建

　　阿尔法银行集团不论从所有者权益、资产规模、分支机构数量、零售存款还是管理的资金总额来看都是俄罗斯最大的私有银行集团之一。阿尔法银行集团在俄罗斯境内外共有 304 个分支机构。集团还通过在哈萨克斯坦、荷兰、塞浦路斯、美国以及英国的下属银行、附属机构及分支办事处，向 265 多万个人客户和其他类别客户提供金融服务。阿尔法银行集团赢得了无数的美誉，其中包括"最佳银行"和"2006 最佳俄罗斯银行"（商业周刊），"2007 俄罗斯最佳交易金融银行"（全球金融）以及"2007 俄罗斯最佳银行"（欧洲货币）。

　　2005 年夏天，阿尔法银行集团请我们做咨询顾问，希望打造一个统一的品牌来代替不同下属分支机构，如零售业务、公司业务以及投资业务等各自为政的散兵形象，以利于在同一个品牌下经营阿尔法银行的不同业务。虽然这种改变无论从逻辑上还是策略上都有优势，但是究竟能否得到客户和其他利益相关者的认可还是一个未知数。此外，最近阿尔法银行集团投入巨资设立阿尔法特快（Alfa Express）开展零售银行业务，这一举措令品牌统一过程变得尤其困难。沃尔夫奥林斯（Wolff Olins）设计的这个"A"字集团标识和名称早已是莫斯科乃至俄罗斯境内的各零售分支机构耳熟能详的符号。然而，阿尔法的商业和公司投资业务部门也在使用阿尔法集团的品牌标识，其实这样的知名度和品牌资产对于这些部门并不那么必要。阿尔法银行集团的品牌形象确实需要更新，但重要的是它有广泛的知名度，并能使自己很清晰地与零售业务区分开来。

　　我们观察并听取了一些集团内部关键人物的意见，包括阿尔法集团的董事们。我们很快发现大家可能会掉进传统的陷阱当中：即我们为了满足所有人的偏好，想设计出一个七拼八凑的"骆驼"形象。由于逻辑和政治方面的原因，我们开始探索现有的品牌身份特征，尝试挖掘出它们的本质和共有特征。我们很快否决了"迁移"策略（migration），因为没有必要做分阶段渐变式的形象迁移。快速的转型手术虽然痛苦但也短暂，比那些为平衡各方利益的慢动作更受欢迎。当然有时慢速转型很必要，会令被兼并收购的一方放弃原有的身份特征也相对容易一些。阿尔法集团的管理曾拥有的优势是，集团是由俄罗斯寡头政策统治者米哈伊尔·弗里德曼（Mikhail Friedman）掌控，他的独裁统治会保证快速决策。主张快速转型不利的一面是，我们要承担重任让所有利益集团都能认同这一变化，这也是所有变革策略中最根本的内容。对于此次品牌变革，米哈伊尔·弗里德曼的观点非常明确，认为阿尔法已经在零售品牌"A"上投入大量资金，根本无意再花钱建个新品牌，所以他主张在原基础上改造零售标识"A"。对于集团其他部门来说，可能造成的负面影响非常明显，有人形象地把零售品牌代替集团主品牌比作是"龙尾摆龙首"。集团各业务部门主管对于零售形象应用到投资业务当中积极性也不高，认为此举使从事投资业务的各部门的公信力和权威性蒙受质疑。对于我们咨询方的挑战就是怎样让集团里的人满意，让他们相信我们会选好媒介，进行有效的宣传来维护各业务部门与零售业务的区别特征。同样，我们将合理地组织媒介展示"A"字标识，一方面可以保持零售业务阿尔法特快（Alfa Express）的零售品牌资产，另一方面用它作为集团业务的总领标识。标识应用中省略了阿尔法特快名字中的"特快"二字，并在"A"标识一些关键应用当中融入了细微变化，包括不同背景、画面以及信息的结合，以突出不同的业务运作、职能部门及其风格。

这恰恰反映了俄罗斯人的管理风格，品牌愿景和品牌价值仅在董事会层面讨论即可，然后讨论的结果直接传达到公司的其他部门去执行。无论我们介绍多少遍分权和参与的概念，提出多少这类建议都无济于事。每当我们提出稍微民主一些的方案，最终都会被他们固有的习惯扼杀，他们不愿意"放手"，而这正是分权管理的一个最基本的前提条件。因此，即便标识设计的原则能获准通过，也基本意味着分权行动结束了。那时已经是十月，而新年伊始新标识将在俄罗斯境内各分支机构和办事处全面启用。从目前看，物流安排，承包商新闻发布及供应商洽谈也都可以启动。然而，不幸的是我们还得委婉地提醒每个人，推动这个项目与合同签字以及宣传品印刷其实没有多大关系，而是与内部客户有紧密的联系，所谓内部客户，指的就是阿尔法集团的全体成员。如今，真正的挑战开始了，相比之下，除了政策和商业压力之外，让大家认可新品牌方案反而显得相对容易了。虽然关键人物都已经认识到全体员工参与的必要性，但还是认为这个过程只不过是营销和交流的实践活动。我们清楚地意识到想要打通各部门和远距离物流是一件非常复杂的事情。要让距离莫斯科7小时时差的海参崴的员工对发生在6500公里之外的集团总部办公室的提案有很强的参与感，这个想法很有趣，不过做起来极具挑战。

许多俄罗斯公司的管理风格属强硬的命令式。他们很难接受外来的辅助，也不欣赏启发和激励员工的做法。虽然他们明白言行一致以及跨部门协调、给员工授权的概念，但实际行动就是另外一回事了。阿尔法银行的办公室，是典型的格子间办公室，一间间的房门紧闭，绝无现代民主性办公场所的味道，与开放透明性原则要求相去甚远。阿尔法集团有一份内部季刊，叫《阿尔法导航》，面向阿尔法银行全体雇员发行，公司内网中一直有《阿尔法导航》的电子版本。《阿尔法导航》每月还刊登来自CEO和董事会主席的通讯以及内部程序发布等，形成了集团内部由上至下的沟通，公告栏和海报也在不断地更新。沟通方面的关键问题是要组织一个协调的适合媒体和满足沟通需要的信息流。虽然每个月CEO都会会见业绩优秀的前百分之二十的经理人员，形式包括视频会议或会面，但是人们更看重分支机构的咖啡休息时间里面对面交谈的机会。如果能调查一下本地、区域和总部三个层面员工之间的互动机会，会有很多有趣的发现。各种团队建设训练的场合、特殊重大事件以及庆典活动等可以为统一集团品牌中的新闻发布、情况说明和讨论提供契机。

俄罗斯人习惯于远距离运作。从西边的加里宁格勒（Kaliningrad）到东边的海参崴，这次的品牌整合会涉及多达54个城市，但这对俄罗斯人不构成挑战。真正的挑战是集团内部垂直的双向沟通以及最困难的跨部门、跨区域的沟通问题。虽然圣诞节前的时间不多，所有的事情都要在此前完成，但是咨询团队可以利用已经列入计划的会面、事件、评估、各类活动打开快速办事通道，实现快速决策和快速实施，使信息迅速地传达到公司各个层面。在一个政治不那么事关重要的文化环境里，信息传播可能会更加简单而又迅速。我认为如果要在一个比较敏感的西方国家的公司里实施这一计划，至少需要六个月的时间，而不是这次在这里所用的不到三个月的时间。在莫斯科和各地区举行的圣诞节联欢把这次品牌整合活动推到了高潮，阿尔法集团的十五周年庆典和新集团品牌官方发布会同期进行，可谓双喜临门。圣诞节庆典非常适合用来发布这个统一的集团标识，向人们展示一个积极向上的、成功的金融机构，以及成为其中一分子的无限可能。"让集团品牌充满活力"成了老生常谈，但是它确实很好地概括了品牌推出成功的关键因素。不论你在什么工作岗位，如果有人在意你的所思所想和所需，并尝试让你的工作对公司和你个人更有益，总归是个美好的开端。这里倡议的是典型的"倾听式"管理，但是也有危险，比如管理者不遵守承诺，或者变革的雷声大、雨点小，不见实际行动。有意思的是，2006 年 1 月，还没等新阿尔法集团统一标识真正出现在俄罗斯大街小巷的广告栏中，它的发布速度和推进力度已经赢得了集团内部员工的认可，并产生了轰动效应。

案例思考

1. 品牌推进过程中，听从所有人的意见会带来什么危险？

2. 在重新定位品牌的过程中，阿尔法银行的领导采用了什么特殊的办法？

3. 在重新定位品牌的过程中，咨询团队认为最重要的问题是什么？

4. 这个案例中最主要的文化问题是什么？

由 Woolger Associate 公司的 Clive Woolger 撰写。

第八章
价值创造——金融服务产品

学习目标

学习本章后，读者应该能掌握以下几点：

■ 理解金融产品和服务的本质以及实现差异化的困难

■ 了解金融产品和服务创造价值的机理

■ 发现金融服务的产品开发中需要解决的关键问题

■ 理解捆绑服务、服务质量、服务失误、服务恢复以及亲和营销在提供服务中的角色

引言

金融服务的销售人员会遇到一系列与产品和服务直接相关的问题。对于销售人员来说，想要创造出严格意义上与众不同的系列产品非常困难。对于消费者来说，分辨不同产品之间的差异也很困难，他们往往只能凭价格来决定是否购买。这种商品化，或者说是品牌产品去差异化的过程，是金融机构面临的严峻挑战。虽然金融机构也试图将一些与众不同的产品特质融入品牌当中，但是在消费者看来，这些产品差异几乎可以忽略不计。为了让大家对金融产品的丰富程度有一个直观的认识，我们仅以英国的零售银行业为例，英国全国有 150 多种经常性账户，有近 1000 种面向个人的固定利率抵押贷款产品，还有 1500 多种即时访问的储蓄账户（www.moneyexpert.com）。客户拥有相对全面的金融产品池，备选产品丰富得几乎令人咋舌。

金融产品

有一句营销至理名言讲得好："消费者购买产品是为了获得产品所能提供的价值。"在金融服务领域更是这样，例如客户开立经常性账户和支票账户就是为了获得管理收入和支出的便捷服务。金融服务看不见摸不到，这就意味着我们很难评估服务的质量（Lovelock，2001）。那么客户究竟如何评估某项金融服务对其购买目的的满足程度呢，比如评估一项旅游保险服务的"目的满足度"要看哪些指标呢？正如我们在第三章中讨论过的那样，金融服务是由"体验"或者"信用价值"构成的，而客户在享用服务的过程中获得这种体验，或者是依据对金融服务供应商的信任来判断取舍。一般情况下，消费者也许并不具备应有的专业知识和经验来准确评估某一特定金融产品的价值，要评估比较复杂的金融产品更是困难重重，所以，往往由金融机构为其量身定制产品和服务。而由于金融服务供应商和消费者之间的信息不对称，卖家比买家更了解产品，服务商替消费者拿主意的事经常发生。金融服务供应商能够减少交易中的信息不对称，或者说应该这么做，但是在金融服务领域供应商往往没有这么做。客户也许发现自己得到的金融产品附带的有用信息不足，但是这通常都是在购买了金融产品之后很久才发现。客户也许并不清楚金融产品和服务的表现通常受制于很多全球性的因素，包括自然灾害、政局变动、战争，或者是一些金融机构的不负责任的行为。

销售人员可以通过丰富核心产品的外围层次达到提供差异化金融产品和服务的目的，这里的核心产品供应指的是品牌所赋予的差异化以及关系因素。核心产品可以是比较标准化的产品，例如无担保贷款。图 8.1 展示了一个金融产品从核心价值延伸出来的三个层次。

在核心价值层面，拿贷款来说，给企业或者个人的贷款都有标准化的特色，比如贷款量以及偿付方式的选择等。在下一个层面，也就是产品特征层面，贷款人的品牌或声誉往往是一个重要考量。此外，利率水平、服务质量，比如贷款流程的速度，也都属于产品特征这个层面。最后一个支撑层面在金融服务领域尤其重要，在很多案例当中，金融机构都非常乐意建立并维系一段客户关系。因此，金融服务的范围会延伸至超出核心产品以外的空间。图中右边的箭头代表了产品服务供应差异化的程度，这种差异化有助于提高客户满意度，带来与客户一道共同创造价值的机会（Vargo 和 Lusch，2004）。

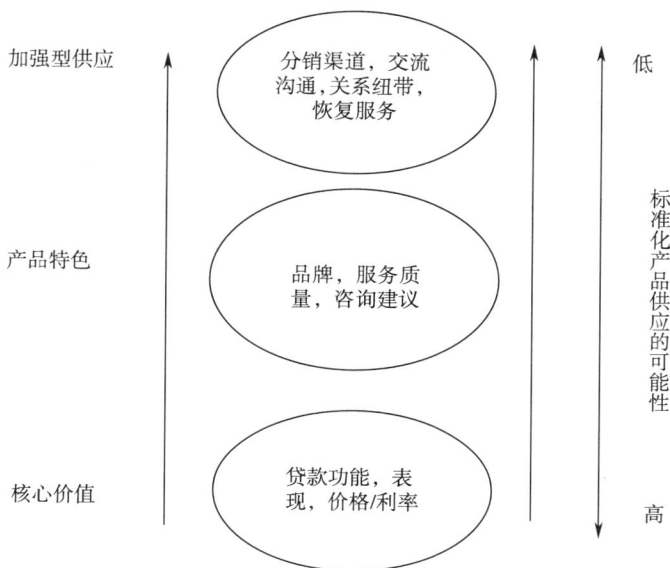

资料来源：作者改编自 Hollensen，2001。

图 8.1　贷款服务的不同层级内容

一价值和收益

我们还需要进一步思考金融服务产品的本质特性。消费者购物的过程也许会涉及不同程度的预期，消费者购买信用卡，贷款和汽车保险通常是功能性或功利性的消费。尤其值得注意的是，金融产品不是最终消费品，而是用来获得其他产品和服务的手段和媒介。对于金融产品和服务的营销者来说，至关重要的是要了解清楚客户为什么要购买他们的产品，会如何使用这些产品。此外，一些金融产品是为了规避负面的影响，这类的产品通常属"风险规避型产品"。就销售这类产品而言，明确产品的收益尤其重要（参见www. tescocompare. com/travel/why－get－travel－insurance. shtml）。

一项服务所提供的价值只有得到客户的认可才算有价值，这项服务推广才算成功，例如一家企业需要管理现金、偿付供应商、款项收支过程中出现资金缺口需要信用额度、信用卡服务和财务咨询服务。大型企业需要细致入微的个性化服务，以帮助企业达成组织目标。客户往往把这些收益看做是理所当然的，因此，金融服务供应商不得不开发和维护好它们的服务系统，以满足客户对各类服务的要求和咨询，并维护分销渠道畅通。对于大多数英国的客户来说，经常性账户是免费的，虽然在信用紧缩后危机时代，很多提供现金账户的高街银行正劝说这类客户升级账户到高级银行服务。很多金融机构都为客户开发了现金账户的增值服务，不仅为客户提供诸如代发工资、提取现金等传统的金融服务，还可办理交通保险，购买演出门票等其他便利。客户为这些服务每月支付一定的费用，例如，劳合银行的白金卡账户。目前，这些账户在图 8.1 中应该放在哪个层面还不好说，因为在客户看来，这些账户并没有带来真正意义上的增值服务。很多客户也许喜欢自己先比较价格，再购买旅行保险和演出门票。在金融服务领域，互联网、移动电话以及 ATM 带动了金融服务的分销方式，给客户带来了额外的收益。每天支票账户余额的手机短信通知就是一个很好的例子，它的确为客户带来了所需求的价值。

—产品与服务组合

很多时候，客户把金融服务看做一个产品包或服务组合。甚至一个现金账户都可以算做是一种服务组合，组合通常都有一些绑定的产品和服务内容，例如使用 ATM 直接支取一定的透支额度。金融服务供应商通过把类似的服务捆绑在一起，实现竞争中的差异化。图 8.1 和图 8.2 中的三个层次的服务内容比较可以说明这一点，关键的问题是要设计出既满足客户需求，又满足银行利益的产品。从银行的角度来说，它希望把有吸引力的产品和吸引力稍逊色的产品捆绑，以促进后者的销售。从客户的角度来说，产品组合要能够提供特定的价值。所以，要成功地推出产品和服务组合，必须首先定位清楚哪些人是目标客户（Koderisch 等，2007）。

为了成功营销产品与服务组合，服务商需要把握产品和服务内容平衡匹配，同时要协同考虑客户关系和客户忠诚计划，如此也会为未来的服务差异化创造条件。银行跨客户群跟踪管理捆绑产品销售数据可为销售人员优化产品组合提供参考。

—服务表现

如果我们把服务比做是一场舞台剧演出，可能会更直观地刻画服务商保持服务水平一致过程中会遇到的种种困难和可能的解决办法，因为客户/观众

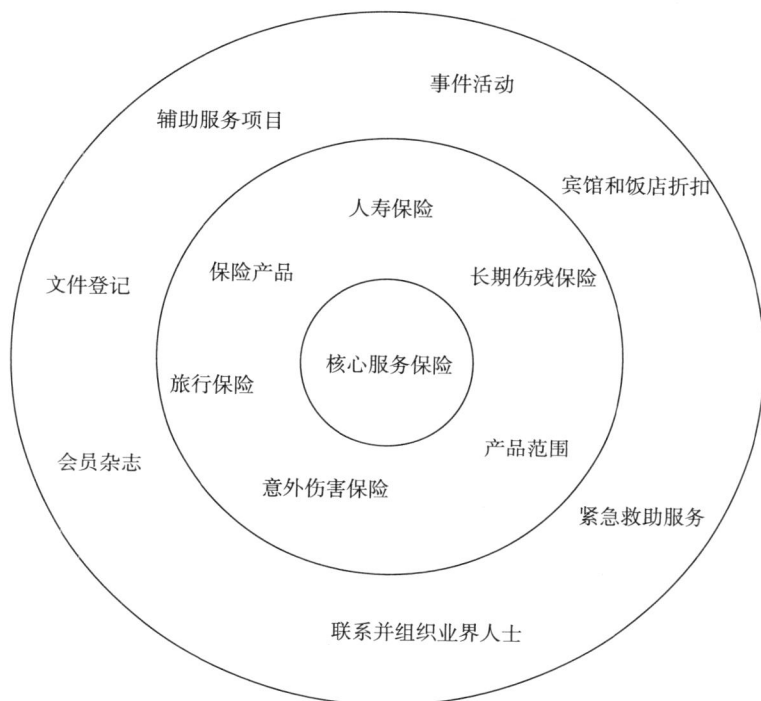

事件活动

辅助服务项目

宾馆和饭店折扣

人寿保险

保险产品

长期伤残保险

文件登记

旅行保险

核心服务保险

会员杂志

产品范围

意外伤害保险

紧急救助服务

联系并组织业界人士

资料来源：作者改编自 Koderisch 等，2007。

图8.2　组合保险

关注的是演出中具体的舞台活动（Fisk 等，2004）。演出成功取决于多方面的因素和条件，包括演员、技术和舞台空间设计，大幕要准时拉开和及时合拢，还有配套的各种服务，例如幕间休息时的酒水饮料供应。将舞台剧的概念引入金融服务听上去也许有点奇怪，但是若把服务交易比做一场演出，金融服务供应商关键的后台系统就是在与各类客户联手共同创造一台卓越的服务演出。很多金融服务供应商分支机构的营业场所都重新做了设计，用室内陈设、色彩搭配来营造一个更为宽松、亲切的环境，这些都体现了一台演出必备的成功要素。虽然在零售银行，可以个性化服务的范围非常有限，但是银行的私人业务和公司业务部门都针对客户需求开发了一系列的定制服务。一场服务演出依托的是"服务剧本"。剧本从客户的角度按时间顺序编排贯穿服务全程的步骤（Fisk 等，2004）。其实，消费者使用 ATM 时，服务系统里也有一个简单的剧本，一步一步地引导客户完成交易过程。一个更加复杂的"剧本"是帮助客户在线开通一个现金账户。无论剧本简单还是复杂,如果客户数量大,而服务供应商又想尽量减少人际互动,那么它的服务剧本就会更加复杂。

一服务空间

比特纳(Bitner, 1992)提出的"服务空间"(service scape)包括服务提供者和客户互动活动涉及的物理环境的各个方面。虽然人们通常认为服务空间是服务提供者所拥有的,或者指经营场所,例如饭店、宾馆或者支行营业厅,这个概念可以拓展到其他服务提供者与客户有互动的领域。服务空间的价值在于它是客户评估服务质量可依据的看得见摸得着的线索。实际上,它发挥着管理客户服务质量体验的作用。银行营业厅通常都是 19 世纪或者 20 世纪早期的建筑,它们传递了银行稳健性的信息,因此适合保管客户的存款或现金。如今,金融服务的消费不但发生在支行营业厅,还有很多其他的空间或地域,例如邮政空间、电信空间,或者网络空间等(Fisk 等,2004)。所有的这些空间需要精心设计,这不仅有利于提供服务,更是为了客户的便利,同时也要牢记"安全性"问题。在营造服务空间过程中金融服务的品牌扮演着非常重要的角色,而当消费发生在虚拟空间的时候,品牌的力量更是不可低估。很多金融服务供应商都有自己的网站,为客户和其他一般网页浏览者提供了丰富的信息服务,这些都是网络空间的很好例证。在网站空间中,服务提供者和消费者互动,服务提供者不仅可以直接推销产品,还可以建立客户关系,创立品牌并建立虚拟化消费社区。

消费体验

市场营销人员认识到客户可能花费一段时间来消费某种产品和服务,他们的消费体验十分重要,而消费者满意度与产品和服务的一系列特征相关,甚至还受一些明显不相关的内容的影响。

这里体现的营销核心理念是:客户所看重的是服务体验带来的价值而不是产品本身(Holbrook, 1999)。这对营销人员理解并安排好客户体验,理解客户为了感受到那份价值所做出的付出和牺牲都具有重要的启示意义。

案例 8.1

亲临分支机构

假如你打算两周之后去滑雪，所以需要一些欧元。那么你怎么才能去某家银行兑换外币呢？想想看，你在城外工作，附近一台 ATM 也没有，当然任何 ATM 都不提供欧元兑换业务。到市区，停车非常麻烦，交警随时可能会过来给你贴一张罚单。银行营业的时候你都是在上班，好在银行周六上午还营业半天。所以你的选择就会变成：或者请假，当然理由不再是为了看牙！或者是和其他人一样在周六上午购物时顺路去趟银行。后来，你猛然想起，玛莎百货也有外币兑换业务，而且它们的营业时间更加灵活，星期天也开门营业！

在价值的共同创造过程中，金融服务供应商至少在尽量降低成本提高收益水平方面大有可为。图 8.3 是根据图 8.1 构建的金融服务的客户体验模型（O'Loughlin 等，2004）。模型显示，客户体验的影响因素包括银行自身环境及更广泛环境中的正面力量和负面力量。虽然金融机构可能会争辩说：更广阔范围的影响力不在他们的控制范围之内，但就客户而言，这些环境因素实际上是他们消费体验的一部分，不易折现，但不可忽略不计。长久以来，美国的很多银行都提供免下车的服务设施，就是因为银行意识到汽车在人们生

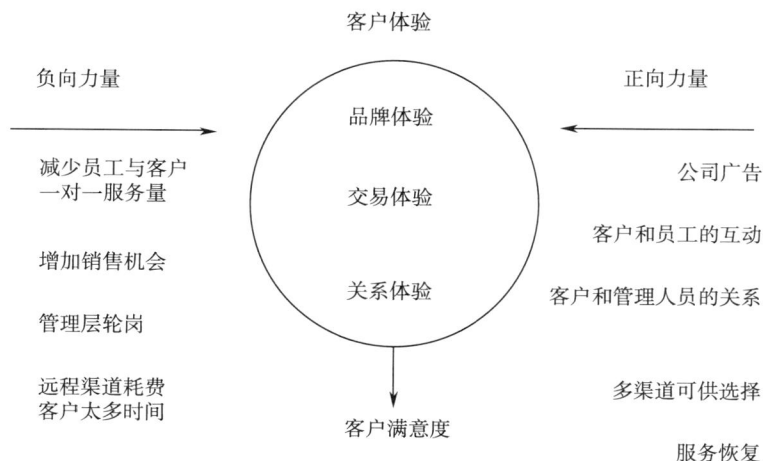

资料来源：作者改编自 O'Loughlin 等，2004。

图 8.3 金融服务业的客户体验模型

活中扮演着重要角色，以及停车难的问题。O'Loughlin 等（2004）认为，有三个层次的体验互相关联并且作用于客户的满意度。负面的力量来自于金融机构内部减少人工服务和提高自动服务的方针和做法，使得人际互动交流的机会越来越少。

和许多其他机构一样，金融机构也在不断地尝试降低成本，同时还要提高服务水平，来满足客户的需要和期望。而他们的解决之道是不断在技术手段方面投入资金。为此，金融机构和其他专业技术公司一起开发各种解决方案，以期达成目标。案例 8.2 就是这种情况。

案例 8.2

客户服务系统转换

一家国际咨询公司为荷兰银行（ABN AMRO）提供客户服务系统转换服务。他们把荷兰银行基层的客户服务活动重组成区域性的服务质量中心，并创立了一个专职客户代表小组来为银行的高端需求客户服务，这样就可以达到在欧洲、中东以及非洲开展区域性客户服务运作的目的。客户服务系统转换项目的第一步，是咨询顾问设计业务转换方案，然后在客户关系管理和电话银行整合实施的过程中做项目跟进监控。这些区域性的服务质量中心使用最新的客户联络中心技术，他们将帮助荷兰银行获得必要的规模经济效益和高效又标准化的业务流程，在不降低服务质量的前提下，减少每笔交易的成本。荷兰银行进一步通过这些服务质量中心提高客户管理能力，并成立了一个客户服务咨询小组，专门负责为荷兰银行排名前 250 位的公司客户提供服务。截至目前，荷兰银行的股东有苏格兰皇家银行、桑坦德银行以及富通银行。

值得注意的是，金融机构在扩大规模以降低成本与提高客户满意度进而赢得客户忠诚之间需要仔细推敲权衡利弊。诚然，服务商的节省开支绩效比来自客户忠诚的收益更容易得到证明，但越是在这类情境下，金融机构越要综合考虑一些决策的短期结果和长远影响。

价值的共同创造

近年来，市场营销研究领域出现了一些新思想，其中 2004 年 Vargo 和 Lusch 撰文提出的"服务主导理念"（service – dominant logic，SDL）引起了广泛的关注。服务主导理念营销理念的假设前提是：企业只能提出价值主张。换言之，消费者使用产品和服务的方式决定产品和服务的价值/使用价值。可见客户也成为服务过程的参与者，将产品转化为服务。从某种程度上看，这样的服务模式在金融服务业一直存在，因为金融产品通常都是用做获得其他终端产品和服务的媒介，例如对于不同的客户，信用卡可以用做当下购物的媒介，或者是理财的手段。多种多样的信用卡服务为客户提供各种不同的便利，如余额转账、优惠的贷款利率以及慈善捐款等业务。然而，服务主导理念观点认为这还远远不够，原则上客户应该获得一张信用卡，然后选择他们所需要的功能，而不是选择一张和他们的需求更为匹配的信用卡。作为信贷危机后经济复苏时期的发展战略，金融机构应该思考如何向它们的客户提供价值主张以获得竞争优势。长久以来始终困扰金融服务供应商的一个瓶颈是金融产品极易被竞争者模仿，这就意味着获得长久的竞争优势变得难上加难。

新产品开发与产品淘汰

新产品开发是市场营销的一项重要内容。然而，在金融服务业新产品开发的情形非常特殊，主要原因是金融服务业的监管和高度竞争的业态。金融服务中，全新的产品十分罕见，金融服务的创新也往往依赖其他途径，比如分销模式的创新，直线保险公司的全局无网点的保险服务运营就是个典型的例子。金融服务的大多数创新是拓展或模仿其他国家已有的产品和服务。在金融服务业，技术发展和应用已经推动了三次创新浪潮（Matthews 和 Thompson，2008），包括：

■ 银行金融机构中的技术应用。这不仅仅局限于银行业，而是包括所有服务业企业中的技术应用，例如评级机构用于信息采购、储存、传递方面的技术应用

■ 电信和计算机信息技术的应用改善了客户的资金管理方式

■ 客户信息库使金融机构能够收集客户开支模式信息，更贴近客户更充分地了解他们的需求

金融服务的新产品开发中，扩充已有产品类型是非常通行的做法。案例8.3介绍的就是一种应对"新型"犯罪的保险新产品。

案例 8.3

身份保护

    身份盗窃指的是犯罪分子获得某人的个人信息进行一系列违法活动，例如使用受害人的信用卡信息购买商品，从受害人的账户取现，甚至创造一个新的身份档案。英国的一项调查显示，有 25% 的英国成年人要么自己有过身份被盗的经历或者有熟人身份被盗过。英国每年大约有 10 万人遭遇身份盗窃，受害人每年损失约 13 亿英镑。根据美国艾可飞信用评级公司的统计，身份被盗的受害者通常至少要花费 300 小时来消除影响。于是金鱼软件公司（Goldfish）开发了一种产品，专门帮助人们消除身份信息被窃的担忧。产品凭借一个实时监控系统，在客户信用报告上提供可疑活动预警服务，公司提供最高可达 50000 英镑的保险赔偿。

    Langerak 等（2004）研究发现，通常情况下新产品投放市场的成功率可能低于 50%。但是，如果以市场为导向推广新产品则能改善产品的表现。金融服务和其他产品一样，需要时刻瞄准客户的需求，并且有针对性地将产品提供给有"需要"的客户群，例如那些担心身份被盗的客户。这种产品定位逻辑在市场营销领域几乎已经是一条公理。当然，客户的显性需求和隐性需求之间存在差异（Slattery 和 Nellis，2004）。隐性需求指的是客户不能言明的需求，如果供应商不能发现客户的隐性需求，那么它回应客户要求的能力就会受到限制。理解客户的隐性需求在金融服务领域非常重要，需要经验丰富的销售人员去发掘这些需求。同时，因为服务商要防范客户自身的安全隐患，或者在不能准确掌握客户的财务状况，也成功地开发了其他一些产品，例如，还款保护就是在客户不能偿付抵押贷款时，对贷款人的一种保护。然而，金融服务也受到规章制度的约束，这里包括英国国内的规章制度和欧盟的法律法规，这些规章制度涉及金融服务的风险管理、零售业务中的企业商业行为、反洗钱以及财务状况报告。有观点认为实行严格的规章制度会带来一大弊端，即不利于金融服务供应商集中精力关注客户的需求。当然这种说法也很难令人信服。图 8.4 显示了英国金融服务供应商要面对的几大压力来源。

    英国金融服务管理局并不直接开发新产品，其职责是保护并教育消费者。英国财政部关注产品的设计及成本，而不关心金融服务供应商的行为（Slattery 和 Nellis，2004）。虽然英国政府连同英国金融服务管理局一道因在发生

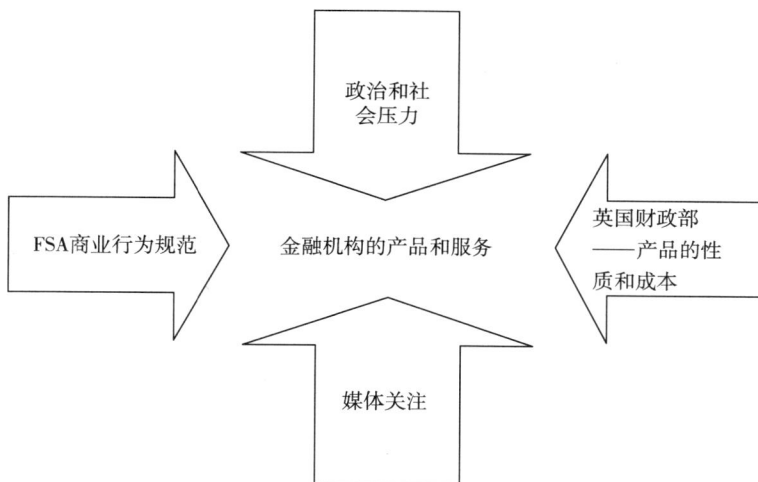

资料来源：作者改编自 Slattery 和 Nellis，2004。

图 8.4　英国金融机构的压力源

信贷危机之前对金融业监管不够而遭到谴责，英国政府还是给金融服务供应商带来压力。不过媒体对金融服务供应商的关注可谓无情（例如www. bbc. co. uk/blogs/thereporters/robertpeston/上的报道）。在后信贷危机时期，广大消费者也在向金融机构施压，要求金融机构重新考量它们的商业行为准则，包括它们提供的产品和服务。金融机构始终处在卖产品的压力当中，开发新产品成了它们提高销量的手段。案例 8.4 介绍了一个保险产品，它能为保险购买者和他们的雇主带来很多益处。

案例 8.4

宠物保险

　　宠物保险的一个专业领域是针对稀有宠物，在稀有宠物生病、丢失或者被偷的时候，保险公司可以为其主人提供经济援助。对于不同的宠物，不论是稀有鸟类、哺乳动物还是爬行动物，保单条款都是量身定制的。绝大多数的保险提供者会根据稀有宠物类别设定不同上限的年兽医费用理赔额度。一旦发生被保稀有宠物被偷、丢失或死亡，保险提供方将按双方协议金额赔付保单持有人。在保单生效前，双方就每一个被保宠物的价值达成一致，第三方责任也可能包含在内。如果由于稀有宠物的行为造成财产或个人的持续性的损失，这项保险将给投保人提供经济保障。很多保险公司为客户提供一单多保的服务，即投保人可以在一张保单上为多只宠物上保险，如果多只宠物属于同类还可以享受一定保费折扣优惠。保险的范围可以扩大到包括运送宠物去参加展览和参加演出的交通保险。稀有宠物的全方位保险的好处在于一旦被保宠物发生意外，保单持有人可以得到兽医费用或法律费用补偿。

　　每年，英国人为"宠物离世哀伤症"而花费 830 万英镑。这方面的医护人员所要做的就是帮助患者摆脱宠物死亡带来的痛苦。每四个患有宠物离世哀伤症的英国人中，就有一人因为过度哀伤而不愿意去工作。他们当中有 12% 的人选择谎称自己生病而不去上班，而不是告诉老板真实原因。此外，将近一半（42%）的宠物主人利用假期时间来悼念他们心爱的宠物，其中有 18% 的人说，他们无法告诉老板不去上班的真正原因。超过三分之一（35%）的患者照常上班，但承认他们无法集中精力工作，其中有 18% 的人表示他们想尽快回家。这项研究发现了失去宠物给人们带来情感成本的严重性。超过三分之一（39%）的人说，他们悼念逝去的宠物跟悼念故去的至亲和朋友一样情真意切，而将近四分之一（24%）的人表示，他们觉得自己永远也走不出失去爱宠的哀伤。

　　由作者改编自 www. money. co. uk/pet – insurance/exotic – pet – insurance. htm 和 www. directline. com。

　　客户通过提供新想法或参与到产品的生产过程来帮助新产品开发。银行业务中对公业务营销与个人业务营销有所不同。对公业务的客户作用更广泛，更关键的是，因为对公业务呈现出高度客户定制化的特征，使得原本多样的服务内容变得更加复杂。大公司有特殊的需求并且需要特定的产品来解决问题，而且服务商还要为公司客户提供理想的收益。一项就银行新产品开发传播所做的调查发现，比较成功的新产品开发过程始终要保持高水平和稳定的传播（Athanassopoulou 和 Johne，2004）。研究还发现，谁扮演传播者的角色也很重要，传播过程中选好各路"演员"，如引导消费的意见领袖、各个职能部门的专家以及公司内部管理人员，对一个新产品的成功非常重要。

　　Doyle（2002）指出，世上鲜有创新产品是真正意义上的新产品，或者说在世人看来很陌生，但他还提出了创新性产品应具备的四个收益标准，即重要性、独特性、可持续性以及可交易性。全新的产品风险更大，而且会占据银行更多的资源，而对已有产品做轻微的革新既能大幅降低风险同时又产生收益。然而，金融服务易被复制，市场上几乎没有什么产品和服务为哪一家金融机构所独有。如果一家银行或者建屋互助会推出一项新的产品和服务，几乎没有什么力量可以阻止其竞争者在第二天就推出基本一样的内容。金融服务业中的很多产品都是复制竞争对手的，结果造成市场上"你有，我也有"的产品雷同状态。Papastathopoulou 等（2006）研究了希腊零售金融服务市场中的创新产品和雷同产品情况，发现真正的创新产品的开发通常能得到银行市场营销部门的大力支持，而那些雷同产品通常是在 IT 部门或者电子数据处理部门中产生的。Stevens 和 Dimitriadis（2005）研究了组织学习在新金融产品开发过程中的作用，发现产品的开发过程并不遵循任何正式的，有明确定义或者按部就班的程序。他们的观察发现与其他服务创新项目的研究结论一致。产品经理们在新产品开发过程中往往会遇到很多疑难问题和困惑，他们必须摸索着去解决（见表 8.1）。Stevens 和 Dimitriadis（2005）的研究结论表明，对金融机构新产品开发来说，循环不断地学习会令决策过程和解决问题过程更加有效。

表 8.1 开发一项产品服务过程

步骤	关键问题/决定性因素	学习行为/工具
环境改变识别	解读环境信息，把初步想法（假设）渐渐具体化，可行性分析	数据收集、内部与外部沟通、反复推敲、探索和检验假设
产生新想法	确定战略目标、愿景以及斟酌字句以能清晰表述，识别威胁和商机、评估竞争者情况和公司自身能力优势	广开言路、汇聚思想，共享愿景、形成共同语言、正式与非正式的讨论、统一认识、培养新思想的倡导者、鼓励客户的参与
产生正式开发程序	创建支持开发的专业团队、确定工作的优先级、确保参与各方多开发程序达成共识、激励中层管理人员、启动开发程序	内部沟通、集思广益、争取达成共识
组建和管理研发团队	设立项目经理、分配工作职责、设定时间计划和工作方法、与选定目标客户建立关系	预测工作难易程度、选择并优化工作人员的能力组合、协调跨部门间的沟通与交流、明确问题解决机制

步骤	关键问题/决定性因素	学习行为/工具
明确新产品和服务的具体内容与开发过程	为客户创造什么价值？产品和服务的性质、收益、设计信息支持系统、员工培训	理解客户预期与需求、竞争者监测、逐步精化产品与服务、检验、模拟、反复试误、情景分析、样板测试、调整产品与服务
配套的组织调整	评估组织结构及业务流程	修订工作职能、设立新的部门/团队、业务流程再造、员工培训
实施计划方案	确保销售网络接受并提供一致新产品和服务	明确新产品开发过程中的性能标准和行为标准使参与人员清楚掌握工作程序、内部/外部的交流与宣传

资料来源：摘自 Athanassopoulou 和 Johne，2004；Stevens 和 Dimitiradis，2005。

今天，越来越多的消费者倡导低碳、低污染消费，希望能为拯救地球尽力。环境保护给企业创造了为这些客户定制产品和服务的机会。案例 8.5 介绍了一家全球领先的大银行回应这场绿色革命的具体做法。

案例 8.5

新产品开发与环境

2008 年夏季，巴克莱银行推出了一款名为巴克莱呼吸卡的信用卡：这款信用卡会奖励那些购买绿色产品的客户，并且将其利润的一半资助削减碳排放的项目。客户在网上收取电子账单，这样就避免了接收纸质账单和邮件；客户可以登录专门的网站来关注巴克莱银行的环保工程，该网站同时也会向客户介绍最新的产品和服务，还有优惠折扣等内容，旨在方便客户节省费用，此外，客户还可以在网上得到相关的市场推广资料。巴克莱呼吸卡是用一种比传统的塑料卡片更为环保的材料制成。巴克莱银行承诺，在第一年内，至少将向环保工程捐赠资金 100 万英镑。巴克莱银行同时向所有企业客户提供相应的商务卡，即巴克莱商业可持续卡。巴克莱银行声称，这是第一张可以帮助企业抵消其商务飞行所带来的碳排放的商务卡。

由作者根据 www.barclays.com 上的内容进行编写。

产品淘汰

如果一项产品和服务不再能满足客户需求，就要把它从金融机构的产品目录中删除或淘汰。尽管学术界对于新产品和服务开发的讨论非常广泛，但研究产品淘汰方面的文献却不多见。Avlonitis（1993）研究发现淘汰不必要的产品可以提高服务供应商产品组合的财务表现和运营表现。金融产品淘汰大体有三个方面的原因：一是销售系统改变，比如由人员销售变为基于技术平台的销售模式；二是相关的规章制度发生变化，金融机构产品和服务要相应调整已达到合规；三是服务商掌握了能更准确核算产品盈利贡献水平的方法。通过淘汰某产品，金融机构可以更有效地来利用这一过程所释放出来的资源，并获得收益。特殊情况下，产品淘汰还广泛用来吸引新客户，一种情况是产品有一定的容量限制，比如规定可以发放的住房贷款资金总量；还有一种情况是经济环境发生变化，例如 2008 年的信贷危机期间抵押贷款总量 125% 被撤回。哈尼斯（Harness）和马尔（Marr）（2004）重点关注客户端的情况，研究了产品淘汰的过程以及结果评价指标。他们考察了不同种类的金融服务，发现社保基金投资和保险产品受监管的影响非常大，对较为简单的产品来说，比如储蓄产品和转账服务，供应商的服务系统管理非常重要。

服务质量与服务提供

Lovelock（2001）着重强调了产品和服务之间的最本质差异，并指出其他人员也可能会成为产品的一部分，金融服务中就体现了其他人的因素。尽管科技的进步已经降低了人际交互的数量和频率，通常服务越复杂，发生人际互动的可能性越大，互动至少涉及两个人，即买方和卖方。银行业的服务质量始终是人们的研究热点，但是仍然有一个问题没有答案，那就是客户，尤其是零售客户，他们得到的服务质量是否如愿。有人认为，服务质量是客户满意度的重要影响因素之一，服务质量不好，金融机构会很难维护客户保留关系或者保持客户的忠实度。人们还不能断定服务质量是产品差异化的基础，因为实践中服务质量差也不一定会导致客户流失到其他金融机构（参见第三章）。由此看来，服务质量很可能是市场营销中的必要条件而非充分条件，不过我们也清楚地知道服务质量差也根本维系不了有意义的客户关系。

如果说服务质量是客户满意度的关键影响因素，那么该如何评价服务质量呢？根据 Gronroos（1984；2000）的研究，服务具备良好的功能、上乘的技术性能和质量对服务的整体品牌形象和公司形象影响巨大。服务的技术组成是指它达到预期性能水平的能力，服务功能组成关注服务供应商和客户之间的互动交流，比如相互提供的建议和帮助。评价服务质量的另一种方法是由 Parasuraman，Zeithaml 和 Berry（1985；1988）提出的服务质量测量工具（SERVQUAL），通常缩写为 PZB。PZB 引发了很多产品与服务质量方面的研究，并成为这些研究的基础，当然也有一些学者对 PZB 提出了批评，例如，Buttle（1996）。PZB（1988）定义了服务质量的五个维度：有形性、可靠性、反应力、保障性以及移情性。Parasuraman，Zeithaml 和 Berry 的研究中包括一些银行金融机构样本。实际上，PZB 测评方法和按技术性及功能性方法评价服务质量大体一致，PZB 涉及的五个维度中，可靠性和反应力与技术性服务质量相似，而其他三个维度对应的是功能性服务质量。在日益全球化的市场背景下，金融服务业特别关注在不同文化环境中的服务质量问题。Tsoukatos 和 Rand（2007）研究了希腊保险市场中文化对服务质量和客户满意度的影响。他们在 PZB 工具的基础上开发了希腊保险服务质量测评工具。他们的研究发现消费者的文化背景对其服务预期影响很大，文化因素决定了服务质量各维度对消费者的相对重要性。他们建议金融服务管理决策过程，特别是涉及服务质量上的人、财、物分配决策应考虑文化因素的影响。Tsoukatos 和 Rand（2007）研究还发现可靠性对客户满意度的影响最大，其次是反应力和保障性。金融机构在测量客户满意度方面投入很多，但是诸多证据表明金融服务业的客户满意度水平千差万别。

服务恢复

人们普遍认识到了服务的易变性，很多企业都设立了发生错误时的矫正机制。人们关注服务恢复的主要原因包括：服务恢复对保留客户有重要作用（Roos，1999）；服务恢复可以防止对企业不利的负面口碑（Swanson 和 Kelley，2001）；服务恢复可以影响客户感知的服务质量（Gronroos，2000）。若公司无法及时纠正提供产品和服务过程中发生的错误，这将非常不利于它赢得客户满意和客户忠诚。还有一些学者的研究证明快速处理好服务中的客户抱怨对企业有益（Bearden 和 Teel，1980；Vorhees 等，2006）。随着服务在现代营销中变得越来越关键，金融服务供应商与客户之间的接触效果，不论是真实的还是虚拟的，也越来越捉摸不定（de Ruyter 和 Wetzels，2002）。因此，公司纠正服务错误的方式对于客户满意度的影响也非常显著（Smith 等，1999；Swanson 和 Kelley，2001）。服务恢复不应仅仅关注于纠正错误，更应该防止未来发生类似的错误（McCollough，2000）。服务恢复尽管是短期行为，但还是应该从长计议根植于产品与服务的可靠性（Boshoff，1999）基础上。一些学者认为服务恢复应该是客户满意度策略的基石（Tax 和 Brown，1998），这一观点对客户满意度和客户忠实度来说更是千真万确。

有很多因素影响客户对服务恢复的满意度，比如，服务失误是否事关产品和服务的核心内容（Keaveney，1995），服务失误对消费体验的影响程度（Hoffman 和 Kelley，2000）以及服务失误的严重程度（Smith，1996）。学者们对于服务失误的影响持不同的观点，有些人认为，一次服务失误可能永久地降低客户整体的满意度（Hocutt 和 Stone，1998）；还有一些人持相反观点，认为客户的累计满意度可以在发生服务失误以及随后的服务恢复过程中得到巨大的提升（Smith 和 Bolton，1998）。由此看来，服务供应商不仅有机会满足客户的需要，还可以在反复令客户满意的经历中创造客户忠实度，而在这一过程中，服务质量的累计评价是一项预测客户忠实度非常有价值的指标（Olsen 和 Johnson，2003）。显然，金融机构肯定特别希望赢得客户忠实度。然而令人沮丧的是，在高街金融机构，客户不管是在支行柜台投诉还是通过电话投诉，没有证据表明服务商的服务恢复换来了客户满意（Jones 和 Farquhar，2007）。服务恢复的最成功方式就是立刻纠正错误，并且将原有服务中导致客户不满意的因素根除。一般来讲，接受调查的消费者对服务恢复所提的要求并无过分之处。公司员工应该掌握服务恢复的必备知识和技能。消费者并不是有不满就投诉，因此服务商要为消费者表达不满提供方便。收集服务失败案例和分析投诉数据可以帮助服务商发现可改进的服务领域，并相应安排合适的员工培训。

案例 8.6

客户投诉

2007 年至 2008 年，英国的抵押贷款和银行服务纠纷的投诉量增加了两倍，共新增投诉 123089 件，增速达到 30% 左右。还款保障保险的客户投诉增长了近六倍，而其中多数投诉都与保险的销售方式有关，而不是保险公司拒绝投保人索赔。金融服务申诉专员（Financial Services Ombudsman，FSO）的报告指出，他们负责监管的金融机构中，超过 95% 的企业没有收到任何投诉，而消费者投诉总数的一半案例涉及六家英国最大的金融服务集团。一位发言人说目前并没有公布这六家银行的名字，但他补充到，媒体投诉委员会主席亨特勋爵（Lord Hunt）已表示，将修订金融服务申诉专员（FSO）章程，届时会重新讨论是否要公开被投诉企业名单。金融服务申诉专员观察发现，客户对于银行活期存款账户收费的投诉上涨了十倍。目前，英国高级法院正在对英国公平交易委员会（Office of Fair Trading，OFT）和八家活期存款账户服务商进行法律合规测试，金融服务申诉专员报告认为这样的涨幅与此轮合规测试有关。金融服务申诉专员一直希望客户投诉的整体数量有所下降，遗憾的是在目前糟糕的经济环境下客户投诉量激增，创下新纪录。金融服务申诉专员希望更多的消费者使用媒体投诉委员会提供的服务。金融服务监察专员报告还提到，亨特勋爵在审查监察员服务的公开性和透明性时指出，让公众人人都可以使用我们的服务是金融服务申诉专员的第一要务。

　　由作者根据 www. moneymarketing. co. uk 上的内容进行编写。

　　尽管如此，客户投诉快速增长说明目前的投诉机制并没有起到作用。而且大银行对于服务恢复缺乏承诺，实际上，他们首先就没有下决心做到服务不出错。

亲和营销

　　亲和营销是指营利性组织的市场营销活动与非营利性组织的创收活动联盟，其目的是在市场竞争中通过差异化来提升商业机构产品和服务的吸引力。亲和营销的目标是将自己的商誉或者是客户对于企业的正面印象资本化（Horne 和 Worthington，2002）。而亲和营销的前提是当某种产品和服务如信用卡和某家受人尊敬的、可信的行业或机构联系在一起，它更能吸引到消费者。亲和营销背后有两种不同的收益突出体现了服务商对客户的价值定位判断。第一，这样的营销方案是以集体收益为基础，也就是说，非营利性组织的会员或捐赠者接受或使用合作企业的产品和服务，企业会将一定收益转给非营利性组织而非消费者个人。这样的集体收益可以给消费者提供免费或者低成本且简便易行的方式为公益事业作贡献。第二，还有一些为客户量身定做的收益安排。第二种收益与产品的功能即产品性能更佳，以及与产品或公司形象联系在一起。图 8.5 概述了这些收益。

　　很多亲和营销方案同时提供了上述两种收益。然而，对于亲和卡客户希望得到更多样的收益，而且个人收益份额占比要高。消费者认为亲和卡的集体收益的真实价值不易确定，值得怀疑（Mekkonen 等，2008）。

个人客户和企业客户可以享受到的金融服务的种类越来越丰富，但这并不一定代表金融机构了解并且满足了客户的需求。服务商要开发符合法规、方便客户生活并且创造利润的新产品，产品开发过程中各家金融机构都要承受来自很多方面的压力。

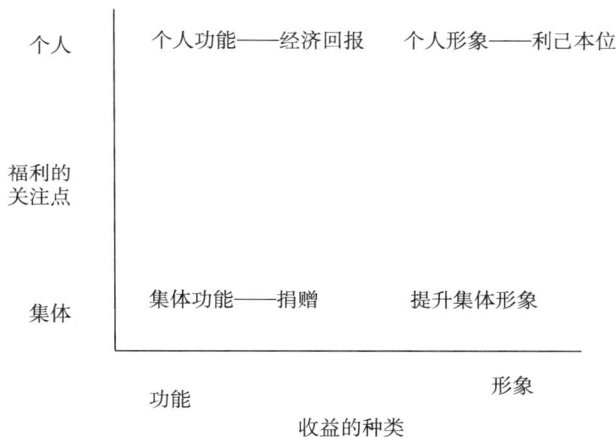

资料来源：摘自 Mekkonen 等，2008。

图 8.5　亲和产品收益类型图

第八章小结

- 消费者很少像购物那样购买金融产品和服务。因为金融产品和服务能带来收益或能规避某些不利结果，所以消费者才购买。

- 市场营销学的最新思想强调客户为了价值而购买，金融服务供应商唯一能做的是向客户提出价值主张，而客户从消费产品和服务中获得使用价值。

- 如果新产品开发是以团队为基础，并且形成循环学习的开发流程，那么新产品开发会更成功。

- 服务质量和服务恢复构成了客户体验的一部分内容，所以是产品和服务的重要组成部分。

- 如果产品不再能满足客户需要，服务商便会把它们从产品系列中剔除。

● 亲和卡给金融机构和客户提供了很多收益机会，其中很多收益可以合并。

思考题

1. 登录巴克莱银行的网站（www. barclays. co. uk），看看给个人客户提供的产品和服务有哪些。然后，再登录汇丰银行的网站（www. hsbc. co. uk），看看汇丰银行提供的产品和服务中哪些与巴克莱银行的不同。

2. 看看桑坦德银行（www. santander. co. uk）网站，这家银行是怎样借助网站来解决其产品的无形性问题的。

3. 选择四种亲和卡（www. moneysupermarket. com），并且利用亲和产品收益类型图（图8.5），分析每张卡片分别提供了哪种收益。

4. 登录英国不列颠建屋互助会的网站（www. britannia. co. uk），看看它提供的服务项目、其产品和服务的范围与其更大竞争者相比如何，研究一下它的产品和服务范围，你能得出什么结论？

5. 在使用金融产品过程中，你发现了哪些价格共同创造的机会？

参考文献

［1］Athanassopoulou，P. and Johne，A.（2004）"Effective Communication with Lead Customers in Developing New Banking Products"，*International Journal of Banking Marketing*，Vol. 22，No. 2，pp. 100 – 25.

［2］Avlonitis，G.（1993）"Project Dropstat：What Factors Do Managers Consider in Deciding Whether to Drop a Product?"，*European Journal of Marketing*，Vol. 27，No. 4，pp. 35 – 48.

［3］Bearden，W. and Teel，J.（1980）"An Investigation of Personal Influences on Consumer Complaining"，*Journal of Retailing*，Vol. 56，Autumn，pp. 3 – 20.

［4］Bitner，M. – J.（1992）"Servicescapes：The Impact of Physical Surroundings on Customers and Employees"，*Journal of Marketing*，Vol. 56，April，pp. 57 – 71.

［5］Bloemer，J and Kasper，H.（1995）"The Complex Relationship between Consumer Satisfaction and Brand Loyalty"，*Journal of Economic Psychology*，

Vol. 16, pp. 311 - 29.

[6] Bloemer, J., de Ruyter, K. and Wetzels, M. (1999) "Linking Perceived Service Quality and Service Loyalty: A Multi - dimensional Perspective", *European Journal of Marketing*, Vol. 33, No. 11/12, pp. 1082 - 07.

[7] Bolton, R., Lemon, K. and Verhoef, P. (2004) "The Theoretical Underpinning of Customer Asset Management: A Framework and Propositions for Future Research", *Journal of the Academy of Marketing Science*, Vol. 32, No. 3, pp. 271 - 92.

[8] Booz Allen Hamilton (2003) Implementing the Customer - Centric Bank: *The Rebirth of the Forgotten Branch*, www. boozallen. com, accessed 6 September 2005.

[9] Boshoff, C. (1999) "RECOVSAT: An Instrument of Measure Satisfaction With Transaction - Specific Service Recovery", *Journal of Services Research*, Vol. 1, No. 3, pp. 236 - 49.

[10] Buttle, F. (1996) "SERVQUAL: Review, Critique, Research, Agenda", *European Journal of Marketing*, Vol. 30, No. 1, pp. 8 - 32.

[11] Cobanoglu, C. and Cobanoglu, N. (2003) "The Effect of Incentives in Web Surveys: Application and Ethical Considerations", *International Journal of Research in Marketing*, Vol. 45, No. 4, pp. 475 - 88.

[12] Dekimpe, M., Steenkampe, J. - B., Mellens, M., and Abeele, P. (1997) "Decline and Variability in Brand Loyalty", *International Journal of Research in Marketing*, Vol. 14, pp. 405 - 20.

[13] Dick, A. and Basu, K. (1994) "Customer Loyalty: Toward an Integrated Conceptual Framework", *Journal of the Academy of Marketing Science*, Vol. 22, No. 2, pp. 99 - 113.

[14] Doyle, P. (2002) *Marketing Management and Strategy*, 3rd edn, Harlow, FT Prentice Hall.

[15] Farquhar, J. and Panther, T. (2007) "The More the Merrier? An Exploratory Study into Managing Channels in UK Retail Financial Services", *International Review of Retail, Distribution and Consumer Research*, Vol. 17, No. 1, pp. 43 - 62.

[16] Fisk, R. Grove, S. and John, J. (2004) *Interactive Services Marketing*, 2nd edn, Boston, Houghton Mifflin Company.

[17] Gremler, D. and Brown, S. (1999) "The Loyalty Ripple Effect: Appreciating the Full Value of Customers", *International Journal of Service Industry Management*, Vol. 10, No. 3, pp. 271 – 91.

[18] Gronroos, C. (1984) "*A Service Quality Model and its Marketing Implications*", European Journal of Marketing, Vol. 7, No. 3, pp. 59 – 71.

[19] Gronroos, C. (2000) *Service Management and Marketing: A Customer Relationship Approach*, Chichester, Wiley.

[20] Gruber, T., Szmigin, I., and Voss, R. (2006), "The Desired Qualities of Customer Contact Employees in Complaint Handling Encounters", *Journal of Marketing Management*, Vol. 22, pp. 619 – 42.

[21] Harness, D. (2004) "Product Elimination: A Financial Services Model", *International Journal of Bank Marketing*, Vol. 22, No. 3, pp. 161 – 79.

[22] Harness, D. and Marr, N. (2004) "A Comparison of Product Elimination Success Factors in the UK Banking, Building Society and Insurance Sectors", *International Journal of Bank Marketing*, Vol. 22, No. 2, pp. 126 – 43.

[23] Hart, C. Heskett, J. L. and Sasser, W. O. (1990) "The Profitable Art of Service Recovery", *Harvard Business Review*, Vol. 68, No. 4, pp. 148 – 56.

[24] Hocutt, M. and Stone, T. H. (1998) "The Impact of Employee Empowerment on the Quality of Service Recovery Effort", *Journal of Quality Management*, Vol. 3, No. 1, pp. 117 – 32.

[25] Hoffman, K. D. and Kelley, S. W. (2000) "Perceived Justice Needs and Recovery Evaluation: A Contingence Approach", *European Journal of Marketing*, Vol. 34, No. 3/4, pp. 418 – 32.

[26] Hogan, J., Lemon, K. and Rust, R. (2002) "Customer Equity Management: Charting New Directions for the Future of Marketing", *Journal of Service Research*, Vol. 5, No. 1, pp. 4 – 12.

[27] Holbrook, M. (1999) *Consumer Value: A Framework for Analysis and Research*, London, Routledge.

［28］ Hollensen, S. （2001） *Global Marketing*：*A Market Responsive Approach*, 2nd edn, Harlow, FT Prentice Hall.

［29］ Horne, S. and Worthington, S. （2002） "The Relationship Rhombus：A Quadratic Relationship", *Journal of Market – Focused Management*, Vol. 5, No. 2, pp. 161 – 72.

［30］ Keaveney, S. （1995） "Customer Switching Behavior in Service Industries：An Exploratory Study", *Journal of marketing*, 59, April, 71 – 82.

［31］ Koderisch, M., Wuebker, G., Baumgarten, J. and Baillie, J. （2007） "Bundling in Banking：A Powerful Strategy to Increase Profits", *Journal of Financial Services Marketing*, Vol. 11, No. 3, pp. 268 – 76.

［32］ Langerak, F. Hultink, E. and Robben, H. （2004） "The Impact of Market Orientation, Product Advantage and Launch Efficiency on New Product Performance and Organizational Performance", *Journal of Product Innovation Management*, Vol. 21, pp. 79 – 94.

［33］ Lovelock, C. （2001） *Services Marketing*, 4th edn, Upper Saddle River, Prentice Hall.

［34］ McCollough, M., Berry, L. and Yadav, M. （2000） "An Empirical Investigation of Customer Satisfaction after Service Failure and Recovery", *Journal of Service Research*, Vol. 3, pp. 121 – 37.

［35］ Matthews, K. and Thompson, J. （2008） *The Economics of Banking*, 2nd edn, Chichester, John Wiley and Sons.

［36］ Mekkonen, A., Harris, F. and Laing, A. （2008） "Linking Products to a Cause or Affinity Group", *European Journal of Marketing*, Vol. 42, No. 1/2, pp. 135 – 53.

［37］ O'Loughlin, D. Szmigin, I. and Turnbull, P. （2004） "From Relationships to Experiences in Retail Financial Services", *International Journal of Bank Marketing*, Vol. 22, No. 7, pp. 522 – 39.

［38］ Oliva, T., Oliver, R. and MacMillan, I. （1992） "A Catastrophe Model for Developing Service Satisfaction Strategies", *Journal of Marketing*, Vol. 56, July, pp. 83 – 95.

［39］ Oliver, R. （1999） "Whence Consumer Loyalty?", *Journal of Market-*

ing, Vol. 63, Special issue, pp. 33 – 44.

[40] Olsen, L. and Johnson, M. (2003) "Service Equity, Satisfaction, and Loyalty: From Transaction – Specific to Cumulative Evaluations", *Journal of Service Research*, Vol. 5, No. 3, pp. 184 – 91.

[41] Papastathopoulou, P., Gounaris, S., and Avlonitis, G. (2006) "Successful New – to – the – market Versus "Me – too" Retail Financial Services", *International Journal of Bank Marketing*, Vol. 24, No. 1, pp. 53 – 70.

[42] Parasuraman, A., Zeithaml, V. and Berry, L. (1985) "A Conceptual Model of Service Quality and its Implications for Further Research", *Journal of Marketing*, Vol. 48, Autumn, pp. 41 – 50.

[43] Parasuraman, A., Zeithaml, V. and Berry, L. (1988) "A Multiple – item Scale for Measuring Consumer Perceptions for Service Quality", *Journal of Retailing*, Vol. 64, No. 1, pp. 12 – 40.

[44] Payne, A. (2000) "Consumer Retention", *in Marketing Management: A Relationship Marketing Perspective*, Cranfield School of Management, Basingstoke, Macmillan Business.

[45] Reichheld, F. (1996) "Learning from Customer Defections", *Harvard Business Review*, March/ April, pp. 56 – 69.

[46] Reichheld, F. (2003) "The One Number You Need to Grow", *Harvard Business Review*, December, pp. 46 – 55.

[47] Reinartz, W., Thomas, J. and Kumar, V. (2005) "Balancing Acquisition and Retention Resources to Maximize Customer Profitability", *Journal of Marketing*, Vol. 69, January, pp. 63 – 79.

[48] Roos, I. (1999) "Switching Processes in Customer Relationships", *Journal of Services Research*, Vol. 2, No. 1, pp. 68 – 85.

[49] Sividas, E. and Baker – Prewitt, J. (2000) "An Examination of Relationship between Service Quality, Customer Satisfaction and Store Loyalty", *International Journal of Retail and Distribution Management*, Vol. 28, No. 2, pp. 73 – 82.

[50] Slattery, D. and Nellis, J. (2004) "Product Development in UK Retail Banking: Developing a Market – oriented Approach in a Rapidly Changing Reg-

ulatory Environment", *International Journal of Bank Marketing*, Vol. 23, No. 1, pp. 90 – 106.

〔51〕Smith, A. and Bolton, R. (1998) "An Experimental Investigation of Customer Reactions to Service Failure and Recovery Encounters: Paradox or Peril", *Journal of Services Research*, Vol. 1, No. 1, pp. 65 – 81.

〔52〕Smith, A., Bolton, R. and Wagner, J. (1999) "A Model of Customer Satisfaction with Service Encounters Involving Failure and Recovery", *Journal of Marketing Research*, 36, pp. 356 – 72.

〔53〕Stephens, N. and Gwinner, K. (1998) "Why Don't Some People Complain? A Cognitive – Emotional Process Model of Consumer Complaint Behavior", *Journal of Academy of Marketing Science*, Vol. 26, pp. 172 – 89.

〔54〕Stevens, E. and Dimitriadis, S. (2005) "Learning During Developing and Implementing New Bank Offerings", *International Journal of Bank Marketing*, Vol. 23, No. 1, pp. 54 – 72.

〔55〕Strauss, B. and Neuhaus, P. (1997) "The Qualitative Satisfaction Model", *International Journal of Service Industry Management*, Vol. 8, No. 3, pp. 236 – 49.

〔56〕Swanson, S. and Kelley, S. (2001) "Service Recovery Attributions and Word – of – mouth Intentions", *European Journal of Marketing*, Vol. 35, No. 1/2, pp. 194 – 211.

〔57〕Tax, S. and Brown, S. (1998) "Recovering and Learning from Service Failure", *Sloan Management Review*, Autumn, pp. 75 – 88.

〔58〕Tsoukatos, E. and Rand, G. (2007), "Cultural Influences on Service Quality and Customer Satisfaction: Evidence from Greek Insurance", *Managing Service Quality*, Vol. 17, No. 4, pp. 467 – 85.

〔59〕Vargos, S. and Lusch, R. (2004) "Evolving to a New Dominant Logic for Marketing", *Journal of Marketing*, Vol. 68, January, pp. 1 – 17.

〔60〕Venkatesan, R., Kumar, V. and Bohling, T. (2005) "Selecting Valuable Customers Using a Customer Lifetime Value Framework", Working Paper Series, Marketing Science Institute.

〔61〕Vorhees, C., Brady, M. and Horowitz, D. (2006) "A Voice From

Silent Masses: An Exploratory and Comparative Analysis of Noncomplainers",
Journal of the Academy of Marketing Science, Vol. 34, No. 4, pp. 514 – 27.

拓展阅读

[1] www. hsbc. co. uk/1/2/premier

[2] www. yougov. co. uk

[3] www. moneyexpert. com

[4] www. financial – ombudsman. org. uk

案例学习

按里程—路线—时段付费车险

英国政府公布了一项道路收费的相关提案，其中包括以道路收费/定价的方案来替换道路税和汽油税。提案的关键内容是按司机行驶每公里路线为基础计算收费，但是收费会依据行驶的路线和时段的不同而不同。例如，司机在高峰时段的首都高速公路上行驶，比如 M25 路线，会被收取额外费用，而白天行驶在车流较小的路线，收费会相应较低。英国交通部的可行性研究（www. dft. gov. uk/strategy/futureoftransport）认为，如果这套方案在全国推开执行的话，可以缓解约 40% 的交通拥堵状况，而路上车辆数量仅减少 4%。这项方案的一个重要促成因素就是有了能监测车辆道路使用状况的技术手段。实施该方案有利于更有效地管理道路空间。

按里程—路线—时段付费车险

道路定价对于车辆保险行业同样有启发意义。英国保险业协会（The Association of British Insurers，ABI）相信新科技能给保险营销带来革命性变化，在车流量小的路线行驶，发生交通事故的概率会低，因此保费也会低。当然这样的保险方案不一定适合所有人。车主购买按里程—路线—时段付费车险时，只需首付普通车险保费的三分之一。之后，保险公司会每月按被保车辆每次出行的行驶里程、行车路线和时段计价收费。

英国最大的保险公司诺威治联合公司（Norwich Union）曾实施了一项为期两年，涉及 5000 辆机动车的按里程—路线—时段付费的车险试验方案。方案的一个重要部分是投保人先支付一定的费用，再花 50 英镑安装一个车载全球定位系统（global positioning system，GPS）黑匣子，大小和 DVD 机盒差不多。黑匣子可以收集、储存以及传输车辆行驶的时间路线信息。行程的细节会通过手机网络回传给保险公司，保险公司则会根据这些信息计算出每月的账单，并从投保人的账户中直接扣除保费。因此，靠GPS监测客户的每次行车情况，保险公司就可以准确地掌握客户的出行时间、路线及车速数据，并据此计算保费。

这项方案的一个好处是它根据客户的具体用车行为计算保费，因此很多人认为这可以降低用车成本。保险公司声明，这项方案有最高保费限额，最高保费与客户购买普通车辆保险的价格相当。诺威治联合公司对不同年龄组的投保人提供两种车险保单。第一种针对年龄在18~23岁的年轻司机提供每月100英里的免费里程，超出部分将根据司机的行为习惯来收费。在事故风险较高的早6点至晚11点之间，司机支付的保费可能会高达1英镑/英里。第二种针对年龄在24~65岁的司机，无免费里程，按全部里程计收保费。诺威治联合公司采用事故风险概率定价原则，在高速公路或双车道以70英里/小时速度行驶的车辆保费仅是在城市道路以30英里/小时速度行驶车辆保费的10%。所有的保险产品都不鼓励夜间驾驶。这款保险产品可以帮助年轻司机节省很多保费，每年最多可省下2000英镑左右。当然，人们对这种保险产品还有很多其他顾虑，比如，黑匣子记录司机的行驶速度以及具体位置的详细个人信息。应警察局要求，保险公司已经提供两起交通事故的信息记录。如果车辆在发生事故时超速，这些数据会影响索赔结果。GPS黑匣子还有一些益处，比如车辆路上抛锚或遇紧急情况，司乘人员可以通过它求助；如果发生额外收费，司机还可以获取路况拥堵信息；不仅如此，如果车辆丢失，可以借助黑匣子追踪丢失的车辆。按里程—路线—时段付费车险对更广泛意义的社会来说，其主要意义在于将鼓励更多的人将车留在家里。

价格结构

投保人支付少量的预付款以及50英镑的GPS安装费，当然投保人可以立即获得保险保障，并且在黑匣子安装之前每天支付等额保费。投保人每个月支付火灾和盗窃等风险的固定保费以及按英里计算的浮动保费。与正常的保险相同，如果投保人有犯罪记录或者不良保险记录，那么投保人应该支付更高的保费。投保人的居住地（邮政编码）、车辆的停放地、车辆种类，以及其他不同细节都会影响保费金额的高低。投保人会收到详细的保费清单，和手机的账单相似，清单上列明不同时间、不同里程、不同路线的收费标准和收费金额。这样，驾驶同一辆车的客户之间便再也没有隐私！

预期结果

有些司机买按里程—路线—时段付费保险可以节省一大笔钱。保险公司说，每年行驶里程在 8000 英里以下或者主要使用高速公路和双车道的驾驶员更容易省钱。年轻的司机如果不在夜间行车也会省很多钱。这项方案还可以减少车辆交通事故，因为采用该方案的司机可能会尽量少开车，或者选择在更安全的时段和路线行驶。由于每个月的保费不同，客户每个月的预算也应随之调整。例如，有些投保人在冬季支付的保费更高，因为冬季寒冷、天黑得早、亮得晚，他们不愿使用其他交通工具，所以用车多，从而费用自然高。

按里程—路线—时段付费车险的退保

尽管一开始人们对这种保险新品表现出了非常大的兴趣，但是诺威治联合公司却在产品推出不到两年的时候，也就是保险尚未期满的时候废除了这项旗舰车险计划。诺威治联合公司的初衷是希望通过鼓励司机少在高峰时段和夜间驾车来减少理赔金，由此达到降低保费的目的。公司称参保客户数量太少，指责各家汽车制造商采用行车监测技术的速度太迟缓是主要原因。公司的原计划目标是售出 100000 份保单，公司不愿意透露究竟有多少客户参保了，但指出实际参保人数不低于 10000 人。诺威治联合公司已发函通知客户这一变故，承诺这一变化不会令任何一位投保人失去保险保障。公司承诺如果这些投保人购买普通车辆保险，公司将为他们提供折扣优惠。整个保险业都在密切关注这一方案的发展情况。叫停按里程—路线—时段付费车险带来的影响不仅限于车辆保险，任何由政府推出的道路定价方案都可能会使用类似的路面信息回传技术。因此，找到这次保险新品试验失败的主要原因具有非常重要的意义。

案例思考

1. 这项保险新品的概念源于何处？还有哪些其他的环境变化推动了这项方案出台？

2. 分析按里程—路线—时段付费保险的优势和劣势。

3. 这项方案满足了服务主导营销理念的哪些标准？

4. 在这个案例中，有哪些证据能够支持新产品开发（NPD）理论？

5. 案例中哪些证据可以帮助解释为什么公司取消了该方案?

6. 我们可以从这个案例中得到哪些营销方面的教训呢?

由 Jillian Dawes Farquhar 根据 www. bbc. co. uk，www. guardian. co. uk，www. fool. co. uk，www. moneyexpert. com 上的信息进行编写。

第九章

金融服务的定价与价值

学习目标

学习本章后，读者应该掌握以下几点：

■ 理解金融服务营销定价的关键因素

■ 评估定价策略，包括交叉销售、产品捆绑、关系定价以及客户价值

■ 审慎思考针对不同金融服务细分市场的定价策略

■ 深入理解金融服务营销中价值的作用

引言

金融服务定价的最主要特点之一是消费者很少给银行和其他金融机构的服务直接付费（Heffernan，2005）。用于描述金融服务定价的术语在很大程度上很特别，如金融服务中，我们采用费用、收费、保费和费率，而不是使用其他场合中的价格、发票或者账单。还有另一个重要特点是服务商可能直接免除服务费用或者直接从客户账户中扣除服务费用，这种做法使客户在交易过程中失去了一些权利，也可能成为引起客户不满的原因之一。如果金融机构的收费有争议，或者发生收费错误，而客户试图从金融机构索回这笔费用，那么客户要负责举证，而取证过程可能十分复杂而令人沮丧。对消费者来说，金融服务是必要的，但服务商提供的产品与服务本身并不如消费者所愿。与得到 Apple 最新款的产品或一双 Jimmy Choos 的时尚鞋履相比，住房保险并不能给投保人带来多大欢喜。因此，在金融服务的定价领域似乎会有很多因素导致客户不满。

成本

对公司销售的产品而言，有很多不同的定价方法，计算过程中必须考虑公司的成本。定价的宗旨是使销售产品产生的收入足够支付成本，同时能达到公司的盈利目标。按照规模经济理论，大银行相对于小银行有成本优势。这次信贷危机给一些大银行提供了收购或兼并陷入困境的其他金融机构的便利，出现了一批规模更大的高街金融机构。另外，范畴经济（economies of scope）指出产品多元化银行比"金融精品"银行效率更高（Heffernan，2005）。"金融精品"是指专注于提供小范围产品的金融机构，比如利基保险公司。然而，已有的研究结果差异很大，并且鲜有实证研究能证明以上观点。Heffernan（2005）发现一个利润最大化的策略是将高度竞争化的存贷款产品和无竞争的产品捆绑销售，这样可以从客户的消费惯性中获利。这是一个用非价格特征进行定价的实例，但客户和监管者并不欢迎这种做法。进一步讲，金融服务市场已经很成熟、饱和，在其他行业行得通的定价方法在金融服务业很难发挥作用。总的来讲，无论对于个人客户还是企业客户来说，金融服务的定价问题，而不是服务价格本身，是金融机构向消费者提供服务时最具争议的问题领域。

就金融服务而言，供应商通常在数字和资金的把握方面比大多数客户要出色，金融机构制定了大量的复杂的定价策略。而金融服务营销的关键问题是客户是否认为自己所支付的服务费用合理或者可接受。如果客户认为产品和服务的价格不公平，他们就不会有满意的消费感受或体会到消费的价值。大多数金融机构都试图盈利，例如股份制的银行和保险公司。与此同时还有像信用合作社和建屋互助会等其他一些金融机构，其经营宗旨是吸引资金和发放贷款。市场营销人员认为金融服务的定价策略依据三种成本。

第一种是金融服务给客户和服务供应商所带来的成本。除去资金成本，消费者决定是否要购买某种金融服务时还会产生心理成本。通常客户会表现出一定的黏性，因为他们更换服务供应商要付出相应比较高的成本。金融机构有比较高的固定成本，包括分支机构、行政中心、网络、IT 基础设施、呼叫中心以及销售人员等。这些与其他零售商，比如食品商店类似。然而，金融服务的可变成本是比较低的，比如说为额外的一名客户提供服务并不会导致成本的显著上涨。既然如此，很多大银行机构对不增加成本而服务更多大众客户充满信心。

金融机构凭借技术进步，一方面降低人工服务成本，同时取得规模经济效益，可谓一箭双雕。然而，已有的研究表明，引进 ATM 并没有降低金融服务供应商的总体成本。尽管在单次交易中 ATM 比人工服务成本低，但是美国的研究数据显示客户会更频繁地使用 ATM，导致服务商的整体成本上升。科技进步为客户提供了更优质的服务，但是对银行成本的影响是中性的（American Bankers，1990）。多渠道服务面临同样的情况，引进多渠道也没有降低银行和其他金融机构的成本，因为消费者倾向于使用多种渠道组合来适应和满足自己的需要。银行努力推荐客户由使用线下服务转为使用线上服务，可惜客户不接受如此安排，他们要用适合自己的各种渠道。特别对于银行和其他放贷方来说，资金成本是首位的。金融机构在货币市场中相互借贷。案例 9.1 介绍了批发货币市场在金融服务业中的地位。

案例 9.1

批发货币市场中的头寸暴露

在市场行情不稳定时期，衡量银行稳定性的重要指标之一就是他们有多少贷款资金是通过存款融资而得到的。如果银行借出的资金是来自于其他客户的存款，那么在一定程度上，他们可以忽略批发货币市场中的动荡。在信贷危机期间，很多银行可以一手将资金借给个人客户和企业客户，而另一只手试图从货币批发市场将资金借回。当银行和机构投资者不愿意将资金外借时，该市场则面临干涸，无法运转。因此，如果银行严重依赖于货币批发市场融资，批发货币市场发生动荡，它们处境就岌岌可危。统计数据表明，渣打银行的存贷款比率为 118%，这意味着渣打银行处于相对健康的状况。然而，北岩银行、布拉德福德·宾利银行以及联合莱斯特银行的存贷比分别为 31%、58%、58%，都处于比较低的水平，意味着它们均高度依赖于批发货币市场的资金，而这一点使它们在 2008 年的危机中不堪一击，北岩银行国有化了，而后两家银行则被西班牙桑坦德集团全部或部分收购了。

作者根据 www.bbc.co.uk，*The Independent on Sunday*，*The Observer* 的内容进行改编。

第二种成本与行业竞争有关。金融机构的品牌策略并没有获得预期的成功。这种情况下，消费者总是按价格来作决定买哪家的金融产品和服务。比如说购买车险，消费者通常根据保费高低决定在哪家机构上车险。有时，出于高昂的转换成本压力，消费者只好继续用现有的服务供应商。因此，金融机构首先需要获得一个客户，然后尽量让这位客户对服务满意，虽然不一定能绝对忠诚，但至少出于认知成本、生理成本以及心理成本考虑，不愿意再找另一个服务商。为了在第一时间赢得一位客户，服务商的服务价格必须是可接受的，这通常意味着要与市场上其他相似服务价格水平大体相同。尽管金融产品和服务大部分商品化了，但与餐厅和酒店不同，金融服务供应商不能收取服务溢价。

最后一种成本与客户需求有关。金融服务的需求波动很少，因为不管是个人客户还是企业客户每天都需要金融服务。人们财富越多，对金融服务的需求越大，因为人们会需要更多的贷款、保险、投资和养老金服务。这种健康的需求导致即使在信贷危机时期，市场上也有足够多的服务供应商。英国的金融服务市场环境非常宽松，像西班牙桑坦德集团和特易购这样的新加入者也纷纷投入巨资扩展其业务。英国金融市场吸引人的重要原因之一是它监管相对宽泛。在英国，个人理财的监管机构是金融服务管理局。金融服务管理局曾因其懒散的监管风格而被广泛诟病，它有没有必要继续存在下去仍是个问号。人们希望能有一个更得力的监管机构可以在金融服务定价中扮演重要角色，特别是在一些服务收费问题上应有所作为。

定价目标

设立目标对市场营销的各个领域都很重要，定价领域也不例外。几种不同的定价目标决定金融机构最终选择的定价策略，下面我们将一一讨论这些目标。

一扩大市场份额

对于大银行来说，发展更多客户一直是它们的主要目标。银行业用了很多不同的方法来达成这一目标，其中最常用的是针对不同客户群体进行营销。

一利润最大化

利润最大化是以收取市场所能承受的最高费用来实现的。银行尤其不愿意提供免费服务，而且总是变着法收取高昂的透支费来弥补免费服务所带来的成本。同样，银行比较喜欢利用交叉补贴这一手段来盈利，即某一产品可能并不盈利，但是另一款产品的盈利却可以覆盖任何超额成本。

—产品质量领先

大众市场金融服务包括零售银行服务和保险服务。对于这些服务来说，产品质量领先其实是一个并不实际的目标，因为消费者通常感觉不到不同供应商产品之间的差异。随着金融服务的不断商品化，消费者更倾向于寻找那些价格与他们感知的服务价值相符的、最为优惠的产品。

在最终确定了定价目标后，金融机构便应该着手开发一套定价策略来达成既定目标。

定价策略

一家公司选择的定价策略应该能够帮助他们完成相应的企业目标，比如产品质量领先，由此在定价方面带来一定溢价。对于金融服务来讲，溢价的空间似乎很小。身处激烈的竞争业态中，金融机构没有多少定价选择。面对这一情况，金融机构更倾向于根据竞争者的现有价格及定价策略来对自己的产品进行定价（Avlonitis 和 Indounas，2006）。消费者喜欢根据价格来选择相应的金融产品。这很可能是导致市场上没有强势品牌并且产品自身属性功利化的原因。总的来讲，定价过程应该具有以下特点：

■ 对不同的市场细分应该进行差异化定价以达到每个细分市场中利润最大化的目的

■ 如果某一产品是针对某些特定细分市场的话，那么其定价不应该以牺牲其他细分客户的利益为代价来过度补贴这些细分市场（比如，新客户和已有的客户）

■ 价格应易于沟通，也就是说，相关的细分市场容易清晰准确地理解价格

下面我们将进一步讨论一些可供金融服务行业选择的定价策略。

—渗透或低定价策略

如果一家金融机构以扩大其市场份额为目标，那么它可以通过降低价格来挤走竞争者，这可能包括通过提供诱人的贷款利率或投资回报率来吸引客户。在一个饱和的市场中，金融机构通常是以诱人的产品来诱使客户离开竞争者转而成为自己的新客户。金融机构通常以收费低廉甚至是免费的银行服务来吸引新的学生客户群体。一旦一个学生在某一银行中开设了支票账户，

通常这家银行是英国规模很大的高街银行之一，那么这个学生通常会在今后的一段时间，在有些情况下甚至是几年，继续使用该银行的服务。这种方式对于活期账户是有作用的，在很大程度上，活期账户也为金融机构建立与客户的关系提供了一个支点。不提供此类账户服务的金融机构也有自己的打算。一位研究者发现一家金融机构通过报纸财经专栏的"最受欢迎产品"目录来吸引客户。这家金融机构指出回应他们产品的客户往往持续时间比较短，当市场上有其他更优惠的利率时，客户便会转向其他供应商（Farquhar 和 Panther，2007）。这些客户都是价格敏感型的，或者用金融业术语来讲，是"利率追逐者"，他们会积极地寻找提供最优惠利率的产品。这些客户恰好与黏性客户形成对比，他们愿意以非价格成本（比如认知成本）来节省资金。研究人员发现，哪家金融机构在重新考察其定价策略后，相应调整了价格策略，与其竞争者保持一致，结果证明调整后的策略更为成功。

一价格捆绑

很多金融机构在定价时都要防范竞争者蚕食其市场份额。它们将两种或两种以上服务捆绑销售，可以使潜在买家和重复买家很难在众多供应商之间进行比较。价格捆绑同样可以使得金融机构提升其盈利能力，因为它们可以获得经济规模和经济范畴效应（Koderisch 等，2007）。产品包由不同产品和服务组成，而且每一个产品包都有其针对的特定细分市场，因此价格捆绑可以使金融机构在一定程度上实现差异化竞争。案例9.2提供了一个保险业中价格捆绑的实例。

案例9.2

额外的保障以及折扣！

法国安盛是一家全球性的保险公司，它的客户可以根据自身对于保险保障的需求来选择一套超级版的房屋保险（Home Plus）。基础版的保险提供最基本的保障，但是 Home Plus 提供了相对于标准版保险的额外意外保险。另外，公司还提供了一系列的选择，例如家庭法律保护、家庭援助、意外伤害保障、自行车保障、个人财产保险；不仅如此，客户还可以选择按月交纳房屋保险保费。在线购买房屋保险还可以获得额外20%的折扣，如果同时购买建筑物保险和财产保险，还可以得到更多的折扣。

资料来源：摘自 www.axa.co.uk/media。

当法国安盛将不同产品进行捆绑后，客户就很难将其与市场上其他产品进行比较。通过互联网来购买产品甚至还能得到额外折扣，这也为客户节省了不小的成本。捆绑产品一共有四个步骤。第一步就是设计一个可以同时满足目标客户和金融机构自身需求的产品包，产品包通常包括一些诱人的产品以及一些不那么吸引人的产品。如果客户足够忠诚，那么这种产品包的设计很容易完成。产品包必须用传统的市场研究技术进行检验，这些技术包括关键客户群的反应以及专家评价。产品包的定价可以采用单一价格，也可以分块定价（示例请参见 www. rac. co. uk 中的费率明细表）。分块定价法要求金融机构内部管理机制一定要健全，因为产品包的价格通常小于每种产品价格的总和，这可能导致收入分配时内部产生分歧（Koderisch 等，2007）。

一关系定价

金融机构试图与其客户建立良好的关系以便实现交叉销售或者提高客户忠诚度。与老客户保持良好关系可以降低成本并且增加销售机会，这对金融机构非常重要。尽管如此，金融机构旨在吸引新客户的渗透定价策略往往会让他们留住客户的努力付诸东流。忠实的老客户注意到他们支付的价格比面向新客户的价格高，这会使他们质疑保持忠实的必要性。正如上一节所提到的，金融机构可以使用产品捆绑策略来与客户建立良好关系，这包括向他们预告利率非常优惠的产品、对于重复购买的客户提供新产品的特殊折扣。也就是说，这些都有利于服务商获得客户的价值。金融机构对已有客户的销售成本比较低，因为他们已经掌握了这些客户的信息，包括购买历史、购买行为及其信用记录。以往，金融机构好像对老客户的价值不太重视，因为它们总是在尝试以更低廉的价格招徕新客户，借以扩大市场份额。

关系定价思路开启了对不同客户群体收取不同费用的可能性，因为关系营销依赖于稳健的市场细分。关系定价重要的是明确界定服务元素，例如，服务是否为个人服务，比如保险合同；或者服务是否属于私人银行的产品包？车险合同是典型的商品化产品，也就是说该产品很容易被其他竞争者的产品替代。当产品价格与客户所感觉的产品价值不符时，该客户便会转向其他供应商。当产品服务更加复杂时，良好的关系或者忠诚度会对消费者的认知价值起缓冲作用（Kasper 等，2006），消费者更难作出价格比较，产品的替代性也更难辨别，结果消费者可能会愿意支付更高的价格购买复杂产品和服务。对私人客户和企业客户来讲，定价过程更为灵活，而且是个性化定价。在这种情况下，具体的服务价格还要参考客户的价值而定。有时，小型企业认为金融服务供应商向他们收取了更高的服务费（见案例9.3）。

案例9.3

针对小企业联合会的免费银行服务

　　由合作银行所进行的一项研究表明，有近40%的小型企业主认为，金融服务困扰他们的最大问题之一就是银行乱收费，这令他们十分费解。根据小企业联合会的调查，185000个会员企业每年支付6500多万英镑的银行服务费，其中还包括在银行柜台办理存款的服务费。很多银行对企业账户每月的支票数量和存款金额都有上限规定。合作银行以其道德立场而闻名，其客户对于资金投向拥有发言权，因此客户认为该银行并不会将资金投入不道德的公司或者组织。合作银行还向小企业联合会的会员企业承诺提供没有复杂条款和限制条件的免费银行服务。同时，合作银行还承诺为小企业联合会会员企业的投资带来更多回报，这使得合作银行账户成为了众多小企业必备的账户。Sandy Harris，小企业联合会会员服务主席，他指出："小型企业的银行存款高达440亿英磅，他们本来就该获得与之相匹配的金融服务。小企业联合会非常荣幸能与合作银行联手，向我们的会员企业提供真正完全透明的免费银行服务。"

　　作者根据 www. presswire. co. uk（2005）的内容进行改编。

　　免费银行账户是合作银行与小企业联合会合作的结果，各方都有收益（见表9.1）。小企业联合会会员数量随着使用该账户的企业数目的增加而增加，合作银行赢得更多客户，而客户也享受到了真正免费的银行服务，这对信贷危机时期的企业尤为重要。关系建立还激发了金融服务的另一项重要业务：交叉销售。金融机构，尤其是那些有丰富产品线的大银行，比如高街银行，它们通过分析客户信息来锁定潜在客户，即分析认为愿意对新产品作出积极回应的客户。基于金融机构所拥有的客户信息，可以建模分析客户对于某一产品的购买意向。比如，金融机构通过客户家庭保险中的信息了解到该客户是否有宠物，那么该机构便可以相应地为这位客户提供宠物保险的细则资料。不过，金融机构仅可以参考自己掌握的客户信息，而不能使用或者与其他金融机构分享客户信息（参见 www. ico. gov. uk）。

表 9.1　小企业联合银行业务与其主要竞争者对比　　单位：英镑

	阿比永久 免费银行 （Abbey Free Banking Forever)	巴克莱银行 营业费率 （Barclays Business Tariff)	劳合 TSB 银行 额外费率 （Lloyds TSB Business Extra)	奈特维 斯银行 （Nat West Standard)	小企业 联合银行 （FSB Business Banking)
4000 英镑现金	5. 00	20. 00	20. 00	19. 60	0. 00
8 次柜台人工服务费	0. 00	6. 00	5. 60	5. 36	0. 00
3 笔长期订单以及直接借记	0. 00	6. 00	5. 60	5. 36	0. 00
10 本信用支票	0. 00	2. 50	2. 70	2. 80	0. 00
月租费	0. 00	0. 00	2. 50	5. 75	0. 00
月度成本总计	5. 00	34. 44	36. 42	40. 07	0. 00
年化成本	60. 00	413. 28	437. 04	480. 84	0. 00

注：假设每月 20 个工作日，每家支行每周被访两次，每次现金和支票付费 500 英镑。每月 4000
英镑存款上限。

资料来源：作者改编自 www. fsb. org. uk 的信息。

对于金融机构来说，一种更复杂的合理定价方式是计算某一客户在该机
构中所购买的服务的总体价值。基于这种评价体系，金融机构可以判断客户
关系的重要程度，从而思考怎样通过灵活的定价方式来维系这种关系。研究
表明，尽管客户数据显示这种定价策略可行，但实际上在不同的客户群体之
间定价并无显著差异（Avlonitis 和 Indounas，2006）。尤其是银行，它们的收
入来源不仅仅是客户存款利息以及支票清算费，其他的盈利服务在个性化定
价方面都有一定贡献。

一风险与定价

市场中的关系通常是基于不同的客户细分，而不同细分之间的差别又可
以用不同的风险水平进行描述，资金出借者评估每一细分群体的风险水平，
并以此区分各细分群体。案例 9.4 是本书作者之一于 2004 年就高风险客户所
做的研究。

案例 9.4

高风险与高利率！

　　某资金出借方曾是一家建屋互助会，目前已成为某家更大金融机构的一部分，它的目标客户是"次级"借款人。"次级"是指为信用评级较低的客户提供贷款或抵押贷款。信用评级是根据借款人的相关信息做出的，包括其住址、收入水平、婚姻状况、搬家频率以及以往的债务管理经验，例如目前的贷款状况。市场上对"次级"尚无标准定义，但它可以涵盖很多种情况。有些资金出借方界定首付少于 5% 的购房者为次级借款人，那些借款金额超过其年收入 3.5 倍的借款人也属次级类。个体经营者无论其财富多少，也被列入次级借款人，因为他们的收入绝无保障。此外，那些有债务管理不善记录或被起诉过的也是次级借款人。而我们介绍的这个资金出借方服务的对象就是这样的客户群体。由于这些客户的信用评级欠佳，贷款人要承担额外风险，因此会向借款人收取更高的利息，即高风险、高利率。

　　上述案例指出贷款人计算特定细分群体风险水平的方法会影响利率水平。为了避免亏损，金融机构在服务高风险客户时都会提高其贷款利率。并不是所有金融机构都像那些大银行一样有交叉补贴。专注于房屋贷款的建屋互助会在对其产品进行定价时就会面临一系列的限制条件。过去，建屋互助会只给提出申请的投资者借钱，但是这些投资者现在更多会在批发货币市场上以抵押贷款的形式融资。抵押贷款的利率不仅受到批发基金利率的影响，还受到其他诸多内外因素的影响，如图 9.1 所示。

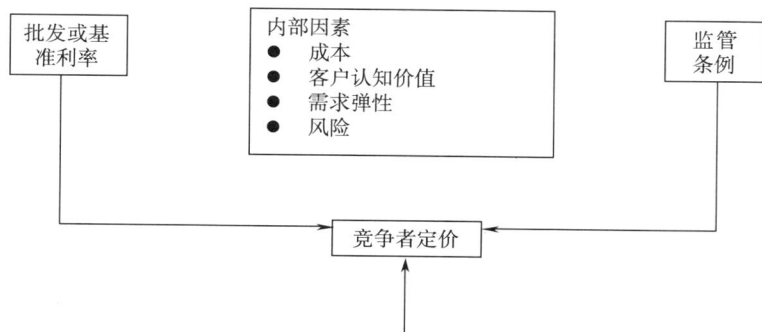

资料来源：摘自 Meidan 和 Chen，1995。

图 9.1　抵押贷款定价

批发利率或者说基准利率是建屋互助会或者贷款人借款的利率。内部因素是指金融机构的成本以及与目标客户相符的风险程度。客户的价值认知是指客户认为产品对自己有价值及价值的多少。通常，需求的弹性是定价中重要的决定因素，它衡量了市场因为价格变化而产生的不确定性。价格弹性的公式如下：

$$需求价格弹性 = \frac{需求量变化\%}{价格变化\%}$$

如果卖家将产品价格提高1%而需求相应减少5%时，那么价格弹性为−5（负号强调了价格与需求间的负相关关系）。由于产品的需求影响其价格弹性，当消费者对于价格没有那么敏感或者产品很独特时，比较价格就没那么容易了。但是，金融服务业的情况并非如此，人们的金融服务需求是有弹性的。在这种情况下，金融机构大多会保持低价竞争。金融服务管理局作为金融服务的监管者，其主要任务是保护消费者。然而它没有尽职尽责，发生信贷危机，它难辞其咎，并招致公众的广泛诟病。金融机构在进行定价时应该将次贷产品目标客户群的风险因素考虑在内。

这一准则在保险业中被广为使用，在汽车保险、健康保险、旅行保险以及人寿保险等产品中，高风险客户比低风险客户群支付更高的保费。保险的定价过程要评估投保人的风险，或者说要估计投保人可能发生索赔的概率。因此，能证明自己风险低的客户通常支付的保费也较低。保险公司通常会通过严格的损失调整过程，相应把最低概率的保险欺诈损失考虑在内，由此往往会导致保费的上升。

一渠道定价

金融机构逐渐意识到它们还可以根据客户获得产品的渠道来定价。金融机构希望越来越多的客户能够使用网络渠道而不是在银行柜台获得服务。因此它们的网络服务价格较低，目的是鼓励消费者把业务由线下转到线上。其实，这是金融机构一厢情愿看好的利润最大化捷径，而消费者的需求和需要非常复杂，包括他们的渠道偏好，他们喜欢使用多种渠道获得所需产品和服务（Lee，2002；Black等，2002；Thornton和White，2001）并且根据自己所需产品和服务的特性选择相应渠道。简单的交易和购买产品在线上便可以完成，对于复杂的交易，客户更愿意使用人际互动完成，比如在银行柜台进行交易。这种情况下，微小的价格差别被人们要降低风险等情感成本一下就抵消了。客户个人偏好选择渠道便是使用价值的一个实例（Gronroons，2006），客户用喜欢的便捷方式解决金融问题并获得价值。一家纯互联网金融服务供应商的运营成本比一个拥有营业网点的服务商的运营成本要低。

渠道同样影响住房贷款的定价。经纪人在抵押贷款的分销过程中起着重要的作用，通过经纪人办理抵押贷款和直接通过金融机构自身渠道发放抵押贷款的定价是不同的，这也促使金融机构开发新的产品品牌，例如，约克郡建屋合作社（Yorkshire Building Society）便发展了自己的中介机构来办理住房贷款业务。

一固定价格

客户为其消费的金融服务付费，但是人们对非经授权的透支和信用卡逾期还款的罚款有很多争议。信用卡公司的收费情况如表 9.2 所示。

表 9.2　免手续费信用卡收费

费用	现金透支	3.00％
收费	结算单的纸质副本 境外交易（包括现金交易）	￡3.00 2.75％
违约收费	逾期付款 退回支票或直接借记管理费 超过信用额度 跟踪费用（适用于未通知地址变更而公司不得不追踪该客户的情况）	￡12.00 ￡12.00 ￡12.00 ￡25.00

不同的信用卡公司之间收费不尽相同，但是表 9.2 中的数据对于在英国运营的三家信用卡公司是一致的。消费者可以避免支付这些费用中的任意一项，而这会减少有固定收费条款的信用卡公司或者其他金融机构的收入。相反地，这些金融机构的收入是由那些没按期付清账单的客户产生的，而这部分客户的数量约为 15.6％（ASDA credit card，December，2008）。案例 9.5 介绍了监管机构的介入带来的收费机制变化。

银行间的客户之争

　　包括第一直线银行、联合莱斯特银行和英国劳合银行等在内的一批金融机构声明它们在对于活期账户和账户透支的管理方式上作出了很大的调整。它们努力想留住活期账户客户，因为这些客户与这些金融机构的长期健康发展息息相关。因为活期账户可以比较深入全面地反映客户的行为，它们提供了一个很好的交叉销售平台，并且有利于维护客户关系。过去，信用账户的收益一直是金融服务营销关注的重点。目前，银行和建屋互助会似乎要竭尽全力地避免公平交易委员会的制裁。2007 年年初，监管机构展开了就活期账户运作是否足够透明以及是否给客户提供价值的调查。不仅如此，该调查还对超额透支和支票退回的收费是否公平做了针对性的考察。郡法院和金融服务投诉专员收到了成千上万的收费不合理的投诉，这促使各金融机构采取了上述先下手为强的做法。总的来说，近期市场的变革使本就难以进行产品比较的市场变得更琢磨不透。尽管免除了一些费用，但是更多的费用实际上没有降低。现在，不仅有些费用条目更名换姓了，而且还细分到不同收费档里；按月收费变成了按日收费，同时，利率也开始按日计息。一些客户欢迎这种变化，但是更多的客户，比如那些不符合新合同条件和条款的客户，将面临更高的收费。

　　作者根据 2007 年 12 月 Moneywise 的内容进行改编。

消费者

　　目前，客户不但在理解金融产品服务上有了更多的信心，而且意识到市场的竞争给他们带来了广泛的选择空间。这种情况下，金融机构和客户之间的权利天平发生了倾斜。消费者充分地意识到如果一家金融机构无法在可接受的价格范围内提供所需的服务，那么他们可以在其他服务商那里得到更好的待遇。尽管如此，由于金融产品和服务的复杂性，消费者对金融产品定价的认知仍然落后于对其他产品和服务的了解水平。

—新老客户

　　随着消费者对价格变得更加敏感，而且更倾向于货比三家，金融机构意识到它们必须提供更具竞争力的利率以便赢得新客户。通常金融服务供应商会提供诱人的储蓄利率以便能出现在报纸或者其他媒体的"推荐产品"目录中。金融机构通常会设立一个固定的账户目标，也就是说，它们预先会设定开户的具体数目；一旦开户数目达到预期目标，这种账户产品便会退出市场。与普通零售业类似，低价商品很快便售罄。消费者会对这种账户的推广作出反应并且通过相应渠道申请开设账户。通常，这种诱人的利率会持续 3 ~ 6 个月，此后服务商会下调利率，结果客户存款的回报也就不那么诱人了。与此同时，市场上会出现另一款新的利率较高的储蓄产品，吸引新的客户。老客户觉得自己没有了价格优惠，或许会选择离开这家服务商。然而，多数情况下，客户出于惯性会把资金继续存在原服务商那里，但会感到不满意，并很可能公开抱怨或投诉。

—成本认知与价格评价

客户和消费者在购买使用金融服务时不仅仅会产生货币成本，还会产生一定的非财务成本。金融机构务必要了解这些成本以便在客户遇到困难的时候能及时发现问题的症结，并提供相应信息帮助舒缓客户的情绪。

图 9.2 展示了客户在购买车险中所承担的三种成本：搜寻成本、购置成本以及后续成本。搜寻成本包括认知成本、体力成本和心理成本。首先，客户在比较产品服务时会产生认知成本，例如，客户会比较保险的额外部分内容，保单中是否含有汽车故障保险，以及保单中承保几名司机等。尽管互联网和电话可以帮助消费者节省一定的体力成本，但是他们有时还是要到柜台或者办事处获取相应的服务。客户在更换服务商的时候会有一定的心理成本，因为他们觉得自己面临的风险在增加。所有的这些都是客户支付的货币成本以外的成本。消费者在比较不同保险方案时会花费一定的搜寻成本。而如果消费者继续在原保险公司投保的话，搜寻成本就会显著降低。此时，保险公司需要向客户解释清楚继续在本公司投保的诸多收益，而且要用实际发生过的理赔案例向客户证明这一点。保险公司应该在续保函中明确地告知客户可以享受忠诚客户保费折扣。对于准备购买车险的人来说，他不仅要承担一定的搜寻成本，购买保险本身也会给他们带来一定的成本。

消费者在购买产品服务的过程中也会产生一定的时间成本，例如向金融机构提供相应的信息，以及用各种方式联系保险公司或经纪人，包括上网，前往柜台或者打电话。如果必须前往柜台或者亲自填写相关信息，那么客户

搜索成本：认知成本、情感和心理成本

保费 — 购买价格

杂费

时间成本：索，比较

购置成本

体力成本：电话，拜访

心理成本：焦虑，计算

后续成本：额外成本（货币）、焦虑（情感）

后续成本：索赔

问题解决：定损

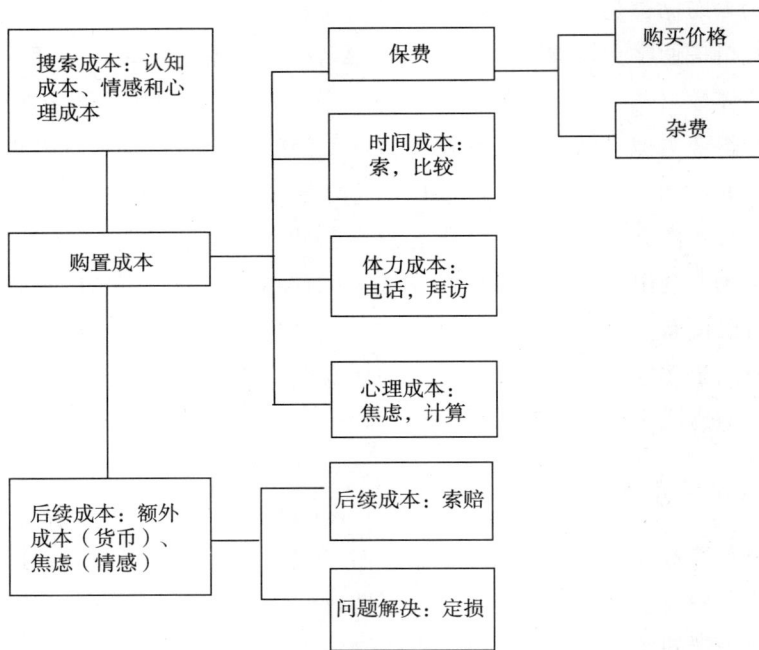

资料来源：摘自 Lovelock，2001。

图 9.2　购买车险时的客户成本

所面临的体力成本与时间成本其实是相似的。最后一种成本是客户在支付保费后所承担的成本，比如说在事故中客户必须自己承担的部分成本。较高的免赔额会降低保费，这会吸引一部分特定的客户。保险公司使用大量的监测数据计算特定客户群发生事故的概率，进而计算他们应该设定多高的免赔额以弥补较低的保费。保险公司可以通过迅速寄出保险单据来降低这些成本，在这些邮件中，保险公司往往会附以适当命名的文具或者光盘架作为小礼物。

仅仅是投个车险，消费者就要花费那么多的精力，难怪消费者会有惯性，选择一家服务商就不轻易更换，由此也不难理解为什么保险公司网站会越来越流行。

一首选组合

尽管金融服务市场看起来高度竞争化，但消费者在对比价格的过程中心里是有一定倾向性的。消费者的决定往往基于很多价格以外的因素，他们避免风险的心态和对品牌或公司的熟悉程度可能都会左右他们青睐某一产品。对一家公司来说，如果他们想在信息搜索方面竞争，那么很重要的一点是争取出现在任何搜索结果的第一页，因为消费者往往不会再往下进一步搜索。直线保险公司（Direct Line）是第一家依赖远程渠道运营的公司，它选择不出现在价格比较网站中。当然，这说明直线保险公司的产品价格高于其竞争者，但是它相信其产品所针对的市场细分是非常欣赏该品牌的。然而，基于自身或者他人的经验，消费者也有自己根本不愿意考虑的公司或者品牌。原来的服务供应商必须始终处在客户的首选组合中，也就是说，公司在向客户提供服务的过程中最好万无一失。如果发生服务失误，公司必须有预案，并能立即启动来相应弥补并恢复与客户之间的信任关系。

价格满意

对产品的整体满意度需要考察客户支付的价格是否"公平"。在探索客户对于金融服务价格的感知时，Matzelet 等（2007）运用了客户满意度理论，并且使用了三因子模型。模型假设"不满意因子"（衡量客户满意度的基本因子）是最低要求；如果这些因素没有得到充分的满足便会引起客户的不满，但是即使这些因素得到满足也不会使客户的满意度有任何提升。"满意因子"会提升客户的满意度，而如果金融机构没有满足这些因子也不会造成客户不满，也就是说，满意因子会增加客户的愉悦感。当金融服务供应商的表现较好时，"表现因子"会增加客户满意度，反之降低客户满意度。消费者总是表现出风险厌恶性，比起盈利，他们更在乎损失的金额，这揭示了消费者认知的不平衡性，而三因子模型就是在这种认知的基础上建立的。奥地利的一项研究表明，当客户觉得自己遭到不公平对待的时候，价格公平便会显著地影响客户对于整体价格的满意度。然而，因为上述的满意度理论有一定的不对称性，当客户认为自己没有遭到不公平对待的时候，价格公平并不能帮助提升客户的满意度。作者因此断言价格公平是更高满意度的必要条件，但不是充分条件。而这一观点对于之前提及的银行收费定价问题有一定借鉴意义。

正如一些服务营销著作，例如 Lovelock（2001）中指出的那样，服务的无形性让消费者更加难以判断该服务是否契合他们的需求。对于那些很多消费者都在接受的服务而言，这一理论尤其适用。试想一个客户是怎样来判断无假日全天候取款服务，每天 12 小时在线服务，免年费、免透支费的服务对交易中各方是否公平呢？透明度概念在进行公平性评估的时候起到了重要作用。目前，有价格透明度以及产品透明度两种形式的透明度。当两种透明度都比较低时，产品服务供应商在定价时就有更大的自由度。价格比较网站增加了金融服务的透明度，使得客户可以自行比较产品的价格与服务。然而在这一过程中，客户还是承担了要准确分析、理解产品及其定价以便准确进行对比的重担。假如消费者在不经意间不慎选择了并不能满足其切身需求的产品，产品供应商也并不会承担任何责任。

表面上看，银行提供它们所谓的"免费银行服务"，但鲜为人知的是，银行可以通过整合成千上万的活期账户并获得批发银行市场中的资本来谋利（Mitchell，2001）。表 9.3 展示了银行通过客户的个人活期账户来谋取利润的信息。

表 9.3　客户支付

银行从个人活期账户所获得的收入总额约为 83 亿英镑，即平均 152 英镑/活跃账户
对银行来讲，个人活期账户所产生的收入大于存款和信用卡业务收益之和
"余额不足"收费在 2003～2007 年的平均实际增长率达到了 17%
研究人员请银行给出在某些情况下，包括超出约定透支额度的情形，某一假定客户需要支付的费用，银行报出的收费标准在 0～260 英镑不等
2006 年，平均每天非约定的透支余额达到 6.8 亿英镑，而还款以及缴纳的维持费达到 15 亿英镑，相当于账户余额的 220% 左右
财务管理中很小的疏忽便有可能导致数以千万计的费用
2006 年，超过 1260 万户的账户，占活跃账户总数的 23%，遭受至少一次"余额不足"收费
调查发现，产生过一次费用的客户，更可能遇到至少六次收费情况，而不仅仅是一次
2006 年，有 400 万户账户产生 400 英镑以上的费用，其中 140 万户账户产生的费用超过 500 英镑
在一项以研究为目的而进行的调研中，研究人员发现超过 1/5 的客户直至产生过一次费用后才意识到存在这些收费项目

资料来源：www. oft. gov. uk/news/press/2008/84 - 08。

一些客户一方面对于各种收费极为不满，另一方面对金融机构缺乏解决这些不满的诚意深感失望，所以他们变成了争取客户权益的活动家。有些网站，比如 www. penaltycharges. co. uk，指导其他客户如何进行投诉，甚至会提供发给金融机构的信函模板。尽管客户们对这些收费项目表示抗议，但是，同样还有一些客户对于这些收费持消极态度，不作回应。他们对于这些收费条目心存不满，却不打算更换服务商或者表示抗议。尽管金融机构的定价过程令消费者雾里看花，十分愤怒，但是金融服务定价还是可以遵循营销学的一些原则。我们将在下文讨论这部分内容。

价值认知与消费

交换理论认为价值与交易共生。人们进行交换，目的是每位参与者都可以从中获得有用的东西，即价值。当代营销学认为价值能显著影响客户忠实度，甚至可以说价值决定忠诚度（Sirdeshmukh 等，2002），而且价值是关系营销的重要组成部分（Ravald 和 Gronroos，1996）。人们越来越关注价值，因为事实证明客户满意度并不一定是客户忠实度的一个变量。不言而喻，客户忠诚对金融机构有重要价值，但是价值之于客户忠实度的重要性在于它为金融服务定价提供了一种以客户为本的定价参考框架。价值其实是客户获取消费产品所得收益与所支付的价格之间的权衡取舍，在客户看来，产品的价值在于其收益是否大于付出。在各类研究中，人们广泛认同产品质量、价值认知以及客户满意度之间的相关联系。Woodruf（1997）还对产品服务的客户体验评价进行了研究，指出一种产品服务比较理想的价值应包括产品属性、这些属性的表现以及产品的使用效用。Vargo 和 Lusch（2004）指出，价值和价值共同创造是营销的重要内容或结果。

如果从关系营销的角度来思考客户认知价值（customer perceived value，CPV），例如，Gronroos（2000）文章特别强调这个观点，那么客户认知价值不仅会帮助增强产品供应商和客户之间的情感联系，还会增强供应商之间的承诺水平（Ravald 和 Gronroon，1996）。价值在客户和金融机构的相互信任关系中起着中介作用（Sirdeshmukh 等，2002）。尽管价值判断很可能是人们在一次接触中得出的，但它同样可以是长期以来世人公认的结果（Rust 和 Oliver，1994）。而人们的价值认知随时间点的不同而有差异，比如购买之时、使用的时候以及用后体验都会产生不同的价值判断。这一点对于金融服务业很有启示，它将价值认知拓展为一种体验而并不仅限于一次购买或一次接触，因为客户的金融产品消费也总是在一段时间里进行而非在一个时点完成。消费者参考商品属性来作购买决定，这一点在消费者行为研究中已得到广泛认可，但是人们的研究仅关注消费者购买产品时商品属性对其产品价值判断的影响。

最近越来越多的学者开始从向消费者提供价值或者提供价值主张的角度来思考市场营销问题（Vargo 和 Lusch，2004）。这种思考方式有很多优势：它提醒营销者客户通常是在整体的服务体验中发现价值，而这本身体现了客户为本的营销思想。客户的价值判断决定他们对金融服务价格的认知。如果客户的认知价值较高，服务供应商便可以较高定价。因此，金融机构也会考虑怎样在提供产品和服务过程中为客户创造更高的价值。

一直以来，人们普遍认为产品质量高低从价格可见一斑，由此得出价格越高，质量越上乘的推断。Chen 等（2005）研究认为，如果人们同时还掌握其他评判依据，价格对人们判断产品质量的重要性就会下降。他们在研究中还测量了价格信息和品牌信息各自对产品质量、客户认知风险以及客户价值的影响，发现品牌会通过客户的产品质量认知影响客户价值；而价格通过客户的产品风险认知影响客户的产品选择；而客户的风险认知在客户评价服务时起重要作用。Chen 等人的这项研究验证了服务商了解客户的服务评价标准体系的重要性，以及这些标准的相对重要性。这些标准涉及的内容可以是内生的，通过产品质量提升而得；也可以是外生的，即通过营销努力产生。由于客户们会根据价格来推断产品质量，一些特定的金融服务产品的价格可以高出常规定价。广告宣传与价格认知之间的正相关性使得广告不仅有助于产品品牌定位，还可以使客户更加了解产品的其他属性，包括产品的价格属性（Estelami，2005）。

金融服务的定价方法和价格激起了广大客户的强烈不满。在信贷危机时期，金融机构应该把增加定价透明度作为重建客户信心、保持客户关系总体战略的一部分。消费者对金融服务价格透明化的呼声不容忽视，他们的投资都打了水漂，几乎没有回报，自然希望买到价格较低的金融服务。这种情况下，银行可能遭到最多的责难，但是银行或许会争辩，说：我们总得有盈利的空间吧。无论如何，靠"不公平"的服务收费发财绝对不应该是银行业赚钱的正道。银行需要想办法节约成本，比如优化产品组合、更新技术，或者应该重新考虑一下高管薪酬待遇是否合理的问题。

第九章小结

- 金融服务的定价通常包括直接从客户账户中扣除的费用，这在某种程度上剥夺了客户应有的权利。金融服务业是个成熟且已经饱和的市场，金融机构在其中几乎没有机会创造性地制定价格策略。

- 如果客户认为价格不公平，金融服务供应商不论多么努力地与客户建立良好的关系都是徒劳的。由于金融服务定价缺乏透明度，定价过程中金融机构可能表现出一定的机会主义。

- 尽管客户对于金融服务的定价过程知之甚少，但他们仍然认为价格是他们选择金融服务的决定性因素。

- 尤其是结合企业目标和营销目标来看定价问题，金融机构还是有空间可以尝试更具创造性的定价策略，并将定价策略与留住老客户和赢得新客户的策略有机结合。

- 在以品牌效应和客户的产品风险认知及产品质量认知为基础的金融服务定价中，以价值为基础的金融服务定价方法会有更大的灵活性。

参考文献

［1］ *American Banker*, 6 October 1990.

［2］ Avlonitis, G. and Indounas, K.（2006）"Pricing Practices of Service Organizations", *Journal of Services Marketing*, Vol. 20, No. 5, pp. 346 – 56.

［3］ Black, N., Lockett, A., Ennew, C., Winkelhofer, H. and Mckechnie, S.（2002）"Modelling Consumer Choice of Distribution Channels: An Illustration from Financial Services", *International Journal of Bank Marketing*, Vol. 20, No. 4, pp. 161 – 73.

［4］ Booz Allen Hamilton（2003）*Implementing the Customer – Centric Bank: The Rebirth of the Forgotten Branch*, www. boozallen. com, accessed 6 September 2005.

［5］ Chen, T., Chang, P. – L. and Chang, H. – S.（2005）"An Investigation of personal Influences on Consumer Complaining", *Journal of Retailing*, 56, Autumn, pp. 3 – 20.

［6］ Cronin, J., Brady, M. and Hult, G.（2000）"Assessing the Effects of Quality, Value, and Customer Satisfaction on Consumer Behavior Intentions in Service Environments", Journal of Retailing, Vol. 76, No. 2, pp. 193 – 218.

［7］ Estelami, H.（2005）"A Cross – category Examination of Consumer Price Awareness in Financial and Non – financial Services", *Journal of Financial*

Services Marketing, Vol. 10, No. 2, pp. 125 – 39.

[8] Farquhar, J. and Panther, T. (2008), "Acquiring and Retaining Customers in UK Banks: An Exploratory Study", *Journal of Retailing and Consumer Services*, Vol. 15, No. 1, pp. 9 – 21.

[9] FSA (2002) "Young are Storing up Last Minute Pension Panic", Financial Services Authority, www. fsa. gov. uk/pubs/press/, access 14 November 2003.

[10] Gronroos, C. (2000) *Service Management and Marketing: A Customer Relationship Approach*, Chichester, Wiley.

[11] Gronroos, C. (2006) "Adapting a Service Logic for Marketing", *Marketing Theory*, Vol. 6, No. 3, pp. 317 – 33.

[12] Heffernan, S. (2005), *Modern Banking, Chichester*, John Wiley.

[13] Jones, H., and Farquhar, J. D. (2007) "Putting it Right: Service Failure and Customer Loyalty in UK Banks", *International Journal of Bank Marketing*, Vol. 25, No. 3, pp. 161 – 72.

[14] Kasper, H. van Helsdingen, P. and Gabbott, M. (2006) *Service Banking Management: A Strategic Perspective*, 2nd edn, Chichester, John Wiley.

[15] Koderisch, M., Wuebker, G., Baumgarten, J. and Baillie, J. (2007) "Bundling in Banking: A Powerful Strategy to Increase Profits", *Journal of Financial Services Marketing*, Vol. 11, No. 3, pp. 268 – 76.

[16] Kotler, P., Armstrong, G., Wong, V. and Saunders, J. (2008) *Principles of Marketing*, 5th European edn, Harlow, Financial Times/ Prentice Hall.

[17] Lee, J. (2002) "A Key to Marketing Financial Service: The Right Mix of Products, Services, Channels and Customers", *Journal of Services Marketing*, Vol. 16, No. 3, pp. 238 – 58.

[18] Lovelock, C. (2001) *Services Marketing: People, Technology, Strategy*, 4th edn, Upper Saddle River, Prentice Hall.

[19] Matzler, K. Renzl, B. and Faullant, R. (2007) "Dimensions of Price Satisfaction: A Replication and Extension", *International Journal of Bank Marketing*, Vol. 25, No. 6, pp. 394 – 405.

[20] Deidan, A. and Chen, A. (1995) "Mortgage Pricing Determinants: A Comparative Investigation of National, Regional and Local Building Societies", *International Journal of Bank Marketing*, Vol. 13, No. 3, pp. 2 – 11.

[21] Mitchell, A. (2001) *Right Side Up: Building Brands in the Age of the Organized Consumer*, London, Harper Collins.

[22] Office of Fair Trading (2008) *Personal Current Accounts in the UK: A Market Study*, Office of Fair Trading, www. oft. gov. uk/, accessed 8 August 2008.

[23] Ravald, A. and Gronroos, C. (1996) "The Value Concept and Relationship Marketing", European *Journal of Marketing*, Vol. 30, No. 2, pp. 19 – 30.

[24] Reinartz, W. , Thomas, J. and Kumar, V. (2005) "Balancing Acquisition and Retention Resources to Maximize Customer Profitability", *Journal of Marketing*, Vol. 69, January, pp. 63 – 79.

[25] Rust, R. and Oliver, R. (1994) *Service Quality: New Directions in Theory and Practice*, Thousand Oaks, CA, Sage.

[26] Sirdeshmukh, D. Singh, J. and Sabol, B. (2002) "Consumer Trust, Value, and Loyalty in Relational Exchanges", *Journal of Marketing*, Vol. 66, pp. 15 – 37.

[27] Sweeney, J. and Soutar, G. (2001) "Customer Perceived Value: The Development of Multi – item Scale", *Journal of Retailing*, Vol. 77, 203 – 20.

[28] Thornton, J. and White, L. (2001) "Customer of Orientation and Usage of Financial Distribution Channels", *Journal of Services Marketing*, Vol. 15, No. 3, pp. 168 – 85.

[29] Vargo, S. and Lusch, R. (2004) "Evolving to a New Dominant Logic for Marketing", *Journal of Marketing*, Vol. 68, January, pp. 1 – 17.

[30] Woodruff, R. (1997) "Customer Value: The Next Source of Competitive Advantage", *Journal of the Academy of Marketing Science*, Vol. 25, No. 2, pp. 139 – 53.

[31] Zeithaml, V. (1988) "Consumer Perceptions of Price, Quality and Value: A Means – Ended Model and Synthesis of Evidence", *Journal of*

Marketing，Vol. 52，July，pp. 2 – 22.

思考题

1. 浏览一家对比网站，选择三个对你有吸引力的车险产品，并在表格中详细地记录每一种产品包含的条款。价格最低的保险计划最符合你的切身需要吗？

2. 按照同样的选择标准，从众多保险广告网站中选择浏览一家网站，获得你需要的车险报价。这份报价与在中介网站上获得的报价一样吗？你为什么会选择这家网站？请尽可能详尽地分析你的选择标准。这家网站同样也会出现在中介网站中吗？

3. 你选择浏览的这家网站是面向产品供应商的还是面向客户的？你是如何判断的？

扩展阅读与信息

［1］公平交易办公室：www. oft. gov. uk/

［2］www. penaltycharges. co. uk

［3］www. MoneySavingExpert. com

［4］www. moneysupermarket. com

［5］数据保护信息：www. ico. gov. uk/

［6］www. esure. com/media_ center/thieves_ target_ student_ digs

案例学习

奥地利银行业客户价格满意度

奥地利银行业拥有欧洲最密集的银行网络之一：共有 870 家主要银行，而每一家主要银行又有多家分支机构。这意味着平均每 1600 名居民便拥有一家支行，这远远高于国际平均水平。在德国银行业，每家支行平均服务于 2200 名客户。在 20 世纪中叶，奥地利银行业的规模较小而且各自为政，但是近 20 年来，奥地利银行业也经历了一场兼并收购浪潮。表 C9.1 列举了奥地利最大的 10 家银行的资产规模以及在全球前 1000 家大银行排名中的位次。

表 C9.1　奥地利十大银行　　　单位：百万美元

奥地利本国排名	银行名称	排名（2007年世界前1000家银行中的排名）	核心资本	总资产规模
1	奥地利银行（Bank Austria*）	66	11196	203154
2	奥地利第一储蓄银行（Erste Bank/Sparkassen）	93	8146	239304
3	奥地利中央合作银行（Raiffeisen Zentralbank）	97	7443	152283
4	奥地利国民银行（Österreochische Volksbanken AG）	171	3508	88805
5	奥地利巴瓦克银行（BAWAG P. S. K）	174	3390	66912
6	上奥地利州合作银行（RLB OÖ）	304	1604	28267
7	裕宝集团阿尔卑斯—亚德里亚（Hypo Group Alpe Adria**）	396	1078	28583
8	奥伯银行（Oberbank）	454	882	17413
9	下奥地利州合作银行（RLB NO – W）	474	818	17020
10	赖夫艾森—施泰尔马克州立银行（RLB Steiermark）	490	802	15338

资料来源：The Banker，2006 年 12 月 31 日。

　　除了传统银行业，在过去几年中奥地利形成了一些"直线银行"。与传统银行不同，直线银行没有实体网点，而是通过互联网或电话开展业务。直线银行的业务涵盖纯投资银行产品以及最基本的储蓄产品和贷款产品。自 1997 年起，奥地利银行业经历了稳定的持续性增长，而在 2007 年这种增长趋势戛然而止。到了 2007 年，绝大多数的传统银行都可以提供网上银行服务，而且即时访问活期账户的利率水平也趋于一致，就市场份额来看，奥地利直线银行仅占奥地利银行业市场总量的 0.6%。

　　奥地利银行提供的典型产品如下：

　　储蓄账户：储蓄账户是奥地利最受欢迎的投资工具。在大多数银行，储蓄账户开户是免费的，但是这种账户仅能用于储蓄而不能用于货币性交易。2002 年以前，客户可以匿名开设储蓄账户而不需要提供任何身份认证。欧盟委员会（The European Commission）认为这为洗钱活动开了绿灯，并且限制和阻碍了追踪非法交易。2002 年以后，开户必须提供身份认证。奥地利银行提供多种储蓄账户服务，最简单的是即时访问储蓄账户，客户每天都可以办理存取款业务，而且执行浮动利率。尽管利率的价格区间非常可观，通常在 0.125% 至 4% 之间，但是银行往往只会给客户支付很低的利息。多数银行都会提供多种多样的储蓄账户，但是即便对最简单的储蓄账户来讲，进行比较也是很困难的。这主要是因为客户面临的细节项目选择过于繁多，包括是否发送交易通知、浮动利率还是固定利率、整存整取还是零存整取，不一而足。表 C9.2 提供了奥地利南部一家银行提供的一年期储蓄账户的不同产品概览，这类产品通常叫资本储蓄账户。

表 C9.2 不同种类一年期储蓄账户产品比较

产品名称	银行名称	最低储蓄额（€）	利率（%）
Kapitalsparbuch（12 Monate）	奥地利巴瓦克银行（P. S. K）	12000	4.375
BKS – Kapitalsparbuch（1J）	BKS 银行股份有限公司（BKS Bank AG）	4000	4.250
HYPO Garantie – Sparbuch（12 Monate）	裕宝集团阿尔卑斯—亚德里亚（Hypo Alpe – Adria – Bank AG）	100	4.250
PremiumKonto 12 Monate（Festgeldkonto）	万通银行（Generali Bank AG）	2000	4.250
Kapitalsparbuch（12 Monate）	奥地利巴瓦克银行（P. S. K.）	100	4.125
KAPITALSPARBUCH（12M）	斯巴达银行（Sparda – Bank Villach/Innsbruck）	100	4.010
SPARDA Kapitalsparbuch	斯巴达银行（Sparda – Bank Villach/Innsbruck）	100	4.010
Vermogenssparbuch（1Jahr）	赖夫艾森中央银行（Raiffeisenl and esbank Karnten）	100	4.000
Kapitalsparbuch（1Jahr）	克恩滕储蓄银行股份公司（Karntner Sparkasses AG）	0	4.000

过去，很多银行并不会在利率水平升高的时候主动地将简单账户的储蓄利率上调；相反，在利率水平下降的时候，银行会自动下调简单账户的储蓄利率。而现在，根据奥地利高等法院的裁决，不论利率水平上升或下降，银行都应该相应地调整储蓄账户利率。然而，正如消费者权益协会发

现的那样，很多银行并没有自动调整储蓄账户的利率，或者说在调整利率时他们会收取一定费用。有些银行对这些事后的利率调整会不正当地收取最多 20 欧元的费用，或者说对于余额小于 15000 欧元的储蓄账户不予调整利率。这使得客户不愿意去让银行作出相应的利率调整，因为银行的收费会抵消调整后利率给他们带来的收益。

表 C9.3 不同转账账户产品之间的比较

产品名称	银行名称	贷款利率（%）	存款利率（%）	年费（€）
Gehaltskonto Pauschalver-rech – nung	斯巴达银行（Sparda – Bank Villach/Innsbruck）	8.000	0.125	22.00
ModulKonto	万通银行（Generali Bank AG）	9.125	1.000	48.97
ErfolgsKonto	奥地利信贷银行（Bank Austria Creditanstalt AG）	13.250	0.125	66.34
Privatkonto Plus	克恩滕储蓄银行（Karntner Sparkasse AG）	12.250	0.125	75.00
BKS Klassikonto Plus	BKS 银行股份有限公司（BKS Bank AG）	12.125	1.625	75.35
Hypo Inklusivkonto	裕宝集团阿尔卑斯—亚德里亚（Hypo Alpe – Adria – Bank AG）	11.500	0.125	87.10
Hypo Inklusivkonto Plus	裕宝集团阿尔卑斯—亚德里亚（Hypo Alpe – Adria – Bank AG）	11.500	0.125	97.10
ErfolgsKonto Plus	奥地利信贷银行（Bank Austria Creditanstalt AG）	13.250	0.125	99.72
PLUS – Konto	赖夫艾森中央银行（Raiffeisenl and esbank Karnten）	10.750	0.125	124.52
ErfolgsKonto Premium	奥地利信贷银行（Bank Austria Creditanstalt AG）	13.250	0.125	144.84
ErfolgsKonto Gold	奥地利信贷银行（Bank Austria Creditanstalt AG）	13.250	0.250	169.56

注：表 C9.3 为 2008 年 5 月 22 日在 www. bankenrechner. at（该网站从雇员利益的角度提供服务）的询价结果。这些账户每月平均约有 240 笔交易，并且价格包含所有的服务费用。

转账账户：对于转账账户而言（参照表 C9.3），大多数银行都会以单一费率提供大量不同的产品组合。基于转账账户的种类，例如学生账户、工资账户或养老金账户等，以及其所需的不同种类服务，账户的年费在 22 欧元至 170 欧元之间不等，而绝大多数银行中存款利率水平都非常低。虽然不同账户种类之间的存款利率差异非常大，但是消费者很少在开户的时候仔细考虑利率差别问题。

表 C9.4 奥地利银行间转账账户的收费状况对比

奥地利信贷银行的 Erfogs – Konto Gold 账户所包含的银行服务	斯巴达银行的工资账户 "Sparda Gehaltskonto"：转账账户管理费为零
账户管理（所有账户）	免账户管理费
建立、改变、取消委托书	免委托费、免季度费
有现金卡功能和快速支付功能的 Maestro 银行卡（电子钱包）	免委托费
有保险保障的经典维萨卡	免费转账（国内/欧洲境内）
积分可累计的食客俱乐部黄金卡或高尔夫卡	免费电话银行服务
提供所有的自助账户报表	免费网上银行服务
提高存款利率	免费家庭和办公室银行服务
电话银行服务	无网络接入环境下的电话银行服务
网上银行服务	
24 小时在线服务	具有现金卡功能的 Maestro 银行卡费用：22 欧元
个人服务专区	
资金核对	
票务服务	
个人理财服务的折扣	
季度价格€ 42.39	年度价格€ 22

贷款：和其他欧洲国家一样，房屋贷款在奥地利极为常见。但是贷款是客户最难以评价比较的产品之一，因为各银行的收费有很大的差异。除了官方向所有银行征收的 0.8% 贷款税，其他的一次性收费包括：手续费（€1000 ~ €3000 之间不等），财产公证费（€100 ~ €200），土地注册费用（€40 ~ €100 + 注册资本金的 1% ~3%）以及账户管理费（每季度€13 ~ €30）。为了便于客户比较不同的贷款产品，银行必须向客户提供有效利率，即包含所有费用的利率。然而，银行为了招揽客户会推出一些亏本销

售的产品，这些产品在初期有非常优惠的利率，但是让客户意想不到的是，利率会在随后几年中增加。还有一点令人困惑的是什么是基准利率，银行没有给出清晰的说法。大多数银行以三个月期的欧元银行间同业拆借利率作为基准，而这通常比一个月期的欧元银行间同业拆借利率略高一点。欧元银行间同业拆借利率（参见 www. euribor. org）加上银行加成（根据借款人的信用等级不同，在银行间这一利率通常在0.8%到3%之间不等）才是客户们谈论利率时所指的利率。然而，人们很难辨别欧元银行间同业拆借利率和银行加成构成到底是怎样的。

客户的定价满意度

上述三种产品中的定价策略表明奥地利银行并不在意收费对客户满意度的影响。市场营销理论认为，客户的价格认知对其消费满意度有关键的影响作用，这已是人们的共识。客户的价格认知可能会使客户转向替代服务商，或者将自己的服务供应商向他人推荐（Varki 和 Colgate，2001；Keaveney，1995）。银行可以借助定价策略来提高客户满意度，主要办法有：退款保障、固定费率以及诚信的价格，例如，公开、诚实和完整地向客户提供产品相关的价格信息，阐释复杂的费率结构，以及为客户选择最为合适的产品。然而，可能有很多银行，包括奥地利银行，对提高客户满意度这一长期目标不如对通过收费来盈利更感兴趣。

Matzler 等（2007）和 Matzler 等（2006）的研究重点考察了奥地利银行市场中以客户满意度为特定参考的产品定价。研究发现定价满意度是多维的，主要包括如下五个维度：

■ 性价比：产品服务质量和货币成本之间的比率或权衡取舍

■ 价格公平：在客户认知中，社会普遍接受的价格与另一可比价格之间的差异是合理的，可接受的

■ 价格透明度：产品价格信息表达清晰、便于理解、实时更新，并且易于获得

■ 价格可靠性：满足价格增长预期，或者避免负向价格冲击；客户确定认为产品价格属实、优惠

■ 相对价格：某种产品价格与其竞争产品价格的对比

来自八家奥地利银行的400多名客户接受了调查。调查量表采用李克特5分制，其中1代表最高满意度/认同度，5代表最低的满意度/认同度。

调研结果表明，在上述五个维度中，银行都有可以提升的空间。表 C9.5 提供了每一个维度的均值。相对价格的得分最低，意味着客户认为竞争产品的价格总是更加优惠，这可能暗示着他们会更换服务供应商。

	价格可靠性	价格透明度	相对价格	性价比	价格公平	价格满意度
均值	2.1	2.2	2.7	2.3	2.4	2.24

案例思考

1. 你认为导致奥地利银行在价格满意度的五个维度中得分相对较低的原因有哪些？

2. 你认为银行应该采取哪些措施改善客户对于这五个维度的感受？请给出具体建议。

3. 价格满意度和上述五个维度中的每一个维度是如何影响客户满意度和客户忠实度的？

参考文献

[1] *Austrian National Bank*, www. oenb. a.

[2] Keaveney, S. M. (1995) "Customer Behavior in Services Industries: An Exploratory Study", *Journal of Marketing*, Vol. 59, April, pp. 71 – 82.

[3] Matzler, K., Renzl, B. and Faullant, R. (2007) "Dimensions of Price Satisfaction: A Replication and Extension", *International Journal of Bank Marketing*, Vol. 26, No. 6, pp. 394 – 405.

[4] Matzler, K., Wurtele, A. and Renzl, B. (2006) "Dimensions of Price Satisfaction: A Study in the Retail Banking Industry", *International Journal of Bank Marketing*, Vol. 24, pp. 216 – 31.

[5] Varki, S. and Colgate, M. (2001) "The Role of Price Perceptions in an Integrated Model of Behavioral Intentions", *Journal of Service Research*, Vol. 3, No. 2, pp. 232 – 40.

本案例由 Rita Faullant 和 Kurt Matzler 共同撰写。

金融服务营销

254

第十章

金融服务的分销

学习目标

学习本章后，读者应该掌握以下几点：

■ 了解分销渠道和金融产品及服务的关系

■ 鉴别金融服务不同分销渠道的范围和驱动因素

■ 为金融服务分销制定多渠道管理策略

■ 清楚表达在零售客户和商业客户市场成功地开展多渠道营销的基本原则

■ 了解远程渠道对银行业和客户满意度的营销影响

引言

传统意义上来说，银行的分支机构在金融服务的分销渠道方面起着关键作用，这种关键作用不仅表现在零售客户市场中，很多时候也表现在商业客户市场中。然而，技术进步、生活方式的变化、银行以及其他金融服务供应商的成本限制都使金融服务和客户接触的方式发生了改变，甚至在某种程度上形成了一些新的营销方式。本章我们主要讨论金融服务如何分销，同时回顾那些推动新渠道成长和发展的变化因素。我们将讨论每种分销渠道的作用及其与市场营销理论和实践的关系。之后，我们会讨论金融机构如何管理各种分销渠道来既满足客户需求，同时又很好地控制成本。很多金融机构已经改变了通过电话和网络向传统分销渠道提供直接服务的方式。其中一个例子就是，很多超市和零售商都能够提供金融服务，比如英国的玛莎百货以及来自西班牙的西班牙百货。

我们不能低估互联网以及其他统称为远程银行渠道对于金融服务的影响力。尽管目前消费者使用网上银行还没有达到金融机构（尤其是零售银行）希望普及的程度，但是毫无疑问，很多人已经改变了他们与金融机构互动的方式。这一章我们首先讨论金融机构（供给方）所带来的变化，然后从客户（需求方）角度讨论渠道方面的情况。之后我们将讨论多渠道的分销。

分销

消费者购买物品的时候，这件物品通常已经经过了很多双手才达到最终目的地。在经典的市场营销教科书中，渠道是指比如产品从进口—通过批发商—再到分销商所经过的路径，而这样的路径的参与者经常会多达五个。然而，服务却是消费者和供应商一同合作生产的结果（Lovelock，2001）。显然服务的渠道更短，所以人们的注意力就更加集中到服务是在哪里和怎样被"消费"的。管理者因此必须对于以下几个问题作出决定：服务应该在哪里和怎样提供给消费者，在服务过程中中介机构应该起到怎样的作用以及怎样将金融服务的有形元素传达给消费者（Palmer，2008）。

渠道策略与渠道选择

在进行服务营销的时候，和零售产品营销很不同的一点是生产者和消费者通常一起合作产生服务，即服务的不可分离性（Lovelock，2001）。例如，一个保险产品，只有当消费者同意保单上的内容并签字之后才能生效。在渠道中，中介机构可能起到重要作用，但是这也不影响服务的不可分离性。在图 10.1 中我们可以看到金融服务本身及其渠道之间的互动。在远程渠道里，比如网上银行，购买者或者消费者几乎自己生产和消费整个服务。比如，他们要决定哪种产品最适合他们的要求，选择支付的方式，阅读并"签署"合同以及确定递送的方式。

如前面章节所提到的，总体上来说，金融服务与广义的服务有很多相同特征，比如金融服务也不占据物理空间。当然有个特例，现金要占据物理空间，同时要求持续的安全保证，而这些都需要非常昂贵的开支。经典市场营销的很多关于物流（仓储、交通等）方面的思路在金融服务分销中都不太相关。当然也有个特例，很多金融机构在繁华地带的营业场所也是需要花费很多的。

| 金融服务
现金存/取款
支付账单
现金转账
信息查询（交易、余额、利率、银行服务）
信用卡服务（申请、支付）
贷款（个人、企业）
外汇（开户，买/卖）
股票（买/卖）
开户（活期、定期）
支票
投资基金（共同、债券） | 分销渠道
个人沟通
电子资金转账系统（EFTPOS）
ATM
借记卡/信用卡
支票
电话（呼叫中心、手机银行、短信）
数字电视银行
售货亭银行
网上银行
中介机构 | 零售消费者市场

商业/企业市场 |

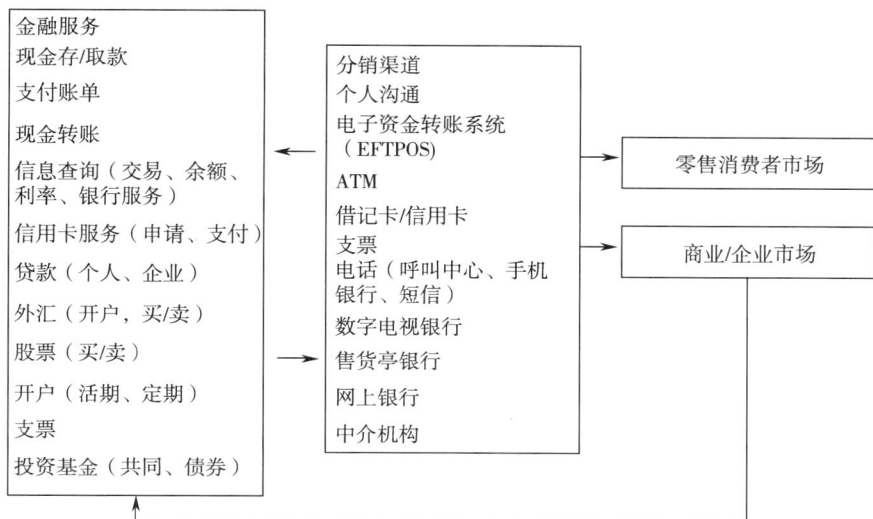

资料来源：作者改编自 AKinci 等，2004。

图 10.1　金融服务的分销

金融服务在不可分离性即共同生产的程度上，服务提供者与消费者的互动程度上有所不同。由 Vargo 和 Lusch（2004）提出的服务主导逻辑营销思想，进一步发展了不可分离性的概念，他们认为金融服务供应商和消费者共同创造了价值。金融服务的一些分销渠道提供了价值共同创造的很大潜力，比如网上银行，人们可以随时在网上银行支付账单，开立投资账户以及购买保险。很多金融机构非常乐于将日常的交易转换到更低成本的渠道中，比如 ATM，而 ATM 中自助科技的应用让消费者承担更多生产服务的责任，在价值创造中起到更大作用。共同生产使得金融服务可以根据客户的要求、能力、偏好以及供应商的资源、倾向在不同的渠道中进行分销。然而这样的趋势的一大缺点是建立个人关系的机会更少，因此交叉销售的可能性更小。

如果消费者没有如期和金融咨询师见面，对于金融机构来说会产生损失，但在某种程度上，金融服务并不像飞机座位或者假期那样无人消费就白费了。在设计金融服务渠道的时候，可变性是主要的考虑因素。同时，服务质量也很重要，因为金融机构必须考虑客户的满意度。另外，提供的服务和分销方式的匹配性或适应性也很重要。Morrison 和 Roberts（1998）做了一项关于服务被感知的特征和相关信息不确定性的研究，结果表明消费者对于分销渠道的偏好并不如服务和渠道的匹配性重要。总结起来，管理者需要建立一种消费者认知，即新的消费渠道适合于特定服务，而不是企图放大消费者对于分销方式本身的偏好。对于大多数消费者而言，要分清服务本身和获得服务的渠道是非常困难的，所以他们认为金融服务带来的利益要比服务本身更加重要。

渠道的使用

营销者在对金融服务分销进行规划时，还需要考虑很多其他因素。其中客户对于渠道的使用意图是最主要的，同时也是任何成功分销渠道基本的驱动因素。在自助技术（SST）试验的研究中，Meuter 等人（2005）发现影响客户使用自助技术意愿的主要因素是明晰角色感（他们知道要做什么）、使用动机（使用技术带来的好处）和运用技术的能力。对目前的金融分支机构满意的客户通常不希望改变自己的消费方式（Devlin 和 Yeung，2003），而这样的状况通常令希望增加其他渠道的金融机构陷入一种两难的境地。采用自助技术的客户比较喜欢自主的控制，节省时间和成本、实时的信息和评估、免费的研究分析工具（Ding 等，2007）以及避免与人接触。如果客户对分支机构目前的服务不满意，他们可能并不会转换到同一家银行的其他渠道进行消费，而会选择另一家银行。因此在这种情况下，银行唯一能做的可能只有提倡和鼓励客户使用非分支机构渠道。经常阅读报纸金融版面的读者可能会注意到，不同渠道的定价也是不同的。通常最优惠的存款利率是在网上银行，而最有吸引力的贷款和保险服务也是通过远程渠道提供的。很多消费者会在不同的渠道消费不止一种金融产品和服务。也有证据表明，产品和渠道确实存在很复杂的相互作用和影响（Black 等，2002）。如之前提到的，消费者认为时间和精力是一种稀缺资源，他们会根据不同的变量来选择如何"花费"资源，而 Schoenbachler 和 Gorden（2002）的渠道研究表明这些不同的变量包括人口统计变量和经验等。

尽管我们之前讨论过，金融服务的共同生产有一定限制范围，然而消费者确实会根据服务类型和特定产品来选择渠道（Howcroft 等，2003）。同时在第三章中我们也提到过，部分消费者对于金融服务更加有把握，同时也更少地依赖于同银行工作人员的个人接触，这也就推动了远程渠道的发展，如电话银行和网上银行。金融服务营销的第二个方面是想了解买产品的客户和此产品购买交易渠道的联系紧密程度。对于不同产品消费者会使用不同渠道，

金融服务营销

258

而同时产品或服务越有风险就更需要人与人的个性化沟通。这也是为什么消费者更多通过中介机构购买养老金产品，因为中介提供的中肯、客观的建议对于客户的购买决定非常重要。

然而，方便消费者的做法也许对于金融机构来说成本非常高，比如雇用一名每天工作七八个小时、一周六天的银行人员。因此，营销者通常面临着满足消费者需求和保证分销成本有人承担之间的冲突。尽管分销渠道发挥创收作用的空间较小，然而它们却在以下方面发挥着重要作用：

- 提供服务和销售服务
- 为市场营销、决策以及提高客户服务质量方面收集信息
- 市场沟通和品牌宣传
- 开发客户和建立和维护客户关系

金融服务是直接销售给客户，而不是像商品那样需要经过渠道中的很多环节。在很多情况下，人们直接从提供服务的金融机构手中获得金融产品和服务（比如个人贷款），然而中介在很多金融服务供应商的分销策略中占据着非常重要的位置，中介成了销售服务的另一个渠道，他们通过提供中介服务从供应商处获取佣金。对于金融机构来说，这样的方式既能更有效地争取到客户，也能通过中介分摊一部分成本。然而，在建立客户关系层面，由于中介和金融服务供应商对于客户所有权的竞争关系，使用中介也许并不那么有效（Fitzgibbon 和 White，2005）。当中介或者经纪人带来新的生意的时候，金融机构也意识到自己与客户的关系逐渐疏远（Farquhar 和 Panther，2007），长远地看，这些客户也很难留住。如果金融机构希望留住客户，它们必须在中介"拥有"客户的情况下尽量提高客户满意度和忠诚度，但是也有另外一种情况，与中介建立紧密的合作关系（Brown 和 Chin，2004）也有可能减少客户流失。

分支机构

银行业分销的重要变化并不仅仅限于金融机构本身和它们的竞争环境。不管是在零售客户市场还是商业客户市场，消费者已经逐渐习惯运用各种不同的金融服务渠道做生意、下订单、收集信息以及作决定，而在这些渠道中，电话和互联网最广为人知。随着越来越多的客户通过不同的渠道进行交易，在分销系统中也使得银行必须把虚拟渠道考虑到成本结构之中。整个金融服

务业希望能够将客户转移到虚拟渠道中，同时提供培训加以支持（Harrison，2002）。但是，消费者是否能够接受新的渠道取决于他们对于自身角色的理解，他们的动机以及他们使用此类服务的能力（Meuter 等，2005）。因此，尽管很多银行希望能够将更多的生意转移出分支机构，但金融分支机构仍然在营销系统中起着至关重要的作用，是连接服务供应商和消费者关系的重要纽带（Booz Allen Hamilton，2003）。银行同样面临着必须服务"低价值高成本"客户的问题，如果这些客户能够顺利地转移到某些合适的渠道，使得交易成本和其带来的价值一致，那么银行成本将极大地降低（Myers 等，2005）。

但是，上述的客户转移仍然给银行带来一些问题，可能不仅仅会损伤客户满意度和公司信誉，也可能触及排斥和歧视这类社会敏感性问题。因此，金融服务分销渠道组合中，分支机构仍然不可或缺。瑞典的一项研究表明，尽管银行分支机构的数量会减少，但是它们也许会成为提供咨询和维护关系的场所（Yakhlef，2001）。对银行来说，交易带来成本，所以今后在分支机构进行的交易可能越来越少，而银行会希望客户更多地使用远程渠道如 ATM 或邮政渠道进行交易。为了管理分支机构的高成本，坐落在繁华市中心的高街金融机构可能会采取"中心辐射式"策略，即中心机构提供整套服务而分支机构会减少服务范围，只提供更为普通的服务，如一般的交易。而要求特殊服务的客户可能会从分支转移到中心机构，或者鼓励他们使用其他的如电话或者互联网的方式（Palmer，2008）。这种策略在通过规模经济来节约成本方面非常有好处，但是客户的服务体验可能较差，也会影响交叉销售的机会。分支机构的成本已经高到金融机构必须努力减少分支机构数量来控制成本的地步。但是关闭分支机构也已激起了客户的强烈反对，银行只好减慢脚步。例如，西敏寺银行已经在市场营销过程中强调了其分支网络的特点，同时也在农村地区提供移动网点（www. natwest. com/global/media/y2007）。但是，出于成本费用的考虑，金融机构仍然需要鼓励客户更多地使用低成本渠道办理业务（Booz Allen Hamilton，2003）。

很多银行网点的办公楼是 19 世纪和 20 世纪早期的建筑。它们在人们的记忆中刻下了英国和欧洲中心传统银行的形象。在过去的 25 年里，很多银行都紧锣密鼓地重新设计和装修分支网点，为客户营造更加愉悦轻松和热诚友好的消费环境。同时，尽管很多支行仍然在原来的地点，也有很多金融机构开始重新考虑网点的环境布局问题。人们希望焕然一新的支行环境能够激发来银行办业务的客户了解其他产品和服务，达到促销的目的。现在，交易窗口更多是设在营业厅的一角，这样客户和工作人员能够更随意地交流，进一步巩固银行和客户的关系。所以，银行网点和它们周边的商店看上去很相似。这样的情况并不奇怪，因为银行和商店一样，都希望能够创造收益。重新装修费用非常昂贵，因此金融机构必须仔细评估每种新设计对于客户产生的影响。图10.2介绍了如何将客户感受纳入金融机构的零售网点设计的思路。

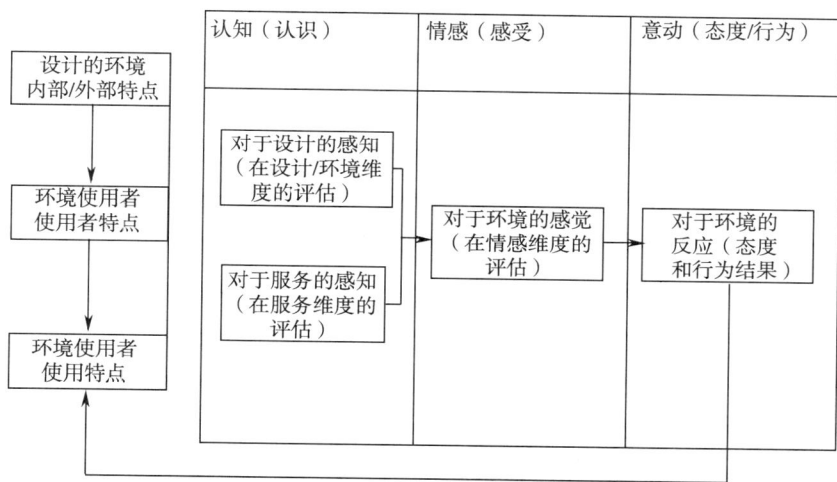

资料来源：作者改编自 Greenland 和 McGoldrick，2005。

图10.2 分支机构环境—反应模型

这个模型详细刻画了网点环境和客户对于设计和服务质量的认知感受、他们的情感反映以及他们的行为结果。它主要描述了环境与行为互动中的顺序，从认知到情感反应及行为结果。这个模型的左边部分表明了环境和使用者之间的互动，其中使用者也包括分支机构的工作人员。模型的其他部分即是消费者行为概念很熟悉的部分：认识（认知），感情反应（情感），态度和行为（意动）。这个模型的价值在于将消费者行为的理解（需求模式）嵌入到网点的设计中，而不只是一个供给模型，因此非常重视从使用者（消费者和工作人员）的角度看问题、做决策。这个研究还发现网点设计的现代风格有助于消费者对环境的积极感知。拆除防抢劫的安全屏障大大有利于消费者/工作人员关系的发展，同时让消费者感觉更有自主权（Greenland 和 McGoldrick, 2005)。分支机构是提供金融服务的重要有形参考，它使得消费者对于这个品牌有更生动的感受，同时提供了更多市场营销的沟通机会。人们普遍认为分支机构营业场所敦敦实实的样子能给消费者传递银行安全可靠的信号。

金融服务中介

在本章开头我们已经提到过金融服务中介在金融服务分销中非常关键，对金融服务商和消费者都有好处。如上所述，服务是共同生产、价值是共同创造（Vargo 和 Lusch，2004），但是中介的参与带来了如下的问题（Palmer，2008）：

- 人们不能"拥有"服务，因此很难谈论有关服务所有权的问题
- 纯服务是无形的和不经久的，因此不产生库存
- 大部分服务的不可分离性都需要中介成为服务的共同生产者

尽管金融服务是无形的，但同时它也是永恒的。在一定程度上，这种中介服务通过为金融服务消费者提供咨询或更加方便地使用某种服务，而成为了共同生产者。考虑到很多金融服务有一定风险，中介通常能够提供客观公正的建议，并且中介服务一般在比银行网点更令人舒服的场所进行。通常，保险产品和投资产品是通过中介销售的。

过去，金融服务通常采用很激进的推销方式，如银行和保险公司之类的金融机构从上至下地将服务推广到渠道中。传统意义上来说，金融服务顾问为某些金融服务（家庭贷款、现有公司的保险产品）提供建议。在英国，金融服务管理局（Financial Service Authority，FSA）会在提供的建议以及收取佣金方面对金融服务顾问进行严格的监管。它们可以挂靠某个特定供应商或者独立存在，但是必须让消费者了解中介的具体情况以及它们从供应商那里赚取的佣金额度有多少。金融服务供应商用不用中介主要涉及对它们的控制问题，要视现在的策略以及组织内部原有的策略而定。中介是分销服务的一种有效方式，因为所有的经营成本比如办公室、人员、时间和广告的花费都需要中介自己承担。金融服务供应商会对中介销售的服务支付一定的佣金，而独立金融顾问必须让消费者清楚地知道佣金的额度。通过中介的销售对于供应商的不利之处在于他们会丧失对服务经验甚至潜在关系和生意的控制。因此，在对待中介的策略上金融服务供应商有所不同（Farquhar 和 Panther，2007）。中介是扩展金融机构规模的一种有价值的方式。

案例 10.1

法国巴黎银行（BNP）进入英国前后

　　欧洲金融集团及法国巴黎银行在推出针对英国独立金融顾问的一系列产品之后，它们进入英国市场的意图已很明显。法国巴黎银行已经专门为独立金融顾问设计了新网站（www. bnpparibas. co. uk），主要是希望为他们提供获得集团产品和服务更便捷的途径。另外，法国巴黎银行将尽全力在英国推广自己的品牌，并趁势带动其他新产品和服务。法国巴黎银行的英国区域总裁 Ludovic de Montille 宣称，在当前动荡的市场形势下，法国巴黎银行将成为独立金融顾问的强有力伙伴，相信能吸引众多独立金融顾问加盟。银行已经开发了针对英国金融顾问的专业产品，而在未来几年内会继续在英国推进发展其业务。可见，法国巴黎银行集团在英国发展的第一步已经作出了战略上的重要承诺。作为世界三大银行之一，它已经开始整合英国的品牌和发展计划，希望在未来推出一系列专门为独立金融顾问打造的服务项目。银行希望推广投资基金和结构化产品，在不久的将来会针对独立金融顾问提供量身定制的贴牌产品。

　　作者汇编自 www. bnpparibas. com 和 www. trustnet. com。

　　一些银行同样希望和超市合作来推动自己的销售。超市通常在自己品牌之下给它们的客户提供金融机构的服务，如案例 10.2 的情况，银行与超市的合作令双方都受益。

案例 10.2

森宝利（Sainsbury）银行

　　森宝利是英国第一家开展银行业务的超市。它与苏格兰哈利法克斯银行成立了合资银行，并于 1997 年 2 月开始提供金融服务。森宝利银行提供包括保险、信用卡、存贷款的产品。这些产品定价非常有竞争力，产品功能非常容易理解，业务办理十分简便。客户可以在网上管理账户，可以在超市店内存款，同时享受超市停车位和更长的营业时间。森宝利银行现在拥有近 150 万客户的存款，总金额超过 20 亿英镑。森宝利每个星期有 1600 万客户光临，每年接到超过 500 万客户的热线电话，每月网站有超过 100 万的访问量。但森宝利不是金融专家，因此它只拥有合资银行 55% 的股份，另外 45% 的股份为其他金融机构持有。客户从森宝利银行购买产品，他们会得到相应的奖励积分。森宝利银行将购物和个人金融巧妙地结合起来，使之能够推出一系列有价格优势的产品。当下的形势是信贷危机困住了很多金融机构，人们对高街银行失去了信心。这种形势可能给一些超市银行创造了增加市场份额的绝好机会。但是超市银行能否利用好如此良机，还要看它的金融合作伙伴经历了信贷危机后自身实力如何。

作者汇编自 www. bank. org. uk 和 www. sainsburys. co. uk。

超市为金融服务的销售增加了全新的维度和令人兴奋的发展前景。超市银行将金融服务和超市产品结合在一起。消费者出于消费习惯和价格考虑而到超市购物消费，因此超市银行也迎合消费者的这种决策思维习惯，更侧重提供与超市销售的大众商品紧密结合的金融产品。金融服务正在经历一个失去神秘化的过程，消费者能够更加从容地购买如保险、信用卡甚至房贷等金融产品。超市希望充分利用它们在零售方面的专长、品牌影响力，比如玛莎百货，市场细分专业知识以及饱满的客流量等优势，来打造卓越的超市银行服务。

价格比较信息

金融服务供应越来越普遍，这更加快了金融产品和服务的商品化进程，同时也使产品之间越发缺少差异化。消费者不仅能够从超市购买金融服务，他们还可以通过价格比较网站，比如 www. uSwitch and moneysupermarket. com，在网上购买金融产品和服务。尽管这些网站和其重点展示的公司会有一定商业关系，但毕竟它们为消费者带来很多便利。网站与公司的商业关系包括：如果客户通过价格比较网站购买公司产品，他们会获得一部分佣金；或者每次客户从价格比较网站点击进入公司的门户网站，网站获得点击量佣金。

两家最受欢迎的网站的月点击量大致如下：www. moneysup ermarket. com——40.46 万，www. confused. com——10.26 万（www. bc. co. uk）。对于金融机构来讲，想办法在价格比较网站上出现在第一个搜索结果页面非常关键。当然，也有其他金融机构采取完全不同的策略，例如直线保险公司就已明确表示它们不会出现在这些网站上。

远程金融服务

金融机构很快地意识到使用远程（非实体）渠道的好处，相较于需要较大运营和人员成本的传统网点，远程渠道确实很便宜。所以，对于非常注重成本的供应商来说，想办法把零售客户从昂贵的传统渠道转向便宜的远程渠道非常必要。把客户转移出分支机构能够节省供应商很多成本，而节约下来的资金既可以回馈给消费者提高其存款利率，也可以作为供应商自己赚取的利润。Hughes（2006）提到金融机构采取的"胡萝卜加大棒"政策，即一边用高利率鼓励使用低成本渠道的客户，一边关闭分支机构减少客户使用高成本渠道的机会。金融服务供应商已经发现追求客户的转移和建立客户关系有一定程度的矛盾（Farquhar 和 Panther，2007）。

尽管很多新渠道是金融机构为了降低成本而引进的，但是消费者行为方式以及商务活动方式的变化也使得客户慢慢接受新渠道。远程渠道的成功，特别是新技术的成功应用，取决于客户的接受程度。过去几年里，金融服务中的新技术应用已经成为营销相关研究的重要议题，而最为广泛使用并用来解释消费者和技术之间互动的模型是技术接受模型（Technology acceptance model，TAM，Davis，1989）。

资料来源：摘自 Davis，1989；Venkatesh 等，2003。

图 10.3 技术接受模型（TAM）

图 10.3 的技术接受模型表明，如果客户认为新技术既有用又易用，他们更倾向于接受这样的技术。自从这个模型问世以来，历经实证检验和扩展，现在被广泛运用于检验远程渠道中技术的接受程度。Luarn 和 Lin（2005）调查移动银行的使用情况，深入研究了移动银行中的具体问题，进一步拓展了TAM 模型。他们的研究发现信任是银行消费者行为中的关键因素，因此他们创立了以信任为基础的"感知的可信度"的概念，同时也开发了另外两个基于资源的"感知的自我效能"和"感知的金融成本"概念（Luarn 和 Lin，

2005）。这个扩展的新模式揭示了采用移动银行技术的新维度。

一自动提款机（ATM）

自 20 世纪 80 年代开始，ATM 已经成为金融服务的重要分销渠道，它成功地将日常交易从网点工作人员手中转移到自动化流程中。ATM 的出现使得消费者可以在任何时间和地点享受服务。ATM 的地点取决于消费者希望在何时何地怎样提取现金、存放现金、查询账户及交易信息，而绝大部分 ATM 位于商场里面。案例 10.3 介绍了 ATM 在消费者生活中发挥的作用以及 ATM 背后的网络。

案例 10.3

LINK 网络

LINK 是英国国家 ATM 互换网络，也是世界上最繁忙的交易网络。在高峰时期，LINK 每小时可以处理将近 100 万宗交易。另外，有从 38 个发卡金融机构签发的将近 1.3 亿张支持 LINK 的银行卡在流通。有 61000 多台 ATM 连接到 LINK 网络，而这大体就是全英 ATM 的总量。ATM 现在是英国提取存款最受欢迎的渠道，而每周都有超过百万的消费者使用 ATM。自从 1986 年 LINK 网络建成以来，这张网络连接的 ATM 数量、交易量以及提款数量都在快速增长，而且增长态势仍会持续。2007 年 5 月 25 日的数据能够很好地证明 ATM 的普及程度：这个周末正值英国银行假期，尽管天气预报称周末的天气很糟糕，但星期五仍然是 LINK ATM 一年中最繁忙的一天。当天共有 734.5 万次现金提取，总量为 5.13 亿英镑。星期五的午餐高峰时间 13 点 04 分，LINK 网络甚至每秒钟要处理 312 笔交易！当时平均每笔现金提取数量为 69.84 英镑。而伦敦是最繁忙的地段，有超过 100 万笔交易，总量超过 7900 万英镑。造成这些集中高额取款的原因可能是：公司月末发放工资、恰值银行放假，人们在为逛街购物、娱乐及出行准备现金。

作者汇编自 www.link.co.uk。

对消费者来说，大多数 ATM 上的交易是免费的。但是有人预测，将来的某个时候银行可能会开始收费，因为一些大银行希望回收免费银行服务的部分成本。然而，由于发生了信贷危机，整个金融服务业正在努力重建消费信心，所以服务商在短期内不会实行收费计划。最近有证据表明，服务商宣传最多的还是付费账户（比如联合莱斯特银行）。但是 ATM 并没有普及到人人都能随时使用的程度。英国农村事务部部长在 2008 年 1 月的报告中指出，居住在农村的客户其实并不能便捷地使用 ATM。消费者可能对维护 ATM 需要的成本不太了解，银行也同样没有充分了解到消费者也逐渐希望能够随时享受基本的金融服务。

—电话银行

通过电话办理银行业务并不是新生事物。其实，早在 1985 年英国就出现了第一家全电话银行——第一直线银行（www. firstdiret. com），而第一家放弃传统渠道的保险公司是 1989 成立的直线保险，它是苏格兰皇家银行的一家下属分公司。尽管金融服务有其特殊的本质，但消费者愿意使用电话办理业务。第一直线银行开发的模型得到了广泛的关注，就连竞争银行的管理者也常常议论它，对第一直线的品牌知名度、高水准的服务质量和富有客户表现出不情愿的羡慕。第一直线赋予职员提供高度个性化服务的权利，同时这家银行也保证每周 7 天每天 24 小时地全天候服务。

案例 10.4
第一直线（First Direct）的重要数据和资料

First Direct 有 120 万户客户，其中 88 万户使用网上银行，36 万户使用短信银行。

First Direct 每个月向用户发送约 260 万条短信。

First Direct 在利兹和格拉斯哥附近的汉密尔顿两个地方雇用了 3500 个全职当量的雇员。

First Direct 有 46% 的销售通过电子渠道完成。

First Direct 超过三分之一的客户都是通过个人介绍加入的。

First Direct 超过 80% 客户通过电子手段与 First Direct 联系。

First Direct 每周处理约 20 万次通话。

First Direct 每天在非工作时间接听超过 13000 个电话。

First Direct 每天接到超过 1400 次国际通话。

自从 1995 年以来 First Direct 每年都有净盈利。

作者汇编自 www. firstdiret. com。

使用电话可以享受很多种类的银行服务，而电话渠道还降低了银行成本。不论在哪里，呼叫中心的兴起使得消费者能够在更长的营业时段里与银行沟通。这样的方式由于契合客户生活方式的需求而实效显著。为了促使客户采用其他远程方式，甚至最终使用网上银行和移动银行，电话是一个很好的发端和中转站。为什么电话银行这么成功？原因可能很多，包括客户生活方式的变化、人们对一般交易操作放心、电话银行出色的服务质量等。不过，人们仍然有可能在呼叫中心遇到不愉快的经历，比如高峰期电话打不通、打通了等待时间长很折磨人、自动语音服务反反复复地解释可能遇到的问题等，这些都会影响大家对于电话银行的预期。呼叫中心确实帮助金融机构节省了成本，然而有些呼叫中心由于资源太少，造成比较多的客户不满。打入电话的人通常不得不面临"转接中"烦恼煎熬，然而拨通了还得每一站都重复说明自己遇到的问题和要求。一些金融机构也希望将呼叫中心放到海外来降低成本，然而由于语言问题这种做法显然不可行。

电话的便捷使得客户可以更好地享受和购买金融机构提供的服务。第一直线银行和直线保险的运营方式都是基于一些客户已经能够娴熟地通过电话办理银行业务和购买或续保保险产品。全虚拟金融服务供应商，诸如第一直线银行、1999年成立的英国第一家互联网银行微笑（Smile）以及桑坦德银行的网上银行伙伴（Cahoot）等，它们的共同特点是没有分支机构，所以就免去了高街办公场地的高费用。

一手机银行

固定电话已经较银行分支机构前进了一步，但是从某种程度上来说还是移动性不足。分销渠道的发展使得金融服务越来越呈移动消费态势，人们使用无线笔记本电脑、掌上电脑、移动电话的趋势越来越明显。然而移动技术的使用并不如想象的那么普及。关键因素就是 Luarn 和 Lin（2005）提出的消费者使用移动技术的必备资源问题。Laukkannen 和 Lauronen（2005）开展的定性研究进一步帮助人们理解了电子银行环境中，消费者对移动电话服务的价值、价值创造以及不足之处的认识。任何基于技术的服务都非常依赖消费者对使用渠道的接受程度，而接受程度又取决于人们怎么看付出的成本和换来的价值。从消费者角度看，价值可以简单视为"成本 +/- 利益 = 价值"，而成本大小的判断则更是个仁者见仁、智者见智的问题。整个金融业都相信如果移动银行能够与消费者需求很好地对接，一定能给金融服务供应商建立客户关系提供很多良机。总之，金融市场越来越呈移动态势，在世界任何角落都能进行交易和购买服务自然是人们喜闻乐见的情况。

一互联网银行

消费者现在不仅仅在互联网上直接进行银行业务交易，他们也越来越习惯用互联网进行类似购买车辆保险、旅游保险和买卖股票等业务操作。欧盟国家中，有将近 30% 的个人使用网上银行，60% 家庭有网络（相较于 2007 年第一季度的 54%），48% 有宽带网络（相较于 2007 的 42%）。家庭网络覆盖率从保加利亚的 25% 到荷兰的 86% 不等。2008 年，家庭网络覆盖率超过 75% 的国家如下：荷兰（86%）、瑞典（84%）、丹麦（82%）、卢森堡（80%）、德国（75%）。而最低水平的国家是：保加利亚（25%）、罗马尼亚（30%）、希腊（31%）。2008 年宽带网络覆盖率最好的仍然是荷兰（74%）、丹麦（74%）和瑞典（71%）。

对于金融服务消费来说，互联网之所以适用是因为它不需要物理分销空间，同时它能够提供每周 7 天、每天 24 小时的全天候服务，而且个人客户和商业客户都能从自己的居所或办公场所访问网站。互联网给金融服务带来的影响体现在很多方面，包括思维模式的转变、商业模式创新以及分销渠道创新（Stewart，2002）。然而，消费者对于互联网的看法才是最重要的。无论网络给供应商带来多大的应用潜力，真正限制它发展进程的瓶颈还是客户的接受程度，前面提到的 TAM 模型也特别强调这一点。Flavian 等（2006）对实体银行的研究发现，影响电子银行接受程度的最重要因素有两点：一是消费者信任，二是消费者人口特征，比如职业和年龄。然而有趣的是，客户对于银行网点的看法影响他们的互联网接受程度，对网点越满意，越有可能接受网上银行服务（Montoya Weiss 等，2003）。当然，人们对网络安全性有顾虑自然对使用网上银行心存疑虑。对于小企业来说，互联网给他们带来了很大便利，因为企业主可以按照自己的需求随时使用银行服务。根据英国银行业协会的统计数据，43% 的小企业使用网上银行，而这个数字还有可能继续增长。但是，这并不说明对于金融机构就一定是最划算的事。案例 10.5 讲的是尽管网上银行极大地降低了成本，但是金融机构并没有相应地配置好资源。

案例 10.5

网上银行的不足之处

尽管网上银行有很多好处，但是对 52 个英国最大金融服务公司的研究发现，英国银行的网上客服通常都很差劲。这个研究指出了网上客服的明显缺陷，包括只提供有限的自助选项和不回应邮件提问。研究人员试图通过对典型客服问题的回答情况来检验网上客服的质量。一些简单的问题包括"你们提供哪些存款账户？利率是多少？"或者"你们如何保证网上银行的安全性呢？"在英国，53% 的金融机构并没能正确地回答这样简单的问题，要么提供不正确的答案或者根本不回答。同时，35% 的被调查机构并没有在网站上提供联系邮件地址，18% 没有回应任何邮件问题。这个调查也发现金融机构需要对使用互联网渠道的客户提供更多的保护，只有 29% 的被调查银行提供加密的安全沟通渠道，而超过三分之二的机构提供非加密渠道，使得消费者易于遭到网上盗窃。

作者汇编自 www. InternetRetailing. net。

影响网上银行接受程度的一大障碍是网络的安全性，也有潜在使用者对现有渠道感到满意而不愿意改变。因此，网上银行的使用开始慢慢进入停滞状态（弗雷斯特研究公司 Forrester Research，2005）。在使用网上银行的人群中，35% 认为互联网是最安全和方便的方式。然而，网站 www. banksafeonline. org. uk 提醒网民要注意企图访问他人银行账户的骗子，通常骗子们会从网银使用者那里骗取安全信息如用户名、密码和关键信息（www. banksafeonline. org. uk）。

多渠道金融服务

银行业，更主要的是整个零售业的销售渠道数量呈爆发式的增长。金融机构管理销售渠道面对的挑战并不在于如何管理从供应商到消费者的垂直供应链，而是如何管理金融服务消费者使用渠道的广度。任何金融服务商的经营目的都是客户消费的金融产品和服务越多越好，而客户很可能根据消费需求使用不同的渠道。比方说，一个商业客户可能在早晨和个人顾问通过电话，同时他可能拥有同一家银行的个人账户，能在休息时或者在傍晚通过互联网办理业务，这位客户通过个人数字助理（PDA）接收到最新的个人账户和商业账户信息。很多金融机构都惊奇地发现，客户并不是只使用一个渠道，而是倾向于使用多种渠道。很久以来，金融机构一直在提供多渠道金融服务。Devlin（1995）已经意识到供应商在用不同的分销渠道满足不同细分市场的需求。金融机构愿意运用分销组合而不是产品组合来实现一定水平的差异化。在当下的金融服务环境中，对大型金融机构的运营来说，具备多渠道服务能力几乎是天经地义的必备条件。

一多渠道管理

金融机构劝说客户使用低成本的远程方式，特别是成本最低的互联网来满足消费需要自然有十足的道理。的确，金融服务供应商可以通过管理组织声誉（包括品牌形象、公司规模和公司历史、有多少销售渠道）来影响消费者的产品和渠道选择（Black 等，2002）。但是供应商亟须解决组织内部渠道的整合问题，而传统的分销通常关心的是管理好一个垂直渠道的不同阶段。Kumar 和 Reinartz（2006）发现，人们已经针对渠道数量的爆发增长而改变了渠道使用习惯，同时人们也从使用多渠道中获益很多。表 10.1 介绍了这两位学者在客户关系管理策略框架下探讨的多渠道中的机会和挑战。

表 10.1　金融服务的新兴渠道环境

机会	挑战
有更多客户来源	引入一个新渠道，整个 IT 系统需要重新设计
客户已有多渠道习惯，更多客户从多渠道受益匪浅	不同渠道信息不一致
在不同渠道与客户进行直接交流或个性化交流，培育了丰富多样的客户关系	与客户多渠道沟通会有渠道内部交流不协调问题，整合市场营销管理问题和威胁到客户关系的诸多问题
客户自主选择渠道：个人化和细分化	渠道冲突：与客户的多渠道沟通会造成各路竞争渠道争相与同一客户接触或同时向他们提供服务
渠道专业化，每个渠道发挥不同的功能，能够缓和渠道冲突	客户对于服务和服务质量预期的可能上升

资料来源：作者改编自 Kumar 和 Reinartz，2006。

如表 10.1 所示，多渠道的兴起为金融机构和其他类公司既带来了机会，也带来了挑战。这种情况下，组织内部要有表述清晰的战略和目标，目标要有助于最大限度地减少各方发生冲突的可能性，由此减少成功的障碍。参看表中的第一行，多渠道确实带来更多的客源，例如，通过中介以及一些小型机构，金融服务可以延伸至新的更广的领域。但是，开发新客户真的是发展业务的最好方式吗？服务商引入新渠道的成本必须与新客户带来的收益一同核算。大家一定熟悉这样的情况：金融服务商的不同销售渠道的信息不能共享，所以客户必须多次重复某些信息。整合链接不同渠道的信息系统需要大量的持续投入，而只有整合的系统方能满足消费者多元化的需求，才能与竞争机构的系统整合水平旗鼓相当。另外的挑战就是要管理渠道冲突。Farquhar 和 Panther（2007）发现，网点工作人员因客户转到电话渠道和网络渠道而失去销售佣金，为此他们愤愤不平。同时，不同渠道的管理者互相竞争为各自的渠道创佳绩，但这样的"窝里争上游"对于公司总体业绩并不利。Kumar 和 Reinartz（2006）研究发现，如果渠道之间既能争夺客户资金量又能维护相互关系，那么就会渐渐形成"合作竞争"的氛围。研究发现，渠道多元化能否成功，最终一方面要靠金融机构的渠道扩张策略来保障，另一方面在客户端，要看他们是否准备好了愿意使用这些远程渠道获取服务。

一消费者与多渠道

据 Baker（2003）观察，多渠道环境下的消费者经历了生产驱动型经济向消费带动型经济转变的过程。而 Stuart - Menteth 等（2006）研究发现，这种转变又反过来促进了寻求新体验的"新型消费者"的兴起。他们的研究表明，尽管很难定义什么是消费体验的一致性，但这是客户消费过程研究重点关注的内容。Lee（2002）研究了消费者偏好问题发现，消费者购买不同产品，对渠道的偏好差异很大。例如，信用卡通常是直接方式购买，而房贷通常是面对面购买。一些渠道使用方面的研究（Black 等，2002；Thornton 和 White，2001；Wan 等，2005）证明，无论划分依据是人口特征还是生活方式等其他特点，客户分类极其重要。Thornton 和 White（2001）的研究发现，自助渠道在喜欢便捷、变化、技术，理财知识丰富的客户群体中使用频率较高。看重人工服务和舒适的客户（Wan 等，2005）更喜欢面对面交流。也有研究（Farquhar 和 Panther，2007；Forrester Research，2005）表明"各方面能力都较出色"的客户会使用远程渠道，而客户价值较小和年纪较大的客户通常会忽略自助技术。

Nunes 和 Cespedes（2003）指出，组织在处理任何交易和关系中，都不能忽视消费者的力量，因为消费者不会满足于现有的渠道，而会去寻找其他渠道。Nunes 和 Cespedes 将渠道描述为路径，提示服务商不要将客户束缚在特定的渠道或路径上，更不要阻拦客户按其所好选择消费渠道。Montoya - Weiss 等（2003）的研究发现，多渠道服务的评价对于客户对服务供应商的整体满意程度有互补效应。然而，其他非网上渠道服务质量会对客户使用网上渠道产生竞争效应；分支机构的服务质量对网上渠道的使用有负面影响。多渠道提高了消费者接触金融产品和服务的可能性并扩大了他们的服务选择范围。

第十章小结

- 金融机构目前使用了一系列分销渠道，从银行网点到互联网，但是消费者使用渠道的方式也是服务的一部分。

- 消费者会根据便捷程度使用不同渠道获得所需金融服务。渠道使用取决于一系列变量，包括：便捷性、感知的实用性和易用性。多渠道银行最关心的是如何深刻理解和有效管理服务商与客户在多渠道中的互动。

- 无论是服务供应商提供的渠道还是中介提供的渠道，消费者在按自己的需要和偏好使用不同的渠道获得所需金融服务。随着金融服务分销日益远程化，建立客户关系不能再依赖柜台的人际交流，服务供应商面临着与客户互动变少的挑战。信贷危机后，超市金融服务商也在个人金融服务领域紧锣密鼓地蓄势，增强实力。

- 早些时候，各家金融机构争先恐后地把客户转到低成本渠道。这股热潮降温后，金融服务促销广告中又纷纷出现了当地分支机构的联系电话和呼叫中心的联系信息。尽管也许金融服务供应商选择其他的渠道来更好地适应多渠道分销环境，但是他们也在重新界定分支机构的作用。在英国，犯罪率或人们认知的犯罪率都能抑制非实体销售渠道的渗透。

- 服务质量依旧是渠道管理和分销工作的重要内容。金融机构往往没有给远程渠道配备充分的资源，如经常出现电子邮件无人回答的尴尬。

思考题

1. 就近考察一家金融机构的网点。根据图 10.2 评估网点的设计，看它的整体设计如何在认知、情感和意动联想维度对消费者产生影响。

2. 调查家人和朋友使用手机银行的情况。他们是否觉得这项服务很有吸引力？他们对手机银行哪些地方不满意？

3. 看图 10.2，金融机构希望客户在零售网点有怎样的行为结果呢？服务商应该营造什么样的网点环境来鼓励客户做出合适的举动？

4. 运用图 10.3 中的技术接受模型，设计一套问卷（题项不多于 12 个）来调查和收集使用网上银行客户的反应。

参考文献

［1］Akinci, S., Aksoy, S. and Atilgan, E. (2004) "Adoption of Internet Banking Among Sophisticated Customer Segments in an Advanced Developing Country", *International Journal of Bank Marketing*, Vol. 22, No. 2/3, pp. 212 – 32.

［2］Baker, S. (2003) *New Consumer Marketing: Managing a Living Demand System*, Chichester, Wiley.

［3］Black, N., Lockett, A., Ennew, C., Winkelhofer, H. and McKechnie, S. (2002) "Modelling Consumer Choice of Distribution Channels: An Illustration from Financial Services", *International Journal of Bank Marketing*, Vol. 20, No. 4, pp. 161 – 73.

［4］Booz Allen Hamilton (2003) *Implementing the Customer – Centric Bank: The Rebirth of the Forgotten Branch*, www. boozallen. com, accessed 6 September 2005.

［5］Brown, S. and Chin, W. (2004) "Satisfying and Retaining Customers Through Independent Service Representatives", *Decision Sciences*, Vol. 35, No. 3, pp. 525 – 50.

［6］Davis, F. D. (1989) "Perceived Usefulness, Perceived Ease of Use, and User Acceptance of Information Technology", *MIS Quarterly*, Vol. 13, No. 3, pp. 319 – 39.

［7］Devlin, J. (1995) "Technology and Innovation in Retail Banking Distribution", *International Journal of Bank Marketing*, Vol. 13, No. 4, pp. 19 – 25.

［8］Devlin, J. and Yeung, M. (2003) "Insights into Customer Motivations for Switching to Internet Banking", *International Review of Retail, Distribution and Consumer Research*, Vol. 13, No. 4, pp. 375 – 92.

［9］Ding, X., Verma, R. and Iqbal, Z. (2007) "Self – service Technology and Online Financial Service Choice", *International Journal of Service Industries Management*, Vol. 18, No. 3, pp. 246 – 68.

［10］Eurostat (2008), news release, December.

［11］Farquhar, J. and Panther, T (2007) "The More the Merrier? An Exploratory Study into Managing Channels in UK Retail Financial Services", *International Review of Retail, Distribution and Consumer Research*, Vol. 17, No. 1, pp. 1 – 14.

［12］Fitzgibbon, C. and White, L. (2005) "The Role of Attitudinal Loyalty in the Development of Customer Relationship Management Strategy within Services Firms", *Journal of Financial Services Marketing*, Vol. 9, No. 3, pp. 214 – 30.

［13］Flavian, C., Guinaliu, M. and Torres, E. (2006) "How Bricks – and – mortar Attributes Affect On – line Banking Adoption", *International Journal of Bank Marketing*, Vol. 24, No. 6, pp. 406 – 23.

［14］Forrester Research (2005), "How UK Consumers Use Banking Channel", Cambridge, MA, Forrester Research.

［15］Greenland, S. and McGoldrick, P. (2005) "Evaluating the Design of Retail Financial Environments", *International Journal of Bank Marketing*, Vol. 23, No. 2, pp. 132 – 52.

［16］Harrison, T. (2000) *Financial Services Marketing*, Harlow, FT Prentice Hall.

［17］Howcroft, J., Hewer, P. and Durkin, M. (2003) "Banker – Customer Interactions in Financial Services", *Journal of Marketing Management*, Vol. 19, pp. 1001 – 20.

［18］Hughes, T. (2006) "New Channels/Old Channels: Customer Management and Multi – channels", *European Journal of Marketing*, Vol. 40, No. 1/2, pp. 113 – 29.

[19] Internetretailing. net, accessed 12 December 2008.

[20] Kumar, V. and Reinartz, W. (2006) *Customer Relationship Management: A Databased Approach*, Hoboken, NJ, John Wiley.

[21] Laukkanen, T. and Lauronen, J. (2005) "Customer Value Creation in Mobile Banking Services", *International Journal of Mobile Communications*, Vol. 3, No. 4, pp. 325 – 38.

[22] Lee, J. (2002) "A key to Marketing Financial Services: The Right Mix of Products, Services, Channels and Customers", *Journal of Services Marketing*, Vol. 16, No. 3, pp. 238 – 58.

[23] Lovelock, C. (2001), *Services Marketing: People, Technology, Strategy*, 4th edn, Upper Saddle River, Prentice Hall.

[24] Luarn, P. and Lin, H. – H. (2005) "Toward and Understanding of the Behavioral Intention to use Mobile Banking", *Computers in Human Behaviour.* Vol. 21, No. 6, pp. 873 – 91.

[25] Meuter, M., Bitner, M. –J., Ostrom, A. and Brown, S. (2005) "Choosing Among Alternative Service Delivery Modes: An Investigation of Customer Trial of Self – Service Technologies", *Journal of Marketing*, Vol. 69, April, pp. 61 – 83.

[26] Montoya – Weiss, M., Voss, G. and Grewal, D. (2003) "Determinants of Online Channel Use and Overal Satisfaction With a Relational Multichannel Service Provider", *Journal of the Academy of Marketing Science*, Vol. 31, No. 4, pp. 448 – 58.

[27] Morrison, P. and Roberts, J. (1998) "Matching Electronic Distribution Channels to Product Characteristics: The Role of Congruence in Congruence in Consideration Set Formation", *Journal of Business Research*, Vol. 41, No. 3, pp. 223 – 9.

[28] Nunes, P. and Cespedes, F. (2003) "The Customer Has Escaped", *Harvard Business Review*, November, pp. 96 – 105.

[29] Plamer, A. (2008) *Principles of Services Marketing*, 4th edn, London,

McGraw Hill.

［30］Schoenbachler, D. and Gordon, G. （2002） "Multi – channel Shopping: Understanding What Drives Consumer Choice", *Journal of Consumer Marketing*, Vol. 19, No. 1, pp. 42 – 53.

［31］Stewart, K, （2002） call for papers on a special issue on Internet banking, *International Journal of Bank Marketing*, www. Emeraldinsight. com/ijbm/call. htm.

［32］Stuart – Menteth, H. , Wilson, H. and Baker, S. （2006） "Escaping the Channel Silo: Researching the New Consumer", *International Journal of Market Research*, Vol. 48, No. 4, pp. 415 – 37.

［33］*Management Review*, Autumn, pp. 75 – 88.

［34］Thornton, J. and White, L. （2001） "Customer Orientation and Usage of Financial Distribution Channels", *Journal of Services Marketing*, Vol. 15, No. 3, pp. 169 – 85.

［35］Vargo, S. and Lusch, R. （2004） "Evolving to a New Dominant Logic for Marketing", *Journal of Marketing*, Vol. 68, January, pp. 1 – 17.

［36］Venkatesh, V. , Morris, M. G. , Davis, G. B. and Davis, F. D. （2003） "User Acceptance of Information Technology: Toward a Unified View", *MIS Quarterly*, Vol. 27, No. 3, pp. 425 – 78.

［37］Wan, W. , Luk, C. – L. and Chow, C. （2005） "Customer Adoption of Baking Channels in Hong Kong", International *Journal of Bank Marketing*, Vol. 23, No. 3, pp. 255 – 72.

［38］Yakhlef, A. （2001） "Does the Internet Compete with Bricks – and – Mortar Bank Branches?" *International Journal of Retail and Distribution Management*, Vol. 29, No. 6, pp. 272 – 81.

扩展阅读

［1］www. banksafeonline. org. uk

［2］www. internetretailing. net

［3］www. link. co. uk

法国农业信贷银行的多渠道分销策略

法国农业信贷银行集团（Credit Agricole）是法国第一家金融服务机构，拥有28%的消费市场份额。这家银行集团的零售银行收益位居欧洲榜首，所有者权益世界排名第八。尽管法国农业信贷银行集团有一体化的财务、商业运作和法律架构体系，但因为它是一家互助银行，所以它的决策系统比较分散。这种一体化有一个保障系统，叫Credit Agricole SA（CASA）。它包括集团所有产品线和总部及各分支机构，服务对象广泛，从个人客户到大型跨国公司客户。CASA中73%的资本来自法国农业信贷银行集团下属的39个区域银行，而区域银行的资本是由2573家构成互助组织核心的当地银行持有，余下的资本由社会大众和集团员工持有。根据法国农业信贷银行集团提供的最新数据（截至2006年12月31日），集团旗下有7160个网点，为2000万个人、专业人士、小企业提供服务。这些网点已经将"充满活力的商业运作和良好的地方关系以及高质量的服务紧密地结合起来，成为集团最重要的竞争优势"。然而，在过去的几年里，随着信息技术和通讯技术的发展，法国农业信贷银行集团也和其他竞争者一样陆续开发了一些新分销渠道。CASA的多渠道分销系统方便客户随时随地享用金融服务，在用的渠道包括呼出中心和呼入中心、手机服务、网站、功能越来越多的ATM等。

法国农业信贷银行多渠道策略：网点绝对不可或缺

"2008年银行—客户关系晴雨表"调查、分析了九家法国主要银行的消费者行为，发现80%的消费者使用不同渠道处理他们的金融服务业务。总体看，消费者对网络服务渠道表示满意，但对呼叫中心的服务质量感到不满意。他们认为与呼叫中心的互动不够人性化，而且呼叫中心工作人员工作方法不灵活，缺乏主动性，不去理解客户的需求。尽管这些问题并不仅针对法国农业信贷银行集团这一家银行，但是集团这几年还是在着力解决此类问题。集团制定了非常主动的多渠道分销和沟通策略，比如，它的八个地区银行组成了一个发展共同商业利益组织，着力开发可以共享的管理工具来协调各银行的多渠道沟通活动。它们的目标是实现随时随地用最适合的渠道（网点顾问、呼叫中心顾问、信件、邮件、网站或者短信）向客户传递个性化的信息，或称商业服务信息。

　　渠道数量的增长给银行业提出了一个大问题：在新的分销网络里，传统网点应该占据什么样的位置？法国农业信贷银行的副经理 Hichem Jaballah 是这样解释的："网点是我们多渠道分销策略的核心，居优先位置。我们的三线渠道模式包括'网络、电话和实体网点'，能够方便客户用最适合的渠道与银行互动。当然，我们也给客户提供综合运用各种渠道的条件。网点必须不断地收集客户行为信息以便升华关系为销售机会。"这段话也很好地诠释了法国农业信贷银行在 2005 年 9 月提出的口号："让恒久的关系改变人生！"

　　可是，如果多渠道分销能够加强全球的银行—客户关系，它还有一些缺点。首先，很多客户已经开始抱怨新渠道，特别是呼叫中心限制了他们与网点工作人员的互动。法国农业信贷银行有 11300 台 ATM，人们用 ATM 办理业务也感到缺少人际味道。多渠道本来被作为提高生产率和降低成本的一种手段，然而人们对多渠道认识新近发生了变化，比如，实际上人们更希望发展人际间亲密的关系。其次，多渠道发展的一大风险在于大家可以上网比较价格，增加了定价和服务质量的压力。客户现在可以将自己的银行和其他竞争者相比，而关系并不比价格重要很多。欧洲 58% 的零售银行客户表明会上网寻找最好的价格。因此，这种局面就更突出了网点和客户—顾问面对面交流关系的重要性。CASA 个人客户市场的负责人 Hughes Brasseur 说："由价格驱动的交易型银行正在兴起，然而关系的好坏仍有决定性作用。"在这样的情况下，使用地理营销工具（geo - marketing tools）对于最优化网点网络至关重要。另外，为了保持增长以及满足消费者行为变化，法国农业信贷银行开始提供一些新的服务来培养与客户的关系。因此，法国农业信贷银行开办了在新品牌 Square Habitat 名下的房地产经纪公司，同时加上专门的网站（www. squarehabitat. fr）。在 2007 年底，集团的25 个区域银行在法国共 485 个经纪公司开展了这项新服务业务。

发展本地创新和分销策略

　　由于银行的互助结构，区域银行所销售的产品和服务并不尽相同。难怪客户们经常发现，当他们由于搬迁或度假原因到法国另一个地方时，他们就不是银行服务的对象了。事实上，由于法国农业信贷银行没有统一的信息系统，银行北部地区的客户如果没有在 ATM 上使用银行卡的话，也许在南部地区的网点就不能提取现金。区域银行的数目从 1988 年的 94 个下降到 2007 年的 39 个，使得这个问题渐渐显现出来。银行的做法是将很多区域银行合并，一些银行的部分资源共享。与此同时，银行的不同信息系统合并或者联网嵌入在一起，金融资源整合，银行还制定了协同各方多渠道分销的策略，如此一来，不同区域银行就都可以销售新产品。然而，这样做的目的并不是要在所有银行建立统一的全球信息系统，或者将所有区域银行合并在一起。休斯·布拉瑟（Hughes Brasseur）甚至认为保留很多区域银行好处是可以借助这些平台进行产品和服务创新的局部试验，如果有成功潜力，则可以推广到整个集团。

因此，2007 年底，萨瓦（des Savois）区域银行进行了健康保险虚拟顾问的试验，以及基于互联网协议技术开发的多客户会议。中西区域银行正在试验完全虚拟的本地网点，而 60% 的区域银行提供了"网络回拨"服务（客户必须在网站上点一个按钮之后银行即可回拨）。休斯·布拉瑟声称，法国农业信贷银行是法国第一个销售真正意义的一站式网上产品的银行，客户不需要亲自到网点完成交易。这就涉及以往不可缺少的一个步骤——签名，好在 2008 年法国实现了电子签名合法化，法国农业信贷银行同意客户使用电子签名。目前，以这种方式销售的还属于比较基础的产品，但是这家银行希望未来销售更复杂的产品。这种新型服务是 2007 年 8 月由普罗旺斯区域银行发起并运作得非常成功，之后在很多其他区域银行也陆续开展了此项业务。比如，法兰西岛（lle-de-France）地区银行在 2007 年 11 月到 2008 年 1 月，在没有打广告的情况下销售了约 400 个产品。集团的目标是在 2008 年底将这项业务推广到整个集团。

最近的创新案例要追溯到 2007 年 10 月底，阿基坦（Aquitaine）区域银行开发了法国首个供手机银行客户使用的信用模拟装置。客户可以使用这个工具填写申请表，得到月度支付的评估。在接下来的一个小时，呼叫中心顾问会给客户打电话向客户询问详细信息来确认是否批准信用额度。集团计划将这个创新适时推广到其他区域银行，以进一步提高 CASA 在消费信用市场的领导地位。统计数据表明在 2007 年 9 月 CASA 占据了 1340 亿英镑市场份额中的 159 亿英镑。该银行希望至少 15% 的法国人使用这个模拟装置，由于使用者能够向他们的朋友传递信息，因此他们希望这个模拟装置会非常受人欢迎。

Pauline 和 Louis 购房

（以下叙述的是法国农业信贷银行一名真实客户的经历，但名字有所改变。）

2007 年 6 月，法国农业信贷银行决定开展针对年轻、有工作的客户的多渠道服务活动。这一人群占 18 ~ 24 岁客户的 60% 和 25 ~ 29 岁客户的 90% 以上。活动的核心思想是超越传统的客户细分标准，比如这里用的就是年龄，而关注客户人生的关键阶段因素。

这个故事的主角是 26 岁的 Pauline 和 27 岁的 Louis。三年前两人相遇，打算买下一套心仪已久的房子，安个家，生儿育女。这套房子的邻里非常友善、街区安静，而且离他们工作的地方不远。Pauline 是法国农业信贷银行超过 12 年的客户，她打电话想和金融顾问约个面谈时间。当她知道过去六年管理她账户的顾问三个月前已经离开网点时，觉得有点失望。但是她想："没关系，反正我相信服务质量是一样的，我很了解这家银行，所以我不会去其他地方。"因此，她没有看任何竞争者的资料而直接找到了她现任顾问 Bernard。她希望能够和他见面，为此她呼叫了电话中心来确定见面时间。遗憾的是，电话中心工作人员没有在网点顾问的电子时间表上按约安排见面时间。结果 Pauline 如约而至，却不见顾问在网点等候。三天之后，Pauline 又来到网点，她有些焦急，因为她知道还有很多人也看好了他们要买的那套房子。

最终，Pauline 见到了 Bernard。Bernard 建立了一个模拟过程来计算他们是否具备资格贷到足够的资金。过了好一会儿，Bernard 说应该没问题。但是，他说还需要 Pauline 提供其他证明文件，然后他才能确认贷款。又过了几天，Pauline 第三次来到网点，准备把文件交给 Bernard。可是，他不在网点，而且至少要三天后，他才能来取文件。Pauline 由于很担心房子会旁落他人，三天后又打电话，询问电话中心顾问是否可以和 Bernard 通电话。但当时不可能，因为 Bernard 正和另一个客户面谈。不过电话中心顾问建议 Pauline 可以跟他说说情况，她一五一十地跟他讲了事情的来龙去脉。结果，那位顾问听完，说"对不起，我无能为力，您还是等 Bernard 给您回电话吧"。两天之后，Pauline 还是没有收到任何消息，所以她再次打电话，这次终于接通了 Bernard 的电话。他告诉 Pauline 贷款已经审批下来，他们可以买房了。Pauline 很高兴，但是对利率不太满意。Pauline 和 Louis 一起同 Bernard 谈得很费劲，但是最终的利率还是不能低于 5.2%，还要外加保险。Pauline 本来希望作为忠诚的客户也许会有优惠待遇，但是事实上没有任何区别。就像 Bernard 告诉他们的一样："说实话，如果我能决定，我真的会帮你们，但是我发誓我不能，这是系统决策，你知道，电脑决定一切。"

然而，几天后，Pauline 接到了法国农业信贷银行呼叫中心一位代表 Bernard 的顾问打来的电话。这位顾问想了解一下 Pauline 近期是否有意购房。这叫 Pauline 很吃惊，首先，电话里的人根本不知道她正在申请办理房贷，还有，她更感到诧异的是顾问告诉她，考虑到她的年龄和职业情况，她可以申请到特别优惠利率 4.8%，外加保险。于是，Pauline 又多询问了一些细节情况，发现其实 Bernard 也应该给她同样的优惠。所以，她非常气愤地给 Bernard 打了电话问个究竟。Bernard 听说这件事情也非常惊奇，同时向 Pauline 保证并没有欺骗她，并承诺会详细了解情况，并且当天给她回话。几个小时过后，Bernard 给 Pauline 来电话，解释说 4.8% 的利率是呼叫中心特别推广促销活动提供的。不过目前情况下，他已获得授权为 Pauline 提供同样的利率 4.8%。另外，为了弥补这次的小插曲，他同样已经获得授权为 Pauline 减免 50% 的贷款管理费。Pauline 本来打算离开这家银行了，听了这样的安排她感到了些许安慰。

案例思考

1. 法国农业信贷银行怎样运用多渠道策略实现持续增长？

2. 相较于其他银行，你认为法国农业信贷银行的互助组织是优势还是劣势？

3. 分析 Pauline 和 Louis 遇到的问题。你会怎样解决这类异常问题？请参考这个案例，谈谈多渠道背景下的客户满意度问题。

来自法国里尔天主教大学管理学院的 Loic Ple 撰写了这个案例。本案例主要是用于课堂讨论而不代表对管理情境的评判。本案例汇编自公开资料。

参考文献

[1]"Les Banques cherchent à mieux valoriser luers reseaux d'agence", *lès echos*, 9 April 2008.

［2］http：//www. Crédit – agricole. com/banking – ：– account – bank – and – business – banking – 171/about – us – 172/organisation – 173/ Crédit – ag-ricole – s. a. – 177/profile – 571. html，accessed 21 May 2008.

［3］http：//www. Crédit – agricole. com/banking – ：– account – bank – and – business – banking – 171/about – us – 172/organisation – 173/index. html. accessed 21 May 2008.

［4］"Les caiss bretonnes du Crédit – agricole inventent l'union sans fu-sion"，*L'Agefi Quotidien*，26 February 2008.

［5］http：//www. letelegramme. com/gratuit/generales/ecomonie/credit – agricole – les – bretons – se – rapprochent – 20080226 – 2596417 _ 1233914. php，accessed 22 May 2008.

［6］"Crédit – agricole lance un simulateur de crédit à la consummation sur portable"，*l'Agefi Quotidien*，25 October 2007.

［7］"Le multicanal bouscule les mutualistes"，*l'Agefi Hebdo*，27 Septem-ber 2007.

［8］"Des campagnes de prospection géolocalisées"，*Marketing Direct*，1 April 2007.

［9］"Des campagnes de marketing multicanal complexed"，*l'Agefi Hebdo*，26 April 2007.

［10］Crédit Agricole：Rapport d'activité 2006.

［11］Crédit Agricole：Rapport d'activité 2007.

［12］"Quelques pistes sur le rôle de l'agence bancaire de demain"，*Banque and Informatique*，1 July 2007.

［13］http：//www. relationclent. net/3eme – Barometre – de – la – relation – banque – client – Alertes – sur – la – relation – !_ a3164. html，accessed 21 May 2008.

［14］"2007，l'an l du décollage des ventes de produits financiers par In-ternet"，*Les échos*，7 January 2008.

［15］"Une clientèle jeune difficile à séduire"，*l'Agefi Hebdo*，21 July 2007.

［16］"L'impact de l'Internet sur le comportement d'achat de services financiers" December 2007，in partnership with Capgemini，Crédit Agricole，Efma，Microsoft and Novametrie.

第十一章

金融服务营销中的沟通

学习目标

学习完本章，读者应该能掌握以下几点：

■ 了解市场信息传播中的沟通者和受众之间的互动

■ 确定市场信息传播的目标

■ 概述金融服务营销的主要沟通策略

■ 从营销战略目标角度评估不同市场信息传播渠道的主要优势，特别是对新媒体传播渠道的评估

引言

营销传播活动是市场营销中备受瞩目的内容，金融机构在这方面运用很多，包括广告、公共关系以及直邮等多种活动，它们都属于整合营销传播（Integrated Marketing Communications，IMC）策略的一部分。2009 年，信贷危机已经导致广告投入整体降低了 9.1% （www.ipa.co.uk），而传统的营销传播方式也许在信贷危机之后不再适用。一些专家已经建议银行以及其他金融机构运用新媒体开展营销传播，比如微博（Twitter）（www.thebanker.com/news）营销。整合营销传播策略的主要目的就是通过定向沟通影响消费者的价值判断和消费行为。整合营销传播策略的发展与在日益全球化和放松管制的金融市场环境中快速发展的科技密切相关（Holm，2006）。同时，消费者也逐渐提出对于个性化服务的需求和预期，如果服务没有达到他们的预期和理想状态，他们希望表达出自己的愿望和不满。市场营销人员认为他们要通过精心筛选的促销方法来达到他们的营销沟通目的。当然金融服务是无形的，

消费者购买金融服务是为了达到其他使用目的，这两点特性加重了金融产品和服务的复杂性，给金融服务营销平添了重重挑战。有些情况下，服务沟通也是服务的有机组成部分，特别是考虑到"使用价值"的问题，即考虑消费者如何消费金融服务的问题更是如此。营销沟通和品牌管理息息相关，所有信息都传递着公司、产品和服务相关的内容（Gronroos，2000）。新兴媒体给金融机构带来了新的传播机会，如案例11.1所示。

案例11.1

微博（Twitter）金融服务

　　美国的评论员相信金融机构不能再忽视或抗拒最近横扫全球的社交网络现象。全世界似乎都在谈论拥有1000多万使用者的Twitter。Twitter很快地成为金融创新的主要源泉。Twitter是针对手机和网络用户的短信息服务渠道，规定每条信息不能超过140个字，同时允许使用者分享有用的网址信息。因此，Twitter是一个极好的知识共享平台资源，大部分的用户在35岁以上。金融机构应该重视这个坐拥庞大用户群的新媒体。Twitter的优势是能记录用户间的对话交流与回应。目前，已经有很多金融网站围绕Twitter进行开发，比如TwitPay，Tweetwhatyouspend，StockTwits和FXTwits。这些网站都通过Twitter提供某种支付和融资服务。一些创新银行，比如荷兰国际集团旗下的ING直接银行（ING Direct）和英国合作银行也开始作出回应。所以，看来金融机构也需要Twitter。

　　作者汇编自www.thebanker.com/news/fullstory.php，www.twitter.com，www.cooperativebank.co.uk，www.ingdirect.com。

沟通动态策略模型

　　成功的沟通基础在于对沟通循环过程的理解，强调信息沟通反馈的重要性。营销沟通信息应该根据沟通动态策略模型进行设计（见图11.1），否则在如何评价沟通信息的有效性方面会出现问题。

一沟通者与受众

　　沟通者通常会向精心选定的受众传递信息，然后受众解码所感知的信息。受众接收到信息之后会提供某种形式的反馈，反馈可以有多种形式，受众对沟通者的信息也可能完全不做任何行动或回应。营销沟通（比如营销广告）

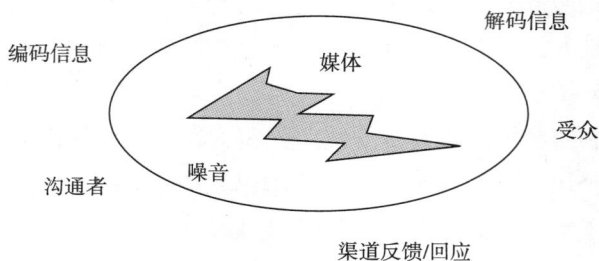

图 11.1 沟通动态策略模型

的范围广、受众多，对金融机构来说，重要的是要能够意识到目标群体会进行信息解码，并且要重视收集受众的反馈，但是要做到这些会有很多困难。信息沟通中的噪音是指在信息传送和接收中的干扰。这种噪音可能由于目标受众缺乏兴趣，或者是新信息结构造成他们解码困难。现在，越来越多的媒体能够传递营销信息，比如电视、平面媒体、互联网、直接邮寄广告及手机。同样也有一系列直接接触渠道可以传递信息，比如分支机构、邮寄、ATM，当然还有互联网。

信息发起人，即沟通者必须认识到信息的解码是由受众完成的，所以会受各种个人和社会因素的影响。因此，沟通者精心研究和深入了解目标受众是确定营销沟通信息的先决条件。沟通者还需要考虑其他方面的问题，目前营销沟通重视目标受众的态度对解码过程的重要影响。比方说，信贷危机怎样影响消费者以及商业群体对于金融机构的态度？严格意义上讲，态度有三个独立部分组成，如下：

■ 认知（知识和信念的反映）

■ 情感（与目标关联的感受）

■ 行为（行动倾向）

我们用下边这个例子阐释这些态度组成部分如何相互作用。某位客户特别愿意到当地某建屋协会办理业务（情感部分），因为这家建屋协会就在她家附近，在社区人心目中形象良好，她也熟悉那里的工作人员。另外，这位客户注意到这家建屋协会的储蓄账户利率还有优惠（认知部分）。因此，她对这项优惠服务作出了积极反应（行为部分）。这家金融机构可以根据现有和潜在客户对它的有利态度，来构建营销沟通策略，并使用不同渠道宣传和加强客户对它的正面态度。

一选择受众

市场营销人员运用与市场细分技巧类似的方法，判断哪些人应该成为信息传播的受众。沟通信息必须考虑到以下因素（Palmer，2008）：

■ 人口特点，比如年龄、居住地区和职业

■ 服务的参与程度，比如有些人对服务略知一二，有些人极易受到利率调整或任何条件变化的影响

■ 使用频率，很多金融服务的使用频率高，如支票账户和普通储蓄账户；有些较少使用，如开户后的个人储蓄账户或是溢价债券

■ 目标受众寻求的利益是什么？对市场营销人员来说，了解客户怎样使用服务至关重要。商业账户为客户提供了有效管理现金流和支付的方式，但是更重要的是金融机构要了解客户如何使用这些服务。比如，在几年时间内，金融机构可以在支持客户企业成长或达到组织目标方面扮演什么样的角色

营销沟通必须传递对于受众有价值的信息，这种价值包括内容以及传递信息的渠道，营销沟通可能增加价值，也可能毁灭价值（Heinonen 和 Strandevik，2005）。拿一个商业客户服务为例，一个时间紧迫的女客户是否会花时间打开直接邮寄邮件（假设它符合"直接"的标准）或者接听电话。金融机构必须考虑什么时候这位客户会对接收信息态度积极，也许是上下班路上，或者是听车载广播的时候。

一信息来源与信息的理解

营销人员同样需要考虑目标受众对于信息来源有着怎样的态度，判断受众对信息的理解和信息传递的风格是否一致。金融机构经常请名人和体育明星作营销沟通的代言人，比如，桑坦德银行请 Lewis Hamilton 做代言人。然而，对于金融机构来说，维护与金融服务营销相一致的形象最重要，并不能总是依赖名人维持完美的形象。尽管与名人成功合作能带来益处，但金融机构通常还是尽量避开用真名实姓的人做广告，除了一些特例，比如，全英房屋抵押贷款协会推出的系列广告中，请喜剧演员 Mark Benton 扮演了某家未指名的竞争机构的一名经理。

如果组织希望用真名实姓的人来传递信息，那么如何维护代言人的完美形象呢？达到这样的目的一个可行做法是创造一个不真实的人物，只用于信

息沟通和品牌营销的过程。针对强调品牌信息的消费者，营销人员可以始终如一地介绍和使用目标受众认为相关的人物，这将使营销工作获益良多。Garreton 和 Burton（2005）强调广告中的代言人和代言的产品应当匹配，广告宣传标志应该传递与广告品牌相关的关键属性，并认为使用代言人能够产生极好的品牌属性记忆，唤起公众对品牌的正面态度。金融服务广告中的一个成功代言人是丘吉尔保险公司（Churchill）营销沟通中使用的一只狗，它用幽默坦率的个性来阐释金融产品，见案例 11.2 的介绍。

案例 11.2

丘吉尔 （Churchill）

　　保险产品是用来抵消不利后果影响的。Churchill 保险（RBS 集团的一部分）创造了一个代言形象，一定程度上成功地用有形的方式传递保险服务的价值。因为保险并不是大家都希望购买的产品，所以有竞争力的价格也能提升保险服务的价值。代言人是一只名叫 Churchill 的斗牛犬，它与第二次世界大战时期的英国首相 Churchill 同名。Churchill 具有斗牛犬的血统和美德，名字具有鲜明的名人效应。它操着一口率真耿直的北方口音做代言宣传。这些特色传递了一种扎实务实的金融服务品质。Churchill 甚至会憨憨地点头，表明它会同意人们的各种请求。2006 年 7 月，Churchill 保险掀起一场"挑战 Churchill"活动，鼓励人们用 Churchill 代言的产品来节省汽车保险和房屋保险的费用。这项活动无形中也极大地提高了公众对 Churchill 品牌的认知度。

　　作者汇编自 www.churchill.co.uk。

一沟通有效吗

　　动态沟通策略还包括评估发出的信息是否成功。人们在设计一套营销信息沟通计划时，必须首先清楚地预见到营销沟通的结果会如何，并且有一套评估系统完成这一环节的工作。比如，金融机构想借出多少贷款，想获得多少份个人储蓄账户，消费者查询和实际销售比例是多少。营销人员希望通过统计免费电话咨询呼入量和网站的点击量来收集和判断人们对营销信息的反应。研究人员在广告反馈方面投入大量的精力，因为广告是一种最昂贵，同时也很难有效测量的媒介。检验广告有效性的一种方式是实验室验证。一个实验例子是，在实验条件下观察被试者复杂的心理活动，通过观察瞳孔的放大来测量营销传播刺激对受众身体的作用（De Pelsmacer 等，2005），比如，瞳孔放大得越大，证明广告内容对受众的刺激水平越高。较为温和的测量手段包括在问及客户最近是否注意到广告时，观察他们自觉的认知和回忆。我们用同样的方法还可以测量人们对于产品或者广告的态度。我们同样要事前测试广告，看它能否产生预定的效果，甚至在广告播出的过程中我们也可以进行评估，看它是否需要调整。比如，全英房屋抵押贷款协会的活动在信贷危机的情况下就进行了调整，调整的目标是在那段特殊的形势下，广告要向公众传播全英房屋抵押贷款协会，乃至整个金融服务业的正面形象和信息。广告的后期检验主要是测量人们看过广告后的记忆水平，这方面代言狗 Churchill 显然非常成功。

营销沟通目标

清晰的沟通目标是沟通成功的决定因素。基于传统消费者决策模型，有很多可能的营销沟通目标都会决定什么样的营销沟通方式最合适（Cravens 和 Piercy，2006）。

—需求识别

这是引发消费者需求的一个阶段。在金融服务方面引发需求的因素可能是外源的，比如汽车保险是法律上的要求。很多金融服务属于"厌恶和规避类产品"，所以人们规避特定情况的愿望通常表现为这类需求。比如说，保险产品使投保人或保险方案涉及的成员能够避免疾病治疗方面的漫长延迟，或户外重大活动遭遇恶劣天气带来的经济损失。消费者通常在一年的特定时间对金融服务有特定的需求，比如每年圣诞之后，人们常做的一件理财事项是合并信用卡欠费。所以，信用卡公司此时会以诱人的利率提供余额转结服务。

—发现客户

当今的金融服务市场上，新客户数量有限。所以，鼓励消费者转换金融服务供应商就成了营销沟通的一个目标。与此同时，金融机构在筛选（争取哪些新客户和留住哪些老客户）时也变得更加挑剔。最近，一家英国大型金融机构激励工作人员去开拓客户，鼓励生意已经步入正轨的企业主把账户转到该银行的商业账户，一改过去一味地接近创业企业来开发业务的做法。金融机构为生意已经起步的客户服务面临的风险小于支持创业企业的风险，因为新企业的失败率比较高。同样，在现存客户中可以筛选到需要某特定服务的消费者。金融机构通常希望增加客户的资金份额，即鼓励消费者从他们手中购买更多的金融服务。一家金融机构可以从它的信息系统中分辨出消费者希望购买哪种产品，之后在客户的信用卡账单中附上该产品的详细信息。金融机构也许会发现消费者用信用卡进行海外旅游，因此会将该机构外汇服务详细信息送达客户。

—构建品牌

构建品牌是营销工作中非常重要的内容。为此，金融服务供应商把大量资金用到品牌开发和维护中。显而易见，品牌开发和维护离不开沟通的支持和推动。品牌营销对金融机构来说是个艰巨的挑战，因为很难区分不同的服务供应商，也很难区分各家服务商提供的产品和服务。为了防止消费者只凭价格选择服务商，金融机构必须开展营销沟通，大力宣传自己的品牌和服务。

—超越替代

金融机构超越替代的营销目标是保证自己的品牌服务在某些方面比其竞争者更好。如果说品牌营销非常难，那么在产品繁多的金融服务市场上，实现超越替代的营销目标更是难上加难。比较网站是金融机构试图达到超越目的的一种途径，因为消费者可以在这些网站上挑选自己认为重要的产品性能。比较网站也帮助金融服务商降低成本，因为消费者投入时间和精力做了大部分的筛选工作。不过，消费者在网站上也可以直接做横向比较，这可能对品牌不利。难怪直线保险决定不参与网络比较网站，而选择打广告邀请潜在的客户通过手机和互联网联系他们。从市场营销角度看，直线保险的决定很有趣，而这个决定会产生什么样的结果还不得而知。

—促成购买决策

在比较网站上，消费者一旦决定购买，点击鼠标即可连通产品供应商，几分钟内就能完成交易。这时候，营销沟通的目的在于向消费者确认产品适宜、交易方便，同时还要依照法律要求或行业标准向客户提供信息。然而，有些金融服务特别是产品比较复杂，购买决定又事关未来，这种情况下个人直销方式更适用。退休金计划或晚年储蓄计划在英国和欧洲的普及率都很低，而各国政府都在力图减少政府在这方面的投入，低普及率令各国政府忧心忡忡。消费者需要得到建议、支持以及不时的鼓励才能购买此类金融产品。

一留住客户和关系

金融服务供应商鼓励消费者从其他竞争者那里转过来的同时，也应该关注和鼓励留住带来丰厚收益的客户。任何营销沟通策略都应该注重珍惜消费者的价值，当然也应该权衡消费者给金融机构带来多大价值。Farquhar 和 Panther（2008）的研究发现，一家建屋协会根据消费者对于协会的实际价值和预期价值来确定营销沟通的投入水平。该协会使用复杂的信息系统，对协会现存的客户价值进行建模，然后根据具体客户价值的计算结果，相应地发展与客户的关系。实际上，这意味着为客户提供不同水平的服务，向低价值客户投递的直接邮寄邮件很少，而向高价值客户提供精心准备、针对性强的产品和服务信息。如果消费者认识到沟通是积极适合的话，他们会希望收到金融机构提供的信息，因此，沟通质量至关重要（Madden 和 Perry，2003）。沟通的内容和方式应该尽量个性化、符合相关性和及时性。大多数金融机构已经认识到这一点，并在逐渐减少邮件的数量，同时保证所使用的邮件都能符合个性化、相关性和及时性的要求，能够展示金融机构对消费者价值的重视程度。

营销沟通策略

尽管人们通常简单地把营销等同于广告，但稍加留意便会认识到广告只是营销的一个元素；更进一步讲，广告只是营销的一个次级组成部分。整合营销传播（IMC）试图将不同形式的营销沟通组合在一起，强调对各种传播渠道的整合运用，以使每个渠道都能够最大限度地向目标受众传递信息。人们常常把营销沟通视为一个组合，很像营销组合。营销沟通组合包含的传播方式有广告、个人营销、个人直销、网上营销、促销和公关等。IMC 关注的是将看似独立的促销活动精心挑选出来加以整合应用，达到既降低成本，又不降低营销沟通有效性的效果。Hartley 和 Pickton（1999）评论说，尽管人们在开展营销沟通的整合工作，但整合的深度却微乎其微。或许，人们对 IMC 到底有多么成功还存有争议，实际的统计数据表明营销沟通预算已从各类广告投放转向使用更丰富多样的沟通组合（Holm，2006）。图 11.2 的 IMC 模型展示了它的工作原理。

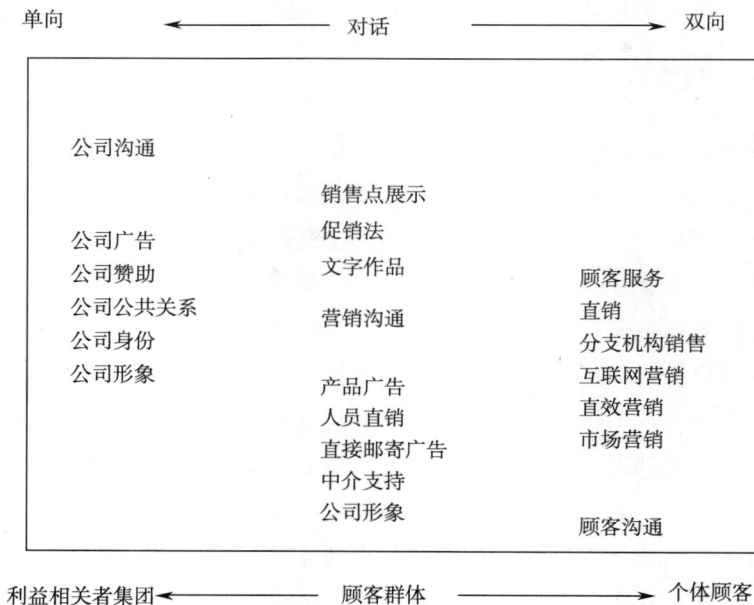

单向 ◄———— 对话 ————► 双向

公司沟通

销售点展示

公司广告　　　　　促销法　　　　　　　　顾客服务
公司赞助　　　　　文字作品　　　　　　　直销
公司公共关系　　　营销沟通　　　　　　　分支机构销售
公司身份　　　　　　　　　　　　　　　　互联网营销
公司形象　　　　　产品广告　　　　　　　直效营销
　　　　　　　　　人员直销　　　　　　　市场营销
　　　　　　　　　直接邮寄广告
　　　　　　　　　中介支持
　　　　　　　　　公司形象　　　　　　　顾客沟通

利益相关者集团 ◄——— 顾客群体 ———► 个体顾客

资料来源：作者改编自 Hartley 和 Pickton，1999。

图 11.2　整合营销传播策略模型

这个模型区分了三种不同层次的沟通（公司层面、营销层面和客户层面），展示了对于每个层次较为合适的活动。很多金融机构在全球市场上有较强的公司身份和形象，比如汇丰银行和苏黎世银行，而它们也通过营销层面的产品广告和客户层面的分支机构销售以及本地销售维持公司形象。金融服务业的营销传播渠道还应该包含给中介机构和经纪人提供支持，因为他们在很多金融产品销售中发挥重要作用。这个模型同样展示了对话的本质，即在客户层面的双向沟通。沟通的目标也因沟通的层面不同而有所不同。在公司层面，需要沟通的群体非常分散，但他们是金融机构的利益相关群体，包括工作人员、股东和供应商。市场营销界越来越认可利益相关者这一概念，认为营销不仅仅关注消费者，也广泛地关注其他对组织有着直接和间接贡献的群体。

金融服务营销

金融服务营销策略通常建立在三种关键活动基础上，即人们熟知的3P策略，包括拉动策略（Pull）、推动策略（Push）和全方位整合策略（Profile）（Fill，2006）。这里的策略是指针对特定受众群体的需求而制定的营销沟通方向、方法和执行方案。在金融服务营销中，金融机构要解决的关键问题是维护信任甚至是再造信任，尤其是近些年金融业发生的不当销售丑闻，比如20世纪80年代的养老金丑闻、按揭保险丑闻和最近的信贷危机，这些都令金融机构的公众信任度大幅下跌。金融服务营销沟通的另一个困难是金融服务的无形性和复杂性，还有金融服务的收益不总是那么直接、显而易见。在制定营销沟通策略时，不论运用怎样的模型，都要了解目标市场的需求，正如我们在第四章讨论强调的：辨别合适的市场细分变量是关键。

—拉动策略

拉动策略是为对于产品/品牌有拉动需求的金融服务终端用户而创造的需求。比如，中型企业希望一家金融机构注入资金支持其成长，拉动策略以激发行动意愿或带动交叉销售为目标。比如给中型企业提供资金的那家金融机构也可能在寻找销售相关保险产品的机会。在这个策略里，建立核心信息主题是关键。比方说，国际保险公司英杰华（Aviva）希望给客户带来繁荣和安心；因此，英杰华的核心营销信息应该建立在这个公司愿景上。这两个目标都是经过了深思熟虑的推敲，因为保险产品本身就是为了规避开不愉快的结果，或者在产品期满时能有分红，比如长期保险。通常，消费者都希望找到这类收益产品，因此营销沟通应该注意要清晰地表达这些收益，并清楚与此相关的目标市场在哪里。

—推动策略

推动策略关注的目标受众可能并不自己消费这些产品，而是为产品增值的人群（Fill，2006），这些人通过提供专业的独立建议，推动产品和服务销售。独立金融中介（见 www. unbiased. co. uk）在金融服务提供过程中发挥着重要作用，金融机构投入很多资源来维持与中介的关系（中介有时也叫经纪人或中间人）。就像代表独立金融中介的专业机构标识一样，他们带来的关键价值在于独立、中立的建议。而消费者必须了解清楚中介销售金融产品所赚取的佣金或奖励是多少。

中介在个人、商业、公司市场以合伙人身份参与金融机构的营销工作，沟通并最终满足终端使用者的需求。金融服务供应商与中介直接接触，为他们更新产品信息，并鼓励、维持和加强相互关系。中介掌握宝贵的市场信息，因此与之合作的金融服务商必须建立有效的系统来采集这些数据，对数据作出反应，从而加强沟通动态策略模型中各要素的相互联系。沟通也包括一些业务材料来保证中介能够更好地接触市场，还包括产品信息、销售激励和促销材料。所有这些都应有助于传播供应商（比如银行，保险公司或者投资银行）的品牌价值。在个人银行业务方面，中介和金融服务供应商都必须遵守监管机构（比如英国金融服务管理局）制定的方针和政策。通常，金融机构都设立了专职团队负责建立和维护与中介的关系。

一全方位整合策略

全方位整合策略主要针对一个组织的不同利益相关者，他们也许需要不同的信息，或者需要相同信息但要以不同的形式呈现或传播。通常在公司层面所做的营销传播与品牌营销会有重叠；与利益相关者（比如中介）的信息沟通中会注重发展公司形象和声誉。

如同 Fill（2006）特别指出的，这些策略并不相互排斥，相反，整合营销沟通需要三种策略协同应用，要随环境变化、策略目标和组织发展的变化而相应调整。而不论是拉动策略、推动策略还是全方位整合策略，其核心支点是组织的持续学习。

一沟通活动和质量

服务质量是服务营销人员关注的一大问题。质量改进的目标是排除金融服务的异质性或多样性带来的重重困难。虽然在金融服务中，服务质量通常受规章制度或工作指南的制约，但是服务质量是金融机构实现与竞争对手差异化的一种方式。本书作者之一所做的实地调查发现，第一直线银行被竞争者视为服务质量的标杆和追赶目标。第一直线银行达到这样令人羡慕的服务水平，想必它的沟通非常有效，把质量标准与所有服务生产环节和消费环节的人员，甚至包括消费者沟通得明明白白，深入人心。同样，服务的一致性和评估标准应该用到金融机构的所有服务流程中，这样才能保证一线员工的服务达到消费者的预期。Madden 和 Perry（2003）研究发现，消费者与金融机构沟通时，心中都抱有理想的预期，如图 11.3 所示。

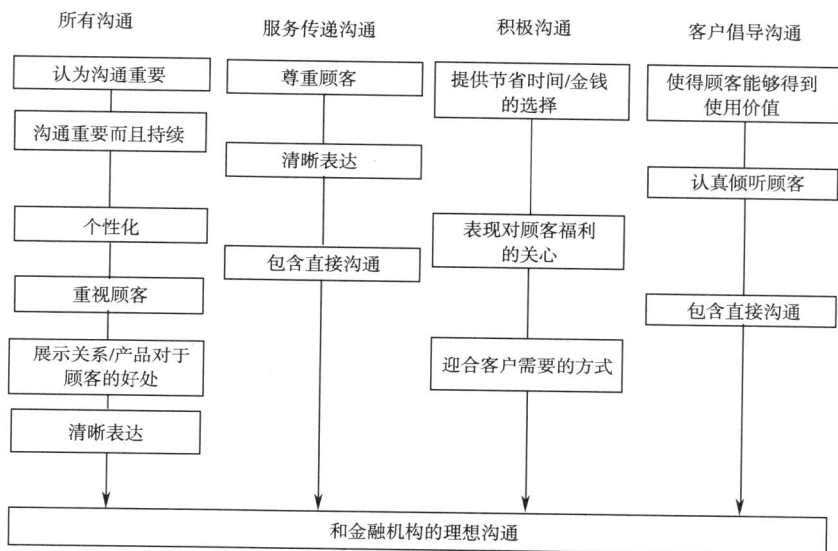

图 11.3 理想沟通的主要特点

图 11.3 中有四个与金融机构和消费者沟通相关的栏目，其中：第一个是金融机构和消费者之间的所有沟通，另外三个是特定种类的沟通。有些理想的预期例子也适用于其他沟通种类，比如，清晰的表达，在任何层面都是最基本的要求。如果金融机构希望赢得更高的忠诚度，则需要更复杂的沟通，并通过个性化方式来表达对消费者福利的关注。各方在服务过程的前—中—后沟通都很重要。不论是金融服务供应商积极主动沟通还是客户发起的沟通，人们都希望在服务过程之外从某金融机构那里获得信息，所以，消费者与特定的金融机构的沟通质量非常重要（Madden 和 Perry，2003）。及时沟通能为消费者及时地更新产品和服务信息，使他们及时了解金融机构及其发展动向，从而促进消费者的忠诚度。沟通并不仅仅发生在金融服务供应商和消费者之间，所以供应商同样还要考虑其他利益相关者，比如中介和雇员。而且，不管这些受众是不是信息的主要目标，所沟通的信息应该对所有的受众保持一致并明确。

案例 11.3

简明英语

公平交易办公室（Office of Fair Trading，OFT）的市场研究再一次凸显了"简明英语运动"在有关银行收费投诉中的重要性。OFT 发现，一些金融机构的沟通没有做到清晰表达，这是造成服务商与消费者关系欠佳的主要原因之一。银行金融服务商都清楚地知道，简明语言既便于服务商管理财务，也便于消费者管理财务。但是在金融服务营销领域还是特别需要立法来保证沟通语言的一贯性。金融机构对消费者要负责任，而使用清晰语言与消费者沟通就是负责任的一种具体表现，也是消费者应该享有的权利。金融行业已经认识到简明语言在防止由沟通不畅导致的不必要和额外收费中的重要价值。在目前的金融环境下，含混不清和误导性的信息会使人们陷入财务困境，各相关方面应该对此高度重视。比如，最近某家大银行在营销活动中声称可以提供一些应急基金来抵消信贷危机带来的影响。然而，只要人们仔细研究这种基金的细节就会发现，它们仅仅是在高度膨胀的利率上附加了一份透支协议罢了。

作者改编自 www. plainenglish. co. uk。

多渠道营销仍会在营销沟通中起到重要作用，因为提供服务渠道和营销沟通渠道的差别越来越不明显。我们可以看到，在多渠道的环境下，通过不同渠道汇集的信息可以开发精准的营销策略方案（Thomas 和 Sullivan，2005）。这些信息的价值在于它已存储在金融机构内部，因此金融服务商需要做的最重要的事情是消化和吸收不同渠道收集的信息，用这些信息开发适合不同目标消费群体的营销沟通策略（Farquhar 和 Panther，2008）。

在媒体选择方面，各种媒体特色的差别很大（Heinonen 和 Strandevik，2005），比如传统的直接邮寄邮件就比电子邮件和短信能带来更高的沟通价值。这就提示银行和其他金融机构要非常慎重考虑和测量媒体的有效性。Heinonen 和 Strandevik（2005）的研究还发现，有时候，营销沟通选用的媒体可能会降低沟通的价值，例如，使用互动性更强的新媒体时，从技术角度看，我们可以更容易和快速地得到反馈或回应，但实际中的回应率反倒更低。

一制定营销预算

金融机构做广告和传播营销信息要花费成本，因此为营销沟通制定预算很重要。我们接下来会讨论几种制定营销预算标准的方法。首先是"销售额百分比"法，这种方法有优点也有缺点，它的假设前提是营销沟通和销售额呈直接正相关。但是，这种方法比较传统，有些过于简单，因为营销沟通也许还有其他目的，比如，经济不景气时，营销沟通可能更希望起到唤醒受众意识的作用而不是刺激销售，显然用这种方法就不太适宜。还有根据"公司负担能力"制定营销预算法，此法犯了忽略市场动态情况的大忌，因为它只看组织内部而不是参考消费者/利益相关者的组织外部情况考虑营销预算问题，视野和思路过于狭窄和僵化，金融机构也许会因忽略外部因素而错失良机。金融服务供应商身处高度竞争的业态之中，而一些大银行和大建屋互助协会在这方面的花费很多，所以各家服务商在制定预算中出现"与竞争对手齐头并进"的做法也是可以理解的。无论如何，根据"公司负担能力"制定预算的方法并不是市场导向行为，另外，适合竞争者的做法放到自家也并不一定奏效。实际当中，采用"你有，我也要"的攀比思想做营销沟通预算的服务商，很可能是在用不适当的信息"轰炸"消费者，结果可能被消费者忽略，或者甚至产生负面效果。

制定营销沟通预算最理性的思路是"设定目标，将需要执行目标的任务成本化"。比如，农场主做生意，需要给自己买养老金保险，也需要给他们的雇员提供这方面的建议和支持。经营这种专项业务的金融机构，如国民农业联合互助保险协会（NFU Mutual）很清楚，为农场主做退休金服务的市场规模较小，而且其中很大一部分服务内容是专业人员为雇员提供建议和支持。因此，金融机构要关注市场，需要慎重考虑目标受众的需求特点，信息的属性以及接触受众的最好方式。所以，在农场主养老金服务这个例子中，服务商制定营销沟通预算可以参考自身的负担能力。不过，这是一个非常专业的市场，而这家互助保险协会刚好非常适合开发并服务好这个市场。不过，如果它仅参考"负担能力"来判断和制定预算，它同样极有可能错失成为市场领导者的机会。而用"设定目标"的方法制定营销沟通预算可以为服务商提供更好的机会，从而兼顾满足市场和服务商的需要（www. nfumutual. co. uk/business/business‑pensions/index. htm）。

营销沟通组合

一旦确定了营销沟通策略（例如，拉动策略或推动策略）和预算，就可以考虑完成这些目标的工具了。营销沟通组合工具的选择范围比营销组合更加广阔，我们在这里仅举几个金融服务营销适用的工具，以及适合金融服务商与之合作的机构。如前所述，技术丰富了信息传送的渠道，但金融服务营销者能自由选择的沟通组合相应的变化不大。为数众多的可以用来支持金融机构品牌传播的方式有电视、印刷品及互动广告，行业促销及消费者促销，艺术展览、体育赛事和事业赞助等。丰富的营销沟通工具要求营销者必须了解它们各自能带来什么样的效果，清楚如何形成营销沟通工具组合使营销沟通项目效果最优（Keller，2011）。

一广告

用于广告的媒体主要有两类，最基本的是印刷品和音像制品，当然营销沟通的新技术应用也可以列入其中。与之前提到的设定预算的思路一样，金融服务商也要清晰地设定广告的目标，例如打造品牌。一直以来，金融服务领域都在试图创造自己的差异化优势，或是通过发送某些信息来鼓励人们回复，但并不太成功。广告平台在这一策略中非常重要，因为它需要说服消费者/客户采取某种行动，带来某种结果，例如鼓励客户转入该金融机构或是接受一笔贷款。如前所述，造成金融服务营销很难的根源是金融服务自身的特点（无形性、功能性），有时由于人们有意躲避某些服务也会造成一些难题。所以，金融服务营销传播的最大的挑战是向目标市场传递的信息表明这一服务能够满足消费者的需求，并且最终还会带来一些额外的收益。对于金融机构及其创新团队来说，他们要面对的挑战是提出能够传递这些收益信息的好办法，以及表达这种信息的最佳方式。与此同时，诸如值得信任的、合法的、可信度高等能够代表任何产品特性的品质都要传达给消费者。广告对消费者来说既有理性吸引力也有感性吸引力。理性的吸引力应当包含信息，例如，贷款的优惠利率。感性的吸引力来自这项服务，比如一款保险产品，可能是一种呵护家庭的手段。金融机构能够通过精心选择做广告画外音的演员来加强这种感性吸引力。有时广告也会使用幽默（参见 www. newsroom. barclays. com/imagelibrary）及音乐等其他手段创造吸引力。

金融机构的广告开支不菲，例如，优廉（More Than）是一家大型保险公司，过去，它每年的广告费用至少 2000 万英镑。有报道称巴克莱银行在"大幅削减其电视广告费用"，但它 2007 年的基于产品的广告开支仍然高达 1100 万英镑。巴克莱银行这一方向性的改变非常有趣，其背后是为了留下更大的灵活性以及更广泛的媒体选择空间。总体看，有迹象表明，电视广告这一长久以来备受金融机构青睐的渠道，可能正在失去吸引力。削减电视广告费用也可能是因为人们怀疑金融服务与电视广告到底有多匹配，因为金融机构的品牌效应并未产生预期的效果。消费者看电视的方式也已经改变了，他们在电视频道之间调来调去，希望能跳过广告，并且对广告所传达的信息也有了很强的心理壁垒。数字电视可能已经预言了以往的高费用电视广告时代的终结，因为电视广告只能无区别地向大众进行传播。印刷品媒介可以介绍产品的细节，可以帮助服务商专注于营造理性的吸引力，而不是依靠提供不太具体的品牌价值信息。在对报纸、期刊及杂志精心选择的过程中，人们或许还能更精准地锁定目标。不管怎样，大型金融机构，尤其是那些高街金融机构仍然普遍采用电视广告，即使在信贷危机影响日益显现的情况下，情况依然如此。请看案例11.4。

案例 11.4

带方格的旗帜

　　荷兰国际集团（ING）发布了其 2008 年全球广告，代言人是雷诺车队车手、双料世界冠军费尔南多·阿龙佐（Fernando Alonso）。最初，这些广告以 30～45 秒时段在全球 30 个国家播出，在转播大奖赛（Grand Prix，GP）的全国性电视台，也在大奖赛期间的每个比赛周末通过国际性的广播媒体播出。这些传播活动的辅助支持包括印刷品展示、大网络媒体新闻报道、在线印刷品以及 F1 门户网站。广告播出时机选取与澳大利亚大奖赛周末开始时间同步。广告活动在荷兰国际集团赞助 F1 的第二年为其商业目标带来了媒体支持，这些媒体支持被纳入整体设计方案来增加荷兰国际集团的公众认知度，以及利用 F1 的平台为这个金融机构招徕业务。这些广告的播出时间与荷兰国际集团冠名赞助的重大赛事同步，包括 ING 雷诺车队、ING 澳大利亚、ING 匈牙利、ING 保加利亚大奖赛，以及对阿龙佐和尼尔松·皮切特（Nelson Piquet）的全球赞助及 18 个大奖赛中 13 个赛道品牌广告一起共同构成 ING2008 全球广告系列。这些广告通过荷兰国际集团对 F1 的赞助，表明了荷兰国际集团要传达的核心信息：荷兰国际集团明白金融服务可能很复杂，但荷兰国际集团能够"化繁就简"，让客户更容易地管理金融相关的事务，把精力集中在真正重要的事情上。在广告中，借阿龙佐来阐释这一信息，并通过很多后期电影技术进行强化处理。这些活动是由总部位于伦敦的鸢尾花广告公司（Iris）创意制作。

　　作者根据 www.ING.com 上的内容编写。

上述案例为我们提供了一个全球范围内多媒体广告活动的有趣范例。这些活动包括全国性电视、新闻媒体、公共关系、电子媒体以及品牌打造、赛事赞助和广告宣传等多维立体的有机组合，共同生动形象地向消费者传达信息。

一直复营销 （direct marketing）

金融服务商启用直接邮寄邮件或直复营销的速度非常迅猛，例如，2007年建屋互助协会使用直接邮寄邮件量增长了18.8%。2006年最后一季，建屋互助协会一共发送了1592万封直接邮寄邮件，而2005年同期为1340万封（news. royalmailgroup. com/news）。据皇家邮政（Royal Mail）称，这些数字说明了直接邮寄邮件对于金融领域提升销售额以及保留客户的重要性。这一增长也可能是由新产品和服务发布的数量引起的，同时也伴随着日益增长的公平对待消费者的要求，以及服务商要向消费者阐明抵押贷款、储蓄及贷款利率升高带来的影响。保险领域的十月至十二月直复邮件量也由2005年的8344封小幅升至2006年的8387封。发送给55周岁至64周岁人群的直接邮寄邮件也有所增长。除了对直接邮寄邮件作出积极反应，这一年龄段的人们对于金融服务供应商也特别重要，因为他们接近退休年龄，也基本还清抵押贷款，并且眼看就要收获投资收益了。

直复营销的概念是基于在没有金融中介等第三方参与的情况下与消费者直接沟通的思想（De Pelsmacker等，2005）。直复营销与广告的一个关键区别在于信息与回复的一对一，营销者按照某一消费者的信息制定出与其需求相适应的信息，而不是按照一系列的变量或者性质来区分，也不以一群消费者为营销沟通目标。实际中，营销者从信息系统的数据分析中识别出一群消费者，然后根据这些消费者接受服务的可能性，向他们组织信息和发送邮件。直接邮寄邮件的回复率可以准确统计，所以比起传统的广告方式能够提供较为清晰的评价。金融服务商通过直接邮寄邮件收到的回复不论是正面的还是负面的，都会收入信息系统，相应添加到消费者的档案中。以上英国皇家邮政的数据指的是纸质的直复邮件，但直接邮寄邮件还包括电子邮件。此处记住"直接"这一概念很重要，它的目的是要维系和发展服务商与客户的关系。因此，我们需要仔细揣摩具体的营销沟通情景要求和用电子邮件这个媒介是否恰当，因而就有了"精准营销"这一术语。精准营销强调对个人的关注，要建立个性化的顾客沟通服务体系，以实现获得有力的回应并支持品牌价值营销目的。

一手机营销

移动技术作为移动介质搭建了品牌与其终端用户之间的沟通渠道，对营销产生影响（Michael 和 Salter，2006）。手机的渗透率比电脑高三倍，人们每天、几乎每时每刻都在使用手机（Riivari，2005）。金融服务领域的手机营销是自成一体的整合营销传播策略的一部分，用于加强一对一的互动沟通。如今，金融服务商使用手机来传送与其账户相关的信息。例如，苏格兰皇家银行，向它的商业用户提供带有移动交易和余额查询功能的移动银行服务（www.rbs.co.uk/business/banking）。手机银行向我们展示了营销领域的渠道功能与营销沟通逐渐融为一体的例子，很好地促进了以客户需求为导向的服务商与客户关系的良性发展。金融机构不用发送那些老生常谈的营销信息，却全天候地为消费者提供个性化的服务。鉴于金融机构希望逐渐从诸如广告这样服务商驱动的沟通方式中逐渐转移出来，只要这种技术能以非侵入的方式提供服务，手机就能给金融机构带来极大的应用前景。

一赞助

赞助以投资于某项活动以获取该活动创造的潜在商业收益为目的。金融机构可以将品牌与某项特殊且具有意义的活动联系起来，以实现提升品牌影响的目的。金融服务业各家机构的品牌形象差异化水平很低，所以，金融机构在各类赞助活动方面投入很大，都希望借赞助增强和突出其品牌形象。在英国，赞助活动包括：巴克莱银行的足球超级联赛；以及全英房屋抵押贷款协会对于威尔士、苏格兰、北爱尔兰及英格兰的国家级足球队、十五周岁以下板球以及艺术大奖赛的赞助（www.nationwide.co.uk/sponsorship）。赞助的背后可能还有人道主义的情怀。赞助可以实现广告的两个目标：第一，它提高公司的知名度；第二，它提升公司的正面形象（De Pelsmacker 等，2005）。赞助商和被赞助机构/被赞助者之间的关系不但需要赞助经费投入，同样也需要维护。筹划一项赞助活动时，营销者应当仔细思考公众对于这家机构的看法，既包括对它的单独考察评估，也包括掌握人们对它的看法，以及各种看法间的相互影响。换句话说，要仔细考虑这种关系是否适宜，能否产生协同效应。赞助商要清楚这样的"关系"会给公众传达什么样的信息，需要考虑这些信息与公司的其他客户关系管理活动传递的信息是否一致。

案例 11.5

"皇家"赞助

很显然，苏格兰皇家银行更愿意为苏格兰体育团队和运动员提供赞助。"北部边境"高尔夫球很受重视，而苏格兰皇家银行与高尔夫结缘已逾一个世纪，与高尔夫的精神之乡——圣·安德鲁皇家古典高尔夫俱乐部（Royal and Ancient Golf Club）有关联。苏格兰皇家银行通过它们的"大使"，Jack Nicklaus，Luke Donald 和 Paula Creamer 增强了其与高尔夫球之间的纽带。苏格兰皇家银行与欧洲和美国的高尔夫球管理机构关系紧密。苏格兰皇家银行还赞助威廉姆斯一级方程式车队（Williams F1 Team），银行相信，没有任何其他运动能如赛车一般挑战极限。从车手到后勤维修人员，每个方面都需要全神贯注和倾力投入。苏格兰皇家银行还赞助苏格兰橄榄球队，球场的每块围板都展示皇家银行的标志。场上选手的激烈对抗和高涨激情与看台上的球迷奔放情绪此起彼伏，遥相成趣。苏格兰皇家银行集团为能赞助六国橄榄球锦标赛而感到非常自豪。此外，如果你是一个网球球迷的话，可能最激动人心的是，苏格兰皇家银行是 andy Murray 的赞助商。Murray 是一名拥有无限激情、专注力和自我驱动力的球员。他荣登国际网球的明星阵营，世界排名快速上升，已稳稳地列入世界最优秀网球精英前十名之列。

值得一提的是，苏格兰皇家银行的赞助活动可能会因为 2008 年年末英国政府为其提供资金援助而受到限制。事实上，其他在有毒债券市场上暴露过多的金融机构，它们赞助的各类项目可能同样也存在受限的问题。

作者根据 www. rbs. co. uk 上的内容编写。

一口碑

在一个饱和的金融服务市场，正面口碑（word of mouth，WOM）非常影响人们的行为（Gremler 和 Brown，1999）。好口碑或者赞扬有利于赢得新客户，或者有利于鼓励现有客户消费更多，从而带动发展出新业务。犹如好口碑在影响他人的时候很有说服力一样，坏口碑的负面影响也不可低估。无论是客户自己还是其他人即便有负面的体验，通常他们也并不轻易从一家金融服务商转换到另一家金融服务商，于是就形成了消费者惯性，而惯性也成了金融服务业的一个消费行为特征。但毕竟，负面口碑可能妨碍服务商赢取新客户。这里的道理虽然很清楚，但金融服务商得到的负面评价实在还是很多，特别是与银行收费相关的负面评价。银行金融机构似乎并没有做多少努力来应对坏口碑。金融机构很清楚好口碑的重要性，在营销上也高度重视口碑问题（Farquhar 和 Panther，2008）。但是，一些公司层面的做法却在为营销努力帮倒忙，例如银行收费和高管高薪等造成很多坏口碑。口碑不只是服务商与消费者之间的事，它的涉及面更广，包括很多方面的利益相关者，例如金融机构的员工、供应商及竞争者。

一人员销售

金融服务中，尽管远程渠道的使用在不断增长，实际中的人员销售仍然是沟通交流及最终售出金融服务的一个重要渠道或方式。金融服务供应商能够通过提高每位客户拥有的服务数量，即"产品持有量"来提高销售额。一些产品不用多少人际互动就能售出，特别是那些低参与度的产品，例如家用产品保险和信用卡。但是，这类产品并没有多大的客户忠诚，客户很容易转换到其他服务商那里。其他的金融服务，例如养老基金以及更加复杂的投资产品，人们更希望从金融机构的员工或者中介的咨询建议中获益。这些服务属于高参与度业务，消费者认为它们风险较高，而金融机构往往借助机构本身和销售人员传递给客户的信任感和安全感来抵消消费者的风险认知。人员销售正是因为这一类服务而存在。一项专业的金融服务研究表明，有效的沟通对于以下几项正式和非正式认知的影响都具有关键作用：技术性与功能性品质、信任和关系的承诺（Sharma 和 Patterson，1999）。这项研究还指出，在服务商为客户提供投资或购买建议时，有效的沟通包括了：

- 显示同理心和倾听的能力
- 清楚地解释费用及收费项目
- 对风险和收益作出合理的预期

■ 坚持教育客户，帮助他们能够在获得充分信息的情况下作出决定

■ 用简明的语言（jargon‑free term）解释投资的可选项

■ 解释不同的投资组合都是如何运作的

■ 定期检查客户的投资组合

这些建议的重要基础是服务商认识到客户培训与客户关系开发的重要性。培训不仅仅包括金融服务的技术方面内容，也包括高水平的人际沟通能力培训。这些专业人士不仅要从客户那里获得销售额，他们也在开发和维护客户关系中扮演核心角色。2002年，Homburg等人调查了大客户管理（key account management，KAM）情况，重点关注了能够应对和满足大客户需求的各家公司的组织结构。他们识别出大客户管理的四个领域：活动（activities）、参与者（actors）、资源（resources）以及方式形成（approach formalization）。Homburg等（2002）认为这四个领域的工作要求金融服务商要有与之匹配组织内部结构设计。服务商的大客户管理十分重要，不能简单地交由销售团队行使管理职责，但也并不需要一个正式的大客户管理项目组。

一公共关系

公共关系主要与管理公司的声誉有关，通过详尽且持久地管理与媒体等关键利益相关者的关系来实现。公共关系特许协会（Chartered Institute of Public Relations，CIPR）认为，公共关系的目的在于缩小一家公司所希望的自身形象与它在重要利益相关者或者公众心目中的形象之间的差距。公共关系专业人士关心如何与重要利益相关者、左右公众意见的人、金融分析师以及投资者建立关系。金融服务领域似乎时不时地会受到冲击整个行业的事件的影响，故危机管理就成了公共关系工作的一个子项内容。北岩事件不仅影响了该公司，也对整个行业、金融服务管理局以及纽卡斯尔市造成影响。法国兴业银行（Société Générale，SocGen）因为一名员工而蒙受了高达35亿英镑的损失。尤为突出的是，这些事件公司都没能有效地处理好相关的沟通，其实也很难看出这两家金融机构处理事件中有何可圈可点的做法。公共关系可能仍然是许多金融机构不够充分重视的领域。这看起来似乎自相矛盾：金融机构投入巨资打造广告，却总有一些事件或负面新闻在瓦解它们重金打造的广告想要传递的信息。作为左右意见的人群，记者常常是公共关系活动的

目标。然而，读者随便瞥一眼报纸就能发现，事实上，许多财经记者对于高街金融服务供应商都持批判的态度，并且号召和鼓励人们转向成本更加低的金融服务供应商。

一博客

博客（blog）是"网络日志"（Web log）的缩写音译，常常指在线日志，人们常常在里面记录下他们感兴趣的事件。英国广播公司财经记者Robert Peston 的博客在金融服务领域很有名望，正是他披露了北岩银行行将倒闭的内幕（www. bbc. co. uk/blogs/thereporters/robertpeston）。Peston 经常报道信贷危机的相关事件以及这个领域正在发生的一些改变。Ray Boulger 是抵押贷款领域的一位著名评论员，他也就这个领域的相关问题发表博客评论（www. charcol. co. uk/knowledge – resources/ray – boulgers – blog）。很多人认为，博客使公司得以走出新闻发布会以及传统媒体所能覆盖的范围，并且延伸了消费者的品牌体验。然而目前看，金融机构似乎还没有涉足博客。实际上，金融博客给金融机构的专家们提供了发表意见，回应其他金融服务类博客上的内容和观点，譬如反驳 Peston 的一些评论观点等。

全球时空下的营销传播

许多金融机构的业务都是在国际市场上进行的，比方说，汇丰银行的全称是"香港—上海银行公司"（Hongkong and Shanghai Banking Corporation）。

正如 Solberg（2002）所说，营销管理中的一个关键议题是标准化策略带来的规模经济与适应当地文化的需求之间的权衡取舍。全球化趋势使得管理者倾向于将营销决策集权化，因为他们寻求策略的控制权，并借此使品牌的全球吸引力最大化。但当诸如消费者文化这样的当地条件需要引起重视的时候，就可能产生各种紧张局面。几年前，人们组合出一个新词叫"全球本土化"（Glocalization），用于描述那些协调全球和当地需求的战略思考和策略方案。表11.1 更加详细地展示了如何缓解这些可能的紧张局面。表中主要的策略维度是：第一，总部对于当地市场的了解，这用"深"或"浅"来描述；第二，决策中心，这可能位于总部或者分支机构。

表 11.1 金融机构在全球营销沟通中的治理策略

		对营销沟通决策的影响	
		影响主要来自当地代表	影响主要来自总部
总部 对于 当地 市场 的了解	深入	联盟（Confederation） 有意识地开发适合当地条件的沟通策略 一些学习探索和控制	联邦（Federation） 与当地代表合作下的全球性策略 学习探索和控制
	较浅	地方独立王国（Local Baronies） 不同市场中金融机构面貌各异 有限的学习和控制	内部纷争（Civil war） 统一的标准化营销，不考虑当地市场情况 造成当地分支机构与总部之间冲突

资料来源：作者改编自 Solberg，2002。

表 11.1 描述了在全球背景下营销沟通的四种治理方法及其运行机制。这四种方法包括联盟策略、地方独立王国策略、联邦策略和内部纷争策略。正如表中所示，造成内部纷争情形的原因是总部对当地市场情况了解较浅，而总部又要主导营销沟通决策，因此总部与分支机构管理层在管理营销沟通时容易产生内部纷争。如果总部对当地市场情况有深入了解，而且地方分支机构又能参与制定营销决策，他们之间就可能产生联邦效应，这种情形有利于兼顾当地的具体情境和全球性的营销策略思考。此外，制定营销策略时还需要考虑广告和营销沟通中是否可能存在西方价值观为主的现象。通常消费者对与本土文化契合的广告会做出回应，而相应的沟通会更有效，因此沟通也应该适应和体现当地文化价值观的特色。比如，在亚洲有些广告的卖点（advertising appeals）主要体现的是西方价值观而不是东方价值观。虽然我们还不清楚东方人更喜欢哪个价值观体系，这方面可能与广告涉及的是哪类产品有关，但文化价值观判断不容忽视。消费者的文化价值观在塑造消费动机、生活方式以及消费选择方面具有巨大的影响力（Gram，2007）。汇丰银行的营销沟通似乎体现了它们对某些文化价值观的领悟（www.hsbc.com/1/2/about - hsbc/advertising）。

信贷危机为金融机构带来了一次重新思考它们与客户如何沟通的机会。金融机构的广告开支可能不会从 2008 年、2009 年的低谷再向上攀升。不过，Twitter 以及其他一些社交网络的诞生倒也带来了令人兴奋的新媒体选择。对金融机构而言，更重要的是要明确向公众传达什么信息，如何恢复金融服务业的公众信心与信任，并且集中精力保持与消费者态度和行为变化步调一致，此外还需在重建金融机构可信度方面下大工夫。

第十一章小结

- 营销沟通是金融服务业的一项重要营销活动，目前的大趋势是从供应方驱动型的广告转向提供需求驱动型营销解决方案。
- 营销沟通的核心策略有三：拉动策略、推动策略以及全方位整合策略，它们互相作用并且可以根据情境的不同来调整侧重点。
- 制定营销预算最好首先制定清晰的而且可量化的沟通目标。
- 营销沟通组合包括很多不同的促销活动，从广告到公关。一次整合良好的促销活动通常是诸多活动的有机组合。
- 全球化需要深入了解相关的文化元素，特别要注意是否在把西方价值观不恰当地强加到在异域文化环境中运营的企业活动中。全球本土化策略强调要兼顾全球及地方视角，处理好品牌及促销信息在营销沟通事项中的运用。
- 信贷危机帮助金融机构反思其整合营销策略，思考如何能够重新赢得消费者的青睐。

思考题

1. 英国政府一直鼓励人们为未来的老年生活负责任地储蓄，由此也带来了金融机构应该如何为养老基金做广告的问题。那么，在设计鼓励人们购买养老基金的宣传活动时，我们应该考虑哪些营销沟通方面的问题呢？

2. 金融服务营销者在采用拉动策略时会遇到哪些问题？试举例子说明应该如何处理这些问题。

3. 请从细节及策略层面谈谈技术如何改变了营销沟通？

4. 赞助对金融服务业的营销有什么作用？如何测量赞助给赞助机构带来的益处？

5. 后信贷危机时代，金融机构应该向受众传递哪些重要的信息，谁是这些信息的受众？试评价新媒体对于金融机构沟通的影响力。

参考文献

［1］Booz Allen Hamilton（2006）*The Future of Advertising：Implications for Marketing and Media*，New York，Booz Allen Hamilton.

［2］Cravens，D. and Piercy，N.（2006），*Strategic Marketing*，8th international edn，Boston，McGraw Hill.

[3] De Pelsmacker, P., Geuens, M. and Van den Bergh, J. (2005) *Foundations of Marketing Communications: A European Perspective*, Harlow, FT Prentice Hall.

[4] Farquhar, J. and Panther, T. (2008), "Acquiring and Retaining Customers in UK Banks: An Exploratory Study", *Journal of Retailing and Consumer Services*, Vol. 15, No. 1, pp. 118 – 32.

[5] Fill, C. (2006) *Marketing Communications: Engagement, Strategies and Practice*, Harlow, FT Prentice Hall.

[6] Garretson, J. and Burton, S. (2005) "The Role of Spokescharacters as Advertisement and Package Cues in Integrated Marketing Communications", *Journal of Marketing*, Vol. 69, October, pp. 118 – 32.

[7] Gram, M. (2007), "Whiteness and Western Values in Global Advertisements: An Exploratory study", *Journal of Marketing Communications*, Vol. 13, No. 4, pp. 291 – 309.

[8] Gremler, D. and Brown, S. (1999) "The Loyalty Ripple Effect: Appreciating the Full Value of Customers", *International Journal of Service Industries Management*, Vol. 10, No. 3, pp. 271 – 91.

[9] Gronroos, C. (2000), *Service Management and Marketing: A Customer Relationship Management Approach*, Wiley and Sons, Chichester.

[10] Hartley B. and Pickton, D. (1999) "Integrated Marketing Communications Requires a New Way of Thinking", *Journal of Marketing Communications*, Vol. 5, No. 2, pp. 97 – 106.

[11] Heinonen, K. and Strandvik, T. (2005) "Communication as an Element of Service Value", *International Journal of Service Industry Management*, Vol. 16, No. 2, pp. 186 – 98.

[12] Holm, O. (2006) "Integrated Marketing Communications: From Tactics to Strategy", *Corporate Communications: An International Journal*, Vol. 1, No. 1, pp. 23 – 33.

[13] Homburg, C., Workman, J. and Jensen, O. (2002) "A Configurational Perspective on Key Account Management", *Journal of Marketing*, Vol. 66, pp. 38 – 60.

［14］ Keller, K. （2001） "Mastering the Marketing Communications Mix：Micro and Macro Perspectives on Integrated Marketing Communication Programs"，*Journal of Marketing Management*, Vol. 17, No. 7 - 8, pp. 819 - 47.

［15］ Madden, K. and Perry, C. （2003） "How do Customers of a Financial Services Institution Judge its Communications?"，*Journal of Marketing Communications*, Vol. 9, pp. 113 - 27.

［16］ Michael, A. and Salter, B. （2006） *Mobile Marketing*, Oxford, Butterworth - Heinemann.

［17］ Palmer, A. （2008） *Principles of Services Marketing*, 4th edition, London, McGraw Hill.

［18］ *Plain English* （2008） No. 73, p. 2, High Peak.

［19］ Riivari, J. （2005） "Mobile Banking：A Powerful New Marketing and CRM Tool for Financial Services Companies all over Europe"，*Journal of Financial Services Marketing*, Vol. 10, pp. 11 - 20.

［20］ Sharma, N. and Patterson, P. （1999） "The Impact of Communication Effectiveness and Service Quality on Relationship Commitment in Consumer, Professional Services"，*Journal of Services Marketing*, Vol. 13, No. 2, pp. 151 - 70.

［21］ Solberg, C. （2002） "The Perennial Issue of Adaptation of Standardization of International Marketing Communication：Organizational Contingencies and Performance"，*Journal of International Marketing*, Vol. 10, No. 3, pp. 1 - 21.

［22］ Thomas, J. and Sullivan, U. （2005） "Managing Marketing Communications with Multichannel Customers"，*Journal of Marketing*, October, pp. 239 - 51.

扩展阅读

［1］ www. moneymadeclear. fsa. gov. uk/about/financial_ advertising. html

［2］ www. zurich. co. uk/home/Welcome/livingbritain/presspack. htm

［3］ www. ipa. co. uk

［4］ www. asa. org. uk

［5］ www. oft. gov. uk

新型金融集团的电视营销广告

S 频道（Channel S）用英语和孟加拉语为新型金融集团播放广告。S 频道被选为 2006 年除孟加拉国以外最受欢迎的孟加拉语频道。英国最近的一份调查也发现，S 频道是英国收视率最高的孟加拉语电视频道。据 S 频道称，英国有超过 70000 个家庭收看这个频道，而平均一个孟加拉国家庭有 4.8 人收看该频道节目。S 频道是英国和欧洲唯一的孟加拉语频道，它宣称这个频道内容适合所有人观看。这个频道上播放的节目不仅有孟加拉语，还有英语和塞海蒂语，以迎合英籍孟加拉裔人的独特需求。S 频道观众的人口统计特征细分如下：5～15 岁占 15%；16～24 岁占 28%；25～44 岁占 39%；45～64 岁占 10%；65 岁以上占 8%。

这个新型金融集团的电视广告出现了一位男性代言人。广告是这样的：迎面而来的是这位代言人的一个正面镜头特写，背景是城市天际线的数字化图像。他用孟加拉语说："如果我告诉你，现在你可以零首付买下一幢房子，你会怎么想……"同时屏幕上的字幕写道："零首付、零定金、零手续费购置房产"。画面中的代言人又说："……还有高达 50000 英镑的返现"，同时屏幕上的字幕写道："每单投资最多能获得 50000 英镑的返现"。此时，屏幕上哗哗出现一摞一摞的现钞，接着又出现几处房产画面。同时，代言人说道："……不出两年，你就可以坐拥价值百万英镑的房产投资组合"。同时屏幕上的字幕写道："两年内形成价值百万英镑的房产投资组合"。这时候，屏幕上 50 英镑的钞票从代言人面前的摇钱树上迎面飘洒而来，代言人接着又说："不出两年，你甚至还能再赚 50000 英镑"，与此同时屏幕上的字幕写道："获得 50000 英镑的年收入"。此时代言人手握摇钱树，冲着观众问道："难懂你还怀疑摇钱树的生钱能力吗？"这时，哗哗哗，大把大把的 50 英镑钞票从树上飘下来。屏幕上的字幕写道："有政策保证：不满意可全额退款，让你百分之百满意"。代言人指向观众说道："好吧，如果你成为新型投资俱乐部（Alternative Investment Club）的一员，钱就会在你的钱包里生钱。"屏幕上的字幕向观众发出邀请，说"现在就加入房产投资俱乐部吧！公平交易办公室执照号码：561669"。广告结束时，屏幕上出现的是新型金融集团的企业标示和贵宾热线：0871 - xxxxxx。还有一行文字提示观众：集团还提供更多有吸引力的产品和服务。一个女性画外音用孟加拉语说道:"想了解更多的产品和服务,敬请拨打 0871 - xxxxxx 联系新型金融集团。"

ASA 质疑

英国广告标准管理局(Aderverting Standards Authoity,ASA)监控人员怀疑新型金融集团存在以下问题:

1. 广告是否在为不受监管的产品提供投资机会?

2. 广告宣传的收益和租金回报可靠吗?

3. 这项投资能在两年内形成价值百万英镑的房产投资组合吗?

4. "零首付、零定金、零手续费"投资房产可能吗?

5. 广告是否暗示它获得了公平交易办公室授权呢?因为广告中提到了"公平交易办公室执照号码:xxx"。

回应

S 频道向英国广告标准管理局提交了新型金融集团的一份回应,后者以新型房地产(Alternative Estates)之名进行经营活动,并声称这是一则"新型投资俱乐部"的广告。回应的内容如下:

对于英国广告标准管理局第 1 项质疑,新型房地产声称新型金融集团并没有直接提供"投资产品或金融产品",也没有"向其成员提供投资或理财建议"。它们进一步解释道,新型金融集团只是向投资者提供了接触独立理财咨询师的方式,这些理财咨询师能够为投资者提供服务,投资者自己决定到哪里去办理购买房产所需的抵押贷款或者获得融资途径。新型投资俱乐部设计这些服务之目的是"培养已掌握充足金融服务信息及受过良好教育的房产持有者和房产投资人",还说新型金融集团为成员提供"量身定做的培训项目",并解释道:"这个俱乐部也提供成功的房产投资所需要的基本资源,包括融资、抵押贷款、法律和税务顾问等方面的办理渠道和接洽办法。"这份回应进一步补充说,俱乐部为成员挑选和汇集低于市价估值的房产资讯。

针对英国广告标准管理局第 2 项和第 3 项质疑,新型房地产没有作出书面回应,但坚称它们的说法是有依据的,但是没有提交任何依据材料。它们强调说投放这份广告完全是出于宣传新兴房地产的善意。

对于英国广告标准管理局第 4 项和第 5 项质疑,S 频道没有作出任何解释。

评论

第 1 条质疑得到了支持。英国广告标准管理局注意到，在新型房地产的主张中，它们没有提供投资或理财产品，而只是为成功的房产投资提供培训项目。英国广告标准管理局引述 9.5（c）号法规为依据，该法规规定"任何暗示所发布的拥有投资潜质的产品或其他不受监管的产品或服务广告，一般来说都是不可接受的（这里的投资一词表达的比较口语化）"。英国广告标准管理局认为，这则广告将财务利益与房产投资之间建立了多处具体的联系，并暗示能够从成为新型投资俱乐部的成员中获得这些利益。英国广告标准管理局认为这则广告为一个不受监管的产品提供了投资的机会，因而违反法规。这则广告违反了广告实践委员会（Committee of Advertising Practice，CAP）的法规（广播），以及电视广告标准法规 9.5（不可接受类广告）。第 2、第 3、第 4、第 5 条质疑也得到了支持。因为缺乏足够的证据证明广告宣传的内容不违反规定，英国广告标准管理局认为这则广告属有误导性的宣传，它违反了广告实践委员会的法规（广播），以及电视广告标准法规 5.1（误导性广告类）及 5.2.1（证据不足类）。

处理结论

英国广告标准管理局宣布：一、这则广告不能以目前的形式继续播放；二、如果没有充分的证据证实广告宣传内容的真实性，也不能继续播放该产品广告。

案例思考

1. S 频道为营销沟通所提供的可视性数据的参考价值有多大？

2. 这则广告传播的主要信息是什么？谁是它的受众？

3. 从营销的角度看，S 频道在播放这则广告的时候扮演着什么样的角色？在这次裁决中，S 频道能够学习到什么呢？S 频道的利益相关者包括哪些？

作者根据 www.asa.org.uk 和 www.chsuk.tv 上的内容编写。

第十二章
金融服务营销策略

学习目标

学习本章后，读者应该掌握以下几点：

■ 对营销策略和规划的主要组成部分有总体的认识

■ 概述金融服务营销策略及规划的主要内容

■ 评述营销活动及策略评估的主要观点

■ 讨论后信贷危机时代金融机构适用的营销方法

引言

在这一章中，我们将深入学习金融机构可能会使用的策略方案。在这个快速发展的竞争环境中，通过开发适当的营销方案，金融机构能最有效地管理它们的资源。虽然我们在此之前已经学习了诸如品牌建设和营销沟通等很多不同的营销策略，我们仍需要思考这些策略在整个营销方案中是如何定位的。

案例 12.1

品牌策划

1998 年，商业联合保险公司（Commercial Union）与保众保险（General Accident）合并，组建了商联保险（CGU）。2000 年，诺威奇联合保险公司（Norwich Union）和商联保险联合组建了新商联保险（CGNU）。2002 年 6 月，新商联保险更名为英华杰（Aviva）。2008 年年初，英华杰集团（Aviva Group）宣布了使用"英华杰"作为其全球客户品牌的计划。成为世界级的金融服务供应商是该集团的重要目标，而更名为"英华杰"则是这一集团成长计划方案的一部分。"英华杰"这一品牌集合了世界上四十多个不同的商标，为该集团创造了进一步利用其规模优势和国际业务能力的机会。这一更名计划旨在创造一个崭新而充满活力的国际化金融服务品牌，而"英华杰"这个名称在客户调查中收到了良好的反馈，因为人们极易把它与生命、活力及富足等意象联系起来。英华杰集团是英国最大的保险公司，它是通过"诺威奇联合保险"这个品牌在其本土市场开展主营业务，这是一个英国保险界著名的品牌，但两年之内"英华杰"将取而代之。人们普遍认为诺威奇联合保险公司的品牌宣传不如其他金融服务公司强，唯一例外的是车险业务。未来英华杰将继续使用"皇家汽车保险"（RAC）品牌来运营道路救援业务。英华杰集团的高层管理人员认为"皇家汽车保险"代表着车险业务在英国的悠久传统和良好声誉。英华杰集团在爱尔兰将沿用喜百年（Hibernian）这个品牌，而在波兰将保留"商业联合保险公司"这个品牌。品牌重塑将会使英华杰集团更好地扩展其业务并与新的分销合作伙伴开展业务。这家保险集团计划投资900万英镑开展"英华杰"品牌提升活动。此举是公司以英华杰之名统一其品牌的全球行动中的一部分。

作者根据 www. Aviva plc 和 www. FT. com 上的内容编写。

案例 12.1 向我们展示了品牌重塑作为英华杰集团成为全球金融服务供应商策略的一部分起到了多么关键的作用。很多金融机构都试图实现规模经济，即通过生产和销售更多产品来降低成本。但是，在打造良好客户关系和客户忠诚度的过程中，打造具有影响力的品牌是必不可少的一部分。

什么是战略营销

战略营销试图为组织创造与市场环境变化相适应的能力。金融机构的战略营销的目的是以高于竞争者的效率创造价值，以满足其客户和利益相关者的需求。为达此目的，金融机构或其他任何组织都需要一个灵活且反应灵敏的组织结构和文化架构，以满足这些利益相关者的需求。组织往往会对其业务所处环境进行全面透彻的分析，将环境中所有的变量分成挑战（threats）、机遇（opportunities）、劣势（weaknesses）、优势（strengths）四类，即 SWOT

分析的四个方面，而我们则更愿意将其称为 TOWS 分析。TOWS 分析的价值在于它对于外部变量的评估以及参考这些外部推动力审视组织的内部动力。这样的分析方式更适于将组织之外正在或将要发生的情况与这个组织的内部动力联系起来。表 12.1 介绍的是一个经历了后信贷危机的金融机构的 TOWS 分析。

表 12.1　某金融机构后信贷危机的 TOWS 分析

挑战	机遇
政府的控制	竞争者少
利益相关者信心流失（客户、竞争者、行业、媒体）	政府贷款
新进入者带来的竞争	压力带来革新做事方式的机会，可能取得一些差异化或独特性
吹毛求疵的加剧	信息技术能力
低差异化的市场	
低利润率	
客户消费能力下降	
劣势	**优势**
短视	稳固的地位
固有的思维和行动模式	广为人知，尚无替代提供者
缺乏客户导向	专业知识
关注市场增长而不是客户数量的增长	健全的系统
片面强调股东利益	客户惯性
品牌薄弱	

　　表 12.1 向我们显示了这家金融机构面对的挑战中位于第一位的是政府、监管者和欧盟对于金融服务领域的管制越来越严格。长远来看，金融服务业的法律监管会越来越严格，到底会多严格，目前还很难断言。英国金融服务管理局未能密切关注金融机构的相关活动，因此，它可能很快就被换掉，或它的职责会加强。在信贷危机的余波之中，美国正计划为金融服务消费者设立一家监察机构。

　　这家金融机构应当首先考虑的劣势包括它过分强调短期增长和股东利益，而这两个弱点很有可能导致一家金融机构的破产，北岩银行就是这方面一个典型的例子。风险因素中还有非银行竞争者带来日益增长的压力，例如英国的维珍公司和欧洲的西班牙百货（Corte Inglés）。对于这家金融机构来说，其机遇来源于竞争者变少了这一事实，因为较弱的和不计后果放贷的机构已经被更强大的机构收购了。西班牙国家银行（Grupo Santander）和全英房屋抵押贷款协会都以"最低限价"做了一些可能名利双收的收购，与此同时，它们也打败了一些老竞争对手。对于冒进的金融机构来说，它们的经营方式也发生了剧变。尤其是金融机构可以考虑由股东利益最大化转为体现利益相关者诉求的经营方式，这样也能支持其社会营销目标。这家金融机构的优势来源于其在国际、区域和全国经济中扮演的重要角色。政府总是给在失败边缘的金融机构提供资金援助也佐证了它们的重要性。对于利益相关者的关注，我们将在本章的后半部分做更详细的讨论。

事实上，几乎没有迹象表明有任何大型银行正在考虑进行剧烈的变革。公众对金融机构给高管人员的高额奖金非常愤怒，有迹象表明，投资银行高盛公司（Goldman Sachs）正计划在 2009 年重新发放高额奖金（根据网站 www. observer. co. uk）。在不对机遇作出反应的情况中，金融机构往往显出它们典型的短期盈利主义思想和根深蒂固的定位逻辑。很多金融机构将会静静等待这场慌乱的平息，这样它们就能重归老路，我行我素地继续开展业务。公平地看，世上好像也没有什么激励和动力能让金融机构思变求变。因为，政府已经为它们纾困，并且这些纾困举动也几乎是无条件的，而我们，包括政府，对于银行和保险业以及它们所提供的金融服务又是高度依赖的。

战略规划的最根本的基础部分是形成目标，可以归为三个大类，如表12.2 所示。

表 12.2　金融机构的目标、业绩标准和衡量指标

目标	业绩标准	衡量指标
盈利及财务目标	盈利能力	利润 利润率 投资回报率（ROI）
	对股东的贡献	每股收益 市盈率
	对固定资产的使用	产能利用率 固定资产相对销售额的百分比

续表

目标	业绩标准	衡量指标
增长目标	年增长率	销售额
		销售量
		利润
	比较优势	市场占有率，客户资产份额
		品牌认知度
		品牌偏好
	对客户的贡献	与竞争者的相对价格
		客户满意度及客户价值
		客户保留
		客户忠诚度
社会责任目标	对员工的贡献	职业发展
		报酬、奖励
		工作—生活的平衡
	对社会的贡献	对社区及慈善活动的支持
	对环境的贡献	减少碳排放量

资料来源：作者改编自 Hollensen，2003。

　　盈利及财务目标首先要关注的是该金融机构的总收入，而营销活动对于达成这些目标很重要。长久以来，甚至现在仍然有观点认为营销活动是奢侈的，即人们要求营销活动能拿出数据来证明它的投资回报率（return on investment，ROI）。虽然投资回报率在营销组合和总营销成本预算固定的情况中是有用的，但 Ambler（2003）指出，一般的情况下，人们对这一概念的认识有误。他认为折现现金流（discounted cash flow，DCF）大体相当于投资回报可以用来说明问题，即多长时间才能完全收回投资。更正式地说，折现现金流是对一笔投资现值的估计，这种估计是建立在对这笔投资未来收入和成本的预测值贴现的基础上的。这些现金流越晚发生，它们在贴现时就会打更多的折扣（根据网站 www. cim. co. uk）。在上述例子中，公司目标还包括增长目标，它也会对营销策略产生影响。很多金融机构，包括其他公司将兼并和收购（merge and acquisition，M&A）视做达到增长目标的一种手段。事实上，金融机构时常使用接管（take‑over）或吸收（absorption）其他金融机构的方式达到增长的目的。例如，总部设于西班牙的西班牙国家银行就看准了英国的金融服务市场，尤其是看重其在金融监管下的相对自由。西班牙国家银行已经完成了三项重大的收购：阿比国民银行、联合莱斯特银行及布拉德福德—宾利银行的一部分，其中联合莱斯特银行及布拉德福德—宾利银行都是由于不堪信贷危机的冲击而被收购的。

竞争战略

谈到用传统方法考虑竞争环境，就不得不说迈克尔·波特（Michael Porter）发明的这一经受了时间考验的重要模型。波特（1980）主张三种获得竞争优势的方法：成本领先（cost leadership）、差异化（differentiation）或专一化战略（focus）。成本领先的方法涉及金融机构非常严格的成本控制，这一控制可以通过达到规模经济、最大化客户价值和按照组织目标经常对整个公司进行成本评估。金融机构努力让客户转向互联网银行业务就是它们降低成本的一个例子。但是，降低成本与通过最小化成本基础来达到成本领先之间有一个巨大的差异，目前还没有迹象表明有任何一家金融机构已经做到了这一点。与此同时，金融服务的质量也应该满足目标市场的预期，员工技能和知识的价值需要得到充分的重视和有效使用。金融服务的差异化难题一直困扰着金融服务供应商。它们一直在努力通过品牌建设来实现差异化，但正如我们之前所讨论的，它们并没有很好地理解什么是品牌建设，因此也失去了通过品牌建设达到差异化的手段。专一化战略需要公司与客户或目标市场保持足够紧密的联系，使其他竞争者无法参与进来。这种策略比较适合较小的公司。有迹象表明，一些小型建屋互助协会正在采用这种策略，它们相信通过提供较窄范围的产品系列，能够很好地满足局部或区域性的社区需求。而小型建屋互助协会数量的日益减少，则可能说明了这种策略行不通，或者说它们实施策略不得法。

金融服务业被认为是一个高度竞争的行业，竞争可能从任何方向袭来，出其不意地冲击这个行业。第一直线银行是最早的无分支机构的银行，它的公司愿景和策略是整个金融服务行业的标版。而现在当几乎所有的金融机构都提供网上或电话银行业务的时候，第一直线银行凭借着其对于目标市场的了解，仍然成功地坚守住了它在市场上的优势地位。波特（1985）之后发明了一个经得住时间检验的模型，这个模型描绘了影响竞争环境的各路力量，并适用于任何领域的竞争分析（如图12.1所示）。

在考虑以下五种力量的时候，波特鼓励管理者们从一个更加宽广的竞争结构中去思考问题，相对于只关注已有竞争，这一分析模型使他们能够更加有效地开展防卫和进攻。在一个高度竞争的市场中，一种可能的危险是公司的资源都用于应对或克服最直接的竞争了，而公司的核心业务却被遗忘了。五力模型（the five forces model）是一个非常具有说服力的模型，它鼓励决策者们思考更有创造性的竞争战略。正如我们在本章案例学习所讨论的那样，在金融服务领域，新进入者带来的挑战切实存在。一些业务遍布欧洲的食品零售商在将其业务扩展到食品、家具和其他领域的零售活动后，又把提供金融服务视为其新的增长手段。新竞争者的进入将会增强消费者的力量，而传统金融机构对其自身信心的丧失则会导致更多的客户转向这些新进入者。商业及公司客户不能像个人消费者那样快速地离开金融机构提供的专业化服务。但是，这样的客户中有一些拥有很强的议价能力，因为它们给金融机构带来的业务规模巨大。更小的商业客户则没有这样强的议价能力，并总是抱怨金融机构提供的服务及其收费。在这一领域中，替代品带来的挑战也相当难敌，因为能够满足金融服务消费者要求的机构也非常之多；而供应商的议价能力则不太成问题，因为大多数的金融机构自己创造它们的产品，但是整个业务确实受到银行间市场上货币与信用供给的影响。

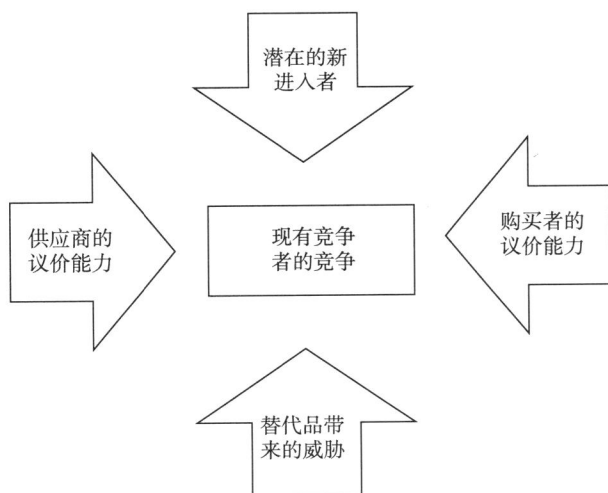

资料来源：作者改编自 Porter，1985。

图 12.1　金融服务竞争环境中的五力分析

营销策略

回顾金融机构的竞争策略,与之对应的,它们可选的营销策略大体上可以分为三大类:防御(defensive)策略、进攻(offensive)策略和合理化(rationalization)策略。如图 12.2 所示。

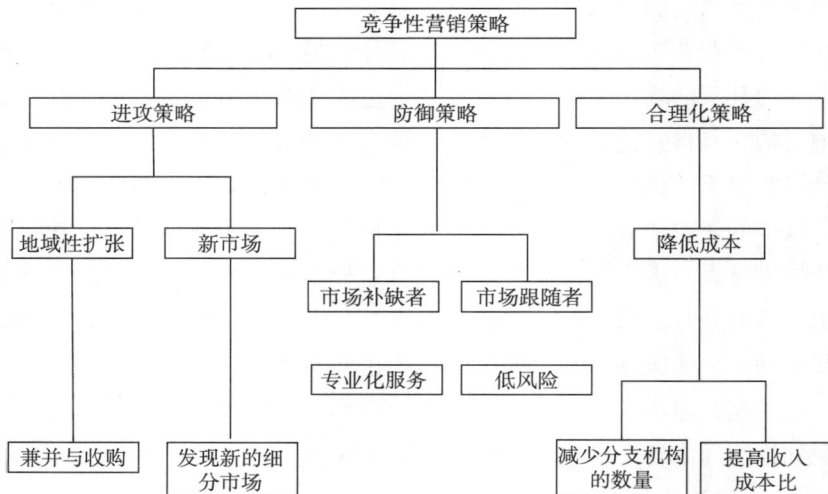

图 12.2 金融机构的竞争性营销策略

一进攻策略

金融机构可以使用下面介绍的进攻营销策略。在近二十年中,金融机构一直都在采用进攻策略进行营销,然而,在如今较为困难的金融环境中营销策略正在发生变化。

地域性扩张策略:虽然市场是高度竞争的,但金融机构一直都在寻求其地域性扩张的机会。虽然建立分支机构成本不菲,金融机构,特别是银行和大规模的建屋互助协会,认为有形存在乃是企业成长的一种手段。作为其全球性扩张战略的一部分,苏格兰皇家银行(RBS)以一个过高的价格收购了荷兰银行,这最终导致了 RBS 在 2009 年的巨大亏损及其执行总裁的辞职。

渗透策略:这是金融机构采用的一种直截了当的策略,即将已有产品出售给已有客户,这在金融服务领域常常被称为交叉销售。信息系统,尤其是数据挖掘的发展支持了这一策略。在它们的帮助下,金融机构能计算出对以某些特定个人或细分市场作为目标的金融服务成功概率。这种现在常用的策略主要源于欧洲大多数金融服务市场相当饱和的现状，而关系营销则是渗透策略的自然结果。

新市场策略：虽然"老"欧盟很可能在金融服务领域已经饱和，但还有一些正在申请加入欧盟的国家，例如土耳其、马其顿和克罗地亚。它们加入欧盟为已有的金融机构提供了潜在的新市场。沃尔沃集团（Volvo Group）已经开始为土耳其的一些卡车公司及航空公司提供租赁融资、分期付款、保险及车队管理等服务。对于金融机构来说，发现新的细分市场极为重要，而饱和市场中却几乎没有这样的机会。发现次贷市场并发现可以通过证券化分散这一细分市场的风险，这两方面对于金融机构极富吸引力，也在实践中得到了证明。而这些新市场策略操作失败产生的全球影响至今余波未平。表 12.3 显示了一个广为人知的营销模型，这一模型刻画了信贷危机前后金融机构可能发展和使用的正确的成长策略。

表 12.3　金融机构的成长策略

		产品	
		已有的	新的
		渗透策略	产品开发
客户	已有的	最小化自身缺点，创造客户忠诚，交叉销售特定产品，增加客户资金消费份额，打折促销	通过边际产品的创新来发现增加和传递客户价值的方法
	新的	用优惠的利率来吸引新的客户，与超级市场结成联盟，审查市场细分变量	以之前不具吸引力的市场为目标开发新产品
		新市场	多元化

资料来源：作者改编自 Ansoff，1957。

这个模型是以已有的和新的产品及客户为基础建立起来的。从这两个核心维度出发，有四种可能的策略：渗透策略、产品开发、新市场以及多元化。这一模型也有其局限性，这些局限性与在它出现后营销领域的变化密不可分。对于金融机构而言，有一种切实存在的危险性：它们可能过于重视产品开发而不是产品创新了。相较于单纯要将一个新产品推入市场的需求而言，创新更像是由市场驱动的灵感而生的结果，而最近的研究表明，创新也能够促成金融机构的成长（Datamonitor，2009）。近期营销领域的研究发现，创新在这个充满挑战性的时刻给金融机构指明了一条新路，这些研究关注价值以及消费者在创造价值过程中扮演的角色（Grönroos，2006；Vargo 和 Lusch，2004）。在成熟甚至饱和市场中寻找到新客户是很困难的事，一些金融机构争相从其他金融服务商手中拉拢客户，鼓励他们把账户转移过来，甚至采取臭名昭著的做法为不合格的信贷申请人提供购房贷款。多元化被认为是最具风险的一种策略，但似乎有的公司能很好地实现它，例如维珍公司的理查德·布兰森（Richard Branson）。更进一步地说，多元化或许是能让一家金融机构真正成长的唯一途径。

市场领导者策略：这一策略可能涉及较大型的金融机构收购小型金融机构或是处于脆弱境地的金融机构。全英房屋抵押贷款协会一直在收购较为小型的建屋互助协会，例如波特曼公司（Portman），以及最近在信贷危机的大背景下收购的柴郡建屋互助协会（Cheshire Building Society）以及德比郡建屋互助协会（Derbyshire Building Society）。西班牙国家银行也得以在这一背景下部分收购了布拉德福德—宾利银行及联合莱斯特银行的股份。这一策略也有可能带来危险的结果：劳合银行就几乎因收购苏格兰哈利法克斯银行而被拖垮。此外，市场领导者也倾向于做很多广告。

市场挑战者策略：在欧洲，与超级市场结为联盟的成长机会依旧存在，例如，英国阿斯达超市（Asda）就与通用电气金融服务公司（GE Capital）合作发行信用卡，玛莎金融服务公司（Marks and Spencer's Money）则归属于汇丰银行。零售商往往已经拥有了那些与他们结为联盟的银行所没有的强势品牌。不论怎么说，这些联盟使得银行得以进入仅靠自身能力无法企及的市场。交叉销售也许不如金融机构所期望的那么成功，而个人和商业客户似乎都喜欢同时享用多家银行提供的服务。在某种程度上说，这也符合金融服务消费者的实际利益。金融机构假定了客户与它们看待金融服务的眼光是一样：即保险、活期存款账户、储蓄及投资机会都是同一个类别下的一部分，或者至少是互相关联的。超市也明白，它们需要占有客户消费的最大份额，但这一开销在不同的消费者之间是不同的。然而，消费者们却不将一家金融机构当成是超市推车那样可以承载多种产品服务，完成一站式购物。相反，他们一般会从一家服务提供者那里购买保险，在另一家办理存款，在第三家那里开设活期存款账户。如果这是事实，那么客户消费份额（钱包份额）的概念及其逻辑是否成立就十分可疑了。如果客户认为各种金融服务之间几乎没有什么联系，比方说，谁会说"我的金融服务供应商"呢。显然，金融服务供应商把赢得客户最大的钱包份额作为目标有自欺欺人和混淆视听之嫌。

—防御策略

　　图12.1也描述了金融机构在高度动荡的市场环境中，如何自我保护的一些例子。过去的十多年里，金融业的交易条件对于金融服务供应商来说可谓相当的顺风顺水。也正是因为有如此利好的市场环境，金融业的管理者对应对当前的逆境缺乏策略准备。

　　市场跟随者一般会选择尽可能降低风险。有证据表明，许多银行干脆停止发放贷款，不管申请方是个人客户还是企业客户。例如，英国的小企业就正在经历巨大的融资困难，因为银行不愿意给它们提供经营资金（根据网站www. fsb. org. uk）。由于购房者很难拿到购房贷款，英国的房地产市场发展也显著放缓。

　　利基市场策略广为小型建屋互助协会所采用，采用这种策略的公司或组织认为其可以找到一个小的细分市场或是客户群体，并为其提供独一无二且排他的金融服务。在某种程度上，小型建屋互助协会已在数年间成功地做到了这点，即专注为其"心脏区域"的客户提供服务，这些客户居住在互助协会所在的区域。就像肯特信实建屋互助协会（the Kent Reliance Building Society）一样，这些互助协会与某个地区有着紧密的联系。很可惜，受信贷危机的冲击，许多很有价值的小型建屋互助协会都不得不出售给了较为大型的互助协会，如案例12.2所示。

案例12.2

拯救巴恩斯里

　　巴恩斯里建屋互助协会（Barnsley Building Society）总部位于英国的约克郡，它只有8个分公司，有60000名成员，是英国规模排名34位的建屋互助协会。在这个社区中成功经营多年之后，巴恩斯里建屋互助协会不得不接洽比它规模大的竞争对手约克郡建屋互助协会寻求合并。这一境况是巴恩斯里建屋互助协会在冰岛的多家银行投资失败造成的，它的关联损失可能会高达1000万英镑。巴恩斯里建屋互助协会是冰岛银行系统破产的新近受害者之一。截至目前，数以十万计的英国储蓄者已经完全无法控制他们在冰岛网上储蓄银行（Icesave Internet Bank）及冰岛其他银行账户里的资金。巴恩斯里建屋互助协会将资金存在冰岛第一大银行——KSF银行

（Kaupthing Singer and Friedlander）和霍贝银行（the Heritable Bank），这两家银行属于冰岛网上储蓄银行的母公司冰岛国民银行（Landsbanki）。然而，巴恩斯里建屋互助协会和许多地方政府、慈善机构和其他组织的境况一样，它们在冰岛的银行中有超过十亿英镑的存款。这些储户不受英国金融服务补偿计划（the United Kingdom's Financial Services Compensation Scheme）的保护，只能等待英国与冰岛政府交涉的结果，看能讨回多少算多少了。这次合并可能会令一些工作岗位消失，分公司员工将在巴恩斯里的名下继续工作，而总部的 50 多名员工中的一部分人可能因为总部迁至约克郡而失去工作。英国建筑资金融资合作社（Building Societies Association，BSA）在 2008 年 10 月声称，它们的成员在冰岛的银行中有两亿英镑的存款，但说这部分存款只占合作社总资产的 0.05%。

作者根据 www. bbc. co. uk，www. bsa. org. uk 和 www. barnsley－bs. co. uk 上的内容编写。

建屋互助协会是英国金融服务发展史的一部分，但由于被兼并收购或是转为银行，它们的数量近年来在逐渐减少，这意味着消费者可能不再那么看重这些协会提供的金融服务。尽管利基市场策略可能很难实行，Doyle（2002）的研究还是引起了人们关注一些以利基市场为主的公司运行状况。不过，在一个成熟的市场里，金融服务商也很难保持靠利基策略打造的市场地位。以利基市场为主的公司必须要为目标市场提供极高的价值回报。这一点可能通过为这些客户提供极高的服务质量来达到，第一直线银行就是一个很好的例子，而金融机构也必须深刻了解并满足相应市场的需求。另一种办法是为利基市场提供低廉的价格，这也正是小型建屋互助协会所宣称的特色服务，但还没有明确的证据佐证这一说法。金融机构采用利基市场策略或者说努力成为一家利基市场服务商，能为自身创造一些发展潜力。但是，在已经相当成熟的金融服务市场里，实施这一策略要比它看上去更具挑战。

多元化策略意味着金融机构为新市场带来新的金融产品和服务，也因而要承担比防预策略更高的风险。根据新近确定的营销定义（参见 www. marketingpower. org），开发新产品涉及理解如何与客户一起创造价值。一直以来，主要是因为竞争者能够轻易地复制新产品或改进服务，金融服务中的新产品开发领域问题层出不穷。金融机构可能还没有完全地理解和吸收如何提高和实现价值创造这一概念，但金融产品和服务的不断整合可能为富有创造性的新思维催生进一步发展的空间。但总体看，金融产品或服务易被复制仍然是一个棘手的问题。以往有些金融机构已经多次尝试过多元化策略，最有名的就是 20 世纪 80 年代英国许多金融服务供应商兼并房地产开发公司，来为客户办理购房贷款和房产保险提供便利。尽管斯基敦建屋互助协会（Skipton Building Society）仍然拥有康奈尔房地产开发公司（Connell Estate Agency），但从多数金融机构的实践来看，多元化都是代价较高且不太成功的策略。就目前形势看，信贷危机可能会抑制企业多元化的发展策略。

　　当前形势下，金融机构最可能采用的是合理化策略。这涉及通过提高收入/成本比率来降低成本。就金融服务营销而言，这样的策略可能包括向已有客户销售更多的产品和服务，同时专注于某些特定的细分客户群体以及避免高风险的贷款。如案例 12.3 中所示，合理化是在艰难的营销环境中的惯用应对策略。

案例 12.3

失业

　　爱尔兰阿尔斯特银行（Ulster Bank）成立于 1836 年，总部在贝尔法斯特。最近，它宣布把分期贷款服务商第一线（First Active）的 60 个分支机构并入银行的其他机构中。这次合并意味着在爱尔兰共和国境内裁员 550 人以及在北爱尔兰裁员 200 人，员工可以获得一笔自愿遣散费。合并计划在 2008 年末完成，合并后阿尔斯特银行拥有 180 多万客户、295 家分支机构和遍布爱尔兰全岛 1250 台 ATM 网络。阿尔斯特银行在 2004 年收购了第一线，它们旗下有两家子公司，有约 8000 名员工。作为爱尔兰的四大银行之一，阿尔斯特银行集团称自己一直努力在所有的业务领域削减开支。合并计划还包括在整个爱尔兰共和国境内使用同一个品牌名。银行宣称它在北爱尔兰的发展计划包括为有融资困难的客户提供支持，包括为贷款拨备提供资金、债务代理专员借调，承诺如果客户是第一次出现拖欠贷款，银行将提供 6 个月的收房展期。爱尔兰经济发展曾荣耀一时，有凯尔特之虎（Celtic Tiger）的美名。然而，眼下经济衰退、房地产市场低迷，使爱尔兰银行业陷入深深的窘境。

　　作者根据 www. telegraph. co. yk，www. skynews. com，www. bbc. co. u 和 www. ulsterbank. co. uk 上的内容编写。

金融机构，与许多其他公司一样，视员工为成本而非资产，没有充分认识到员工为企业成功所作的贡献。虽然企业无论在好年景或坏年景管理好收入/成本比率都至关重要，但是如果企业一遇到严峻的环境就本能式地操刀裁员，这种做法确实有失明智，因为它没有充分意识到员工的知识、技能和热情（员工资产）对企业成功所作的贡献。而当经济恢复增长的时候，企业通常很难找到合适的员工资产替代，因为各家企业都在紧锣密鼓地招聘。在应对信贷危机的时候，合理化策略看上去非常诱人，但从实施的方法和细节上来看，则充满了取舍抉择。而如何抉择需要企业审慎的分析，并相应设定富有创意的目标。

金融机构制定策略的一个关键环节是找出关键绩效指标（key performance indicators，KPIs），即用于衡量企业成功的一系列指标。埃森哲管理咨询的研究报告（Accenture，2008）指出，下述工作绩效考核思路和方法适用于金融机构。

■ 最大化营销投资回报。使用整合营销数据、客户数据及财务数据来制定、实施和监控的营销资源配置策略（marketing resource allocation，MRA），以实现股东价值最大化

■ 增加品牌价值。确保公司品牌和产品品牌给消费者带来最大的价值，从而为整个公司带来更大的利益

■ 增大对可盈利的客户的吸引和维护，最大限度地从客户关系中获取收益

■ 优化新产品研发和发布。选对新产品进行研发和用对发布方式，从而获取最大的客户关系价值及市场份额

■ 打赢营销人才争夺战，营销职能部门吸引、培养和留住最优秀的人才

■ 以最高绩效组织安排营销职能的工作，充分利用员工及其相关活动为组织创造价值的时间

■ 缩短员工最基本的专业能力学习时间。缩短一名营销人员从第一天的基本介绍到其达到目标工作能力之间所经历的时间。这一点既适用于新入职的员工，也适用于一名老员工，他们可能要承担新的工作、使用新的技术或是要支持新的产品或服务，因此都需要学习

■ 建立信任、维持信心，并严格兑现企业社会责任的承诺

改编和引申自 www. accenture. com/Global/Research_ and _ Insights。

最后一点是作者添加的，作者认为这一点可以作为金融机构制定后信贷危机时代发展策略目标的一部分。信贷危机进一步削弱了消费者对金融机构的信心，而主动回应当前的消费市场，积极思考当前形势下有什么机会解决市场信心低迷问题尤为重要。

对于金融机构成长的可持续性来说，采用多元化策略或许会带来很多问题。那么，不妨将目光转到已有客户和新客户那里，寻找获取成长的机会。德鲁克（Drucker，1963）特别强调营销既要获取新客户，又需维护和保留老客户。人们应牢记这一重要思想。金融机构一直没有认识到客户保留的重要性，而是一味地相信吸引到新客户才是公司成长的标志。然而，当公司意识到客户流动，或者说客户流失所带来的成本，再加上如今的信息系统能跟踪和记录消费者的交易活动、计算他们对于金融机构的价值，而且还能预测其未来消费的可能性，所有这些都使金融机构的态度和关注点发生了戏剧性的变化。其实，在这种趋势下，金融服务业的谋生之道与其他行业并无差异，其经营策略无外乎也是以渗透新市场或赢得市场份额为主。而在战略规划中没有得到足够重视的股东们，则简单地把增加市场份额视为一件能为每股带来更高收益率和市盈率的"好事"（见表12.2），然而，增加市场份额本身可能并不如股东和投资者所想象的那么利好。在市场营销者们讨论营销策略评价指标时，如何来"衡量成功"已经成为一个越来越富有争议的话题。

获得新客户的成本可能会非常高，包括市场研究开支、广告费用以及其他启动成本，另外还有信用检查成本。除此之外，金融机构从新客户身上能够获取的收益也只能是估算的结果，所以很难预测某个客户会为公司带来多少利润。举例来说，在储蓄产品、信用卡及贷款产品中，优惠利率对于利率敏感型的消费者是有吸引力的。行话管这类消费者叫利率小市民（rate tart），听起来有失礼貌，然而，当金融服务商的利率优惠活动一结束，这些客户就会弃你而去。尽管金融机构清楚地认识到这些客户对银行的成本，也相应对他们想要购买的产品进行定价，但客户流失的"成本"已然很高，这些成本总需要以某种方式进行补偿。过去，这些成本是从已有客户身上弥补，所以就会有老客户失望地看到服务商为新客户提供诱人的利率优惠，而自己却要为忠于这些金融机构而付出代价。信息系统的发展让金融机构得以观察到单个客户的消费活动并计算他们可能带来的价值，这或许能帮助金融服务商稍微多一点地认识到现有客户的价值。

　　金融业市场饱和、竞争激烈。这样的业态提醒了金融机构的战略规划者们，服务商必须重视维护客户关系，真正理解一些营销概念的含义，例如"关系营销"和"客户忠诚"，才能从客户关系中受益。金融机构虽然还不具备营销方面相应的专业知识，但还是以极大的热情接受了这些理念。历经多年，关系营销已经发展成了客户关系管理，然而在很多情况下，客户通常收到的是零乱的、张冠李戴的信息，而服务商的目的都是为了交叉销售。客户忠诚弥足珍贵诱人，然而正如前面提到的那样，人们对它的理解还不够充分。金融服务业在这方面已经有了长足的进步，但是信贷危机却又把金融服务商和消费者一同带入了深渊。如今的金融业虽然受到信贷危机的冲击，但各家金融机构的经营活动也必须继续，金融机构的营销活动则必须平衡好吸引新客户和维系老客户的投入（Farquhar，2005）。从战略规划的角度来说，这一平衡要求金融服务商权衡增加市场份额与增加客户终生价值之间的损益得失（Johnson 和 Selnes，2004）。

社会责任与利益相关者思想

　　传统的营销研究经常把营销策略与军事战术作类比，因而用了很多军事术语，诸如"进攻"和"防御"，都与军事的思考方式有着直接的联系。表12.2 中有一系列以社会责任为导向的目标。如果我们粗略地浏览一下金融机构的网站就会发现，网站的显要位置都有社会责任导向行为的内容，如葡萄牙圣灵银行（Portuguese Banco Espírito Santo）的网站（www. bes. pt/sitebes/ cms. aspx？labelid = BESresponsabilidadesocial）。然而，金融机构要真正地达到社会责任的目标要求，一改信贷危机前的金融服务行为，可能就需要重新评估自己的营销策略了。大多数金融机构强调它们的行为是对股东及客户负责。但如果它们对其他利益群体也负有责任，情况又该如何呢？我们在前些章节中已经提到过"利益相关者"这个概念，其定义是"能够影响组织目标或被组织目标影响的群体或个人"（Freeman，1984，第 25 页），参照定义，战略管理者们可以发现他们以往忽略了很多其他参与者。金融机构认识到自身与利益相关者各自的角色和各方互动的复杂性，并努力在利益相关者的思考框架下处理业务，这样做会帮助管理者摆脱"股东价值至上"的紧箍咒，有利于提升公司价值（Freeman，1984，第 11 页）。这一策略的改变意味着公司业务要与想法迥异的多方利益相关者打交道（Andriof 等，2002）。这种策略的优势在于，它会让老对手变成合作者，多方合力共同改变商业面貌。利益相关者思想发展得深入人心，它代表着一种积极合作的思想和行动，会涉及一些关系研究相关的维度，诸如信任、承诺和互惠（Andriof 和 Waddock，2002），而这些品质也正是金融机构应当努力加强的内容。在包括所有利益相关者的环境中，商业活动不仅仅对单一的利益相关者作出反应，而是一个多重互动与体验同时发生的场景（Ambler 和 Wilson，1995）。企业要管理好这样的多重互动过程，首先要识别企业的利益相关者包括哪些方面，要从各方权利、合法性以及紧迫性三种变量来判断谁是利益相关者（Mitchell 等，1997）。在三种变量中：权利指对某些资源的控制程度，合法性与组织实践和更广范围的社会系统的一致性相关，紧迫性，或获取关注的能力，则是使别人关注自己诉求和利益的能力（Mitchell 等，1997）。这样的分析过程能促进企业对利益相关者的认知，并能清晰地判断利益相关者各方的地位，形成一个由"潜在的利益相关者"到"确定的利益相关者"七类序列（Mitchell 等，1997）。Mitchell 等（1997）就更短期的情况，还建议了更直接的判断方法。金融机构可以通过一系列利益相关者导向的行为来重建客户信心，而这些行为必须显示出足够的可信度。

一关系与品牌

通常，品牌建设活动的受众是消费者，然而在服务业，品牌是由员工与客户共同确立的，这时候公司或客户对品牌建设的专属性就不存在了。如果客户、公司的员工心中有品牌，那么在论及品牌大环境时就需要关注更多的利益相关者的需求。Rust 等（2004）认为品牌建设需要服务于客户关系，而Fournier（1998）提出关系主张应适合于消费者—品牌情景。在关系营销研究方面，人们一直普遍认同利益相关者这一概念（例如 Buttle，1996；Payne 等，2005；Kumar 和 Reinartz，2006）；利益相关者概念在品牌建设中也有所体现（Gregory，2007；Maio，2003）。目前，有一些关系营销模型包含各个方面的利益相关者（Christopher 等，2002；Kumar 和 Reinartz，2006；Yau 等，2007），虽然这些模型的利益相关者的构成和数量不同，但大多数的评估系统包括客户和员工/内部市场。这些模型的价值在于，它们能提醒人们在规划和分析竞争活动时，仅关注客户是不够的，应该放开视野，关注更多的利益相关群体。

Rust 等（2004）认为品牌只是建立并维系关系这个终极目标的一种手段。品牌建设工作与关系管理内容经常发生耦合和重叠的情况也佐证了这个观点。例如，品牌建设的前因和结果与关系营销类似（De Chernatony 和 McDonald，1998）。品牌建设关注公司与员工的内部关系，能带动内部关系与外部关系对接，形成一个动态的、相互的整体过程。在企业对企业的情境下，对不同的利益相关者模型中的各类公司而言，品牌的力量会影响它们购买或者更新产品和服务的决策（Roberts 和 Merrilees，2007）。Morgan 等（2007）的概念性研究中发现，在任何网络中核心企业的品牌力量能调节合作公司业绩与客户对核心企业评价之间的关系。利益相关者模型作为品牌建设中的一部分在营销领域已经逐渐流行起来。例如 Gregory（2007）构建了一个模型，用来刻画利益相关者对于组织的影响力和关注点。模型为组织与利益相关者沟通提供了指南。金融服务机构不仅可以通过自身努力打造和发展品牌，也可以通过参与机构业务活动的利益相关者网络/社区渠道来提升品牌。品牌发展就是管理和协调好品牌的利益相关者关系，从而维护品牌的价值。

Merrilees 等（2005）注意到了品牌建设中利益相关者的参与是重要而有价值的，他们认为应用利益相关者理论指导实践，能够提升组织之间的联系。对于品牌建设来说，这意味着要向广泛的品牌利益相关者发出有利的信息，而且是对每一方利益相关者一致且适宜的信息。进一步地说，关于创造价值的思考以往大多强调公司客户价值（Payne 和 Frow，2005），但利益相关者思想则意味着公司应为所有的利益相关者创造价值。Rust 等（2004）提出了三种权益的概念，即价值权益（品质/价格/便捷度）、品牌资产（消费者对于品牌的主观评价）以及关系权益（转换的成本），三者组成了消费者权益。尽管消费者权益概念已经发展成为客户终生价值的一种计算方法，重新考量这三种权益会对我们更准确地理解利益相关者权益有帮助。比如，供应商对价值的理解和它与公司客户交易的价值对等吗？公司客户对一个合同作出回应时，供应商品牌对他们有多重要呢？而与供应商的关系的影响力又有多强呢？如果公司决定更换供应商，对公司和原供应商来说，会产生哪些成本呢？在研究金融服务营销的文章中，已经出现涉及利益相关者品牌建设的模型。Jones（2005）提出了一个关于利益相关者品牌资产的模型，该模型分析了品牌价值创造的过程。但是，Jones（2005）模型只简单地将利益相关者定义为主要和次要两种。实际当中，品牌经理需要按照利益相关者对于品牌价值创造可能产生的影响来区分与他们的关系的优先级次序。这种方法可能有些违反直觉，因为确认利益相关者的地位势必涉及平等／权益／公平等概念。

一品牌促成关系

品牌建设的动机和结果与关系营销类似；比方说，对于一个营销者来说，品牌建设的基本意义在于向消费者传达相关的价值，而这些价值是竞争者难以模仿的（De Chernatony 和 McDonald，1998）。品牌建设是从关注提供服务的公司与职员内部关系，到让这种内部关系在外部关系中活跃起来发挥作用的全过程。如果金融服务商将客户当做营销沟通应该主要关注的对象，它可能对其他利益相关者缺乏关注。

表12.2 显示了社会责任目标。看起来似乎所有的金融机构都对社会责任做出了声明；事实上，生态建屋互助协会（Ecology Building Society）和英国合作银行都把自己定位于具有社会责任感的金融机构。人们对伦理营销和社会营销的认识可能有一些混淆。道德是制定对社会和环境负责的战略的基础，在此我们将这两个领域放在一起讨论。对于商业伦理可能会有种定义，但大家普遍认同的是伦理不论从其自身出发还是从相互关系出发都是判断一种行为是与非的标准。英国金融服务管理局 2002 年提出了金融业的核心价值框架，包括如下内容：

- 公开，诚实，积极响应，有责任心
- 致力于称职、负责、可靠的金融服务工作
- 公平对待并尊重同僚及客户

不仅监管机构鼓励金融机构采取有道德的行为，客户及其他利益相关者也将道德的或者是对社会、环境负责的行为视为他们选择金融服务供应商的标准之一。道德对于金融机构来说意味着什么呢？案例 12.4 向我们讲述了合作银行在这方面是如何做的。

道德与利润：合作银行之路

　　合作银行，作为合作金融服务集团（Co - operative Financial Services Group）的一部分，将自己定位于高街银行的道德模范。合作银行拒绝为涉及化石燃料、武器交易、烟草等与违背人类及动物权利相关的公司提供贷款，并将此作为其伦理和生态政策的一部分。伦理金融业（ethical finance）市场价值由 1999 年的 52 亿英镑上升至 2005 年的 116 亿英镑，因而伦理银行业（ethical banking）看起来像是一个增长领域。伦理投资研究服务组织（Ethical Investment Research Service）2004 年的一份调查显示，有三分之二的人希望他们的投资听起来更加道德。合作银行在 2006 年的利润增长了 11.7%，事实上很多客户完全是因为合作银行的伦理政策而选择了它。这家银行正准备进行一次大规模扩张，最近宣布了在五年内建立 12 个企业银行中心的计划；目前它正在与不列颠建屋互助协会商讨联合行动。Jonathon Porritt 是未来论坛（Forum for the Future）的创始人和董事，他评论说："合作银行的伦理政策走在了企业道德的前沿，并且为这个领域的其他公司发出了一条明确的警示：某些道德底线是不能逾越的。我们需要应对气候变化的挑战，我们将要做出巨大的改变。"值得一提的是，合作银行因为贷款申请方有生态环境问题而拒绝提供贷款，贷款总量减少了 3.25 亿英镑，而减少的贷款中绝大部分是拒绝为从事化石燃料开采和处理的企业提供贷款造成的。

　　作者根据 www.financialadvice.co.uk 和 www.cfs.co.uk 上的内容编写。

　　其他一些金融机构也制定了与一系列领域相关的定位和政策，包括企业社会责任、可持续性（法国农业信贷银行，Credit Agricole）、社会承诺（西班牙国家银行）、企业责任（商业银行）及社区推广（阿尔法银行）。Carroll（1991）的企业社会责任模型将公司的社会责任分成经济、法律、道德和慈善四方面责任。由于商业机构是作为以利润为动机的经济实体建立的，其经济表现就是其他三种责任的支撑基础。法律责任要求商业机构，在我们讨论的范围内即金融机构，遵守当地的、国家的和国际的法律法规。我们在上文已经讨论过道德责任。慈善责任是对银行参与旨在提高社会福利及商誉的活动的期望。关于政策制定还有更多的指导和准则，以规范道德的和对社会负责的行为；Bhattacharya 和 Sen（2004）提出的准则从很多个维度出发，在此我们将其修订和拓展以适用于金融服务领域，具体内容如下：

1. 员工的多样性，包括性别、种族和残障与否；

2. 员工支持，例如处理劳资关系的工会联系、工作安全、健康和员工职业发展；

3. 产品开发，包括安全性、对客户的适用性以及避免为不道德的和有损环境的项目提供贷款；

4. 负责任地收集、储存和使用信息；

5. 海外运营，包括在新市场负责任的行为、了解整个网络；

6. 对环境的影响，例如物资回收利用、污染最小化、减少垃圾和工作方法的创新；

7. 社区支持，包括为慈善事业、艺术和弱势群体提供资助。

相关企业社会责任的研究发现，企业在追求道德的和对社会负责任的战略时，也有一定程度的利己主义，因为这对客户满意度有影响（McDonald 和 Rundle – Thiele，2007）。金融机构的网站上有足够的证据表明，它们中的许多机构长期参与一些对社会负责的活动，从赞助艺术事业到支持发展中国家的农业建设，这与上述第 6 点、第 7 点是一致的。当然，也一直有与金融机构试图传递的信息相悖的报道。比如，2008 年 5 月，地球之友（Friends of the Earth）宣称英国的一些银行为拉丁美洲的生物能源产业的急速扩张提供资金，而这些生产活动导致了森林大规模消失、侵犯人权及食品价格的上涨（www. foe. co. uk）。

未来展望

2008 年 11 月，英国的斯卡伯勒建屋互助协会（Scarborough Building Society）和斯基敦建屋互助协会（Skipton Building Society）也宣布合并。这说明信贷危机的波动效应仍将在全球范围内持续一段时间。即使金融机构的合并、收购和倒闭的脚步可能会放缓，信贷危机的影响也将深远且长久存在。银行收回了贷款人抵押的房屋，取消了个人贷款，收回了贷款额度，信用卡还款利率也已提高。那些轻率选择贷款人而后又收回贷款人房屋的银行广受谴责和诟病。信贷危机不仅影响了金融机构和它们的客户，也殃及了很多其他行业，例如零售业、制造业和酒店业。

从营销的角度看在后信贷危机时代的金融机构，它们可能会削减营销预算及其他方面的开支以降低成本。其实，一些金融机构的营销经费"瘦身"即使不是致命的，也是一种不明智的做法。这样做的后果之一可能是客户及其他利益相关者会失去对金融机构的信心，而事实上公众对金融机构已经产生信心危机。即便是那些很本分、谨慎借贷的金融机构，也发现自己由于其他金融机构的愚蠢行为而把自己暴露于危险之中（见案例 12.2），特别是那些太小或不太重要的、不能得到政府或欧盟援助的金融机构苦不堪言。有一种说法很精辟：当你向银行借 1000 英镑的时候，你将受制于银行；当你向银行借 1 亿英镑的时候，你将支配银行。与此类似，一家银行欠债越多就越有可能获得第三方机构的融资支持。任何金融机构、职业协会、监管部门或政府，都必须关注如何重建整个金融系统，而不仅仅是恢复人们对某家金融机构的信心。金融服务营销工作及营销者必备的能力，是对当今的利益相关者对金融机构的看法了如指掌，然后参考他们的看法，而不单单只看营销信息来制定营销战略和策略，从而进行漫长的、缓慢的信心重建工程。换句话说，是在一定程度上重建公众对整个金融系统的信任。

新型金融机构的兴起

金融服务营销领域的现状为市场新进入者增加其市场份额提供了机遇。一些广为认可的机构也可以参与其中，例如国民储蓄和投资组织（National Savings and Investments），这一由政府控制的投资和储蓄组织自然获得了 25% 的受访者信任，而那些高街银行业品牌只获得了 16% 受访者的信任（Mintel，2008）。2008 年 11 月，国民储蓄和投资组织新任命了公共与媒体关系负责人，希望能充分发挥其在市场中的信任优势（www.nsandi.com）。不过，它的竞争力可能会有一些局限性，因为如果它太成功的话，商业金融机构或许会愤愤不平地抱怨。

不管怎么说，新型金融机构确实有机会在后信贷危机时代赢得市场份额，它们可以填补一些金融机构由于短视而忽略的服务空白。不过，由于金融服务已经渗透了现代社会生活的方方面面，而正像我们在这本书中经常提到的，客户们并不习惯更换他们的金融服务商，特别不会轻易转换到非传统的，即新型金融机构那里。

营销更要先行

　　金融服务业的图谱将会改变吗？一些大牌的金融服务供应商已然身陷四面楚歌的境地，翻身困难重重，例如美国国际集团，富通银行和北岩银行以及破产的雷曼兄弟（Lehman Brothers）。艰难的金融时局也令金融服务供应商的数量减少，而金融服务集中到更少的服务商对于消费者来说意味着更少的金融服务选择。例如，劳合银行对苏格兰哈利法克斯银行的收购已经打破了常规情况下的竞争规则。至少在短期内，政府对金融业的监管会更加严格，为消费者提供一些保护。从营销的角度来看，金融机构很可能会削减营销费用，用于偿还债务，力争把资产负债表修复到信贷危机前的水平。削减营销开支或许并不是精明之举，因为面对这个新的、比以往谨慎得多的市场，金融服务供应商最需要开展营销、制定相应战略和策略。与此同时，也有许多竞争者并没有出现亏损，相反，他们正处于扩张市场份额的有利时机，例如西班牙国家银行和特易购。大型金融机构需要确保它们有应对这些新型机构挑战的战略规划。

　　金融服务业需要解决的一个关键问题是不仅要重建客户的信心，也要重建所有利益相关者的信心。正如我们在第六章中讨论的那样，金融服务管理局发现，如果误导客户能从中获利，大多数金融机构都会这么做。英国的金融监管机构就是金融服务管理局，它并没有令人信服地证明其控制金融机构的能力。良好的营销实践应该重视信任在维护金融机构与利益相关者关系中的作用。在后信贷危机时代，金融机构应当自问如何才能重建信任和加强信任，当然人们不确定它们能加强信任。截至目前，尚无证据表明金融机构将会彻底地重新评估它们战略制定中惯用的短期做法。图12.3阐释了金融机构如何能拓宽重建利益相关者信心的基础。

　　这个概要模型基于TOWS分析中所得信息，提出了金融机构可以用于应对后信贷危机时代金融环境变化的方法。很多大型金融机构对股东负有最直接责任，然而，信贷危机中金融服务商的所作所为暴露了它们极为狭隘的视野，这种短视思想和行为会妨碍金融机构的可持续发展。如果它们扩展视野将其他利益相关者尽收眼底，思考策略，就有可能获得一些更具可持续性的发展前景。可是，金融业有一些根深蒂固的文化习惯确实需要很多年才能清除。

　　金融机构可能开始重建甚至加强之前过于激进的行为所失去的消费者信

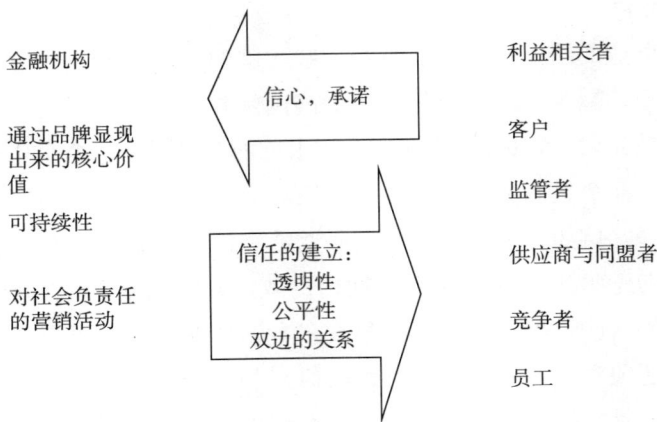

图 12.3 金融机构建立信任的利益相关者模型

心，在利益相关者环境中建立信任。通过以更长远的目光看问题、支持其品牌价值以及全心全意地接受和采取对社会负责任的行动，金融机构可以开始自我重建，制订与其他许多公司一致的商业行动计划。

第十二章小结

- 本章阐释了金融机构的目标与战略之间的关系。

- 本章讨论并评价了金融服务领域的营销策略，特别探讨了金融机构可行的成长策略，重点讨论了金融机构采用各种策略可能面临的重重困难。

- 进攻策略和防御策略的讨论提示金融机构应该如何平衡获取新客户与维护老客户两方面的投入。

- 本章探讨了制定利基市场策略，以及成为一家利基市场导向公司的思路，并指出了在成熟市场里这一策略存在的问题。

- 本章介绍了金融机构对企业社会责任的接受情况，但金融机构网站上的叙述与环保机构采集的证据之间仍然有较大差异。

- 本章评估了受信贷危机影响不太重的公司所面临的机遇，以及它们是否能最大限度地发挥这些机遇带来的优势。

参考文献

［1］Accenture（2008）*Experiencing the Brand*；*Branding the Experience*, down - loaded 15 August 2008.

[2] Ambler, T. (2003) *Marketing and the Bottom Line*, 2nd edn, Harlow, FT Prentice Hall.

[3] Ambler. T. and Wilson, A. (1995), "Problems of Stakeholder Theory", *Business Ethics*: A European Review, Vol. 4, No. 1, pp. 30 - 5.

[4] andriof, J. and Waddock, S. (2002), "Unfolding Stakeholder Engagement", in J. andriof, S. Waddock, S., B. Husted and S. Rahman (eds), *Unfolding Stakeholder Thinking*, Sheffield, Greenleaf.

[5] Ansoff, H. (1965), *Corporate Strategy*, Boston MA, Harvard Press.

[6] Bhattacharya, C. and Sen, S. (2004) "Doing Better at Doing Good: When, Why, and How Consumers Respond to Corporate Social Initiatives", *California Management Review*, Vol. 47, No. 1, pp. 9 - 24.

[7] Buttle, F. (1996) "Relationship Marketing", in F. Buttle (ed.), *Relationship Marketing*: *Theory and Practice*, London, Paul Chapman.

[8] Carroll, A. B. (1991) "The Pyramid of Corporate Social Responsibility: Toward the Moral Management of Organizational Stakeholders", *Business Horizons*, Vol. 34, pp. 39 - 49.

[9] Christopher, M., Payne, A. and Ballantyne, D. (2002) *Relationship Marketing*: *Creating Stakeholder Value*, Oxford, Butterworth Heinemann.

[10] Datamonitor (2009) "Weathering the Storm", London, Datamonitor.

[11] De Chernatony, L. and McDonald, M. (1998) *Creating Powerful Brands in Consumer*, *Services and Industrial Markets*, Oxford, Butterworth Heinemann.

[12] Doyle, P. (2002) *Marketing Management and Strategy*, Harlow, FT Prentice Hall.

[13] Drucker, P. (1963) *The Practice of Management*, London, Heinemann.

[14] Farquhar, J. D. (2005) "Retaining Customers in UK Financial Services: The Retailers' Tale", *Service Industries Journal*, Vol. 25, No. 8, pp. 1029 - 44.

[15] Financial Services Authority (2002) "An Ethical Framework for Finan-

cial Services", discussion paper, October. London.

[16] Fornell, C. (1992) "A National Customer Satisfaction Barometer: The Swedish Experience", *Journal of Marketing*, Vol. 56, January, pp. 6 – 21.

[17] Freeman, R (1984) *Strategic Management: A Stakeholder Approach*, Boston, MA, Pitman.

[18] Fournier, S. (1998), "Consumers and Their Brands: Developing Relationship Theory in Consumer Research", *Journal of Consumer Research*, Vol. 24 (March), pp. 343 – 73.

[19] Gregory, A. (2007), "Involving Stakeholders in Developing Corporate Brands: The Communication Dimension", *Journal of Marketing Management*, Vol. 23, No. 1 – 2, pp. 59 – 73.

[20] Gronroos, C. (2006) "Adapting a Service Logic for Marketing", *Marketing Theory*, Vol. 6, No. 3, pp. 317 – 33.

[21] Hollensen, S. (2003) *Marketing Management: A Relationship Approach*, Chelmsford, FT Prentice Hall.

[22] Johnson, M. and Selnes, F. (2004) "Customer Portfolio Management: Towards a Dynamic Theory of Exchange Relationships", *Journal of Marketing*, Vol. 68, April, pp. 1 – 17.

[23] Jones, R. (2005) "Finding Sources of Brand Value: Developing a Stakeholder Model of Brand Equity", *Brand Management*, Vol. 13, No. 1, pp. 10 – 32.

[24] Kumar, V. and Reinartz, W. (2006) *Customer Relationship Management*, Hoboken, NJ, J. Wiley and Son.

[25] McDonald, L. and Rundle – Thiele, S. (2007) "Corporate Social Responsibility and Bank Customer Satisfaction", *International Journal of Bank Marketing*, Vol. 26, No. 3, pp. 170 – 82.

[26] Maio, E. (2003) "Managing Brand in the New Stakeholder Environment", *Journal of Business Ethics*, Vol. 44, pp. 235 – 46.

[27] Merrilees, B. , Getz, D. and O'Brien, D. (2005) "Marketing Stakeholder Analysis: Branding the Brisbane Goodwill Games", *European Journal of Marketing*, Vol. 39, No. 9/10, pp. 1060 – 77.

金融服务营销

［28］ Miles, D. (2004) "The UK Mortgage Market: Taking a Longer – Term View", HM Treasury, March.

［29］ Mintel (2008) *Branch to Broadband: Channel Evolution in Financial Services*, April, London.

［30］ Mitchell, R. Agle, B and Wood, D. (1997), "Towards a Theory of Stakeholder Identification: Defining the Principle of Who and What Really Counts", *Academy of Management Review*, Vol. 22, No. 4, pp. 853 – 86.

［31］ Morgan, F. Deeter – Schmelz, D. and Moberg, C. (2007) "Branding implications of partner firm – focal firm relationships in business – to – business service networks", *Journal of Business and Industrial Marketing*, 22, 6, 372 – 382.

［32］ Payne, A. (2000) "Customer Retention", in Cranfield School of Management, *Marketing Management: A Relationship Marketing Perspective*, Basingstoke, Macmillan Business.

［33］ Payne, A., Ballantyne, D. and Christopher, M. (2005), "A stakeholder approach to relationship marketing strategy", *European Journal of Marketing*, 39, 7/8, 855 – 871.

［34］ Payne, A. and Frow, P. (2005) "A Strategic Framework for Customer Relationship Managment", *Journal of Marketing*, Vol. 69, October, pp. 167 – 76.

［35］ Porter, M. (1980), *Competitive Strategy: Techniques for Analysing Industries and Competitor*, New York, Free Press.

［36］ Porter, M. (1985)) *Competitive Strategy*: Creating and Sustaining Superior Performance, New York, Free Press.

［37］ Roberts, J. and Merrilees, B. (2007) "Multiple Roles of Brands in Business – to – business Services", *Journal of Business and Industrial Marketing*, Vol. 22, No. 6, pp. 410 – 17.

［38］ Rust, R., Zeithaml, V. and Lemon, K. (2004) "Customer – Centered Brand Management", *Harvard Business Review*, September, pp. 110 – 18.

［39］ Vargo, S. and Lusch, R. (2004) "Evolving to a New Dominant Logic for Marketing", *Journal of Marketing*, Vol. 68, January, pp. 1 – 17.

金融服务营销

339

[40] Yau, O., Chow, R., Sin, L., Tse, A., Luk, C. and Lee, J. (2007) "Developing a Scale for Stakeholder Orientation", *European Journal of Marketing*, Vol. 41, No. 11/12, pp. 1306–27.

[41] www. cfs. co. uk

[42] www. financialadvice. co. uk

[43] www. fsa. gov. uk/pubs/discussion/dp18. pdf

扩展阅读

[1] www. cim. co. uk

[2] www. eiris. org

[3] www. alfabank. com/research

[4] www. allianz. com

[5] www. foe. co. uk

[6] www. plainenglish. co. uk/press_ releases/did_ jargon_ cause_ the_ credit_ crunch

思考题

1. 在英国建筑资金融资合作社的网站上选择两家小型建屋互助协会。浏览它们的网站，并找到你认为有特色的功能、服务或者消息。这些建屋互助协会有采用利基市场策略的迹象吗？

2. 查看两种媒体（例如，交友网站和报纸），看看哪些金融机构在登广告。其中有市场领导者的机构吗？这些金融机构还发出了哪些信号可以表明它们采用市场领导者策略呢？

3. 检索金融服务行业的社会责任及伦理指南资料，试着为一家网上保险机构起草一份简要的社会责任及伦理建议书。

案例学习

特易购——金融业的新星

特易购（Tesco）是英国最大的零售商，同时也希望成为英国家庭其他产品和服务的领军服务商。特易购已经开始行动，巩固其在国内金融服务领域不容小觑的主导地位。通过与苏格兰皇家银行建立合资机构，特易购已经对金融服务业有所了解，并在 2008 年收购了苏格兰皇家银行价值 9.5

亿英镑的股权，成为特易购个人理财（Tesco Personal Finance，TPF）的唯一股东。此次收购的时机非常好，恰值苏格兰皇家银行被卷入信贷危机之际。特易购个人理财现在为其客户提供保险、信用卡、个人贷款及储蓄产品，苏格兰皇家银行则会继续提供一直在售的产品。特易购个人理财业务在英国、爱尔兰、匈牙利和波兰拥有 500 万户客户。特易购的首席执行官 Terry Leahy 先生相信，金融服务业务有可能赢得一个比特易购食品业更强大、增长更快的市场。特易购手头现金充裕，它的分店遍布各地，并拥有稳定的互联网系统，能很好地筛选它想要的金融服务客户。目前有 1400 多万户的储户选择在非传统金融服务办理储蓄业务，例如森宝利超市和维珍金融。这些人中有 42% 都属于传统社会人口统计中的 A 类和 B 类，即十分富有的专业人士或已退休人士。

Leahy 在展望特易购个人理财业务发展前景时预计在未来的某个时点，金融服务业务能够为集团每年贡献 10 亿英镑的利润，并估计 2008 年的税前利润会达到 2.4 亿英镑。来自苏格兰皇家银行的员工已加入特易购个人理财开展业务。而这项收购完成后，还将有 200 名苏格兰皇家银行的员工转到特易购个人理财工作。收购结束后，特易购打算增强它在金融服务业的存在感，并开发更多的储蓄产品。英国零售巨头最终要与高街银行一比高低了，这一天似乎迟早会来，特易购已向英国的零售银行业发起了挑战。而这些传统银行已在信贷危机的影响下背负着退还几十亿英镑不合理收费的压力，个个步履蹒跚，不堪一击。

2008 年的数据显示，特易购每周为 2000 万户客户提供服务，并在前半年中实现了 10% 的利润增长率，利润达到 14.5 亿英镑。由于利润优于预期，公司股价由每股 17.7 英镑飙升至 387.6 英镑。特易购在爱尔兰、法国、土耳其、捷克共和国、泰国和中国等海外分店的销售额上升了 27%，营业利润上升了 28%，达到 3.46 亿英镑。不过它进入困难重重的美国市场后，预计会在 "新鲜便利连锁超市"（Fresh and Easy Chain）业务上损失 6000 万英镑。特易购在英国经营的 1673 家分店业务中，同比销售额（除去石油）上涨了 3.7%；非食品销售额上涨了 4%，而 2007 年的后半年上涨了 8%；玩具、娱乐和电子产品业绩良好；时装销售则不尽如人意。特易购的回馈卡计划已经为公司提供了无可匹敌的客户信息，用于公司建立消费者购买金融服务倾向的预测模型。通过为客户开设现金账户或支票账户，公司将能更好地了解客户个人的消费情况，这将使特易购个人理财远远优于它潜在的竞争对手，例如维珍金融、塞恩斯伯里超市和马克斯宾塞金融服务公司。

特易购选择了在这个充满挑战的时刻，把从竞争更激烈、利润更薄的超市零售业务中获得的大量宝贵资金投入问题丛生的银行业。特易购宣称，消费者正在寻求安全天堂来存放现金，而银行业危机为它们带来了一次机遇。其他的一些机构选择了危机之时进行收购，西班牙国家银行迅猛地收购了联合莱斯特银行，而收购价还不足其几年前出价的三分之一，而当时那个价格还遭到联合莱斯特银行的拒绝。特易购发现，不仅是银行迫切需要资金来支撑窘迫的资产负债表，而且特易购自己也很愿意进入这个利润率是现有市场利润率两倍到三倍的金融业，而且一些金融机构给出的联盟条件还十分优厚。特易购通过制定积极主动的战略，甚至找机会来打造与客户之间更大的联盟，而等到银行觉悟，为时已晚。通过打造一个代表质优价廉、透明、高效和富有忠诚度的品牌，特易购个人理财拥有了指数级的增长，并且在这一市场领域有了很强的存在感，而这样的品牌忠诚度对于银行来说几乎是不可能实现的。举个例子来说明：特易购建立和推广的价格比较网站 www.Tescocompare.com，后缀名 com 突出了它们向全球提供服务的意图。特易购的财务及战略董事 Andrew Higginson 将会成为特易购董事会成员，并担任零售服务总监这个新职务。Higginson 将领导一支更强的服务团队，包括特易购个人理财新任首席执行官和财务总监，以及特易购电信（Tesco Telecom）新首席执行官。他将继续负责特易购集团的战略规划，而一旦安排了合适的继任者，他就会卸任特易购财务董事一职。Benny Higgins 是银行业的一名领军人物，受聘来经营全资的特易购个人理财业务。他在苏格兰皇家银行和苏格兰哈利法克斯银行的零售银行业务部门工作过，业界经验非常丰富。

虽然特易购成功地挡住了对它违反公平竞争的指控，但银行业比起食品百货零售业要复杂得多，并且要接受更多的监管约束和合规要求，而这些是特易购此前无须更多考虑的事情。为取得完整的银行执业许可，特易购需要提供数量可观的资金，以满足国家及欧盟监管部门对于资本充足率的要求。不过，人们相信，特易购凭借其业绩及客户信心，能从投资者那里募集到所需资金。由于银行业其他机构的股价仍在萧条中挣扎，加入这场激烈竞争的，不仅仅有特易购和西班牙国家银行，还会有更多竞争者，它们将为赢取客户的喜爱、忠诚和钱包拼得你死我活。

这是一段特别紧张的时期，人们在为他们的现金寻找一个安全天堂，特易购报告称，申请开立储蓄账户的客户数目增加了一倍。基于消费者正在寻找可信赖的金融机构的理解，特易购旨在利用其良好的声誉获得更多的资金。而对于特易购这样的新进入的挑战者品牌来说，这是一次大好的机遇。由于特易购超市需要建立相应的服务系统来开展业务，它足足花了12个月才成功开立了第一批活期账户。特易购个人理财将在"合适的时间"推出贷款服务，这也将是公司另一利润来源。Terry Leahy 说，大范围内的银行业危机正在削弱客户的信心，他敦促银行重新发放贷款以避免失去更多的就业机会。作为一个非常了解市场的零售业专家，Leahy 发现客户比公司改变得要快，并且批评银行没有很好地应对这个瞬息万变的市场。

案例思考

1. 分析和描述特易购进入银行业所采用的战略。在后信贷危机时代它将如何从竞争对手那里吸引客户？

2. 为与现有的金融机构竞争，特易购个人理财品牌是如何定位的呢？

3. 若将账户移至特易购个人理财，客户有哪些顾虑呢？又有哪些因素会说服他们这样做呢？

4. 对于特易购个人理财来说，想大比例地拥有相对富有的储蓄客户，它具备哪些优势？

5. 对比传统金融机构为吸引客户回归所作出的反应，特易购个人理财可以怎样留住客户呢？

作者根据 www.guardian.co.uk，www.bankingtimes.co.uk，www.tesco.com 和 www.financial-insights.com 上的内容编写。